Klaus-Niels Knees

Zwangsversteigerung und Zwangsverwaltung

Klaus-Niels Knees

Zwangsversteigerung und Zwangsverwaltung

———

Der Vollstreckungsablauf von
der Verfahrensanordnung bis zur Erlösverteilung

7., neu bearbeitete Auflage

DE GRUYTER

Klaus-Niels Knees, Bankkaufmann und Volljurist, Sparkassenverband Westfalen-Lippe, Münster

Sachregister: Rechtsanwalt Christian Klie

ISBN 978-3-11-030886-0
e-ISBN 978-3-11-030890-7

Bibliografische Information der Deutschen Nationalbibliothek
Die Deutsche Nationalbibliothek verzeichnet diese Publikation in der Deutschen Nationalbibliografie; detaillierte bibliografische Daten sind im Internet über http://dnb.d-nb.de abrufbar.

© 2013 Walter de Gruyter GmbH, Berlin/Boston
Einbandabbildung: Hemera/thinkstock
Datenkonvertierung/Satz: jürgen ullrich typosatz, Nördlingen
Druck und Bindung: Hubert & Co. GmbH & Co. KG, Göttingen
♾ Gedruckt auf säurefreiem Papier
Printed in Germany

www.degruyter.com

Vorwort

Seit Erscheinen der 6. Auflage haben Gesetzgebung, Rechtsprechung, fachliterarische Beiträge und nicht zuletzt auch wieder viele Hinweise und Anregungen aus der Praxis eine Neuauflage angezeigt erscheinen lassen.

Wie bisher bleibt es bei der bewährten Zielsetzung, dem Leser den typischen Ablauf eines Zwangsversteigerungs- bzw. Zwangsverwaltungsverfahrens in möglichst übersichtlicher und einfacher Form darzustellen.

Das Buch versteht sich nicht als Kommentar zum ZVG, sondern ist für den Einsteiger in die Thematik der Immobiliarvollstreckung gedacht und als schnelle Orientierungs- und Informationshilfe für all diejenigen, die sich in ihrer beruflichen Praxis oder als betroffener Schuldner mit der Thematik der Zwangsversteigerung bzw. Zwangsverwaltung beschäftigen müssen.

Besonderer Augenmerk wurde wiederum auf die Aktualisierung der umfangreichen Kommentierungs- und Rechtsprechungshinweise gelegt.

Münster, im März 2013   *Klaus-Niels Knees*

Inhalt

Abkürzungsverzeichnis

a. A.	anderer Ansicht
a. a. O.	an anderem Ort
Abs.	Absatz
Abt.	Abteilung
a. E.	am Ende
allerd.	allerdings
AnfG	Anfechtungsgesetz
Anm.	Anmerkung
AO	Abgabenordnung
Art.	Artikel
Aufl.	Auflage
ausdrückl.	ausdrücklich
BauGB	Baugesetzbuch
BayObLG	Bayrisches Oberstes Landesgericht
BB	Betriebs-Berater, Jahr und Seite
Beschl.	Beschluss
BFH	Bundesfinanzhof
BGB	Bürgerliches Gesetzbuch
BGBl.	Bundesgesetzblatt
BGH	Bundesgerichtshof
Bl.	Blatt
BNotO	Bundesnotarordnung
Brandenbg.OLG	Brandenburgisches Oberlandesgericht
BStBl.	Bundessteuerblatt
BuB	Bankrecht und Bankpraxis
BVerfG	Bundesverfassungsgericht
BWNotZ	Zeitschrift für das Notariat in Baden, Jahr und Seite
bzw.	beziehungsweise
ca.	circa
d. h.	das heißt
dingl.	dinglich
DGVZ	Deutsche Gerichtsvollzieher-Zeitung, Jahr und Seite
DM	Deutsche Mark
DNotZ	Deutsche Notar-Zeitschrift, Jahr und Seite
DStR	Deutsches Steuerrecht, Jahr und Seite
EGZVG	Einführungsgesetz zu dem Gesetz über die Zwangsversteigerung und die Zwangsverwaltung
Einf.	Einführung
Einl.	Einleitung

ErbbauRG	Erbbaurechtsgesetz
etc.	et cetera
EWiR	Entscheidungen zum Wirtschaftsrecht
	Fortfolgende
FG	Finanzgericht
Fn.	Fußnote
GBO	Grundbuchordnung
GE	Grundeigentum, Jahr und Seite
gem.	gemäß
ggf.	gegebenenfalls
GKG	Gerichtskostengesetz
GKG-KV	Kostenverzeichnis zum Gerichtskostengesetz
GmbH	Gesellschaft mit beschränkter Haftung
GmbHG	GmbH-Gesetz
GrEStG	Grunderwerbsteuergesetz
Hans.OLG	Hanseatisches Oberlandesgericht
HGB	Handelsgesetzbuch
HR	Handelsregister
ImmoWertV	Immobilienwertermittlungsverordnung
i.d.R.	in der Regel
IGZInfo	Zeitschrift der Interessengemeinschaft Zwangsverwaltung, Jahr und Seite
i.H.v.	in Höhe von
InsO	Insolvenzordnung
InVo	Insolvenz & Vollstreckung, Jahr und Seite
i.S.d.	im Sinne des
i.S.v.	im Sinne von
JurBüro	Das juristische Büro, Jahr und Seite
jur.P.	juristische Person
Kap.	Kapitel
KKZ	Kommunal-Kassenzeitschrift, Jahr und Seite
KostO	Kostenordnung
krit.	kritisch
KTS	Konkurs, Treuhand, und Sanierung, Jahr und Seite
KWG	Gesetz über das Kreditwesen
lfd.	laufend
LZB	Landeszentralbank
m.	mit
MFH	Mehrfamilienhaus

MittBayNot	Mitteilungen des Bayrischen Notarvereins, der Notarkasse und der Landesnotarkammer Bayern, Jahr und Seite
MünchKommBGB	Münchener Kommentar zum Bürgerlichen Gesetzbuch
MünchKommInsO	Münchner Kommentar zur Insolvenzordnung
MünchKommZPO	Münchner Kommentar zur Zivilprozessordnung
NJW	Neue Juristische Wochenschrift, Jahr und Seite
NJW-RR	NJW-Rechtsprechungs-Report Zivilrecht, Jahr und Seite
Nr.	Nummer
NVersZ	Neue Zeitschrift für Versicherung und Recht, Jahr und Seite
NW	Nordrhein-Westfalen
NZI	Neue Zeitschrift für das Recht der Insolvenz und Sanierung, Jahr und Seite
NVersZ	Neue Zeitschrift für Versicherung und Recht, Jahr und Seite
NZM	Neue Zeitschrift für Mietrecht, Jahr und Seite
o.ä.	oder ähnliches
o.g.	oben genannt
OLG	Oberlandesgericht
OVG	Oberverwaltungsgericht
qm	Quadratmeter
Rpfleger	Der Deutsche Rechtspfleger, Jahr und Seite
RpflG	Rechtspflegergesetz
Rz.	Randziffer
S.	Seite; Satz
s.	siehe
s.a.	siehe auch
ScheckG	Scheckgesetz
SchlHOLG	Schleswig-Holsteinisches Oberlandesgericht Schleswig
s.o.	siehe oben
sog.	sogenannt
s.S.	siehe Seite
s.u.	siehe unten
ThürOLG	Thüringer Oberlandesgericht Jena
u.	und
u.a.	unter anderem
u.ä.	und ähnliche
USt	Umsatzsteuer
UStG	Umsatzsteuergesetz
UStDV	Umsatzsteuerdurchführungsverordnung
u.U.	unter Umständen

v.	von; vom
VersR	Versicherungsrecht, Jahr und Seite
vgl.	vergleiche
VVG	Versicherungsvertragsgesetz
WEG	Wohnungseigentumsgesetz
WM	Wertpapiermitteilungen, Jahr und Seite
WuB	Entscheidungssammlung zum Wirtschafts- und Bankrecht
WuM	Wohnungswirtschaft und Mietrecht, Jahr und Seite
z. B.	zum Beispiel
ZfgK	Zeitschrift für das gesamte Kreditwesen, Jahr und Seite
ZfIR	Zeitschrift für Immobilienrecht, Jahr und Seite
ZInsO	Zeitschrift für das gesamte Insolvenzrecht, Jahr und Seite
ZIP	Zeitschrift für Wirtschaftsrecht, Jahr und Seite
ZMR	Zeitschrift für Miet- und Raumrecht, Jahr und Seite
ZNotP	Zeitschrift für die Notarpraxis, Jahr und Seite
ZPO	Zivilprozessordnung
z. T.	zum Teil
zust.	Zustimmend
zutr.	zutreffend
ZVG	Gesetz über die Zwangsversteigerung und die Zwangsverwaltung
ZVG-AG NRW	Nordrhein- Westfälisches ZVG-Ausführungsgesetz
ZWE	Zeitschrift für Wohnungseigentum, Jahr und Seite
ZwVwV	Verordnung über die Geschäftsführung und die Vergütung des Zwangsverwalters
zzgl.	zuzüglich

Literaturhinweise

Baumbach/Hefermehl	Wechselgesetz und Scheckgesetz, 23. Aufl. (2008)
Berliner Kommentar	zum Versicherungsvertragsgesetz (1999)
Böttcher	ZVG, 5. Aufl. (2010)
Brox/Walker	Zwangsvollstreckungsrecht, 9. Aufl. (2011)
Bülow	Heidelberger Kommentar zum Wechselgesetz/Scheckgesetz, 4. Aufl. (2004)
Buß	Das Nacherbenrecht in der Immobiliarzwangsversteigerung (2004)
Dassler/Schiffhauer/ Hintzen/Engels/ Rellermeyer (D/S/H/F/R)	Gesetz über die Zwangsversteigerung und die Zwangsverwaltung, 14. Aufl. (2013)
Eickmann	Zwangsversteigerungs- und Zwangsverwaltungsrecht Kurzlehrbuch (2004)
Erman (Bearbeiter)	Bürgerliches Gesetzbuch, Kommentar, 13. Aufl. (2011)
Gaberdiel/Gladenbeck	Kreditsicherung durch Grundschulden, 9. Aufl. (2011)
Gerhardt	Grundpfandrechte im Insolvenzverfahren, 11. Aufl. (2005)
Haarmeyer/Wutzke/ Förster/Hintzen (H/W/F/H)	Zwangsverwaltung, 5. Aufl. (2011)
dies.	Handbuch zur Zwangsverwaltung, 2. Aufl. (2005)
Hartmann/ Metzenmacher (Bearbeiter)	Kommentar zum UStG, Loseblattwerk (Stand 11/2012)
Hennings-Holtmann	Zwangsversteigerungs- und Zwangsverwaltungsrecht, 5. Aufl. (2006)
dies.	Eintragungen in Abteilung II des Grundbuches, 13. Aufl. (2006)
Hintzen	Handbuch der Immobiliarvollstreckung, 3. Aufl. (1999)
Kirchhof	Leitfaden zum Insolvenzrecht, 2. Aufl. (2000)
Kölner Schrift	zur Insolvenzordnung, 2. Aufl. (2000)
Kübler/Prütting/Bork (Bearbeiter)	Kommentar zur InsO, Loseblattwerk (Stand 11/2012)
Mohrbutter/Drischler/ Radtke/Tiedemann	Die Zwangsversteigerungs- und Zwangsverwaltungspraxis, 7. Aufl., Bd. 1 (1986) Bd. 2 (1990)
MünchKomm/ (Bearbeiter)	Münchener Kommentar zum BGB, 6. Aufl. (2012)
ders.	Münchener Kommentar zur ZPO, 4. Aufl. (2012)
ders.	Münchener Kommentar zur InsO, 3. Aufl., Bd. 2 (2013)
Musielak (Bearbeiter)	Zivilprozessordnung, 9. Aufl. (2012)
Muth	Zwangsversteigerungspraxis (1989)

Niedenführ/Kümmel/ Vandenhouten	WEG, Handbuch und Kommentar, 10. Aufl. (2013)
Obermüller	Insolvenzrecht in der Bankpraxis, 8. Aufl. (2011),
Palandt (Bearbeiter)	Bürgerliches Gesetzbuch, Kommentar, 72. Aufl. (2013)
Prölls/Martin (Bearbeiter)	Versicherungsvertragsgesetz, 28. Aufl. (2010)
Staudinger (Bearbeiter)	Bürgerliches Gesetzbuch, Kommentar, Neubearbeitung Buch 3 (2009)
Steiner (Bearbeiter)	Zwangsversteigerung und Zwangsverwaltung, 9. Aufl., Bd. 1 (1984) Bd. 2 (1986)
Stöber	Forderungspfändung, 15. Aufl. (2010)
ders.	Zwangsversteigerungsgesetz, 20. Aufl. (2012)
ders.	Zwangsvollstreckung in das unbewegliche Vermögen, ZVG-Handbuch, 9. Aufl. (2010)
Storz/Kiderlen	Praxis des Zwangsversteigerungsverfahrens, 11. Aufl. (2008)
Wieczorek/Schütze (Bearbeiter)	Zivilprozessordnung und Nebengesetze, 3. Aufl. Bd. 4/2 (1999)
Zöller (Bearbeiter)	Zivilprozessordnung, 29. Aufl. (2012)

Einleitung

Die Immobiliarzwangsvollstreckung bietet den Gläubigern säumiger Schuldner die Möglichkeit, ihre fälligen Geldforderungen aus dem Schuldner gehörenden Grundstücken oder grundstücksgleichen Rechten befriedigen zu können.

Ebenso wie die Vollstreckung in das bewegliche Vermögen oder in Forderungen dient auch die Immobiliarzwangsvollstreckung der Begleichung von Geldforderungen. Neben den besonderen Vorschriften des ZVG finden die allgemeinen Grundsätze der ZPO zur Zwangsvollstreckung Anwendung.

Während sich die materiell-rechtliche Grundlage für die Verwertung des unbeweglichen Vermögens im BGB befindet (§ 1147: „Die Befriedigung des Gläubigers aus dem Grundstück und den Gegenständen, auf die sich die Hypothek erstreckt, erfolgt im Wege der Zwangsvollstreckung."), hat das formell-rechtliche Verfahren seine Grundlage in erster Linie im Gesetz über die Zwangsversteigerung und die Zwangsverwaltung (ZVG).

Lexikon der Immobiliarvollstreckung

Ablösung (des Gläubigers)
Betreibt der Gläubiger die Zwangsversteigerung eines dem Schuldner gehörenden Grundstücks/Wohnungseigentums/Erbbaurechts, so ist jeder, der Gefahr
läuft, ein (dingliches) Recht oder den Besitz an dem Versteigerungsobjekt zu
verlieren, berechtigt, den Gläubiger zu befriedigen, d.h. die Leistung an ihn zu
erbringen, § 268 Abs. 1 BGB.

Abtretung des Meistgebotes
Den Zuschlag erhält anstelle des Meistbietenden derjenige, dem der Meistbietende die Rechte aus seinem Meistgebot abgetreten hat. Neben der Abtretung ist
erforderlich, dass der Zessionar die Verpflichtungen aus dem Meistgebot übernimmt, § 81 Abs. 2 ZVG.

Abweichende Versteigerungsbedingungen
Die Vorschriften über das geringste Gebot und die Versteigerungsbedingungen
sind nicht zwingender Natur. Auf Antrag kann daher eine von der gesetzlichen
Regelung abweichende Feststellung getroffen werden, § 59 Abs. 1 ZVG.

Anmeldung (von Rechten und Ansprüchen)
Rechte und Ansprüche, soweit sie zur Zeit der Eintragung des Versteigerungsvermerks aus dem Grundbuch nicht ersichtlich sind, müssen angemeldet werden. Mit der Anmeldung eines solchen Rechtes (Anspruchs) erlangt der Gläubiger die Stellung eines Verfahrensbeteiligten.

Anordnungsbeschluss (in der Zwangsversteigerung)
Als Maßnahme der Zwangsvollstreckung erfolgt die Verfahrensanordnung
durch Beschluss des Vollstreckungsgerichts, der die Angaben nach § 16 ZVG
enthalten muss. Gesetzliche Folge der Anordnung ist die Beschlagnahme des
Versteigerungsobjektes, § 20 ZVG.

Aufhebungsbeschluss
Mit der Antragsrücknahme erledigt sich das Verfahren; die Beschlagnahme des
Versteigerungsobjektes zugunsten des vollstreckenden Gläubigers erlischt. Die
damit eingetretene Verfahrensaufhebung hat das Gericht durch Beschluss aus-
zusprechen, § 29 ZVG.

Ausbietungsgarantie

Sie ist ein Vertrag zwischen dem das Zwangsversteigerungsverfahren betreiben-den Gläubiger und einer anderen Person, durch den sich diese verpflichtet, im Termin ein gültiges Gebot abzugeben, das im Falle des Zuschlages die persönli-che Forderung des betreibenden Gläubigers vollständig oder teilweise abdeckt.

Außergerichtliche Befriedigung

Der Ersteher muss dem Vollstreckungsgericht nachweisen, dass er alle Berech-tigten, deren Ansprüche durch das bare Meistgebot gedeckt sind, befriedigt hat. Sieht das Gericht die Voraussetzungen des § 144 ZVG als erfüllt an, wird kein Verteilungstermin angesetzt.

Bares Meistgebot

Teil des Meistgebotes, der durch Zahlung zu erbringen ist. Bestehend aus ge-ringstem Bargebot und Mehrgebot des Meistbietenden, § 49 Abs. 1 ZVG.

Bargebot

Teil jedes Gebotes, auch des Meistgebotes, der durch Zahlung zu erbringen ist. Bestehend aus geringstem Bargebot und Mehrgebot, ohne bestehen bleibende Rechte, § 49 Abs. 1 ZVG.

Befriedigungserklärung

Wenn der Ersteher selbst etwas aus dem Erlös erhält, braucht er den ihm zuste-henden Erlösanteil nicht erst zu zahlen, um ihn anschließend sofort wieder zu-rück zu erhalten; er kann sich wegen seiner Ansprüche im Verteilungstermin gegenüber dem Gericht für befriedigt erklären. Gleiches kann ein Gläubiger we-gen des ihm laut Teilungsplan zustehenden Erlösanteils tun. Die Befriedigungs-erklärung stellt sich somit als eine vereinfachte Form der Erlöszahlung dar, § 117 ZVG.

Befriedigungsfiktion

Ein zur Befriedigung aus dem Versteigerungsobjekt berechtigter Ersteher gilt mit seinem unter $^7/_{10}$ liegenden Gebot insoweit als befriedigt, als sein am Ver-steigerungsobjekt abgesicherter Anspruch bei einem Gebot in Höhe von $^7/_{10}$ des Verkehrswertes gedeckt sein würde, § 114a ZVG.

Beitrittsbeschluss

Das Recht eines Gläubigers, die Zwangsversteigerung zu betreiben, wird nicht dadurch beeinträchtigt, dass auf Antrag eines anderen Gläubigers bereits ein Zwangsversteigerungsverfahren angeordnet worden ist. Da aber nur ein Zwangsversteigerungsverfahren durchgeführt werden kann, wird bei einem weiteren Antrag nicht erneut die Zwangsversteigerung angeordnet, sondern die Zulassung des Beitritts beschlossen. Als Vollstreckungsmaßnahme ist sie unter den gleichen Voraussetzungen zulässig, wie die Anordnung des Verfahrens, § 27 ZVG.

Beschlagnahme

Zugunsten des vollstreckenden Gläubigers gilt der Anordnungsbeschluss (ebenso jeder Beitrittsbeschluss zugunsten des jeweiligen beitretenden Gläubigers) als Beschlagnahme des Versteigerungsobjektes, § 20 Abs. 1 ZVG. Durch die Beschlagnahme wird jede Rechtsänderung durch Rechtshandlungen des Schuldners ausgeschlossen und das Versteigerungsobjekt als Sondervermögen nach den gesetzlichen Vorschriften der Gläubigerbefriedigung zugeführt. Die Beschlagnahme hat insbesondere die Wirkung eines Veräußerungsverbotes, § 23 Abs. 1 S. 1 ZVG.

Bestehen bleibende Rechte

Die bei der Feststellung des geringsten Gebotes berücksichtigten Rechte am Versteigerungsobjekt (Abt. II und III Grundbuch) bleiben mit der Hauptsache bestehen, § 52 Abs. 1 S. 1 ZVG. Der Ersteher wird Eigentümer des mit diesen Rechten belasteten Versteigerungsobjektes.

Betreibender Gläubiger

Derjenige Gläubiger, für den das Verfahren angeordnet ist oder dessen Beitritt zu dem Verfahren zugelassen worden ist.

Bietvollmacht

Als Einzelvollmacht muss sie ausdrücklich die Ermächtigung zum Erwerb des Versteigerungsobjektes oder zur Abgabe von Geboten enthalten oder es muss sich um eine (öffentlich beglaubigte oder beurkundete) Generalvollmacht handeln.

Bietzeit (Biet„stunde")

Der Zeitraum im Versteigerungstermin, der zwischen der Aufforderung zur Abgabe von Geboten und dem Zeitpunkt der gerichtlichen Erklärung, dass Schluss der Versteigerung sei, liegt. Er muss mindestens 30 Minuten betragen.

Deckungsgrundsatz (in der Zwangsversteigerung)

Die Zwangsversteigerung darf nur unter Sicherung der Verfahrenskosten, § 109 Abs. 1 ZVG, und Wahrung derjenigen Rechte erfolgen, die dem Anspruch des betreibenden Gläubigers vorgehen. Rechte am Versteigerungsobjekt werden dadurch gegen Beeinträchtigungen durch die von einem nachrangigen Gläubiger betriebene Zwangsversteigerung geschützt. Gebote sind insoweit begrenzt, als alle dem bestrangig das Zwangsversteigerungsverfahren betreibenden Gläubiger vorgehenden Rechte „gedeckt", also durch Barzahlung, § 49 Abs. 1 ZVG, und Übernahme der bestehen bleibenden Rechte, § 52 Abs. 1 ZVG, ausgeboten werden müssen.

Einstellungsbeschluss

Das Versteigerungsverfahren kann in jeder Lage bis zum Ende der eigentlichen Versteigerung eingestellt werden. Eingestellt werden kann das Verfahren von Amts wegen, auf Antrag des betreibenden Gläubigers oder auf Antrag des Schuldners. Während bei einer Aufhebung des Verfahrens dessen gesamte Wirkungen wegfallen, bleibt bei einer Einstellung insbesondere die Beschlagnahmewirkung bestehen. Entschieden wird über die Einstellung durch Beschluss, der Gläubiger und Schuldner zuzustellen ist.

Einzelausgebot

Wenn mehrere Grundstücke (Grundstücksbruchteile) im selben Verfahren versteigert werden, muss jedes von ihnen einzeln ausgeboten werden, § 63 Abs. 1 ZVG.

Einzelgebot

Gebot auf eines von mehreren im selben Verfahren zu versteigernden Objekten (Bruchteilen), entsprechend dem Einzelausgebot, § 63 Abs. 1 ZVG.

Erlöschende Rechte

Soweit Rechte als im geringsten Gebot berücksichtigt nicht bestehen bleiben, erlöschen sie, § 52 Abs. 1 S. 2 ZVG. Ihr Erlöschen ist Folge des Nicht-Bestehenbleibens.

Ersatzwert (bei erlöschenden Rechten)

Rechte am Versteigerungsobjekt, die durch den Zuschlag „erlöschen", § 91 Abs. 1 ZVG, setzen sich nach dem Surrogationsgrundsatz am Versteigerungserlös als „Anspruch auf Ersatz des Wertes aus dem Versteigerungserlös" fort, soweit der Erlös ausreicht. Der Erlös bleibt zugunsten des Berechtigten von der Beschlagnahme erfasst und bildet für die Rechte einen Ersatz für das Versteigerungsobjekt.

Ersteher
Bezeichnung für den Meistbietenden, dem das Versteigerungsobjekt zugeschlagen wird.

Forderungsübertragung
Wenn der Ersteher das Bargebot im Verteilungstermin nicht erbringt, müssen die Beteiligten, deren Ansprüche durch das Bargebot gedeckt wären, Befriedigung aus der gegen den Ersteher verbleibenden Forderung suchen. Die Forderung gegen den Ersteher auf Zahlung des Bargebotes bildet den Gegenwert für den Eigentumserwerb des Erstehers mit Zuschlag. Ein Beteiligter kann sie nur geltend machen, wenn sie auf ihn übertragen ist. Die Übertragung erfolgt in Ausführung des Teilungsplanes durch Anordnung des Vollstreckungsgerichtes, § 118 ZVG.

Fortsetzungsbeschluss
Fortgesetzt wird jedes eingestellte Verfahren nur auf Antrag des Gläubigers, § 31 Abs. 1 ZVG. Ein Fortsetzungsbeschluss ist gesetzlich nicht vorgeschrieben, jedoch zweckmäßig und allgemein üblich. Er trägt dem Erfordernis Rechnung, dass den Verfahrensbeteiligten nach Zustellung des Einstellungsbeschlusses Kenntnis davon zu geben ist, dass dieser keine Wirkung mehr äußert, und schafft damit Klarheit über Grundlage und Zulässigkeit des fortzuführenden Vollstreckungsverfahrens.

$^5/_{10}$-Mindestgebot
Absolutes Mindestgebot; gilt nur im ersten Versteigerungstermin, § 85a ZVG.

Gesamtausgebot
Wenn mehrere Objekte (Bruchteile) im selben Verfahren versteigert werden, kann jeder Verfahrensbeteiligte verlangen, dass neben dem vorgeschriebenen Einzelausgebot ein Gesamtausgebot über alle stattfindet, § 63 Abs. 2 S. 1 ZVG.

Gesamtgebot
Gebot auf alle im selben Verfahren zu versteigernden Objekte (Bruchteile), entsprechend dem Gesamtausgebot, § 63 Abs. 2 ZVG.

Geringstes Bargebot
Durch Zahlung zu berichtigender Teil des geringsten Gebotes, § 49 Abs. 1 ZVG. Teil des geringsten Gebotes und zugleich des Bargebotes.

Geringstes Gebot
Gebot, das nicht unterschritten werden darf, wenn das Gebot wirksam sein soll, § 44 Abs. 1 ZVG.

Gesetzlicher Löschungsanspruch
Der Gläubiger einer Hypothek oder Grundschuld kann verlangen, dass ein vor- oder gleichrangiges Grundpfandrecht gelöscht wird, wenn es sich mit dem Eigentum in einer Person vereinigt. Der Löschungspflicht unterliegen alle Pfandrechte, gleichgültig wann sie eingetragen sind. Löschung verlangen kann aber nur ein Gläubiger, dessen Hypothek oder Grundschuld nach dem 1.1.1978 in das Grundbuch eingetragen ist, § 1179a Abs. 1 BGB.

Gesetzliche Versteigerungsbedingungen
Sie regeln den Umfang des Gegenstandes der Versteigerung sowie die Rechte und Pflichten des Erstehers. Festgestellt werden die Versteigerungsbedingungen im Versteigerungstermin.

Gruppenausgebot
Wenn mehrere Objekte (Bruchteile) im selben Verfahren versteigert werden, kann jeder Verfahrensbeteiligte verlangen, dass neben dem vorgeschriebenen Einzelausgebot über die mit demselben dinglichen Recht belasteten Objekte (Bruchteile) auch ein Gruppenausgebot stattfindet, § 63 Abs. 2 S. 1 ZVG.

Gruppengebot
Gebot auf einige von mehreren im selben Verfahren zu versteigernde Objekte (Bruchteile), entsprechend dem Gruppenausgebot, § 63 Abs. 2 ZVG.

Instituts-Zwangsverwalter
Gehören zu den Verfahrensbeteiligten bestimmte Institute (§ 150a Abs. 1 ZVG), so können diese eine in ihrem Dienste stehende Person als Zwangsverwalter vorschlagen, § 150a Abs. 1 ZVG. Unter bestimmten Voraussetzungen muss das Gericht den Vorgeschlagenen zum Verwalter bestellen, § 150a Abs. 2 S. 1 ZVG.

Laufende Beträge (wiederkehrender Leistungen)
Der letzte vor der Beschlagnahme fällig gewordene Betrag sowie die später fällig werdenden Beträge, § 13 Abs. 1 S. 1 ZVG. Beschlagnahme ist der Beschlagnahmewirksamkeitszeitpunkt.

Liegenbelassungsvereinbarung (für erlöschende Rechte)
Ein an sich nach den Versteigerungsbedingungen erlöschendes Recht bleibt bestehen, wenn dessen „Liegenbelassen" zwischen dem Berechtigten des Rechtes und dem Ersteher vereinbart wird, § 91 Abs. 2 ZVG. Die Vereinbarung kann sich auf alle Rechte aus Abt. II und III des Grundbuches beziehen, die nicht als bestehen bleibend in das geringste Gebot aufgenommen sind.

Löschungsvormerkung
In Abt. II des Grundbuches eingetragene Vormerkung, insbesondere zugunsten eines nachrangigen Hypothekengläubigers, durch die dessen Anspruch gegen den Grundstückseigentümer auf Löschung einer im Rang vorgehenden Hypothek für den Fall, dass sie mit dem Eigentum in einer Person zusammenfällt, gesichert wird, § 1179 BGB.

Mehrgebot
Der das geringste Bargebot übersteigende Teil des Bargebotes, beim Meistgebot zugleich dessen Teil, § 49 Abs. 1 ZVG.

Meistgebot
Höchstes Gebot, das bis zum Schluss der Versteigerung wirksam abgegeben wurde. Bestehend aus barem Meistgebot und bestehen bleibenden Rechten.

Öffentliche Grundstückslasten
Grundstücksbezogene öffentliche Abgabeforderungen, für die das Grundstück dinglich haftet. Ihre Entstehung richtet sich nach öffentlichem Recht.

Rechtsverfolgungskosten
Die Kosten der die Befriedigung aus dem Versteigerungsobjekt bezweckenden Rechtsverfolgung sind die durch Zwangsversteigerung oder Zwangsverwaltung veranlassten Aufwendungen, § 10 Abs. 2 ZVG. Sie können dem Gläubiger anlässlich der Vorbereitung der Vollstreckung, für die Verfahrensanordnung oder Beitrittszulassung und durch die Teilnahme am Zwangsversteigerungs-/Zwangsverwaltungsverfahren entstanden sein.

Rückstände (wiederkehrender Leistungen)
Alle den laufenden Beträgen vorgehenden älteren Beträge, § 13 Abs. 1 S. 2 ZVG.

Schuldenmasse
Es handelt sich um die durch Bezahlung zu befriedigenden Ansprüche, auch soweit Rechte ausfallen, § 114 ZVG.

Sicherheitsleistung (für Gebot)
Die Bestimmungen über die Sicherheitsleistung sollen Schutz gegen Gebote nicht leistungsfähiger Interessenten gewähren. Sicherheitsleistung kann ein Verfahrensbeteiligter verlangen, dessen Recht durch Nichterfüllung des Gebotes beeinträchtigt würde, § 67 Abs. 1 ZVG. Das sind der Gläubiger und der Schuldner sowie jeder Verfahrensbeteiligte, dessen Anspruch durch das abgegebene Gebot ganz oder teilweise bar gedeckt ist.

Sicherungshypothek (für übertragene Forderungen)
Hat der Ersteher das bare Meistgebot nicht bezahlt, wird die gegen ihn bestehende Forderung auf Zahlung des Bargebotes auf die Berechtigten übertragen. Für die übertragene Forderung wird eine Sicherungshypothek an dem vom Ersteher angesteigerten Objekt eingetragen, § 128 ZVG.

$^7/_{10}$-Mindestgebot
Relatives Mindestgebot; gilt nur im ersten Versteigerungstermin, § 74a ZVG.

Sonderkündigungsrecht (von Miet- und Pachtverhältnissen)
Der Ersteher hat ein gesetzliches Sonderkündigungsrecht: er darf alle Miet- und Pachtverträge einmal unter Einhaltung der gesetzlichen Kündigungsfrist für den ersten zulässigen Termin und unter Achtung einer bestimmten Form kündigen, § 57a ZVG.

Teilungsmasse
Sie ist als Versteigerungserlös Surrogat für das versteigerte Objekt. Zu ihr gehören
a) der im Zuschlagsbeschluss genannte durch Zahlung zu erbringende Betrag des Meistgebotes, § 107 ZVG.
b) die Zinsen des Bargebotes vom Zuschlag bis einschließlich des Tages vor dem Verteilungstermin oder befreiender Hinterlegung.
c) der Erlös aus einer etwaigen besonderen Versteigerung oder anderweitigen Verwertung nach § 65 ZVG.
d) etwaige Zuzahlungen nach §§ 50, 51 ZVG.

Teilungsplan
Im Zwangsversteigerungsverfahren hat das Vollstreckungsgericht einen Teilungsplan aufzustellen, aufgrund dessen der Versteigerungserlös an die jeweils Berechtigten (nach ihrem Rang) verteilt wird, § 106 ZVG. Der Teilungsplan wird im Verteilungstermin aufgestellt und beinhaltet neben der Feststellung der Teilungsmasse, der bestehen bleibenden Rechte und der Schuldenmasse

die Zuteilung der Masse auf die Ansprüche sowie eine Hilfsverteilung, § 113 ZVG.

Terminsbestimmung

Mit dem nach § 37 ZVG vorgeschriebenen Inhalt erfüllt die Terminsbestimmung die Aufgabe, die am Erwerb des Versteigerungsobjektes Interessierten auf die Gelegenheit aufmerksam zu machen und alle, deren Rechte von dem Verfahren berührt werden, zur Wahrung ihrer Rechte zu veranlassen. § 37 ZVG enthält zwingende Vorschriften, deren Nichtbeachtung die Aufhebung des Versteigerungstermins oder die Zuschlagsversagung zur Folge haben kann.

Übergebot

Gebot, das ein vorhergehendes zulässiges Gebot übersteigt, § 72 Abs. 1 ZVG.

Verfahrensbeteiligte

Beteiligte beim Zwangsversteigerungs- oder Zwangsverwaltungsverfahren sind grundsätzlich alle Personen, deren Interessen das Verfahren betrifft. Sie werden je nach dem Grad des rechtlichen Interesses in unterschiedlicher Weise zum Verfahren zugezogen. Im Wesentlichen sind sie durch § 9 ZVG festgelegt, aber auch durch Sondervorschriften (z. B. §§ 163 Abs. 3, 166 Abs. 2 ZVG, § 24 ErbbauRG).

Verkehrswert (Grundstückswert)

Er wird vom Vollstreckungsgericht von Amts wegen festgesetzt. Verkehrswert ist der Grundstückswert. Er wird durch den Preis bestimmt, der im Bewertungszeitpunkt im gewöhnlichen Geschäftsverkehr nach den rechtlichen Gegebenheiten und tatsächlichen Eigenschaften, der sonstigen Beschaffenheit und der Lage des Grundstücks ohne Rücksicht auf ungewöhnliche oder persönliche Verhältnisse zu erzielen wäre (§ 194 BauGB).

Versteigerungserlös

Durch Zahlung zu berichtigender Teil des Meistgebotes nach § 49 Abs. 1 ZVG (zuzüglich eines etwaigen Erlöses aus abgesonderter Verwertung nach § 65 ZVG/einer etwaigen Zuzahlung nach §§ 50, 51 ZVG/der Zinsen des Bargebotes nach § 49 Abs. 2 ZVG).

Versteigerungstermin

Er besteht aus drei Abschnitten:

a) Nach dem Aufruf der Sache werden die erschienenen Beteiligten festgestellt. Nach den dann folgenden Bekanntmachungen und Hinweisen wird das geringste Gebot mit den sonstigen Versteigerungsbedingungen aufgestellt und verlesen. Nach Entgegennahme und Entscheidung von Anträgen und Anmeldungen hat das Gericht unter Hinweis auf die bevorstehende Ausschließung von Anmeldungen zur Abgabe von Geboten aufzufordern.

b) Sodann werden für die Dauer von mindestens 30 Minuten Gebote entgegengenommen. Die Biet„stunde" dauert an, bis nach Ablauf von 30 Minuten keine weiteren Gebote mehr abgegeben werden. Dann muss das letzte Gebot und der Schluss der Versteigerung verkündet werden.

c) Danach wird über den Zuschlag verhandelt, falls wirksame Gebote vorliegen, oder das Verfahren wird mangels Geboten eingestellt.

Versteigerungsvermerk

Der Zwangsversteigerungsvermerk wird auf Ersuchen des Vollstreckungsgerichtes vom Grundbuchamt im Grundbuch eingetragen. Er ist die im Grundbuch vorzunehmende Eintragung, dass die Zwangsversteigerung des betroffenen Grundstücks angeordnet ist. Die Eintragung des Vermerks verschafft dem mit Beschlagnahme bewirkten Veräußerungsverbot (§ 23 Abs. 1 S. 1 ZVG) Wirksamkeit gegenüber allen, die ein Recht an dem Grundstück durch Rechtsgeschäft erwerben. Jede gegen die Beschlagnahme verstoßende Verfügung bleibt dem Vollstreckungsgläubiger gegenüber unwirksam (§§ 135, 136 BGB); gutgläubiger Erwerb Dritter bleibt ausgeschlossen (§ 892 Abs. 1 S. 2 BGB).

Verteilungstermin

Sein Zweck ist es, den Teilungsplan aufzustellen, den Erlös entgegenzunehmen und zu verteilen oder bei Nichtzahlung die Forderung gegen den Ersteher zu übertragen sowie die vorgelegten Urkunden zu behandeln, §§ 107, 109, 113, 115, 117, 118, 127, 128 ZVG.

Vollstreckungsschuldner

Derjenige, gegen den sich die Vollstreckung richtet, gegen den das Verfahren angeordnet ist.

Vorschuss (in der Zwangsverwaltung)

Erfordert die Fortsetzung des Zwangsverwaltungsverfahrens besondere Aufwendungen, muss der Zwangsverwalter über das Vollstreckungsgericht rechtzeitig einen Vorschuss vom betreibenden Gläubiger anfordern, falls in der Zwangsverwaltungsmasse keine Mittel vorhanden sind, § 161 Abs. 3 ZVG.

Wiederversteigerung
Bezeichnung für das Verfahren der Wiedervollstreckung nach § 133 ZVG. Es handelt sich um ein völlig neues selbständiges Verfahren, das sich gegen den Ersteher als den Eigentümer des Versteigerungsobjektes richtet. Vollstreckt wird aus der übertragenen Forderung oder der für sie eingetragenen Sicherungshypothek, § 128 ZVG.

Zuschlag
Wenn ein Gebot vorliegt und kein Zuschlagsversagungsgrund besteht, erfolgt mit der Erteilung des Zuschlages (nicht selten direkt nach dem Schluss der Versteigerung) die Eigentumsübertragung auf den Meistbietenden.

Zuschlagsversagungsgrund
Der Zuschlag muss versagt werden, wenn eine derjenigen Vorschriften verletzt worden ist, die den Schutz der Verfahrensbeteiligten bezwecken. Die Verfahrensmängel, die eine Versagung des Zuschlags gebieten, werden in § 83 ZVG aufgeführt.

Zuteilung (der Masse im Teilungsplan)
Aus ihr ergibt sich, in welcher Höhe der Versteigerungserlös (die Teilungsmasse) auf die Ansprüche entfällt, die nach der Schuldenmasse ein Recht auf Befriedigung aus dem Versteigerungsobjekt gewähren.

Zuzahlung
Sie ist vom Ersteher zu leisten, wenn eine in das geringste Gebot als bestehen bleibend aufgenommene Hypothek, Grundschuld oder Rentenschuld oder ein sonstiges dingliches Recht nicht besteht, §§ 50, 51 ZVG.

Zwangsversteigerung
Sie soll, soweit durch Schutzmaßnahmen dem Schuldner sein Eigentum nicht erhalten werden kann, durch bestmögliche zwangsweise Verwertung des Eigentums möglichst viele Gläubigeransprüche befriedigen.

Zwangsverwalter
Durch die Beschlagnahme wird dem Schuldner die Verwaltung und Benutzung des verwalteten Objektes entzogen, § 148 Abs. 2 ZVG. Zur Ausübung dieser Befugnisse wird vom Vollstreckungsgericht ein Zwangsverwalter bestellt, §§ 150 Abs. 1, 152 ZVG, dessen Rechte und Pflichten im ZVG und der Zwangsverwalterverordnung geregelt sind. Er unterliegt in seiner Geschäftsführung der Aufsicht des Gerichts.

Zwangsverwaltung

Das Ziel der Zwangsverwaltung kann sowohl darin bestehen, durch die bestmögliche zwangsweise Nutzung des Vollstreckungsobjektes mit Hilfe eines Zwangsverwalters die laufenden Verbindlichkeiten zu befriedigen, als auch darin, den Wert des Vollstreckungsobjektes zu erhalten.

A. Gesetzliche Grundlagen

Die Zwangsvollstreckung in das unbewegliche Vermögen, § 864 ZPO, erfolgt durch:

I. Eintragung einer (Zwangs-)Sicherungshypothek, §§ 866, 867 ZPO[1]

Durch die (Zwangs-)Sicherungshypothek erhält der Gläubiger ein dingliches Sicherungsrecht, § 1184 BGB, an dem belasteten Grundstück (Wohnungseigentum, Erbbaurecht etc.) des Schuldners.

Da der gesetzliche Löschungsanspruch, § 1179a BGB, bezüglich vorrangiger Eigentümerhypotheken bzw. Eigentümergrundschulden auch dem Gläubiger einer (Zwangs-)Sicherungshypothek (nicht hingegen bei einer Arresthypothek, § 932 Abs. 1 S. 2 ZPO) zusteht,[2] kann es sich für einen wegen einer persönlichen Forderung vollstreckenden Gläubiger lohnen, neben der Anordnung der Zwangsversteigerung zugleich auch die Eintragung einer Zwangshypothek zu beantragen, da er sich hierdurch den Löschungsanspruch gegenüber vorgehenden Eigentümergrundpfandrechten sichert.[3] Bei einer der Sicherungshypothek vorgehenden Sicherungsgrundschuld (§ 1192 Abs. 1a Satz 1 BGB) bietet es sich demgegenüber an, zeitgleich den dem Schuldner als Grundschuldbesteller gegenüber dem Grundschuldgläubiger zustehenden Anspruch auf Rückgewähr der Grundschuld zu pfänden.[4]

Auch bei einer bereits über den Verkehrswert hinaus belasteten Immobilie kann die Eintragung einer (Zwangs-)Sicherungshypothek sinnvoll sein, da bei einem beabsichtigten freihändigen lastenfreien Verkauf des Grundstücks auch die Zustimmung des Gläubigers der (Zwangs-)Sicherungshypothek erforderlich ist (siehe Seite 23).

Zur Eintragung einer (Zwangs-)Sicherungshypothek bedarf es eines (formlosen) Antrags, § 867 Abs. 1 ZPO.[5] Der antragstellende Gläubiger benötigt einen

---

1 *Stöber* Einl. Rz. 62ff.; *Fischinger* „Aktuelle Fragen der Zwangshypothek" WM 2009, 637ff.

2 MünchKomm/*Eickmann* § 1179a Rz. 12; Staudinger/*Wolfsteiner* § 1179a Rz. 17, 18; Erman/*Wenzel* § 1179a Rz. 1; *Stöber* Rpfleger 1977, 426.

3 *Stöber* Einl. Rz. 62.1.

4 *Stöber* Einl. Rz. 62.1; Zöller/*Stöber* § 866 Rz. 4; *Gaberdiel/Gladenbeck* Kreditsicherung durch Grundschulden Rzn. 723, 900ff.

5 *Stöber* Einl. Rz. 63–65 zu den Antragserfordernissen.

auf eine Geldforderung von mehr als 750 € gerichteten vollstreckbaren Titel gegen den als Grundstückseigentümer (Wohnungseigentümer, Erbbauberechtigten etc.) eingetragenen Schuldner, § 866 Abs. 3 S. 1 ZPO.

Die Belastung mehrerer Grundstücke des Schuldners mit einer (Zwangs-)Sicherungshypothek (als Gesamthypothek) ist nicht möglich, § 867 Abs. 2 S. 1 ZPO. Dies gilt auch dann, wenn die Eintragungen nacheinander beantragt werden, da ansonsten eine unzulässige Umgehung des § 867 Abs. 2 S. 1 ZPO vorliegen würde. Ist also bereits auf einem Grundstück des Schuldners in voller Forderungshöhe eine Sicherungshypothek eingetragen, sind alle künftigen Eintragungen aufgrund derselben Forderung (desselben Titels) wegen Verstoßes gegen § 867 Abs. 2 S. 1 ZPO als inhaltlich unzulässig anzusehen und von Amts wegen gemäß § 53 GBO zu löschen.[6]

Ist die titulierte Forderung des Gläubigers an einem Grundstück des Schuldners durch eine Verkehrshypothek oder Grundschuld abgesichert, steht das Verbot des § 867 Abs. 2 S. 1 ZPO der Eintragung einer (Zwangs-)Sicherungshypothek an einem anderen Grundstück des Schuldners nicht entgegen.[7]

Übernimmt der Eigentümer eines Grundstücks (als Schuldner) zusätzlich zur Bestellung einer (Sicherungs-)Grundschuld auch die persönliche Haftung für die Zahlung der Grundschuld und unterwirft sich insoweit der Zwangsvollstreckung in sein gesamtes Vermögen, so kann wegen dieses persönlichen Anspruchs nicht noch eine Zwangshypothek auf dem bereits mit der (Sicherungs-)Grundschuld belasteten Grundstück eingetragen werden (wohl aber auf einem anderen Grundstück des Schuldners).[8]

Die Eintragung der Sicherungshypothek kann nicht wegen Geringwertigkeit des Grundstücks oder wegen hoher Vorbelastungen abgelehnt werden.[9]

Zum Betreiben der Zwangsversteigerung aus der eingetragenen (Zwangs-)Sicherungshypothek bedarf es keines besonderen Duldungstitels. Es genügt vielmehr der vollstreckbare Titel, auf dem die Eintragung der Sicherungshypothek vermerkt ist, § 867 Abs. 3 ZPO.

Auch eine erneute Zustellung des mit dem Eintragungsvermerk versehenen Vollstreckungstitels ist für die Anordnung der Zwangsversteigerung nicht erforderlich.[10]

Hinsichtlich des Betreibens (der Anordnung) der Zwangsverwaltung aus der eingetragenen (Zwangs-)Sicherungshypothek bedarf es hingegen eines beson-

---

6 OLG Düsseldorf 28.8.1989 Rpfleger 1990, 60; *Stöber* Einl. Rz. 68.4.
7 BayObLG 20.9.1990 Rpfleger 1991, 53; *Stöber* Einl. Rz. 68.10.
8 OLG Köln 23.10.1995 WM 1996, 151, *Stöber* Einl. Rz. 68.10.
9 LG Marburg 24.7.1984 Rpfleger 1984, 406.
10 *Stöber* Einl. Rz. 69.1.

deren dinglichen Titels (auf Duldung der Zwangsvollstreckung in das belastete Grundstück, Wohnungseigentum, Erbbaurecht). Eine Befreiung von dem Erfordernis der Erwirkung eines besonderen Duldungstitels wurde vom Gesetzgeber bei der Zwangsverwaltung ausdrücklich für nicht erforderlich gehalten.[11]

Auch für die Verwertung einer ohne Unterwerfung bestellten Sicherungsgrundschuld(durch Zwangsversteigerung oder Zwangsverwaltung) ist es erforderlich, dass sich der Grundstückseigentümer (Wohnungseigentümer, Erbbauberechtigte etc.) der Vollstreckung aus der Grundschuld unterwirft, ansonsten er vom Gläubiger auf Duldung der Vollstreckung aus der Grundschuld verklagt werden muss.

1. Rechtsmittel

Obwohl die Eintragung einer (Zwangs-)Sicherungshypothek eine Zwangsvollstreckungsmaßnahme darstellt, wird sie wegen ihrer Zuweisung zum Grundbuchverfahren nach den Vorschriften der Grundbuchordnung (GBO) behandelt.

Lehnt das Grundbuchamt den Eintragungsantrag ab, so ist hiergegen das Rechtsmittel der (Grundbuch-)Beschwerde, § 71 Abs. 1 GBO, gegeben.

Die Eintragung der (Zwangs-)Sicherungshypothek kann grundsätzlich nicht selbständig angefochten werden, § 71 Abs. 2 S. 1 GBO. Im Wege der Beschwerde kann aber die Eintragung eines Widerspruchs oder die Löschung der Eintragung verlangt werden, 71 Abs. 2 S. 2 GBO.

2. Gerichtskosten

Die bei der Eintragung einer (Zwangs-)Sicherungshypothek anfallenden Gerichtskosten werden nach § 62 KostO berechnet. Diese Kosten kann der Gläubiger bei einer Zwangsversteigerung des belasteten Objekts im Range der zu seinen Gunsten eingetragenen Sicherungshypothek geltend machen, § 10 Abs. 2 ZVG.

---

11 BGH 13.3.2008 WM 2008, 801; Zweite Zwangsvollstreckungsnovelle 1997, BGBl. I 1997, 3039, Gesetzesbegründung zu § 867 Abs. 3 ZPO.

II. Zwangsversteigerung

§§ 866, 869 ZPO in Verbindung mit dem Gesetz über die Zwangsversteigerung und Zwangsverwaltung (ZVG) als Spezialgesetz zur ZPO.

Die Zwangsversteigerung bezweckt die Verwertung des Versteigerungsobjektes zur Befriedigung des Gläubigers aus dem Erlös, §§ 90, 105 ZVG. Es tritt ein endgültiger Eigentumsverlust des Schuldners ein.

III. Zwangsverwaltung

Für sie gelten die gleichen gesetzlichen Grundlagen wie bei der Zwangsversteigerung.

Die Zwangsverwaltung hat die zeitweise Verwertung der Nutzungen des zwangsverwalteten Objektes (z.B. Miet-/Pachtzins) zugunsten der Gläubiger zum Ziel, § 155 ZVG, und führt nicht zum Eigentumsverlust.

Unter den drei Vollstreckungsarten nach § 866 Abs. 1 ZPO hat der Gläubiger die freie Wahl. Sie können auch gleichzeitig nebeneinander betrieben werden, § 866 Abs. 2 ZPO.

IV. Die Zwangsvollstreckung findet statt in

–   Grundstücke, § 3 GBO, § 864 Abs. 1 ZPO
–   Ideelle Bruchteile von Grundstücken (Miteigentum nach Bruchteilen, § 864 Abs. 2 ZPO)
–   Wohnungs- und Teileigentum nach dem WEG
–   Erbbaurechte, § 11 ErbbauRG
–   Schiffe, Schiffsbauwerke, Luftfahrzeuge, § 864 Abs. 1 und 2 ZPO

V. Das Zwangsversteigerungsverfahren in ein Grundstück etc. gliedert sich wie folgt

–   Anordnungs- bzw. Beitrittsverfahren, §§ 15–27 ZVG,
–   Vollstreckungsschutzverfahren, §§ 30–31 ZVG, § 765a ZPO mit Mieterbelehrung, §§ 57ff. ZVG,
–   Verkehrswertfestsetzung, § 74a Abs. 5 ZVG,
–   Versteigerungstermin, Terminsbestimmung, §§ 35–43 ZVG, Termin einschließlich Zuschlagserteilung, §§ 66–94 ZVG,

- Erlösverteilung, §§ 105–145 ZVG,
- Grundbuchberichtigung, § 130 ZVG.

Sachlich und örtlich zuständig ist gem. § 1 ZVG, §§ 869, 802 ZPO das Amtsgericht als Vollstreckungsgericht, in dessen Bezirk das zu versteigernde Grundstück liegt.

Für die gesamte Durchführung des Verfahrens ist gem. § 3 Ziff. 1i RpflG der Rechtspfleger zuständig.

B. Vorbereitung des Zwangsversteigerungs-verfahrens

I. Grundbuchauszug (siehe Beispielfall S. 295)

Für einen Gläubiger, der in das unbewegliche Vermögen des Schuldners vollstrecken will, ist die genaue Kenntnis des Grundbuches unerlässlich.

Es empfiehlt sich, spätestens bei Einleitung der Zwangsversteigerung einen aktuellen Grundbuchauszug beim Grundbuchamt zu beschaffen. Ggf. wird dieser schon für die Klauselumschreibung (dann in der Regel beglaubigt) durch einen Notar benötigt. Auch die Kenntnis nachrangiger Rechte (z.B. Zwangssicherungshypotheken) kann für den Gläubiger durchaus wichtig sein:

1. Ablösemöglichkeiten und -gefahren

Ist z.B. nach einem das Zwangsversteigerungsverfahren bestrangig betreibenden Grundschuldgläubiger eine weitere Grundschuld eingetragen, so hat deren Inhaber die Möglichkeit, durch Ablösung des (Zahlung an den) vorrangigen Grundschuldgläubigers in dessen Rangposition einzurücken, § 268 BGB.

Als sodann bestrangig betreibender Gläubiger kann er die Zwangsversteigerung des Grundstücks verhindern (Einstellung/Aufhebung des Zwangsversteigerungsverfahrens), es sei denn, dass das Zwangsversteigerungsverfahren noch von weiteren Gläubigern betrieben wird.

Verfolgte der abgelöste Grundschuldgläubiger neben der Befriedigung seiner Forderung z.B. auch die Absicht, dass das Zwangsversteigerungsobjekt von einem bestimmten Interessenten erworben (ersteigert) wird, kann dies durch einen nachrangig eingetragenen Grundschuldgläubiger oder einen ansonsten Ablösungsberechtigten verhindert werden.

2. Möglichkeiten eines freihändigen Verkaufs[1]

Nicht selten stellt sich die freihändige Veräußerung eines belasteten Grundstücks sowohl für den Vollstreckungsschuldner (Grundstückseigentümer) als

---

[1] Zur Veräußerung von Immobilien **während** eines Zwangsversteigerungs- und Zwangsverwaltungsverfahrens siehe: *Böttcher* ZfIR 2010, 521 ff.

auch für den Gläubiger als die gegenüber der Zwangsversteigerung günstigere Art der Verwertung dar.

Das liegt daran, dass Bietinteressenten im Zwangsversteigerungsverfahren häufig davon ausgehen, das Versteigerungsobjekt möglichst „günstig", d. h. unter seinem tatsächlichen Verkehrswert ersteigern zu können, während sich bei einer freihändigen Veräußerung durch den Eigentümer die Aussichten der Erzielung eines dem Grundstückswert angemessenen Preises erhöhen. Hiervon profitieren sowohl der Schuldner (umfangreichere Tilgung der gesicherten Verbindlichkeiten) als auch der Gläubiger (umfangreichere Reduzierung seiner Forderungen).

Aus dem Treuhandverhältnis zwischen Bank und Kunde kann sich im Einzelfall sogar die Verpflichtung der Bank ergeben, eine Sicherheit freizugeben (Löschungsbewilligung gegen Zahlung des Kaufpreises an die Bank), wenn sich nur so ein günstiger freihändiger Verkauf des belasteten Objektes durchführen lässt, der zu einem deutlich besseren Ergebnis als eine mögliche Zwangsversteigerung führt.

Beispiel:

Eheleute K. sind zu ½ Eigentümer einer Eigentumswohnung, die sie zum Preis von € 125.000 erworben haben. Den Kaufpreis zahlten die Eheleute aus einem ihnen von der Sparkasse eingeräumten Darlehen i.h.v. € 129.000. Als Sicherheit für das Darlehen bewilligten die Eheleute zugunsten der Sparkasse Grundschulden von € 129.000.

Als die Eheleute die auf das Darlehen zu zahlenden Zins- und Tilgungsleistungen nicht mehr aufbringen können, wird mit Hilfe verschiedener Makler versucht, Kaufinteressenten zu finden. Eine freihändige Veräußerung zum Preise von € 100.000 scheitert daran, dass die Sparkasse die Freigabe ihrer Grundpfandrechte von der Tilgung noch offener Darlehensverbindlichkeiten von € 139.000 abhängig macht.

Im anschließenden Zwangsversteigerungsverfahren wird ein Erlös von lediglich € 67.500 erzielt.

Die Eheleute machen Aufwendungs- und Schadensersatz in Höhe der Differenz zwischen dem vormals vereinbarten Kaufpreis und dem erzielten Versteigerungserlös geltend.

Die Weigerung der Sparkasse, ohne vorherige Zahlung aller Verbindlichkeiten in die Löschung der Grundschuld einzuwilligen, kann sich als eine zu Schadensersatz verpflichtende Verletzung nebenvertraglicher Treuepflichten aus dem Kreditvertrag darstellen.

Ein Kreditinstitut wird in der Regel nicht unmittelbar nach Fälligstellung eines grundpfandrechtlich gesicherten Kredites zur Verwertung der Grundschuld schreiten, ohne es dem Sicherungsgebers zu ermöglichen, die zwangsweise Verwertung seines Grundstücks durch eine anderweitige Kreditaufnahme, eine Umschuldung oder durch einen freihändigen Verkauf zu verhindern.

Andererseits muss es jedem Kreditinstitut gestattet sein, nach eigenen Risikogesichtspunkten zu entscheiden, ob es sichere Grundpfandrechte aufgibt und damit einen freihändigen Verkauf gegenüber der sonst drohenden Zwangsversteigerung ermöglicht.

Eine Verpflichtung zur Freigabe von Sicherheiten (zwecks Ermöglichung eines freihändigen Verkaufs) kann für das Kreditinstitut dann bestehen, wenn aufgrund des bei ihm vorhandenen Fachwissens allein diese Entscheidung nahe liegend und richtig und die Notwendigkeit der Freigabe überdeutlich und augenscheinlich ist.[2]

Im Beispielfall konnte die Sparkasse nach Auffassung des Gerichts[3] zum Zeitpunkt des Kaufvertrages nicht davon ausgehen, dass die Eheleute die nach Abzug des Kaufpreises verbleibenden Darlehensverbindlichkeiten würden bezahlen können.

Aufgrund ihrer Sachkunde hätte sie davon ausgehen müssen, dass der Kaufpreis bei einer späteren Zwangsversteigerung nicht zu erzielen sein würde. Bei der bestehenden Marktlage wäre es für die Sparkasse sicher gewesen, dass ein erneuter freihändiger Verkauf der Wohnung zu dem vormaligen Kaufpreis unwahrscheinlich war.

Konsequenz:

Die Weigerung eines Kreditinstituts zur Grundschuldfreigabe zwecks Ermöglichung eines freihändigen Verkaufs kann nur bei Vorliegen ganz bestimmter Umstände Schadensersatzansprüche auslösen.

Die Entwicklung des Immobilienmarktes wird nur selten eine so gesicherte Prognose hinsichtlich eines verminderten Erlöses im Zwangsversteigerungsverfahren zulassen, dass sich die für einen freihändigen Verkauf erforderliche Grundschuldfreigabe als einzig richtige Maßnahme darstellt.

Ist das Grundstück nicht nur zugunsten eines Gläubigers, sondern nachrangig auch zugunsten weiterer Gläubiger belastet, kann dies einen freihändigen Verkauf des Grundstücks erheblich erschweren.

Da der Erwerber in der Regel an einem lastenfreien Erwerb des Grundstücks interessiert ist, hängt die Möglichkeit einer freihändigen Veräußerung davon ab, dass alle an dem Grundstück abgesicherten Gläubiger sich wegen der beabsichtigten freihändigen Grundstücksveräußerung zur Freigabe ihrer Rechte (Erteilung von Löschungsbewilligungen) bereit finden.

---

2 OLG Schleswig 23.2.2011 WM 2011, 1128; OLG Köln 12.6.1995 WM 1995, 1801 = ZIP 1995, 1668; *Gaberdiel/Gladenbeck* Kreditsicherung durch Grundschulden Rz. 1097.
3 OLG Köln 12.6.1995 WM 1995, 1801 = ZIP 1995, 1668.

Dies lässt sich nur dadurch erreichen, dass die Gläubiger an dem Verkaufserlös entsprechend ihrer Berechtigung an dem zu veräußernden Grundstück
beteiligt werden.

Während im Zwangsversteigerungsverfahren die Befriedigungsaussichten
eines Gläubigers von seiner rangmäßigen Absicherung am Grundstück abhängen, kann er bei einer freihändigen Veräußerung die Löschung seines Rechtes
selbst dann von einer Beteiligung am Verkaufserlös abhängig machen (Ab-
schlagszahlung; auch sog. Lästigkeitsprämie), wenn er auf sein Recht im
Zwangsversteigerungsverfahren keine Zuteilung erhalten würde.

Lässt sich hier mit den am Grundstück abgesicherten Gläubigern keine ein-
vernehmliche Regelung erzielen, muss notfalls die Grundstücksverwertung im
Wege der Zwangsversteigerung erfolgen.

3. Feststellung der Rangverhältnisse von am Versteigerungsobjekt Berechtigten

Wegen etwaiger Rangänderungen kann nur ein aktueller Grundbuchauszug
vollständig und zweifelsfrei die Erstellung eines
  Rangstatus
ermöglichen. Dieser ist unerlässlich, um sich vor bösen Überraschungen zu
schützen.

Die Einsicht in das Grundbuch (sowie die Anforderung einer Abschrift) ist
jedem gestattet, der ein berechtigtes Interesse hierfür darlegt, § 12 Abs. 1, 2 GBO.

Ein berechtigtes Interesse hat jeder, der ein verständiges, durch die Sachlage gerechtfertigtes Interesse verfolgt. Die Beschränkung der Einsichtsbefugnis
soll missbräuchliche Einsichtnahmen verhindern. Die im Grundbuch Eingetragenen sollen davor geschützt werden, dass Unbefugte Einblick in ihre Vermö-
gensverhältnisse erhalten.

Ein berechtigtes Interesse hat jeder Inhaber eines eingetragenen Rechtes
am Grundstück (z.B. ein Grundschuld-/Hypothekengläubiger).

Gläubiger des Grundstückseigentümers haben ein Recht auf Grundbucheinsicht ohne Rücksicht darauf, ob sie für ihre Forderung bereits einen Vollstreckungstitel erlangt haben oder nicht. Auch wer die Einräumung eines Kredites
beabsichtigt, kann sich durch die Grundbucheinsicht Gewissheit über das Be-
leihungsobjekt verschaffen, wenn er die Kreditverhandlung gegenüber dem
Grundbuchamt darlegt.[4]

---

4 *Gaberdiel/Gladenbeck* (a.a.O. Fn. 2) Rz. 71–76; *Böhringer* Rpfleger 1987, 181 ff.

Soweit die Einsicht des Grundbuches gestattet ist, kann der Berechtigte auch eine Abschrift/einen Ausdruck aus dem Grundbuch verlangen, §§ 12 Abs. 2, 131 S. 1 GBO. Die Kosten hierfür betragen derzeit 10 €, § 73 KostO.

II. Kündigung

Will ein Gläubiger, dessen Forderung grundpfandrechtlich abgesichert ist, zwecks Befriedigung seiner Forderung die Verwertung seines Grundpfandrechtes betreiben, hat die Vollstreckung aus dem Grundpfandrecht sowohl dessen Fälligkeit wie auch die Fälligkeit der grundpfandrechtlich gesicherten Forderung zur Voraussetzung.

Neben der Fälligstellung der gesicherten Forderung muss auch die Kündigung des diese sichernden Grundpfandrechtes erfolgen.

Ist für die Grundschuld selbst nichts anderes vereinbart, wird sie erst durch Kündigung seitens des Gläubigers oder des Grundstückseigentümers mit einer Frist von sechs Monaten fällig, § 1193 Abs. 1 BGB.

Achtung:

Bei bis zum 19.8.2008 bestellten Sicherungsgrundschulden[5] wurde üblicherweise vereinbart, dass die Grundschuld ohne Kündigung sofort fällig sein soll, oder es wurde dem Gläubiger das Recht zur jederzeitigen fristlosen Kündigung eingeräumt. Derartige Vereinbarungen, die bei Eintragung im Grundbuch auch gegenüber etwaigen Rechtsnachfolgern des Gläubigers oder des Grundstückseigentümers gelten, waren bis zum 19.8.2008 zulässig.

Durch das am 19.8.2008 in Kraft getretene Risikobegrenzungsgesetz[6] wurde § 1193 BGB dahingehend geändert, dass die Fälligkeit einer Grundschuld, die eine Geldforderung sichert, zwingend ihre Kündigung unter Einhaltung einer sechsmonatigen Kündigungsfrist erfordert, § 1193 Abs. 2 Satz 2 BGB.

Bis zum 19.8.2008 bestellte Sicherungsgrundschulden (abzustellen ist hier auf den Notartermin und nicht auf die Eintragung der Grundschuld), bei denen abweichend von § 1193 Abs. 1 BGB ihre sofortige Kündbarkeit oder Fälligkeit vereinbart wurde, bleiben von der Neuregelung unberührt, Art. 229 § 18 Abs. 3 EGBGB. Ihre Verwertung kann also nach wie vor durch fristlose Kündigung bzw. ohne Kündigung mit Zustellung der vollstreckbaren Ausfertigung der Grundschuldbestellungsurkunde eingeleitet werden.

Bei Verwertung einer nach dem 19.8.2008 bestellten Grundschuld, bei der dem Grundschuldgläubiger aufgrund vereinbarten Verzichtes auf den Nachweis der Fälligkeit der Grundschuld vom Notar eine vollstreckbare Ausfertigung erteilt wurde,[7] sollte vom Grundschuldgläubiger

---

5 Siehe hierzu: *Derleder* „Die neue Sicherungsgrundschuld" ZIP 2009, 2221 ff.

6 Gesetz zur Begrenzung der mit Finanzinvestitionen verbundenen Risiken, Art. 6, BGBl. 2008, Teil I, S. 1666, 1669.

7 LG Essen 5.11.2010 Rpfleger 2011, 288.

darauf geachtet werden, dass zum Zeitpunkt seines Antrages auf Anordnung der Zwangsversteigerung die sechsmonatige Kündigungsfrist nach § 1193 Abs. 1 BGB abgelaufen ist.

Zwar gehört es grundsätzlich nicht zu den Aufgaben des Vollstreckungsgerichtes, bei der Entscheidung über den Anordnungsantrag die Zulässigkeit der erteilten Vollstreckungsklausel oder die Fälligkeit der Vollstreckungsforderung zu prüfen.[8] Zwecks Vermeidung von Auseinandersetzungen hierüber kann es aber sinnvoll sein, dem Anordnungsantrag eine Kopie der vom Gerichtsvollzieher zugestellten Grundschuldkündigung beizufügen, aus der sich ergibt, dass die Kündigungsfrist zum Zeitpunkt der Antragstellung abgelaufen ist.[9]

Ordnet das Vollstreckungsgericht die Zwangsversteigerung vor Ablauf der sechsmonatigen Kündigungsfrist an, läuft der Grundschuldgläubiger Gefahr, dass der Schuldner unter Verweis auf die mangelnde Fälligkeit der Grundschuld die Aufhebung bzw. Einstellung des Verfahrens erreichen kann, §§ 795, 767 bzw. § 769 Abs. 1 ZPO.

Auch aus einer fälligen Grundschuld darf nur dann die Zwangsvollstreckung betrieben werden, wenn die durch sie gesicherte Forderung fällig ist.[10]

Ist für die abgesicherte Forderung nicht von vornherein ein bestimmter Fälligkeitstermin vorgesehen, muss die Fälligkeit durch eine Kündigung herbeigeführt werden. Eine hierbei einzuhaltende Form und Frist ergibt sich entweder aus vertraglichen Vereinbarungen oder gesetzlichen Bestimmungen.

Würde der Gläubiger mit der Verwertung der Grundschuld beginnen, bevor die durch sie gesicherte Forderung fällig ist, könnte der Eigentümer einem derartigen Vorgehen die Einrede entgegenhalten (notfalls im Wege der Vollstreckungsabwehrklage, § 767 ZPO), dass der Gläubiger nach dem der Bestellung der Grundschuld zugrundeliegenden Sicherungsvertrag die Grundschuld derzeit nicht gelten machen darf.[11]

Sind durch die Grundschuld mehrere Forderungen gesichert, bedarf es zur Verwertung der Grundschuld allerdings nicht einer Gesamtfälligstellung. Es reicht aus, dass eine der durch die Grundschuld gesicherten Forderungen (teilweise) fällig ist.

Bei komplizierten Sachverhalten, insbesondere bei größeren Pfandobjekten (Industrie, Handel u. ä.) empfiehlt es sich, rechtzeitig mit dem zuständigen Rechtspfleger Kontakt aufzunehmen. Wenn auch das ZVG das Zwangsversteigerungsverfahren recht umfassend regelt, so gibt es dem Rechtspfleger doch genügend Spielraum für eigene Verfahrensauffassungen, die mit gesetzlichen

---

8 *Stöber* § 15 Rz. 40.12, 40.13.

9 *Stöber,* § 15 Rz. 15.1, 40.14, hält abweichende Bestimmungen zur Fälligkeit in der vollstreckbaren Urkunde und die Befreiung von der Nachweispflicht (der Fälligkeit) anlässlich der Erteilung einer vollstreckbaren Ausfertigung wegen Gesetzesverstoß für unwirksam.

10 *Gaberdiel/Gladenbeck* (a. a. O. Fn. 2) Rz. 278.

11 BGH 29.3.1985 WM 1985, 953; *Gaberdiel/Gladenbeck* (a. a. O. Fn. 2) Rz. 799.

Vorschriften im Einklang stehen. Gerade bei Pfandobjekten in der Zuständigkeit fremder Amtsgerichte kann diese frühzeitige Kontaktaufnahme sehr sachdienlich sein.

III. Vollstreckungsvoraussetzungen (Titel, Klausel, Zustellung)

1. Vollstreckungstitel

Zur Zwangsvollstreckung in das unbewegliche Vermögen aus einem eingetragenen Recht, § 1147 BGB, bedarf es eines Duldungstitels gegen den jeweiligen Eigentümer.

Dieser kann bestehen in
- einer Grundschuldbestellungsurkunde mit Unterwerfungsklausel, § 794 Abs. 1 Nr. 5 ZPO
- einem Urteil gegen den Eigentümer zur Duldung der Vollstreckung in den Grundbesitz.

Soll die Zwangsvollstreckung dagegen nicht aus einem eingetragenen, dinglichen Recht, sondern wegen eines persönlichen Anspruches erfolgen, so genügt jeder Zahlungstitel, der auf Leistung einer Geldsumme lautet. Hierzu zählen z. B. ein Urteil (rechtskräftig oder zumindest vorläufig vollstreckbar), ein Vollstreckungsbescheid, ein gerichtlicher Vergleich, ein vollstreckbarer Auszug aus der Insolvenztabelle sowie ein notarielles Schuldanerkenntnis.

In der Regel erfolgt die Immobiliarzwangsvollstreckung allerdings durch die zwangsweise Verwertung (Zwangsversteigerung und/oder Zwangsverwaltung) eines dem Gläubiger an dem Vollstreckungsobjekt zustehenden dinglichen Rechtes (Grundschuld, (Zwangs-)Sicherungshypothek).

Ist zunächst aufgrund eines Zahlungstitels eine (Zwangs-)Sicherungshypothek eingetragen worden und will der Gläubiger sodann aus dem Range dieses Rechtes die Zwangsversteigerung betreiben, so bedarf es hierzu keines Duldungstitels (s. o. S. 16).

a) Bei einer Teilunterwerfung zu beachtende Besonderheiten

Aus Kostenersparnisgründen ist der Sicherungsgeber manchmal darum bemüht, die Zwangsvollstreckungsunterwerfung auf einen Teilbetrag der Grundschuld zu beschränken. Lässt sich der Grundschuldgläubiger hierauf ein, muss er sich die Voraussetzungen und Folgen einer solchen Teilunterwerfung genau überlegen:

aa) Teilunterwerfung mit Rangänderung

Erfolgt die Unterwerfung wegen eines „erstrangigen" bzw. „letztrangigen" Teilbetrages, so muss die Grundschuld geteilt und das beabsichtigte Rangverhältnis zwischen dem vollstreckbaren und dem nicht vollstreckbaren Teil hergestellt werden.

Bei einer bereits eingetragenen Grundschuld bedarf es hierzu einer beurkundeten oder beglaubigten Teilungs- und Rangänderungserklärung des Grundschuldgläubigers.[12]

Eine neu zu bestellende Grundschuld kann hingegen nicht in der Form eingetragen werden, dass Teile von ihr unterschiedlichen Rang haben. Hier muss die Gesamtsumme in mehrere Grundschulden mit dem gewollten Rang aufgeteilt werden.[13]

Allein durch die Erklärung des Gläubigers einer gesamt vollstreckbaren Grundschuld, die Zwangsversteigerung aus einem erst- bzw. letztrangigen Teil zu betreiben, wird keine rangmäßige Aufspaltung der Grundschuld hergestellt.[14]

Wird die Zwangsversteigerung bestrangig aus dem letztrangigen Teilbetrag der Grundschuld betrieben, gehört der vorrangige Teilbetrag zum geringsten Gebot und bleibt bestehen. Geht der Gläubiger hingegen aus dem erstrangigen Teilbetrag vor, erlischt die Grundschuld mit dem Zuschlag vollumfänglich.

Löst der Eigentümer oder ein Dritter den vollstreckbaren Teil des Rechtes ab, geht der vollstreckbare Teil auf den Ablösenden über, § 268 Abs. 3 S. 1 BGB.[15]

bb) Teilunterwerfung ohne Rangverhältnis

Erfolgt die Teilunterwerfung ohne Bestimmung eines Rangverhältnisses (z.B. „wegen eines zuletzt zu zahlenden Teilbetrages"),[16] erlischt bei einem bestran-

---

12 OLG Hamm 24.10.1983 ZIP 1984, 227; *Gaberdiel/Gladenbeck* (a.a.O. Fn. 2) Rz. 320.

13 OLG Zweibrücken 28.9.1984 Rpfleger 1985, 54; OLG Celle 7.4.1989 WM 1990, 860; *Gaberdiel/Gladenbeck* (a.a.O. Fn. 2) Rz. 320.

14 BGH 13.3.1990 WM 1990, 860 u. OLG Celle 7.4.1989 WM 1990, 860; *Gaberdiel/Gladenbeck* (a.a.O. Fn. 2) Rz. 320.

15 *Gaberdiel/Gladenbeck* (a.a.O. Fn. 2) Rz. 323.

16 BGH 28.9.1989 WM 1989, 1760; *Gaberdiel/Gladenbeck* (a.a.O. Fn. 2) Rz. 321.

gigen Betreiben der Zwangsversteigerung aus dem vollstreckbaren Teilbetrag das gesamte Recht.[17]

Bei einer Ablösung erhält der abgelöste Teil kraft Gesetzes Rang nach dem beim bisherigen Grundschuldgläubiger verbleibenden Teil, § 268 Abs. 3 S. 2 BGB.[18]

Ist der Schuldner vollstreckbar verpflichtet, die Zwangsvollstreckung in sein Grundstück wegen eines zu zahlenden Teilbetrages einer Grundschuld zu dulden, ist zur Befriedigung des Gläubigers i. S. v. § 775 Nr. 5 ZPO (und damit zur Einstellung eines vom Gläubiger betriebenen Versteigerungsverfahrens) nur die Zahlung dieses Teilbetrages nebst Kosten, nicht aber die vollständige Ablösung der Grundschuld erforderlich.[19]

b) Auswirkungen von Bestandsveränderungen am Grundstück auf bestehende Belastungen

aa) Grundstücksteilung

Die Teilung eines mit einem Grundpfandrecht belasteten Grundstücks beeinträchtigt das Grundpfandrecht nicht. Es besteht als Gesamtgrundpfandrecht, § 1132 BGB, an den verselbständigten Grundstücksteilen fort. Auch die Vollstreckbarkeit des dinglichen Vollstreckungstitels bleibt von der Teilung unberührt.[20] Nach Teilung und Veräußerung eines der Grundstücke bedarf es zur Zwangsvollstreckung gegen den neuen Eigentümer allerdings der Titelumschreibung, §§ 727, 750 Abs. 1 ZPO.

bb) Grundstücksvereinigung, § 890 Abs. 1 BGB

Die bisherige(n) Einzelbelastung(en) bleibt (bleiben) weiterhin bestehen. Aus dem Vollstreckungstitel kann weiterhin vollstreckt werden, allerdings nur in den belasteten Teil (in das „alte" Grundstück), da das an einem der vereinigten Grundstücke bestehende Grundpfandrecht nicht zum Gesamtrecht wird.[21] Der Gläubiger eines Grundpfandrechtes, das auf dem „alten" selbständigen Grundstück gelastet hat, kann auch einem Versteigerungsverfahren beitreten, das das

---

17 BGH 29.3.2007 WM 2007, 1127; *Gaberdiel/Gladenbeck* (a. a. O. Fn. 2) Rz. 322; *Stöber* § 44 Rz. 4.3 u. 11.1.
18 BGH 13.3.1990 WM 1990, 860.
19 BGH 29.3.2007 WM 2007, 1127.
20 *Stöber* § 16 Rz. 3.8 b; *Böttcher* §§ 15, 16 Rz. 29.
21 BGH 24.11.2005 Rpfleger 2006, 150; *Stöber* Einl. Rz. 11.3; § 16 Rz. 3.9.

vereinigte neue Grundstück betrifft. Der Beitrittsantrag kann nicht mangels Bestimmtheit des Vollstreckungstitels zurückgewiesen werden.[22]

Erfolgt eine sog. Nachverpfändung (Ausdehnung des Grundpfandrechts auf ein bisher nicht belastetes Grundstück), entsteht ein Gesamtgrundpfandrecht. Da der (bisherige) Vollstreckungstitel aber nicht auch das nachbelastete Grundstück erfasst, bedarf es insoweit der Erwirkung eines neuen Vollstreckungstitels,[23] der bei beabsichtigter Versteigerung (auch) des nachverpfändeten Grundstücks u.a. auch der gesonderten Zustellung bedarf.

Wurde bei dem Grundpfandrecht des bereits belasteten Grundstücks vor dem 20.8.2008 nach § 1193 BGB a.F. zulässigerweise eine sofortige Fälligkeit vereinbart, muss das durch eine nach dem 19.8.2008 erfolgende Nachverpfändung entstehende Gesamtrecht inhaltlich nicht insgesamt insoweit geändert werden, dass die durch das Risikobegrenzungsgesetz eingeführte zwingende Fälligkeitsregelung des § 1193 Abs. 1 BGB (s.o. unter „Kündigung") nunmehr für beide belasteten Grundstücke gilt.[24]

cc) Objektzuschreibung, § 890 Abs. 2 BGB

Im Gegensatz zur Vereinigung erstreckt sich das Grundpfandrecht, das am „aufnehmenden" Grundstück besteht, auch auf das „zugeschriebene" Grundstück, § 1131 BGB, nicht aber umgekehrt. Sofern sich der Eigentümer wegen des Grundpfandrechts am aufnehmenden Grundstück der sofortigen Zwangsvollstreckung unterworfen hat, erstreckt sich die Vollstreckbarkeit auch auf das zugeschriebene Grundstück.[25]

dd) Begründung von Wohnungs-(teil-)eigentum, §§ 3, 8 WEG

Ein auf dem Grundstück bereits lastendes Grundpfandrecht wird hierdurch nicht berührt. Es besteht als Gesamtgrundpfandrecht am Wohnungs- bzw. Teileigentum fort.[26] Aus dem dinglichen Vollstreckungstitel kann weiterhin vorgegangen werden. Einer Umschreibung der Vollstreckungsklausel bedarf es nicht.[27]

---

22 BGH 24.11.2005 Rpfleger 2006, 150; s.a. *Stöber* § 27 Rz. 4.7 u. Einl. 11.7.

23 *Stöber* § 16 Rz. 3.9; *Gaberdiel/Gladenbeck* (a.a.O. Fn. 2) Rz. 313, 399ff.

24 BGH 10.6.2010 Rpfleger 2010, 485.

25 *Gaberdiel/Gladenbeck* (a.a.O. Fn. 2) Rz. 13ff.; *Stöber* § 16 Rz. 3.10.

26 *Stöber* § 16 Rz. 3.11.

27 LG Essen 23.10.1985 Rpfleger 1986, 101; LG Berlin 16.5.1984 Rpfleger 1985, 159; *Stöber* § 16 Rz. 3.11.

2. Vollstreckungsklausel[28]

In der Regel lässt sich der Grundschuldgläubiger sofort bei Bestellung der Grundschuld eine vollstreckbare Ausfertigung der Grundschuldbestellungsurkunde erteilen, §§ 794 Abs. 1 Nr. 5, 797 Abs. 2 ZPO (da die Urschrift der Urkunde in der Verwahrung des beurkundenden Notars verbleibt, wird sie im Rechtsverkehr durch die sog. Ausfertigung ersetzt. Durchgeführt wird die Zwangsvollstreckung aufgrund einer mit der Vollstreckungsklausel versehenen Ausfertigung der Urkunde = vollstreckbare Ausfertigung).

Die Vollstreckungsklausel ist die Bescheinigung des zuständigen Organs (bei Urkunden i.d.R. der Notar) über Bestand und Vollstreckbarkeit der Urkunde.

Die Anordnung der Zwangsversteigerung erfordert die namentliche Bezeichnung des Gläubigers und Schuldners in dem Vollstreckungstitel. Bei einem Wechsel der im Titel als Gläubiger oder Schuldner des zu vollstreckenden Anspruchs bezeichneten Person ist die Vollstreckbarkeit der Urkunde gegen eine andere als die zuvor benannte Person von dem für das Klauselverfahren zuständigen Organ (bei Urkunden i.d.R. der Notar) zu prüfen und mit Klauselerteilung vor Beginn der Zwangsvollstreckung für das Vollstreckungsgericht bindend zu bescheinigen.

Ist die Unterwerfungserklärung durch einen Vertreter abgegeben, darf die Klausel vom Notar nur erteilt werden, wenn die Vollmacht in öffentlicher oder öffentlich beglaubigter Urkunde nachgewiesen wird.[29]

Eine Umschreibung der Vollstreckungsklausel ist erforderlich,

– wenn der Schuldner zum Zeitpunkt der Grundschuldeintragung noch nicht eingetragener Eigentümer war

---

Beispiel:

Der vormalige Grundstückseigentümer hatte das Grundstück vor Veräußerung an den Vollstreckungsschuldner mit einer Grundschuld belastet und sich im Hinblick auf diese Grundschuld der sofortigen Zwangsvollstreckung unterworfen. Auf Grund des danach erfolgten Eigentumserwerbs durch den Vollstreckungsschuldner muss sich der Grundschuldgläubiger um eine Umschreibung der Vollstreckungsklausel bemühen.

Eine Umschreibung wäre nur dann nicht erforderlich, wenn sich auch der Erwerber (als künftiger Eigentümer) hinsichtlich der vom Voreigentümer bestellten Grundschuld der sofortigen Zwangsvollstreckung unterworfen hätte.[30]

---

28 Zu Klauselproblemen in der Immobiliarvollstreckungspraxis: *Alff* Rpfleger 2001, 385 ff.
29 BGH 17.4.2008 WM 2008, 1278.
30 *Alff* Rpfleger 2001, 385, 386.

Da sich die dingliche Unterwerfung nach § 800 ZPO durch Miteigentümer nach Bruchteilen nur auf den jeweiligen Anteil bezieht, ist bei Vereinigung aller Anteile in der Hand eines Teilhabers zur Anordnung der Zwangsversteigerung des gesamten Grundstücks wegen des dinglichen Anspruchs aus einer noch von allen Eigentümern bewilligten und nach § 800 ZPO vollstreckbaren Grundschuld die Umschreibung der Vollstreckungsklausel bezüglich der hinzu erworbenen Anteile (nebst Zustellung) erforderlich.[31]

–   wenn die Vollstreckungsklausel für einen fremden Gläubiger erteilt ist, §§ 794, 727 ZPO

Beispiel:

Ein am Grundstück abgesicherter Grundschuldgläubiger tritt seine Grundschuld an einen Dritten ab. Will dieser die Zwangsversteigerung des Grundstücks betreiben, muss er die Vollstreckungsklausel auf sich umschreiben lassen.

Im Falle der Rechtsnachfolge auf Gläubigerseite (während eines vom vormaligen Gläubiger bereits betriebenen Verfahrens) setzt die Fortsetzung des Verfahrens durch den Rechtsnachfolger die Zustellung der diesem gem. § 727 Abs. 1 ZPO erteilten vollstreckbaren Ausfertigung des Vollstreckungstitels an den Schuldner voraus.[32]

Beispiel:

Die Sparkasse P bewilligt gem. § 30 ZVG die einstweilige Einstellung des von ihr als Grundschuldgläubiger betriebenen Versteigerungsverfahrens. Während der Einstellung fusioniert sie mit der sie aufnehmenden Sparkasse O, die sodann die Fortsetzung des eingestellten Verfahrens beantragt.

Da die Sparkasse O durch die Fusion Gesamtrechtsnachfolger der Sparkasse P geworden ist, kann sie das von der Sparkasse P bisher betriebene und einstweilen eingestellte Verfahren nur fortsetzen, wenn sie den auf die Sparkasse P lautenden Vollstreckungstitel auf sich umschreiben und dem Schuldner zustellen lässt, §§ 727, 795, 750 Abs. 2 ZPO. Ist die Sparkasse O noch nicht als neuer Grundschuldgläubiger im Grundbuch eingetragen, ist auch eine Abschrift der die Rechtsnachfolge nachweisenden öffentlichen oder öffentlich beglaubigten Urkunde zuzustellen.[33]

---

31 LG Münster 25.5.2007 Rpfleger 2007, 564; *Alff* Rpfleger 2001, 385, 389 Beispiel 3.
32 BGH 25.1.2007, WM 2007, 655; OLG Hamm 29.11.1999 Rpfleger 2000, 171.
33 BGH 8.11.2012, WM 2013, 43; *Stöber* § 15 Rz. 29.7 u. 40.26; LG Arnsberg 1.3.2004 – 6 T 50/04 –.

Eine Fortsetzung des Verfahrens ohne Beachtung der vorgenannten Voraussetzungen kann eine Zuschlagsbeschwerde mit daran anschließender Zuschlagsaufhebung zur Folge haben, § 83 Nr. 6 ZVG. Bei einem günstigen Versteigerungsergebnis eine fatale Folge.

- bei Eigentumswechsel, Tod oder Insolvenz des Schuldners/Eigentümers **vor** der Beschlagnahme (Umschreibung gegen den neuen Eigentümer, die Erbengemeinschaft, den Insolvenzverwalter gem. §§ 794, 727 ZPO).

Beispiel:

Die Sparkasse beantragt am 3.9.2012 unter Vorlage einer vollstreckbaren Ausfertigung der Grundschuldbestellungsurkunde die Anordnung der Zwangsversteigerung des im Grundbuch auf den Namen des Schuldners eingetragenen Grundstücks aus der in Abt. III Nr. 2 zu ihren Gunsten eingetragenen Grundschuld über 50.000 €.

Aus den vom Amtsgericht beigezogenen Grundakten ergibt sich in Abt. II folgender Eintrag:

a) „Es ist ein vorläufiger Insolvenzverwalter bestellt worden. Verfügungen des Schuldners über Gegenstände seines Vermögens sind nur mit Zustimmung des vorl. Verwalters wirksam, § 21 Abs. 2 Nr. 2, 2. Alt. InsO. Beschluss des Amtsgerichts A v. 20.8.2012."

b) „Es ist ein vorläufiger Insolvenzverwalter bestellt und dem Schuldner ein allgemeines Verfügungsverbot auferlegt worden, §§ 21 Abs. 2, 1. Alt., 22 Abs. 1 InsO. Beschluss des Amtsgerichts A vom 20.8.2012."

c) „Über das Vermögen des Schuldners ist durch Beschluss des Amtsgerichts A vom 29.8.2012 das Insolvenzverfahren eröffnet worden (– 89 IN 50/12 –)."

Zu a)

Die Bestellung eines vorläufigen Insolvenzverwalters mit Anordnung eines Zustimmungsvorbehalts (sog. schwacher vorläufiger Verwalter) hat auf die Immobiliarvollstreckung keinen Einfluss, so dass die Anordnung der Zwangsversteigerung gegen den Schuldner weiterhin möglich bleibt. Im Übrigen kann das Insolvenzgericht im Eröffnungsverfahren eine Maßnahme der Zwangsvollstreckung in Grundstücke nicht untersagen, § 21 Abs. 2 Nr. 3 InsO. Eine Umschreibung des Vollstreckungstitels gegen den „schwachen" vorläufigen Verwalter ist mithin nicht erforderlich.[34]

Zu b)

Hat das Insolvenzgericht im Eröffnungsverfahren einen vorläufigen Insolvenzverwalter unter gleichzeitiger Anordnung eines allgemeinen Verfügungsverbots bestellt (sog. starker vorläufiger Verwalter), so bedarf es zur Zwangsvollstre-

---

34 *Stöber* § 15 Rz. 23.1 a), b); *Knees* ZIP 2001, 1568, 1570.

ckung in das Vermögen des Schuldners auch in diesem Fall nicht der Umschreibung der Vollstreckungsklausel auf den vorläufigen Verwalter.[35]

Zu c)

Durch die Eröffnung des Insolvenzverfahrens hat der Schuldner das Recht verloren, das zur Insolvenzmasse gehörende Vermögen, § 35 InsO, zu verwalten und über es zu verfügen; dieses Recht geht auf den Insolvenzverwalter über, § 80 Abs. 1 InsO. Die Sparkasse ist als Grundschuldgläubiger im Insolvenzverfahren absonderungsberechtigt und kann die Zwangsversteigerung auch nach Insolvenzeröffnung betreiben, § 49 InsO, benötigt hierzu jedoch gegen den kraft Gesetzes an die Stelle des Schuldner-Eigentümers getretenen verwaltungs- und verfügungsbefugten Insolvenzverwalter (als Partei kraft Amtes) einen auf diesen umgeschriebenen Titel.[36]

Die Sparkasse muss daher die Vollstreckungsklausel der Grundschuldbestellungsurkunde auf den Insolvenzverwalter als „Rechtsnachfolger" des Schuldners umschreiben und die Rechtsnachfolgeklausel mit einer Abschrift des Insolvenzeröffnungsbeschlusses dem Insolvenzverwalter zustellen lassen, §§ 727, 750 Abs. 2, 795 ZPO.

Bei Eigentumswechsel, Tod oder Insolvenz des Schuldners/Eigentümers **nach** Beschlagnahme ist keine Umschreibung erforderlich, die zukünftigen Zustellungen müssen dann aber an den neuen Eigentümer, die Erbengemeinschaft oder den Insolvenzverwalter erfolgen.[37]

Ist nach dem Versterben des Schuldners bei der in den Nachlass fortzusetzenden Versteigerung die Zuziehung des Schuldners erforderlich (so z.B. bei einem Verfahrensbeitritt oder der Zuschlagserteilung) und besteht weder eine Nachlassverwaltung oder -pflegschaft, noch eine Testamentsvollstreckung, so hat das Gericht, wenn die Erbschaft noch nicht angenommen oder wenn der Erbe unbekannt oder es ungewiss ist, ob er die Erbschaft angenommen hat, auf Antrag des Gläubigers für den Erben einen einstweiligen besonderen Vertreter zu bestellen, § 779 Abs. 2 ZPO.

Das Amt des Vertreters endet nicht bereits in dem Zeitpunkt, in welchem der Erbe in das Verfahren eintreten bzw. zum Verfahren hinzugezogen werden

---

35 *Stöber* § 15 Rz. 23.1b); *Böttcher* § 28 Rz. 20; *Lwowski/Tetzlaff* WuB VI C. § 22 InsO 1.01.; a.A.: LG Cottbus 28.1. und 20.4.2000 ZInsO 2000, 240 und 337; *Weis/Ristelhuber* ZInsO 2002, 859, 862; an der auch von ihm in ZIP 2001, 1568, 1570 vertr. Auffassung hält der Autor nicht mehr fest.

36 *Stöber* § 15 Rz. 23.9; *Knees* ZIP 2001, 1568, 1574; *Böttcher* § 28, Rz. 17.

37 BGH 29.5.2008 WM 2008, 1507; *Stöber* § 15 Rz. 30.4.

kann oder mit dessen tatsächlichen Eintritt in das Verfahren. Die Beendigung des Vertreteramtes erfolgt vielmehr erst durch den Aufhebungsbeschluss des Gerichtes, das die Aufhebung zu veranlassen hat, wenn ihm Umstände bekannt werden, welche die Voraussetzungen der Vertreterbestellung entfallen lassen.[38]

Erfährt das Vollstreckungsgericht erst nach der Anordnung des Zwangsversteigerungsverfahrens (nach der Beschlagnahme), dass der Grundstückseigentümer bereits vor der Beschlagnahme verstorben oder über sein Vermögen ein Insolvenzverfahren eröffnet worden war, hat es das Verfahren unter Bestimmung einer Frist zur Behebung des Hindernisses durch den Gläubiger einstweilen einzustellen oder auch sofort aufzuheben, § 28 ZVG (letzteres dürfte der Ausnahmefall sein).

Beispiel wie vor:
Das Versteigerungsgericht ordnet am 10.9.2012 antragsgemäß die Versteigerung des Grundbesitzes des Schuldners an und ersucht das Grundbuchamt um Eintragung des Versteigerungsvermerks, der am 12.9.2012 eingetragen wird. Bei Antragstellung und Versteigerungsanordnung war weder der Sparkasse noch dem Versteigerungsgericht bekannt, dass über das Vermögen des Schuldners am 29.8.2012 das Insolvenzverfahren eröffnet worden war (ein Insolvenzvermerk war im Grundbuch noch nicht eingetragen).

Die aufgrund des gegen den Schuldner lautenden (bisherigen) Vollstreckungstitels angeordnete Zwangsversteigerung hat zu einer wirksamen Beschlagnahme geführt (und zu einem wirksamen Eigentumsübergang, wenn es zu einem Zuschlag kommt, bevor das Gericht von dem Fehlen eines gesetzesmäßigen Titels erfährt). Weil jedoch kein gesetzesmäßiger Titel vorliegt, muss das Versteigerungsgericht nach Bekanntwerden dieses Umstandes das Verfahren einstellen, § 28 Abs. 2 ZVG, und der Sparkasse aufgeben, innerhalb einer bestimmten Frist die Grundschuldbestellungsurkunde auf den Insolvenzverwalter umzustellen und diesem neu zuzustellen, andernfalls das Verfahren aufzuheben ist. Gleiches gilt, wenn das Verfahren mit Titel gegen den Insolvenzverwalter angeordnet wurde, obwohl dessen Amt schon beendet oder das Versteigerungsobjekt aus der Masse freigegeben war.[39]

Will der Gläubiger die Aufhebung des angeordneten Verfahrens verhindern, muss er sich also um eine Umschreibung seines Vollstreckungstitels bemühen.

Ist nach Eröffnung des Insolvenzverfahrens die Versteigerung eines zur Masse gehörenden Grundstücks aufgrund eines gegen den Insolvenzverwalter umgeschrieben und ihm zugestellten Titels angeordnet worden, so bedarf es

---

38 BGH 23.9.2009 Rpfleger 2010, 40.
39 *Stöber* § 15 Rz. 23.10.

keiner erneuten Umschreibung auf den Schuldner und keiner Zustellung an ihn, wenn der Insolvenzverwalter das Grundstück aus der Masse freigibt.[40] Gleiches gilt für den Fall, wenn das Insolvenzverfahren während des laufenden Zwangsversteigerungsverfahrens mangels Masse eingestellt wird und der Schuldner die Verwaltungs- und Verfügungsbefugnis zurück erlangt.[41]

Hat der Gläubiger seinen (Grundschuld-)Titel aufgrund der Eröffnung des Insolvenzverfahrens gegen den Insolvenzverwalter umschreiben lassen und gibt dieser sodann das belastete Objekt aus dem Insolvenzbeschlag **vor** Anordnung der Zwangsversteigerung frei, kann der Gläubiger die Versteigerung nur mit einem wieder gegen den Schuldner umgeschriebenen Titel betreiben.

Zur Umschreibung des (Grundschuld-)Titels vom Insolvenzverwalter auf den Insolvenzschuldner ist der Notar nur dann berechtigt, wenn die Rechtsnachfolge des Schuldners i. S. d. § 727 ZPO offenkundig ist (hierzu reicht nicht die Löschung des Insolvenzvermerks im Grundbuch) oder wenn dem Notar die Freigabe des Vollstreckungsobjektes aus der Insolvenzmasse in öffentlich beglaubigter Form nachgewiesen ist.

Um mögliche Probleme bei einer erforderlichen (Rück-)Umschreibung seines (Grundschuld-)Titels gegen den (Insolvenz-)Schuldner nach einer erfolgten Freigabe des belasteten Objektes durch den Insolvenzverwalter zu vermeiden, sollte der Grundschuldgläubiger im Falle einer Insolvenzeröffnung **vor** einer Umschreibung seines Titels gegen den Insolvenzverwalter klären, ob mit einer Freigabe des mit der Grundschuld belasteten Objektes durch den Verwalter zu rechnen ist. Ist dies der Fall, sollte von einer Umschreibung des (Grundschuld-)Titels auf den Insolvenzverwalter abgesehen werden.

Ist die Titelumschreibung gegen den Insolvenzverwalter bereits **vor** der Freigabe des belasteten Objektes aus dem Insolvenzbeschlag erfolgt, ist darauf zu achten, dass die Freigabe des Insolvenzverwalters in öffentlich beglaubigter Form vorliegt, da die für die Anordnung der Zwangsversteigerung erforderliche (Rück-)Umschreibung des (Grundschuld-)Titels gegen den Insolvenzschuldner vom Notar nur gegen Nachweis der Freigabeerklärung sowie deren Zugang in öffentlich beglaubigter Form bzw. in öffentlicher Urkunde vorgenommen werden darf.[42]

Die Klauselerteilung bzw. Umschreibung ist bei dem
- Urkundsbeamten der Geschäftsstelle des Gerichts 1. Instanz,
- beurkundenden Notar,

---

40 BGH 14.4.2005 WM 2005, 1324.
41 BGH 24.11.2005 Rpfleger 2006, 423.
42 LG Köln 26.11.2012 ZInsO 2013, 198.

– bzw. dem Notariatsverwalter (§ 56 BNotO, ggf. bei der Notarkammer erfragen)
– bzw. dem Amtsgericht, das die Akten des Notars aufbewahrt,
zu beantragen.

Beizufügende Urkunden:
– Beglaubigter Grundbuchauszug, sofern der Notar nicht selbst Grundbucheinsicht nimmt
– Abtretungsurkunde bei Gläubigerwechsel
– Nachweis Erbfolge/Rechtsnachfolge auf Schuldnerseite
– Nachweis Insolvenzeröffnung

3. Zustellung

Weitere Vollstreckungsvoraussetzung ist die Zustellung des Vollstreckungstitels. Hierzu bedarf es eines Zustellungsauftrages des Gläubigers an die Gerichtsvollzieherverteilungsstelle des zuständigen Amtsgerichts.

Liegt eine Rechtsnachfolge auf Gläubiger- oder auf Schuldnerseite vor, so ist weiterhin eine beglaubigte Ablichtung der entsprechenden Urkunde zuzustellen, § 750 Abs. 2 ZPO.[43]

Es empfiehlt sich, bereits zu einem frühen Zeitpunkt die Zustellung zu veranlassen:

Immer wieder kommt es vor, dass sich der Schuldner in der Krise oder nach Aufkündigung der Geschäftsverbindung/Forderung absetzt. Bei unbekanntem Aufenthalt ist dann die öffentliche Zustellung der Grundschuldbestellungsurkunde erforderlich; durch dieses verhältnismäßig lange Verfahren kann unter Umständen kostbare Zeit verloren gehen. Der Gläubiger muss gegenüber dem Gericht den Nachweis erbringen, dass der Aufenthalt des Zustellungsadressaten (Vollstreckungsschuldners) unbekannt ist. Bewilligt das Gericht sodann den Antrag auf öffentliche Zustellung, gilt der Vollstreckungstitel als zugestellt, wenn seit der Anheftung eines Auszuges über den zuzustellenden Vollstreckungstitel an die Gerichtstafel ein Monat verstrichen ist, §§ 185–188 ZPO. Gleiches gilt für eine eventuell erforderliche Auslandszustellung, die speziell in außereuropäischen Ländern zu erheblichen Verfahrensverzögerungen führen kann. Empfehlenswert kann daher in bestimmten Fällen auch die Bestellung eines Zustellungsbevollmächtigten sein.

---

43 *Stöber* § 15 Rz. 40.25.

Zustellungen an einen nicht vertretungsbefugten Bevollmächtigten des Schuldners sind bis zur Zurückweisung des Bevollmächtigten durch das Gericht wirksam. Ein den Bevollmächtigten vom Verfahren ausschließender Beschluss wirkt konstitutiv und entfaltet keine Rückwirkung, § 79 Abs. 3 Satz 2 ZPO.[44]

Zustellung und ggf. erforderliche, vorherige Klauselumschreibung nehmen auch unter normalen Umständen ca. drei Wochen in Anspruch. Zudem ist die zweiwöchige Wartefrist für den Beginn der Vollstreckung aus einer Grundschuldbestellungsurkunde zu beachten, § 798 ZPO.

Besonders ärgerlich sind diese Zeitverzögerungen, wenn die Zwangsversteigerung hinsichtlich einer frühen Beschlagnahme bzw. die Zwangsverwaltung hinsichtlich der Mieteinnahmen und der Sicherung des Pfandobjektes einzuleiten sind.

Beispiel:

Gläubiger A ist am Grundstück des Schuldners mit einer im Jahre 2007 eingetragenen Grundschuld in Höhe von € 50.000 nebst jährlich nachträglich fälliger Zinsen in Höhe von 12% vorrangig vor Gläubiger B mit einer Grundschuld in Höhe von € 40.000 nebst 10% Zinsen abgesichert. A beabsichtigt zum Ende des Jahres 2012 die Zwangsversteigerung des Grundstücks durchzuführen. Gelingt ihm die Beschlagnahme (= Anordnung der Zwangsversteigerung durch das Vollstreckungsgericht) aufgrund Problemen bei der Zustellung seines Vollstreckungstitels (Grundschuldbestellungsurkunde) erst im Jahre 2013, hätte dies eine Beschränkung des von ihm vorrangig vor Gläubiger B am Versteigerungserlös geltend zu machenden Zinsanspruches zur Folge: Gem. § 10 Abs. 1 Nr. 4 ZVG genießen die Zinsansprüche der Grundschuld des Gläubigers A das Vorrecht vor dem nachrangigen Recht des Gläubigers B nur wegen der laufenden und der aus den letzten zwei Jahren rückständigen Beträge. Laufende Zinsbeträge sind der letzte vor der Beschlagnahme fällig gewordene Betrag sowie die später fällig werdenden Beträge, § 13 Abs. 1 ZVG.

Erfolgt die Beschlagnahme erst im Jahre 2013, kann Gläubiger A im Range seiner Grundschuld Zinsansprüche vorrangig vor Gläubiger B ab Januar 2010 geltend machen. Bei einer Beschlagnahme noch im Jahre 2012 stünden Gläubiger A hingegen vorrangige Zinsansprüche seit Januar 2009 zu. Das bedeutet, dass Gläubiger A bei einer Beschlagnahme erst im Jahre 2013 einen Zuteilungsverlust in Höhe von ca. € 6.000 erleiden würde.

Zuzustellen sind:

- Vollstreckungstitel
- Nachweis Gläubiger-/Schuldner-Rechtsnachfolge

Nicht erforderlich ist die Zustellung eines Grundbuchauszuges oder eines Kaufvertrages im Falle einer erfolgten Eigentumsumschreibung, § 800 Abs. 2 ZPO.

---

44 BGH 15.4.2010 Rpfleger 2010, 531.

Hat sich der Eigentümer eines mit einer Grundschuld belasteten Grundstücks der sofortigen Zwangsvollstreckung unterworfen, und ist der Rechtsnachfolger des Grundpfandrechtsgläubigers im Grundbuch eingetragen, muss die Rechtsnachfolgeurkunde (z. B. Abtretung) nicht an den Schuldner (Eigentümer) zugestellt werden, § 799 ZPO.[45]

Hat ein Vertreter die Unterwerfung des Schuldners unter die sofortige Zwangsvollstreckung in einer Urkunde gem. § 794 Abs. 1 Nr. 5 ZPO erklärt, ist die Zwangsvollstreckung grundsätzlich nur zulässig, wenn die Vollmacht des Vertreters oder – bei vollmachtlosem Handeln – die Genehmigung von dessen Erklärungen seitens des Vertretenen durch öffentlich oder öffentlich beglaubigte Urkunden dem Schuldner zugestellt worden sind.[46]

Unterblieb die erforderliche Zustellung der Vollmachtsurkunde, kann dieser Mangel zwecks Vermeidung einer möglichen Zuschlagsversagung durch eine nachträgliche Zustellung geheilt werden.[47]

Wichtig:

Zuzustellen ist bei einer durch einen Vertreter errichteten vollstreckbaren Urkunde, § 794 Abs. 1 Nr. 5 ZPO also vorsorglich immer auch die Vollmacht, da ein Übersehen dieser Vollstreckungsvoraussetzung einen Zuschlagsversagungsgrund darstellen kann.[48]

Zu beachten ist hierbei auch die Zwei-Wochen-Frist des § 798 ZPO, die nicht nur für den Schuldtitel als solchen gilt, sondern auch für die weiteren zuzustellenden Urkunden.[49]

Einer Zustellung der Vollmachtsurkunde bedarf es mangels Schutzwürdigkeit aber dann nicht, wenn der vom Grundstücksverkäufer mit einer Belastungsvollmacht versehene Käufer anlässlich der Grundschuldbestellung nicht nur den Verkäufer, sondern auch sich selbst (als künftigen Grundstückseigentümer) der sofortigen Zwangsvollstreckung unterwirft und aus der Grundschuld nach Eigentumsumschreibung gegen den Käufer vollstreckt werden soll.[50]

---

45 *Stöber* § 15 Rz. 40.26.
46 BGH 10.4.2008 WM 2008, 1505; 21.9.2006 WM 2006, 2266; 14.4.2005 WM 2005, 1367, 1368 unter III 2a der Entscheidungsgründe; *Stöber*, § 15 Rz. 40.24; kritisch: *Alff* Rpfleger 2007, 38.
47 BGH 10.4.2008 WM 2008, 1505.
48 BGH 10.4.2008 WM 2008, 1505 unter ausdr. Ablehnung der Kritik von *Wolf* ZNotP 2007, 86; *Alff* Rpfleger 2007, 38; *Böttcher* BWNotZ 2007, 109; *Stöber* § 15 Rz. 40.24; *Zimmer* ZfIR 2007, 111 zum Urteil v. 21.9.2006 WM 2006, 2266.
49 Zöller/*Stöber* § 798 Rz. 3; Musielak/*Lackmann* § 798 Rz. 2.
50 LG Cottbus 27.4.2007 Rpfleger 2007, 563.

C. Verfahren bis zum Termin

I. Zwangsversteigerungsantrag

(siehe Beispielfall S. 303)

Der Zeitpunkt für den Zwangsversteigerungsantrag sollte sorgsam überlegt werden.

– Er ist Grundlage für die Berechnung der dinglichen Zinsen, was insbesondere entscheidend zum Jahresende für den Beginn der (vorrangigen) laufenden und rückständigen Zinsen ist, §§ 10 Abs. 1 Nr. 4, 13 ZVG.

– Oftmals erhält lediglich der betreibende Gläubiger freiwillige Zahlungen des Schuldners.

– Andererseits kann der zwingend vorgeschriebene Zwangsversteigerungsvermerk einen freihändigen Verkauf erschweren, weil Interessenten den Zwangsversteigerungstermin abwarten und sich dabei einen billigeren Erwerb erhoffen.

– Dinglich nicht gesicherte, persönliche Gläubiger sollten umgehend den Antrag stellen, da nach der zu ihren Gunsten erfolgten Beschlagnahme eingetragene Rechte nachrangig sind, § 10 Abs. 1 Nr. 4 und 5 ZVG.

– Ist das Zwangsversteigerungsverfahren auf Antrag eines persönlichen (nicht am Versteigerungsobjekt abgesicherten) Gläubigers angeordnet worden, kann das zu versteigernde Objekt zwar auch danach noch mit Grundpfandrechten belastet werden. Dem die Zwangsversteigerung bereits betreibenden persönlichen Gläubiger gegenüber, dessen Anspruch gem. § 10 Abs. 1 Nr. 5 ZVG an sich erst nach den (dinglichen) Ansprüchen von Grundpfandrechtsgläubigern Berücksichtigung findet, kann der Vorrang des § 10 Abs. 1 Nr. 4 ZVG nicht geltend gemacht werden.

– Seitens des Grundschuldgläubigers ist bezüglich des Zeitpunktes der Stellung des Zwangsversteigerungsantrages auch zu beachten, dass die dreijährige Verjährung von Grundschuldzinsen, §§ 195, 197 Abs. 2 BGB, nicht etwa bis zum Eintritt des Sicherungsfalles (Fälligkeit der gesicherten Forderung) gehemmt ist.[1]

Die Verjährungsfrist beginnt jeweils mit dem Schluss des Jahres, in dem die Zinsen fällig geworden sind, § 199 BGB. Da die Grundschuldbestellungsurkunden der Kreditinstitute i.d.R. vorsehen, dass die Zinsen „am ersten Tag des fol-

---

1 BGH 15.4.1999 WM 1999, 1165 = ZIP 1999, 917 sowie 28.9.1999 WM 1999, 2253 = ZIP 1999, 1883; *Gaberdiel/Gladenbeck* Kreditsicherung durch Grundschulden Rz. 288.

genden Kalenderjahres nachträglich zu entrichten" sind, beginnt die dreijährige Verjährungsfrist demgemäß erst mit dem Ablauf des Folgejahres zu laufen.

Eine drohende Verjährung der (dinglichen) Zinsen kann der Grundschuldgläubiger einseitig nur durch die Stellung eines Zwangsversteigerungsantrages verhindern. Während die Grundschuld selbst nicht verjährt, § 902 BGB, beginnt die dreijährige Verjährungsfrist bezüglich der Grundschuldzinsen mit dem Zwangsversteigerungsantrag erneut zu laufen, § 212 Abs. 1 Nr. 2 BGB.[2]

Da die Verjährungsfrist durch den Antrag des Gläubigers neu zu laufen beginnt und alle weiteren gerichtlichen Maßnahmen (Zulassung zum Beitritt, Festsetzung des Verkehrswertes, Bestimmung des geringsten Gebotes, Bestimmung des Versteigerungstermins) ebenfalls jeweils zu einem Neubeginn des Fristlaufs führen, § 212 Abs. 1 Nr. 2 BGB,[3] muss ein die Versteigerung betreibender Grundschuldgläubiger nicht befürchten, dass seine Grundschuldzinsen während des Versteigerungsverfahrens verjähren.

Etwas anderes gilt für einen das Verfahren nicht betreibenden Grundschuldgläubiger. Er muss beachten, dass bereits bei einer zweijährigen Dauer des Versteigerungsverfahrens ein Teil seiner in Rangklasse vier zu berücksichtigenden Zinsen, § 10 Abs. 1 Nr. 4 i. V. m. § 13 ZVG, verjährt sein kann.

Beispiel:

Folgender Grundbuchinhalt ist gegeben

| III/1 | € 100.000 Grundschuld nebst 15% Zinsen seit 2003 | A-Bank |
| III/2 | € 100.000 Grundschuld nebst 15% Zinsen seit 2004 | B-Bank |

Die Zinsen sind jeweils kalenderjährlich nachträglich am ersten Tag des folgenden Kalenderjahres fällig.

Die Zwangsversteigerung wird im Mai 2009 auf Antrag der B-Bank angeordnet.

Im Versteigerungstermin am 16.6.2011 wird das Grundstück für € 250.000 versteigert.

Zum Verteilungstermin meldet die A-Bank Zinsen seit dem 1.1.2006 an. Ihre durch die Grundschuld besicherte Darlehensforderung beträgt € 200.000.

Die A-Bank erhält im Rang ihrer bestehen bleibenden Grundschuld eine Erlöszuteilung wegen der laufenden und der zwei Jahre rückständigen Zinsen, § 10 Abs. 1 Nr. 4 i. V. m. § 13 ZVG. Laufende Zinsen sind die am 1.1.2009 fällig gewordenen Zinsen des Jahres 2008 sowie die später fällig gewordenen Zinsen bis zum Tage vor dem Zuschlag, mithin die Zinsen vom 1.1.2008 bis zum 15.6.2011. Hinzu kommen aufgrund der Anmeldung der A-Bank noch zwei Jahre rückständige Zinsen, so dass der A-Bank in der Rangklasse 4 insgesamt Zinsen vom

---

2 *Gaberdiel/Gladenbeck* (a. a. O. Fn. 1) Rz. 287.
3 *Stöber* § 15 Rz. 37.3; BGH 18.1.1985 NJW 1985, 1711.

1.1.2006 bis zum 15.6.2011 zustehen. Da die A-Bank dem Versteigerungsverfahren nicht beigetreten ist, sind die Zinsen des Jahres 2006 allerdings verjährt. Wird die Verjährung vom Schuldner geltend gemacht (die Verjährung wird weder von Amts wegen berücksichtigt, noch kann sie von einem nachrangig Berechtigten geltend gemacht werden),[4] erhält die B-Bank eine um die verjährten Zinsen der A-Bank höhere Zuteilung aus dem Versteigerungserlös.

Ist die durch die Grundschuld gesicherte Forderung verjährt, kann der Gläubiger aus der Grundschuld zwar weiterhin Befriedigung wegen der verjährten Forderung (Hauptsumme) suchen.[5] Das gilt aber nicht für Rückstände von Zinsen und anderen wiederkehrenden Leistungen aus der gesicherten Forderung. Diese kann der Gläubiger – wenn sich der Schuldner auf die Einrede der Verjährung beruft, § 214 Abs. 1 BGB, – selbst dann nicht mehr durchsetzen, wenn der Anspruch dinglich gesichert ist, § 216 Abs. 3 BGB.[6]

Beispiel:

Die X-Bank stellt ihre Kreditforderung durch Kündigung im November 2009 fällig. Die Zwangsversteigerung des zu ihren Gunsten belasteten Grundstücks wird Mitte 2010 beantragt. Parallel hierzu betreibt sie die Vollstreckung in das sonstige Vermögen des Kreditschuldners aus der in der Grundschuldbestellungsurkunde enthaltenen persönlichen Haftungsübernahme. Die Kreditforderung der X-Bank beläuft sich auf € 100.000 zzgl. der seit Kündigung aufgelaufenen Zinsen. Anfang 2013 erhält die X-Bank auf ihre Grundschuld aus der Zwangsversteigerung einen Erlös von

a)   130.000 € bzw.

b)   70.000 € zugeteilt.

Zum Zeitpunkt der Erlöszuteilung war der nicht titulierte Kreditrückzahlungsanspruch bereits verjährt, § 195 BGB. Die Zwangsversteigerung und die Vollstreckung aus der persönlichen Haftübernahme hatten einen Neubeginn der Verjährung nur hinsichtlich des dinglichen Anspruchs aus der Grundschuld sowie des Anspruchs aus dem Schuldversprechen zur Folge. Die X-Bank kann daher den Versteigerungserlös nur hinsichtlich der verjährten Hauptforderung behalten, nicht aber wegen der verjährten Zinsen. Da mit der Verjährung des Hauptanspruchs auch die von ihm abhängenden Zinsen verjähren, sind nicht nur die Zinsen bis einschließlich 2009 verjährt, sondern auch die danach fällig gewordenen Zinsen, § 217 BGB.

---

4 *Stöber* § 15 Rz. 37.4; *Stöber* MittBayNot 1999, 441 ff.

5 BGH 5.10.1993 WM 1993, 2041; *Gaberdiel /Gladenbeck* (a. a. O. Fn. 1) Rz. 801 ff.

6 BGH 5.10.1993 WM 1993, 2041; *Gaberdiel/Gladenbeck* (a. a. O. Fn. 1) Rz. 802; *Clemente* ZfIR 2007, 482.

Die (verjährte) Hauptforderung beträgt 100.000 €. Von der Erlöszuteilung nach a) darf die X-Bank demzufolge 100.000 € behalten. Die restlichen 30.000 € hat sie zurückzugeben, § 812 BGB, da eine Anrechnung auf verjährte Zinsen nicht zulässig ist, § 216 Abs. 3 BGB.

Bei der Erlöszuteilung nach b) ist eine Anrechnung ebenfalls nur auf die Hauptforderung möglich. Es verbleibt eine Hauptforderung von 30.000 €. Aus ihrem persönlichen Titel (Schuldversprechen) darf die X-Bank nur noch wegen der restlichen Hauptforderung, nicht aber wegen der verjährten Zinsen vorgehen.[7]

Die Grundschuldbestellungsurkunden der Kreditinstitute sehen i.d.R. eine Unterwerfung unter die sofortige Zwangsvollstreckung nicht nur wegen der Grundschuld – in das mit ihr belastete Objekt –, sondern daneben auch wegen des abstrakten Schuldversprechens (Übernahme der persönlichen Haftung für die Zahlung des Grundschuldbetrages nebst Zinsen und Nebenleistung, § 780 BGB) – in das gesamte Vermögen des Schuldners – vor.

Selbst wenn die durch Grundschuld und abstraktes Schuldversprechen gesicherte Forderung verjährt, kann das abstrakte Schuldversprechen in analoger Anwendung des § 216 Abs. 2 Satz 1 BGB dennoch nicht nach § 812 Abs. 2 BGB kondiziert werden.[8]

Bei „erzwungener" Befriedigung (Verrechnung mit dem Versteigerungserlös) kann der Schuldner die Einrede der Verjährung auch noch nachträglich geltend machen; der Gläubiger muss dann den aus dem Versteigerungserlös erhaltenen Betrag zurückzahlen.[9]

1. Auswahl des beizutreibenden Rechtes

Bei mehreren Rechten sollte der Gläubiger stets überlegen, aus welchem Recht er das Verfahren betreibt. Nicht immer ist es sinnvoll, nur aus dem erstrangigen Recht zu betreiben.

---

7 *Clemente*, ZfIR 2007, 482, 484.
8 BGH 17.11.2009 ZIP 2010, 23.
9 BGH 5.10.1993 WM 1993, 2041; *Gaberdiel / Gladenbeck* (a.a.O. Fn. 1) Rz. 802; *Clemente* ZfIR 2007, 482, 483 IV.

Beispiel:

Folgender Grundbuchinhalt ist gegeben

III/1	€ 10.000 Grundschuld	Sparkasse H.
III/2	€ 50.000 Grundschuld	Sparkasse H.
III/3	€ 50.000 Grundschuld	Sparkasse H.
III/4	€ 70.000 Grundschuld	G.-Bank
III/5	€ 10.000 Grundschuld	Sparkasse H.
Verkehrswert:	€ 140.000	
Forderung Sparkasse H:	€ 130.000	

Betreibt die Sparkasse das Zwangsversteigerungsverfahren nur aus dem Recht III/1, besteht die Gefahr, dass sie wegen dieses relativ geringen Rechtes abgelöst und das Verfahren von dem Ablösenden aufgehoben wird. Da die Forderung der Sparkasse den Ablösebetrag des Rechtes III/1 erheblich übersteigt, müsste sie in diesem Fall aus einem ihrer weiteren Rechte erneut die Zwangsversteigerung beantragen, um auch wegen des durch die Ablösung nicht beglichenen Forderungsbetrages Befriedigung zu erhalten.

Nicht sinnvoll ist es, die Zwangsversteigerung nur aus Teilrechten (Zinsen, Teilkapital) zu betreiben, da eine Gerichtskostenermäßigung in der Regel nicht eintritt, dagegen aber eine erhöhte Ablösegefahr droht.

Sind zugunsten eines Gläubigers mehrere Grundschulden eingetragen, sollten diese in der Regel alle vollstreckbar (mit Vollstreckungsklausel versehen) sein, um das Verfahren jederzeit aus allen Rechten betreiben zu können.

Der Zwangsversteigerungsantrag kann vom Gläubiger, dessen gesetzlichen Vertreter oder einem Bevollmächtigten (schriftlich) gestellt werden. Es besteht kein Anwaltszwang.

Der Antrag muss folgende Angaben enthalten:
- das (genau zu bezeichnende)[10] Versteigerungsobjekt,
- den Eigentümer (mit zustellungsfähiger Anschrift),[11]
- den zu vollstreckenden Anspruch (dinglich und/oder persönlich),[12]
- sowie den Vollstreckungstitel, § 16 Abs. 1 ZVG.

---

10 *Stöber* § 16 Rz. 3.1; *Böttcher* §§ 15, 16 Rz. 9.
11 *Stöber* § 16 Rz. 3.2; *Böttcher* §§ 15, 16 Rz. 10.
12 *Stöber* § 16 Rz. 3.4; *Böttcher* §§ 15, 16 Rz. 11–15.

Dem Antrag ist der mit Klausel und Zustellungsnachweis versehene Vollstreckungstitel beizufügen, 16 Abs. 2 ZVG. Die Übersendung des Grundschuldbriefes ist für die Anordnung der Zwangsversteigerung nicht erforderlich.[13]

Da in der Regel Vollstreckungsgericht und Grundbuchamt demselben Amtsgericht angehören, ist die Beifügung eines Grundbuchauszuges nicht erforderlich.

2. Sonstiges zum Antrag

Für persönliche weitere Zwangsvollstreckungsmaßnahmen kann der Titel jederzeit vom Gericht zurückgefordert werden. Er muss erst wieder zum Zwangsversteigerungstermin vorliegen.[14] Der Gläubiger kann seinen Vollstreckungstitel also parallel zur Vollstreckung in das sonstige Vermögen des Schuldners (weitere Grundstücke, §§ 864, 866 ZPO; Sachen, Forderungen, §§ 808, 828 ff. ZPO) verwenden.

Ob eine gleichzeitige, persönliche Vollstreckung gegen den Schuldner sinnvoll ist, muss im Einzelfall geklärt werden, z. B.:
- Ausreichende dingliche Sicherung?
- Mithilfe des Schuldners bei der Verwertung?
- Weiteres Druckmittel gegenüber dem Schuldner.

Liegen alle sachlichen und formellen Voraussetzungen für die Anordnung der Zwangsversteigerung vor, erlässt das Vollstreckungsgericht einen Anordnungsbeschluss[15] und ersucht das Grundbuchamt um Eintragung des Zwangsversteigerungsvermerks im Grundbuch, § 19 Abs. 1 ZVG. Der Inhalt des Anordnungsbeschlusses (siehe Beispielfall S. 308) richtet sich ebenso wie der Antrag nach § 16 ZVG: Angegeben werden das Versteigerungsobjekt, sein Eigentümer, sowie der Anspruch, wegen dessen das Verfahren betrieben wird.

II. Beitrittsantrag

Ist auf Antrag eines Gläubigers die Zwangsversteigerung bereits angeordnet, hindert dies weitere Gläubiger (oder den bereits betreibenden Gläubiger wegen eines anderen Anspruches) nicht daran, ebenfalls die Zwangsversteigerung zu

---

13 *Stöber* § 16 Rz. 4.4; *Böttcher* §§ 15, 16 Rz. 18.
14 OLG Düsseldorf 14.3.1994 Rpfleger 1994, 429; *Stöber* § 16 Rz. 4.3.
15 *Stöber* § 15 Rz. 4; *Böttcher* §§ 15, 16 Rz. 110 ff.

beantragen. Da bezüglich des zu versteigernden Objektes aber nur ein Versteigerungsverfahren durchgeführt werden kann, ist auf einen weiteren Gläubigerantrag die Zulassung des Beitritts anzuordnen, § 27 Abs. 1 S. 1 ZVG.

Bei einem bereits anhängigen Zwangsversteigerungsverfahren kann sich sowohl für einen vorrangigen als auch für einen nachrangigen Gläubiger die Frage stellen, ob ein Beitritt sinnvoll ist.

Auch hier ist auf den Einzelfall abzustellen.

Beispiel:

Folgender Grundbuchinhalt ist gegeben:

III/1	€ 10.000 Grundschuld	Gläubiger A
III/2	€ 50.000 Grundschuld	Gläubiger B
III/3	€ 50.000 Grundschuld	Gläubiger C

Betreibt Gläubiger B das Zwangsversteigerungsverfahren, würde für Gläubiger A an sich keine Beitrittsnotwendigkeit bestehen, da sein Recht bei der Versteigerung bestehen bleibt. Will Gläubiger A allerdings darauf Einfluss nehmen, ob und in welcher Form das Zwangsversteigerungsverfahren zur Durchführung kommt, wird er dem von Gläubiger B betriebenen Verfahren beitreten. Dies hätte zur Folge, dass das Grundstück unbelastet zur Versteigerung kommt, es sei denn, Gläubiger A bewilligt vor Zuschlagserteilung die Einstellung des von ihm betriebenen Verfahrens, § 30 ZVG.

Für jeden betreibenden Gläubiger läuft ein eigenes Versteigerungsverfahren.[16]

Die Verfahren werden unter einer Geschäftsnummer erfasst; es wird auch nur ein Zwangsversteigerungsvermerk im Grundbuch eingetragen, § 27 Abs. 1 S. 2 ZVG.

Jeder (das Verfahren betreibende) Gläubiger hat seine eigenen Einstellungs- und Fortsetzungsmöglichkeiten; für jedes einzelne Versteigerungsverfahren findet § 77 ZVG (ergebnisloser Zwangsversteigerungstermin) Anwendung.

Die formellen Voraussetzungen für einen Beitrittsantrag sind identisch mit denen für einen Zwangsversteigerungsantrag.

---

16 *Stöber* § 27 Rz. 6.2; *Böttcher* § 27 Rz. 13 ff.

III. Rechtsmittel

Bei Ablehnung eines Antrages auf Anordnung der Zwangsversteigerung bzw. auf Beitritt zu einem bereits angeordneten Zwangsversteigerungsverfahren kann hiergegen sofortige Beschwerde, § 793 ZPO, eingelegt werden.[17]

Gegen den Anordnungs- bzw. Beitrittsbeschluss, der i.d.R. ohne vorherige Anhörung des Schuldners erlassen wird, kann der Schuldner Erinnerung, § 766 ZPO, einlegen. Eine hierauf ergehende Entscheidung des Gerichts ist mit der sofortigen Beschwerde anfechtbar, § 793 ZPO.[18]

Prozesskostenhilfe, §§ 114 ff. ZPO, kann dem Schuldner nur für einzelne Verfahrensabschnitte und Verfahrensziele gewährt werden. Eine pauschale Bewilligung von Prozesskostenhilfe für das gesamte Verfahren kommt bei der Immobiliarvollstreckung nicht in Betracht.[19]

IV. Gerichtskosten

Für die Entscheidung über den Antrag auf Anordnung der Zwangsversteigerung bzw. auf Beitritt zu einem bereits angeordneten Verfahren fallen Gerichtskosten gem. GKG-KV 2210 (Festgebühr von € 50) an. Kostenschuldner dieser Kosten ist der Antragsteller, § 26 Abs. 1 GKG.

Außerdem wird eine allgemeine Verfahrensgebühr von 0,5 des Gebührensatzes erhoben, GKG-KV 2211. Der Wert der Gebühr bestimmt sich nach dem vom Gericht nach § 74a Abs. 5 ZVG festgesetzten Verkehrswert, § 54 Abs. 1 S. 1 GKG.

Die Gebühr ermäßigt sich auf 0,25 des Gebührensatzes, wenn das Verfahren vor Ablauf des Tages endet (durch Rücknahme des Antrages oder Aufhebung aus anderem Grund), an dem die gerichtliche Verfügung mit der Bestimmung des ersten Versteigerungstermins unterschrieben ist, GKG-KV 2212.

Soweit die Gebühr nicht gem. § 109 ZVG dem Versteigerungserlös entnommen werden kann, haftet der Antragsteller für sie, § 26 Abs. 1 GKG.

Auf die im Zwangsversteigerungsverfahren anfallenden Kosten (Gerichtskosten, Gerichtsvollzieherkosten, Rechtsanwaltskosten, Rechtsbeistandskosten sowie die Kosten eines Sachverständigen wird ausführlich bei *Stöber*[20] eingegangen.

---

17 *Stöber* § 95 Rz. 2.3.
18 *Stöber* § 15 Rz. 5.1.
19 BGH 31.10.2003 WM 2003, 2432; a.A. *Stöber* Einl. 45.2.
20 *Stöber* Einl. Rz. 76–100.

V. Beschlagnahme

1. Zeitpunkt der Beschlagnahme

Die Beschlagnahme wird wirksam, § 22 Abs. 1 ZVG,
- mit der Zustellung des Anordnungsbeschlusses an den Schuldner oder
- mit dem Eingang des Ersuchens des Vollstreckungsgerichts um Eintragung des Versteigerungsvermerks beim Grundbuchamt

Der jeweils frühere Zeitpunkt ist entscheidend.[21]

Im Falle des Beitritts wird die persönliche Beschlagnahme des beitretenden Gläubigers nur wirksam mit der Zustellung des Beitrittsbeschlusses (siehe Beispielfall S. 313) an den Schuldner.[22]

Die Beschlagnahme durch eine spätere Beitrittszulassung wirkt nicht auf die durch den Anordnungsbeschluss erfolgte erste Beschlagnahme zurück.[23]

2. Wirkungen der Beschlagnahme

Die Beschlagnahme stellt für den jeweiligen das Verfahren betreibenden Gläubiger ein relatives Veräußerungs- und Belastungsverbot dar, § 23 Abs. 1 S. 1 ZVG, §§ 135, 136 BGB. Spätere Verfügungen des Grundstückseigentümers über beschlagnahmte Gegenstände sind dem betreibenden Gläubiger gegenüber insoweit unwirksam, wie sie dessen Anspruch vereiteln würden.[24]

Das Veräußerungs- und Belastungsverbot führt jedoch nicht zu einer Grundbuchsperre,[25] so dass z.B. auch eine Eigentumsumschreibung oder eine (nachrangige) Neubelastung denkbar sind.

Eine Eigentumsumschreibung beeinflusst allerdings nicht das von einem Gläubiger bereits betriebene Verfahren; es bedarf weder einer Klauselumschreibung noch einer erneuten Zustellung des Vollstreckungstitels.

Stimmt z.B. der das Zwangsversteigerungsverfahren eines Grundstücks betreibende Gläubiger der Aufteilung des Grundstücks in Wohnungs- oder Teileigentum nicht zu, so ist diese ihm gegenüber unwirksam mit der Folge, dass das Grundstück und nicht etwa das zwischenzeitlich gebildete Wohnungs-(Teil-)ei-

---

21 *Stöber* § 22 Rz. 2.1; *Böttcher* § 22 Rz. 2.
22 *Stöber* § 22 Rz. 2.3; *Böttcher* § 27 Rz. 14.
23 BGH 31.5.1988 WM 1988,1388.
24 BGH 31.5.1988 WM 1988, 1388.
25 *Stöber* § 23 Rz. 2.5.

gentum Gegenstand der Zwangsversteigerung bleibt. Der Ersteher erwirbt mit Zuschlagserteilung das Grundstück. Eine bereits im Grundbuch eingetragene Bildung von Wohnungs-(Teil-)eigentum verliert ihre Wirksamkeit und hat die Schließung des Wohnungsgrundbuches zur Folge.[26]

Sind sich Vollstreckungsschuldner (= Eigentümer = Verkäufer) und Erwerber (= Käufer) einig, kann das Versteigerungsobjekt also auch noch nach einer Zwangsversteigerungsbeschlagnahme übertragen werden. Dies dann allerdings nur mit allen bestehenden Belastungen, es sei denn, der das Verfahren betreibende Gläubiger wird abgelöst.

Wird ein belastetes Grundstück ohne Anzeige an den Grundpfandrechtsgläubiger bzw. ohne dessen Wissen/Zustimmung noch vor der Beschlagnahme auf einen neuen Eigentümer übertragen, und wird dies dem Versteigerungsgericht durch einen Änderungsantrag beim Grundbuchamt bekannt, muss der Grundpfandrechtsgläubiger, um das Zwangsversteigerungsverfahren betreiben zu können, die Vollstreckungsklausel auf den neuen Eigentümer umschreiben und den Vollstreckungstitel an ihn zustellen lassen.

Erfolgte die Eigentumsumschreibung z.B. auf eine „Tochterfirma" (Strohmann-GmbH), bei der kein Geschäftsführer bestellt ist oder dessen Bestellung sich laufend verzögert, kann dies dem Gläubiger erhebliche Zustellungsschwierigkeiten mit der Folge weiterer Verzögerungen im Hinblick auf die angestrebte Versteigerung bereiten.

Manchmal werden derartige Eigentumsumschreibungen allein zu dem Zweck durchgeführt, um Zeit wegen einer drohenden Zwangsversteigerung zu gewinnen.

Nicht unter das relative Veräußerungs- und Belastungsverbot fallen die Übertragung, Verpfändung und Pfändung einer Eigentümergrundschuld, das Ausfüllen einer Höchstbetragshypothek sowie die Umschreibung einer Vormerkung in ein Vollrecht.[27]

Gem. § 24 ZVG verbleibt die Verwaltung und die Benutzung des Grundstücks (innerhalb der Grenzen ordnungsgemäßer Wirtschaft)[28] dem Schuldner.[29]

So kann der Schuldner im Rahmen ordnungsgemäßer Wirtschaft, § 23 Abs. 1 Satz 2 ZVG, auch dem Beschlagnahme-Gläubiger gegenüber über bewegliche Gegenstände (geerntete Früchte und Zubehör) wirksam verfügen. Da er in diesem Rahmen Zubehör beschlagnahmefrei veräußern kann, bleibt auch der Ver-

---

26 BGH 29.3.2012 ZMR 2012, 638; *Stöber* § 23 Rz. 2.2b.
27 *Stöber* § 23 Rz. 2.2a; *Böttcher* § 23 Rz. 10.
28 *Stöber* § 24 Rz. 2.1 u. § 23 Rz. 3.2; *Böttcher* § 24 Rz. 1.
29 Zum Besitzrecht in der Versteigerung s.: *Schmidberger* Rpfleger 2008, 105 ff.

äußerungserlös beschlagnahmefrei.[30] Außerdem kann der Schuldner trotz Beschlagnahme weiterhin Miet- und Pachtverhältnisse eingehen und ändern.[31] Will der das Zwangsversteigerungsverfahren betreibende Gläubiger dies verhindern, muss er Maßnahmen nach § 25 ZVG beantragen[32] oder die Zwangsverwaltung einleiten.

3. Umfang der Beschlagnahme

Gem. § 55 Abs. 1 ZVG erstreckt sich die Versteigerung (= der Eigentumserwerb des Erstehers) auf die der Beschlagnahme unterliegenden Gegenstände, § 20 Abs. 1 und 2 ZVG, soweit deren Beschlagnahme zum Zeitpunkt des Beginns der Bietzeit im Versteigerungstermin (noch) wirksam ist.[33]

Von der (Anordnungs-/Beitritts-)Beschlagnahme umfasst sind:

- das Grundstück mit seinen wesentlichen Bestandteilen, §§ 93, 94 BGB,
- die mit dem Eigentum verbundenen Rechte wie Grunddienstbarkeiten etc., § 96 BGB,
- sonstige Bestandteile, Erzeugnisse, Zubehör, und Versicherungsforderungen im Rahmen des Hypothekenhaftungsverbandes, § 20 Abs. 2 ZVG, §§ 1120 ff. BGB.

Miet- und Pachtforderungen unterliegen demgegenüber nur der Beschlagnahme in der Zwangsverwaltung, § 21 Abs. 2 ZVG, bzw. der Pfändungsbeschlagnahme, §§ 828 ff. ZPO, aus dem dinglichen Titel.

a) Das von der Zwangsversteigerung erfasste Zubehör

Die Versteigerung erfasst nur „wirkliches" Zubehör. Die bloße Erwartung des Bieters, dass eine rechtlich nicht zum Zubehör gehörende Sache mitversteigert wird, ist nicht geschützt.[34]

Ob einer Sache Zubehöreigenschaft zukommt, kann im Versteigerungsverfahren nicht verbindlich geklärt werden.[35]

---

30 *Stöber* § 23 Rz. 3.1–3.4; *Böttcher* § 23 Rz. 20 hierzu auch: *Mayer* Anm. zu BGH 17.7.2008 ZfIR 2008, 863, 864.

31 *Stöber* § 24 Rz. 2.4; *Böttcher* § 24 Rz. 1.

32 *Stöber* § 25 Rz. 1.1 ff.; *Böttcher* § 24 Rz. 1.

33 BGH 19.4.1972 NJW 1972, 1187; *Stöber* § 55 Rz. 2.2; *Böttcher* § 55 Rz. 2.

34 BGH 30.11.1995 WM 1996, 293.

35 BGH 30.11.1995 WM 1996, 293 sowie 25.5.1984 NJW 1984, 2277; *Gaberdiel/Gladenbeck* (a.a.O. Fn. 1) Rz. 1244; *Stöber* § 55 Rz. 3.7; *Böttcher* § 55 Rz. 4.

Mitversteigert werden auch Zubehörstücke, die bei Versteigerungsbeginn dem Grundstückseigentümer nicht (mehr) gehören, ihm aber – irgendwann während des Bestehens der Grundschuld – gehört haben, sofern die Sache trotz des Eigentumswechsels aus der Haftung für die Grundschuld nicht frei wurde.[36]

Beispiel:

Der Grundstückseigentümer hat während des Bestehens der Grundschuld ein Zubehörstück einem anderen Gläubiger sicherungsübereignet. Die Sache gehört ihm nicht mehr. Da sie aber nicht vom Grundstück entfernt wurde, haftet sie weiter, § 1121 Abs. 2 BGB.

Beschlagnahmt und deshalb von der Zwangsversteigerung betroffen sind außerdem Zubehörstücke, an denen der Grundstückseigentümer – irgendwann während des Bestehens der Grundschuld – ein Anwartschaftsrecht gehabt hat (von einem aus mehreren Teilen bestehenden Erwerbstatbestand ist bereits so viel erfüllt, dass die Rechtsposition des Erwerbers gesichert ist und andere Beteiligte seinen Erwerb nicht mehr verhindern können),[37] sofern dieses durch Eintritt der Bedingung (regelmäßig durch Zahlung des restlichen Kaufpreises) Volleigentum geworden ist.[38]

Für die Grundschuld haften und damit von der Versteigerung betroffen sein können sogar Sachen, die kein Zubehör des versteigerten Grundstücks mehr sind, sofern sie nur – irgendwann während des Bestehens der Grundschuld – Zubehör waren und dem Grundstückseigentümer gehörten, von der Haftung für die Grundschuld erfasst wurden und daraus nicht frei geworden sind.[39]

Beispiel:

Eine dem Grundstückseigentümer gehörende Zubehörsache wird nach Anordnung der Zwangsversteigerung (= Beschlagnahme) veräußert und auf ein anderes Grundstück gebracht. Sie ist nach dem Wegbringen kein Zubehör des ersten Grundstücks mehr. Dennoch haftet sie weiter für die Grundschuld, wegen derer die Zwangsversteigerung angeordnet worden ist, weil sie weder nach § 1121 Abs. 1 BGB (Veräußerung und Entfernung) noch nach § 1122 Abs. 2 BGB (Aufhebung der Zubehöreigenschaft) aus der Haftung frei werden konnte, nachdem sie für den Gläubiger beschlagnahmt worden war.

---

36 BGH 30.11.1995 WM 1996, 293 sowie 17.9.1979 WM 1979, 1183; *Gaberdiel/Gladenbeck* (a.a.O. Fn. 1) Rz. 1236–1240.

37 Palandt/*Heinrichs* Einf. v. § 158 Rz. 9 sowie Palandt/*Bassenge* § 929 Rz. 37 ff.

38 *Gaberdiel/Gladenbeck* (a.a.O. Fn. 1) Rz. 1247.

39 BGH 30.11.1995 WM 1996, 293; *Gaberdiel/Gladenbeck* (a.a.O. Fn. 1) Rz. 1248.

Die Zwangsversteigerung eines Grundstücks erstreckt sich außerdem auch auf Zubehörstücke, die sich im Besitz[40] des Vollstreckungsschuldners befinden, § 55 Abs. 2 ZVG. Das gilt selbst dann, wenn sie dem Grundstückseigentümer nicht gehören,[41] von der Grundschuldhaftung also gar nicht erfasst werden, § 1120 BGB. So wird z. B. die vom Vollstreckungsschuldner angemietete Telekommunikationsanlage eines Hotels nach der allgemeinen Verkehrsanschauung als Zubehör angesehen, das mit der Zuschlagserteilung in der Zwangsversteigerung in das Eigentum des Erstehers übergeht.[42]

Maßgebender Zeitpunkt (für die Mitversteigerung der Zubehörstücke) ist der Beginn der Bietzeit im Versteigerungstermin. Die Zubehörstücke bleiben von der Zwangsversteigerung auch dann erfasst, wenn sie nach Beginn der Bietzeit vom Grundstück weggeholt werden, sodass sie sich beim Zuschlag nicht mehr im Besitz des Schuldners befinden.

Bei von Mietern/Pächtern eingebrachten Sachen wird es sich regelmäßig nicht um Zubehör handeln, § 97 Abs. 2 S. 1 BGB. Da der Vollstreckungsschuldner an den vom Mieter/Pächter eingebrachten Sachen auch keinen unmittelbareren Besitz hat, werden sie von der Versteigerung nicht erfasst und es bedarf keiner gesonderten Freigabe.[43]

So wird einer vom Mieter in seine Wohnung eingebrachten Einbauküche regelmäßig keine Zubehöreigenschaft beizumessen sein.[44]

Durch den Zuschlag erwirbt der Ersteher des Grundstücks Eigentum an den Sachen, auf die sich die Versteigerung erstreckt, § 90 Abs. 2 ZVG. Diese Wirkung tritt kraft Gesetzes ein. Weder der Gläubiger der Grundschuld, für die die Zubehörsache haftet noch derjenige Gläubiger, der die Zwangsversteigerung betreibt, kann diese gesetzliche Folge des Zuschlags verändern, denn diese muss im Interesse der Bieter klar sein.[45]

Der Eigentumserwerb kann aber für bestimmte bewegliche Sachen dadurch ausgeschlossen werden, dass das Verfahren vor dem Zuschlag hinsichtlich dieser Gegenstände durch ausdrücklichen Beschluss des Vollstreckungsgerichts eingeschränkt wird.[46]

---

40 *Stöber* § 55 Rz. 3.3; *Gaberdiel/Gladenbeck* (a. a. O. Fn. 1) Rz. 1249.
41 BGH 15.11.1984 WM 1985, 138; *Gaberdiel/Gladenbeck* (a. a. O. Fn. 1) Rz. 1249.
42 LG Flensburg 3.6.1999 Rpfleger 2000, 345.
43 *Stöber* § 55 Rz. 3.2; *Böttcher* §§ 20,21 Rz. 37.
44 BGH 20.11.2008 WM 2009, 285.
45 BGH 30.11.1995 WM 1996, 293.
46 BGH 30.11.1995 WM 1996, 293.

Gibt der betreibende Gläubiger ein Zubehörstück frei, so ist das Verfahren vom Vollstreckungsgericht insoweit aufzuheben, § 29 ZVG. Denn die Freigabe ist die Rücknahme des Versteigerungsantrags bezüglich dieser Sache.[47]

Einstweilen einzustellen ist das Verfahren bezüglich bestimmter beweglicher Sachen dann, wenn entweder der betreibende Gläubiger dies bewilligt[48] oder bei einem entsprechenden Urteil oder einer einstweiligen Anordnung des Prozessgerichts, §§ 769, 771, 775, 776 ZPO.

Das Vollstreckungsgericht kann auch auf Antrag eine bewegliche Sache von der Versteigerung des Grundstücks ausschließen und deren abgesonderte oder andere Verwertung anordnen, § 65 ZVG. Das kann insbesondere dann in Betracht kommen, wenn die entsprechende Sache von einem Dritten in Anspruch genommen wird oder dadurch ein besserer Versteigerungserlös zu erwarten ist.[49] Die Anordnung der abgesonderten Verwertung bedeutet aber noch nicht, dass das Verfahren insoweit eingestellt ist. Das wäre ggf. zusätzlich anzuordnen.[50]

Wenn ein Dritter ein der Zwangsversteigerung entgegenstehendes Recht an einer Sache hat, auf die sich die Versteigerung erstreckt, muss er darauf hinwirken, dass das Versteigerungsverfahren bezüglich dieser Sache vor dem Zuschlag eingestellt oder aufgehoben wird, § 55 Abs. 2, § 37 Nr. 5 ZVG; andernfalls wird die Sache mit dem Zuschlag Eigentum des Erstehers, § 90 Abs. 2 ZVG.[51] Die bloße Anmeldung des der Zwangsversteigerung entgegenstehenden Rechtes reicht nicht aus.[52]

Gegen denjenigen betreibenden Gläubiger, der die Aufhebung oder wenigstens die einstweilige Einstellung des Verfahrens bezüglich des entsprechenden Zubehörstücks nicht bewilligt, muss der Drittberechtigte Widerspruchsklage, § 771 ZPO, erheben.[53] Das Prozessgericht kann ggf. durch einstweilige Anordnung, § 771 Abs. 3 S. 1 i. V. m. § 769 ZPO, eine vorläufige Regelung treffen.

Hat der Eigentümer oder sonst Berechtigte die Aufhebung oder einstweilige Einstellung des Verfahrens bezüglich eines bestimmten Zubehörstücks nicht (rechtzeitig) erwirkt, so kann er nur noch Rechte am zu verteilenden Versteigerungserlös geltend machen, § 37 Nr. 5 letzter Halbsatz ZVG,[54] und, wenn er auch

47 OLG Koblenz 26.4.1988 Rpfleger 1988, 493; *Stöber* § 29 Rz. 4.2; *Gaberdiel/Gladenbeck* (a. a. O. Fn. 1) Rz. 1251; *Böttcher* §§ 20,21 Rz. 46.
48 *Stöber* § 30 Rz. 5.2; *Böttcher* § 30 Rz. 8; *Gaberdiel/Gladenbeck* (a. a. O. Fn. 1) Rz. 1251.
49 *Stöber* § 65 Rz. 3.1; *Böttcher* § 65 Rz. 4.
50 *Gaberdiel/Gladenbeck* (a. a. O. Fn. 1) Rz. 1251.
51 *Stöber* § 55 Rz. 3.5; *Böttcher* § 55 Rz. 15.
52 *Stöber* § 55 Rz. 3.5; *Böttcher* § 55 Rz. 9.
53 *Stöber* § 37 Rz. 6.3; *Böttcher* §§ 37, 38 Rz. 21.
54 *Stöber* § 92 Rz. 8; *Böttcher* § 55 Rz. 16.

dies versäumt, allenfalls noch Bereicherungsansprüche gegen den letzten aus der Masse Befriedigten.[55]

Einen etwaigen Streit zwischen den Beteiligten, ob sich die Zwangsversteigerung auf eine Sache erstreckt (z.B. Zubehör ja oder nein), entscheidet nicht das Vollstreckungsgericht, sondern das Prozessgericht.[56] Dasselbe gilt, wenn nach dem Zuschlag Streit darüber entsteht, ob der Ersteher eine bestimmte bewegliche Sache durch den Zuschlag mit erworben hat oder nicht.

Wird die Einstellung des Versteigerungsverfahrens bezüglich einer bestimmten Sache aufgehoben, kann das Versteigerungsverfahren bezüglich dieser Sache fortgesetzt werden. Ist das Grundstück bereit versteigert, so wird die Zubehörsache nach § 65 ZVG abgesondert verwertet.[57]

War dagegen das Verfahren hinsichtlich eines Zubehörstücks aufgehoben worden, so ist die Beschlagnahme beendet. Nach Versteigerung des Grundstückes ist dann kein Raum mehr für die Anordnung einer anderweitigen Verwertung der Zubehörsache gem. § 65 ZVG. Der Gläubiger kann eine etwa fortbestehende Grundschuldhaftung dann nur im Wege der Mobiliarvollstreckung (Pfändung durch den Gerichtsvollzieher) geltend machen.[58]

b) Versicherungsansprüche in der Zwangsversteigerung

aa) Gebäude-Feuerversicherung
Ist ein Gebäude für den Grundstückseigentümer gegen Feuer versichert, erstreckt sich die Grundschuldhaftung auch auf die Forderung gegen den Versicherer, § 1127 Abs. 1 BGB. Der Grundschuldgläubiger erwirbt ein Pfandrecht an der Forderung, ohne dass es hierzu einer Beschlagnahme bedarf.[59]

Reicht der Wert eines bebauten Grundstücks bei Vernichtung des Gebäudes zur Deckung der Grundschuld nicht aus, ist der Eigentümer gem. §§ 1133, 1134 BGB dem Grundschuldgläubiger gegenüber zum Abschluss und zur Aufrechterhaltung einer ausreichenden Feuerversicherung verpflichtet.[60]

Wird die Zwangsversteigerung eines brandgeschädigten Hausgrundstücks angeordnet, so wird damit u.a. auch der Anspruch des Eigentümers (Versicherungsnehmers) gegen den Versicherer beschlagnahmt, § 20 Abs. 2 ZVG, § 1127

---

55 *Stöber* § 37 Rz. 6.8; *Böttcher* §§ 37, 38 Rz. 18; § 55 Rz. 16.
56 *Stöber* § 55 Rz. 3.7; *Böttcher* § 55 Rz. 4.
57 OLG Hamm 26.10.1993 Rpfleger 1994, 176; *Stöber* § 37 Rz. 6.4 u. § 65 Rz. 3.9.
58 OLG Hamm 26.10.1993 Rpfleger 1994, 176; *Stöber* § 65 Rz. 3.9.
59 MünchKomm/*Eickmann* § 1128 Rz. 17–21; Palandt/*Bassenge* § 1128 Rz. 2.
60 BGH 29.9.1988 WM 1988, 1610.

Abs. 1 BGB. Dies hat zur Folge, dass der Versicherer nicht mehr unmittelbar an den Schuldner zahlen darf.[61]

Ist das beschädigte Gebäude bis zum Zuschlag noch nicht wieder hergestellt und auch sonst kein ausreichender Ersatz beschafft, besteht die Haftung der Versicherungsforderung fort. Die Versteigerung erstreckt sich auch auf sie. Der beschlagnahmte Anspruch des Grundstückseigentümers gegen den Versicherer wird mitversteigert und geht durch den Zuschlag unbelastet auf den Ersteher über, § 55 Abs. 1, § 90 Abs. 2 ZVG.[62]

Die trotz Leistungsfreiheit (z.B. wegen grob fahrlässiger Brandverursachung) gegenüber dem Grundpfandrechtsgläubiger bestehende Haftung nach § 102 VVG ist mit der zum 1.1. 2008 in Kraft getretenen VVG-Novelle[63] ersatzlos entfallen, besteht allerdings für Altverträge fort.[64]

An eine „einfache" Wiederherstellungsklausel ist der Grundpfandrechtsgläubiger nicht gebunden, da ein Wiederaufbau des Gebäudes allein vom Grundstückseigentümer realisiert werden kann. Enthält der Versicherungsvertrag eine „strenge" Wiederherstellungsklausel, erlangt der Grundpfandrechtsgläubiger zunächst nur den Anspruch auf die Grundentschädigung; die Entschädigungsspitze erhält er nur dann, wenn er die Wiederherstellung durchführt.[65]

Auch die Forderung aus einer vom Zwangsverwalter abgeschlossenen Feuerversicherung wird von der Zwangsversteigerungsbeschlagnahme erfasst. Bei Auszahlung der Entschädigungssumme an den Zwangsverwalter setzt sich die Zwangsversteigerungs-Beschlagnahme an dem Anspruch des Eigentümers (Schuldners) gegen den Zwangsverwalter auf Auszahlung des Geldes nach Beendigung der Zwangsverwaltung fort. Dieser Anspruch wird vom Ersteher allerdings nur dann miterworben, wenn er von den Versteigerungsbedingungen mit umfasst ist und im Zuschlagsbeschluss benannt wird.[66]

Im Gegensatz zum Erfüllungsanspruch auf die Versicherungsleistung unterliegt weder ein Schadensersatzanspruch wegen Beschädigung eines der Grundpfandrechtshaftung unterliegenden Gegenstandes der Versteigerungsbeschlagnahme,[67] noch ein an die Stelle des Erfüllungsanspruchs tretender Scha-

---

61 *Stöber* § 20 Rz. 3.6.
62 BGH 19.2.1981 WM 1981, 488.
63 Gesetz zur Reform des Versicherungsvertragsrechts BGBl. 2007 I 2631.
64 EGVVG Art. 5 Abs. 1; *Prölls/Martin,Armbrüster* EGVVG Art. 5 Rz. 1.
65 OLG Hamburg 4.6.1996 VersR 1996, 1142; BerlinerKomm. zum VVG § 102 Rz. 12; *Johannsen* NVersZ 2000, 413; a.A. Prölss/Martin/*Klimke* VVG § 143 Rz. 9.
66 SchlHOLG 22.6.2000 InVo 2001, 76; *Hintzen* Rpfleger 2004, 70.
67 BGH 11.5.1989 NJW 1989, 2123.

densersatzanspruch gegen den Gebäudeversicherer wegen eines Brandes aus Verschulden bei Vertragsschluss.[68]

bb) Andere Versicherungen

Ist das Gebäude gegen andere Schäden als Feuer versichert (z.B. gegen Leitungswasserschäden), unterfallen auch die dem Eigentümer (Vollstreckungsschuldner) daraus zustehenden Forderungen der Grundpfandrechtshaftung, § 1127 Abs. 1 BGB.

Auch hier ist die Entstehung des Pfandrechtes an der Forderung gegenüber dem Versicherer nicht von der Zwangsversteigerungsbeschlagnahme abhängig.

Sind Zubehörstücke (oder andere für das Grundpfandrecht haftende Gegenstände als das Gebäude) selbständig versichert, so hat der Grundpfandrechtsgläubiger an den Versicherungsansprüchen zunächst kein Pfandrecht. Der Versicherte kann die Versicherungssumme einziehen, solange sie nicht beschlagnahmt ist, § 1129 BGB.

Die Beschlagnahme tritt mit Anordnung der Zwangsversteigerung ein; lediglich die Ansprüche aus der Versicherung von land- oder forstwirtschaftlichen Erzeugnissen werden dadurch unter Umständen nicht beschlagnahmt, § 21 Abs. 1 ZVG.

Soweit Ansprüche beschlagnahmt sind, gehen sie mit dem Zuschlag auf den Ersteher über, § 90 Abs. 2, § 55 Abs. 1 ZVG, und zwar frei von der Grundpfandrechtshaftung. Nach dem Zuschlag kann der Grundpfandrechtsgläubiger auf die Versicherungsforderung nicht mehr zugreifen.[69]

Zum Umgang des Vollstreckungsgerichts mit nicht selten unmittelbar vor dem Versteigerungstermin am Versteigerungsobjekt auftretenden Schadensfällen (z.B. Brandschäden) siehe: *Klawikowski*.[70]

4. Bedeutung der Beschlagnahme für die Zinsberechnung

Betreibt ein dinglich am Vollstreckungsobjekt abgesicherter Gläubiger (Hypothek, Grundschuld, Zwangshypothek) das Verfahren, wird sein Hauptanspruch (Kapitalbetrag) ohne zeitliche Beschränkung berücksichtigt. Der Umfang des ihm zustehenden Zinsanspruches wird hingegen maßgeblich durch den Beschlagnahmezeitpunkt bestimmt.

---

68 BGH 9.11.2005 NJW 2006, 771.
69 *Gaberdiel/Gladenbeck* (a.a.O. Fn. 1) Rz. 1275.
70 *Klawikowski* Schadensfälle in der Grundstücksversteigerung, Rpfleger 2005, 341 ff.

Bei mehreren Beschlagnahmen (des gleichen Objektes) in dem laufenden Verfahren gilt für die Zinsberechnung stets die 1. Beschlagnahme einheitlich für alle Beteiligten, § 13 Abs. 4 S. 1 ZVG.

Dies gilt auch dann, wenn der „Erstbetreiber" das Verfahren zwischenzeitlich einstweilen eingestellt oder gar seinen Zwangsversteigerungsantrag zurückgenommen hat. Ausreichend ist es, wenn das Verfahren seit der ersten Beschlagnahme für mindestens einen Gläubiger immer anhängig gewesen ist.

Die Beschlagnahme in der Zwangsverwaltung kann als Termin für die Zinsberechnung in der Zwangsversteigerung gelten, wenn erstere bis zur Beschlagnahme in dem Versteigerungsverfahren fortgedauert hat. Umgekehrt gilt dies jedoch nicht, § 13 Abs. 4 S. 2 ZVG. Hier bleibt es für die Zwangsverwaltung bei deren späterer Beschlagnahme.

Werden mehrere Objekte zu unterschiedlichen Zeitpunkten beschlagnahmt, gibt es keinen einheitlichen Beschlagnahmezeitpunkt. Jedes Objekt behält seinen Beschlagnahmezeitpunkt; für jedes Objekt erfolgt die Berechnung der wiederkehrenden Leistungen (Zinsen) nach § 13 ZVG gesondert.[71]

Aus § 10 Abs. 1 Nr. 4 und Nr. 8 ZVG wird ersichtlich, dass zwischen insgesamt drei Zinsansprüchen zu unterscheiden ist.

Ihre Ermittlung richtet sich nach § 13 Abs. 1 ZVG:

– **„laufende" Zinsen**

  Das sind die letzten vor der Beschlagnahme fällig gewordenen Beträge und alle folgenden, §§ 10 Abs. 1 Nr. 4, 2. Hs., 13 Abs. 1 S. 1 ZVG. Entscheidend ist der Fälligkeitszeitpunkt, nicht hingegen der Zeitraum, für den die Leistung erbracht wird. Bei dinglichen Rechten ergibt sich der Fälligkeitszeitpunkt aus der Grundbucheintragung bzw. der Eintragungsbewilligung.

  Zu beachten ist auch § 13 Abs. 3 ZVG: Fehlt innerhalb der letzten zwei Jahre ein Fälligkeitstermin, entscheidet für die Abgrenzung zwischen laufenden und rückständigen Leistungen der Zeitpunkt der Beschlagnahme.

– **die aus den letzten zwei Jahren „rückständigen" Zinsen**

  Das sind die zwei Jahre vor den laufenden Zinsen liegenden Beträge, §§ 10 Abs. 1 Nr. 4, 2. Hs., 13 Abs. 1 S. 2 ZVG.

  Die laufenden und für zwei Jahre rückständigen Zinsen genießen das Vorrecht der Rangklasse 4 des § 10 Abs. 1 ZVG.

– **ältere „rückständige" Zinsen**

  Alle mehr als zwei Jahre rückständigen Zinsen gelten als ältere rückständige Leistungen und fallen in die Rangklasse 8, § 10 Abs. 1 Nr. 8 ZVG. Wird

---

71 *Stöber* § 13 Rz. 3.3.

auch ihretwegen das Verfahren betrieben, fallen sie in Rangklasse 5, § 10 Abs. 1 Nr. 5 ZVG.

Während also die „laufenden" und die aus den letzten zwei Jahren „rückständigen" dinglichen Zinsen den Vorrang des § 10 Abs. 1 Nr. 4 ZVG genießen, werden die älteren Zinsrückstände erst an Rangstelle 8 berücksichtigt. Die Rangposition dieser Zinsrückstände kann der Gläubiger allerdings dadurch verbessern, dass er auch ihretwegen das Verfahren betreibt. In diesem Fall werden die älteren Zinsansprüche an Rangstelle 5 berücksichtigt.

Bei über mehrere Jahre andauernden Verfahren kann es zu erheblichen „laufenden" Zinsbeträgen kommen. Für einen allein das Verfahren betreibenden, nachrangigen Gläubiger kann es sich daher unter Umständen anbieten, das Verfahren aufzuheben und neu zu beantragen. Hierdurch verringert er den Zinsanspruch eines vorrangigen Gläubigers (spätere 1. Beschlagnahme).

Beispiel:

Folgender Grundbuchinhalt ist gegeben:

III/1	€ 50.000 Grundschuld nebst 12% Zinsen (jährlich nachträglich fällig, eingetragen am 1.11.2006)	Gläubiger A
III/2	€ 30.000 Grundschuld nebst 10% Zinsen (eingetragen am 2.12.2009)	Gläubiger B

Das Zwangsversteigerungsverfahren ist auf Antrag des B am 27.5.2010 angeordnet worden.

Bei einer Versteigerung des Grundstücks im September 2012 würden dem Gläubiger B aus dem Versteigerungserlös vorrangig zu befriedigende Zinsen des Gläubigers A in Höhe von ca. € 34.000 vorgehen. Wäre das Versteigerungsobjekt z.B. zu einem baren Meistgebot von € 35.000 zugeschlagen worden, würde Gläubiger B unter Berücksichtigung der ebenfalls vorrangig aus dem Versteigerungserlös zu befriedigenden Gerichtskosten auf sein erlöschendes Recht so gut wie keine Zuteilung erhalten.

Hätte Gläubiger B das Verfahren z.B. Anfang 2012 aufgehoben und wäre es aufgrund seiner erneuten Antragstellung vom März 2012 im September 2012 zur Versteigerung des Grundstücks gekommen, hätte der vorrangige Zinsanspruch des Gläubigers A „nur" ca. € 22.000 betragen. Ein gleich hohes bares Meistgebot von € 35.000 unterstellt, hätte Gläubiger B bei dieser Sachlage mit einer erheblich höheren Zuteilung aus dem Versteigerungserlös auf sein erlöschendes Recht rechnen können.

Frühestens möglicher Zinsbeginn ist das Eintragungsdatum des Rechtes im Grundbuch, z. T. wird von den Gerichten auch das Datum der Eintragungsbewilligung – wenn so vereinbart – akzeptiert.

Hinweis:

Bei Eigentümergrundschulden können keine dinglichen Zinsen geltend gemacht werden, § 1197 Abs. 2 BGB. Dabei handelt es sich aber nur um eine persönliche Beschränkung des Eigentümers, die mit der Abtretung der Eigentümergrundschuld entfällt. Die für den Zeitraum angefallenen Zinsen, in dem Grundschuld und Grundstückseigentum in einer Hand vereinigt waren, können also mit der Grundschuld übertragen und vom Zessionar geltend gemacht werden.[72]

Zinsen einer bestellten oder aufgrund Erwerb eines Grundpfandrechtes entstandenen Eigentümergrundschuld stehen dem Eigentümer/Schuldner in der Zwangsversteigerung nicht zu.

Ausnahme: Zwangsverwaltung

Wurde das Grundstück auf Antrag eines Gläubigers im Wege der Zwangsverwaltung in Beschlag genommen, erhält der Eigentümer für die Dauer der Zwangsverwaltung Zinsen auf sein Eigentümerrecht aus der Zwangsverwaltungsmasse[73] als Ausgleich für die ihm entzogene Nutzung des Vollstreckungsobjektes.

Fazit:

Ein vorrangiger Gläubiger sollte eine frühest mögliche Beschlagnahme, ggf. noch im alten Jahr anstreben. Dagegen kann für einen nachrangigen Gläubiger eine Beschlagnahme im neuen Jahr sinnvoller sein, um den Rahmen der laufenden und rückständigen Zinsen eines vorrangigen Gläubigers zu beschränken.

5. Bedeutung der Beschlagnahme für die Rangklassen

Hat die erste Beschlagnahme in einem Zwangsversteigerungsverfahren Bedeutung für die Berechnung der laufenden Zinsen von allen eingetragenen Rechten, so entscheidet die „persönliche" Beschlagnahme eines Gläubigers über seine Zugehörigkeit zu den Rangklassen 4–6 des § 10 Abs. 1 ZVG und damit über die Realisierungschancen seines Anspruches:

---

72 BayObLG 2.7.1987 Rpfleger 1987, 364; OLG Celle 17.2.1989 Rpfleger 1989, 323; OLG Düsseldorf 14.8.1989 WM 1989, 1814.

73 *Stöber* § 114 Rz. 6.9; *H/W/F/H* § 155 Rz. 21.

§ 10 Abs. 1 Nr. 4 ZVG:

„... soweit sie nicht infolge der Beschlagnahme dem (betreibenden) Gläubiger gegenüber unwirksam sind ..."

Folgende Regeln gelten:

Ein dinglicher Gläubiger erfährt Befriedigung an der Rangstelle seines
Grundpfandrechtes und zwar ohne Rücksicht auf den Zeitpunkt seiner eventuel-
len Beschlagnahme. Ein persönlicher Gläubiger hat demgegenüber Anspruch
auf eine Zuteilung aus dem Versteigerungserlös an der Rangstelle, die er sich
durch „seine" Beschlagnahme gesichert hat.

Ein das Zwangsversteigerungsverfahren betreibender Gläubiger kommt
mindestens in Klasse 5. Hat er bereits eine bessere Rangstelle (z. B. als dinglicher Gläubiger), so behält er diese.

Ein persönlicher Gläubiger kann Befriedigung bestenfalls in Rangklasse 5
finden (es sei denn, er geht aus einer für seine persönliche Forderung eingetragenen Sicherungshypothek vor).

Ein dinglicher Gläubiger findet demgegenüber Befriedigung in zwei Klas-
sen: In der Rangklasse 4 mit seinem Kapital, den laufenden und zwei Jahre
rückständigen Zinsen, und in der Rangklasse 5 mit seinen älteren Zinsen, wenn
ihretwegen das Verfahren betrieben wird, ansonsten in Rangklasse 8.

Innerhalb der Rangklasse 4 gilt das Grundbuch, § 11 Abs. 1 ZVG, § 879 BGB.

Innerhalb der Rangklasse 5 gilt die Reihenfolge der Beschlagnahme, § 11
Abs. 2 ZVG.

Mithin gibt es zwei Möglichkeiten, sich eine Rangstelle zu verschaffen; zum
einen durch die Eintragung eines Grundpfandrechtes, zum anderen durch die
Beschlagnahme infolge eines dinglichen oder persönlichen Versteigerungs-
bzw. Beitrittsantrages.

Sind mehrere Eintragungen und Beschlagnahmen erfolgt, so ist die zeitliche
Reihenfolge untereinander maßgebend, die genau zu ermitteln ist. Folgen danach auf die erste Beschlagnahme weitere Eintragungen von Grundpfandrechten und Beschlagnahmen zugunsten persönlicher Gläubiger, so führt dies zu
relativen Rangklassen 4 und 5 innerhalb der Rangklasse 6.

Beispiel:
Gläubiger A betreibt aufgrund eines vollstreckbaren Urteils die Zwangsversteigerung in das
Grundstück von Schuldner X. Nach Anordnung der Zwangsversteigerung wird zugunsten von
Gläubiger B noch eine Grundschuld eingetragen. Danach tritt Gläubiger C, der ebenfalls ein
vollstreckbares Urteil gegen Schuldner X erwirkt hat, dem vom Gläubiger A betriebenen Ver-
fahren bei.

Gegenüber Gläubiger A hat der Grundschuld-Gläubiger B die Rangklasse 6, während ihm gegenüber Gläubiger C die Rangklasse 4 zugute kommt. Gläubiger C seinerseits geht in Rangklasse 5 dem Gläubiger A aufgrund dessen vorheriger Beschlagnahme rangmäßig nach.

Zu den Rangklassen im Einzelnen siehe S. 180 ff.

VI. Verfahrensbeteiligte

Hierzu zählen gem. § 9 ZVG ohne weitere Anmeldung:
- der Vollstreckungsschuldner (wird über sein Vermögen das Insolvenzverfahren eröffnet, ist der Schuldner nicht mehr Beteiligter i.S. v. § 9 ZVG, es sei denn, der Insolvenzverwalter hätte das Vollstreckungsobjekt freigegeben).[74]
- alle betreibenden Gläubiger, auch wenn deren Verfahren einstweilen eingestellt wurde.[75]
- Gläubiger von Rechten, die vor dem Zwangsversteigerungsvermerk eingetragen sind, § 9 Nr. 1 ZVG.

Beteiligte auf Anmeldung, § 9 Nr. 2 ZVG, sind z.B.:
- Mieter/Pächter[76] (nicht aber Untermieter bzw. Unterpächter).[77]
- Gläubiger von Rechten, die nach dem Zwangsversteigerungsvermerk eingetragen sind.[78]
- Gläubiger öffentlicher Grundstückslasten.[79]
- Zessionar und Pfändungsgläubiger eines Briefgrundpfandrechtes.[80]
- Gläubiger von Grundschuld-Rückübertragungsansprüchen.[81]

---

74 BGH 18.12.2008 WM 2009, 358; 29.5.2008 ZInsO 2008, 74; 18.10.2007 WM 2007, 2329; *Stöber* § 9 Rz. 3.15.

75 *Stöber* § 9 Rz. 3.10; *Böttcher* § 9 Rz. 4.

76 *Stöber* § 9 Rz. 2.10; *Böttcher* § 9 Rz. 15.

77 *D/S/H/E/R* § 9 Rz. 20; a. A. *Stöber* § 9 Rz. 2.10; *Böttcher* § 9 Rz. 15.

78 *Stöber* § 9 Rz. 2.6; *Böttcher* § 9 Rz. 12.

79 *Stöber* § 9 Rz. 3.22; *Böttcher* § 9 Rz. 14.

80 *Stöber* § 9 Rz. 3.12 u. 3.25; *Böttcher* § 9 Rz. 13.

81 LG Koblenz JurBüro 2003, 551, 552; *Stöber* § 9 Rz. 2.8; *Böttcher* § 9 Rz. 13; a. A. OLG Hamm 17.1.1992 Rpfleger 1992, 308; OLG Köln 29.2.1988 Rpfleger 1988, 324.

Für die Anmeldung reicht die bloße Willensbekundung des Erklärenden, dass er eine Berücksichtigung seines – näher zu bezeichnenden – Rechtes in dem Zwangsversteigerungsverfahren wünscht. Eine besondere Form der Erklärung ist nicht vorgeschrieben; insbesondere muss der Begriff „Anmeldung" nicht verwendet werden, solange der Wille, das Recht möge im Verfahren berücksichtigt werden, erkennbar zum Ausdruck kommt.[82]

Auf keinen Fall Beteiligte sind:
– Bietinteressenten, Nachbarn und Gerichtspersonen.

Zu den Rechten bzw. Vorteilen von Verfahrensbeteiligten i.S.v. § 9 ZVG sind beispielsweise zu nennen:

>   Informationen über den Fortgang des Verfahrens, z.B. § 41 Abs. 1 und 2, § 43 Abs. 2, § 66 Abs. 1, §§ 88, 105 Abs. 2, §§ 106, 113 Abs. 1 ZVG.
– Anhörung zur Verkehrswertfestsetzung.[83]
– Verlangen von abweichenden Versteigerungsbedingungen, § 59 Abs. 1 ZVG.
– Verlangen nach Gesamt-/Gruppenausgeboten, § 63 Abs. 2 ZVG.
– Verlangen von Sicherheitsleistung, § 67 Abs. 1 ZVG.
– Rügerecht gem. § 74a Abs. 1 ZVG.

VII. Einstweilige Einstellung des Verfahrens

1. Schuldnerantrag gem. § 30a ZVG (siehe Beispielfall S. 310)

Die zeitweilige Verfahrenseinstellung soll einem schutzwürdigen Schuldner die Möglichkeit geben, die zwangsweise Verwertung seines Eigentums abzuwenden. Das Vollstreckungsgericht prüft unter Abwägung der Schuldner- und Gläubigerinteressen, ob die Verwertung des beschlagnahmten Objekts aufgeschoben werden kann.

Der Antrag ist binnen einer Notfrist von zwei Wochen (die unverschuldete Versäumung einer Notfrist kann durch „Wiedereinsetzung" geheilt werden) nach Zustellung jedes Anordnungs- und Beitrittsbeschlusses zu stellen, sofern dieser Beschluss den in der Praxis allgemein üblichen Hinweis auf das Antragsrecht, auf den Fristbeginn und die Rechtsfolgen eines fruchtlosen Fristablaufs enthält, § 30b Abs. 1 S. 2 ZVG. Gleiches gilt bei jedem Fortsetzungsbeschluss,

---

82 BGH 7.10.2010 WM 2011, 174.
83 *Stöber* § 74a Rz. 7.15; *Böttcher* § 74a Rz. 35.

sofern die Möglichkeit gem. § 30a bzw. § 30b ZVG hinsichtlich dieses Verfahrens noch nicht verbraucht ist.

Wurde der Schuldner nicht ordnungsgemäß belehrt und die Antragsfrist deshalb nicht in Lauf gesetzt, kann er den Einstellungsantrag noch bis zur Erteilung des Zuschlags stellen. Damit hat er ausreichend Gelegenheit, sich im Laufe des Verfahrens um eine Einstellung zu kümmern. Weitergehende Auswirkungen hat eine unterbliebene Belehrung in der Regel nicht, insbesondere stellt sie grundsätzlich keinen Zuschlagsversagungsgrund dar.[84]

War das Verfahren z.B. vom Gläubiger eingestellt worden, so hat der Schuldner die Möglichkeit, innerhalb von zwei Wochen nach Zustellung des Fortsetzungsbeschlusses (versehen mit der Belehrung gem. § 30b Abs. 1 S. 2 ZVG) die erneute Einstellung des Verfahrens gem. § 30a ZVG zu beantragen.

Begründet werden kann der Einstellungsantrag auch noch nach Ablauf der zweiwöchigen Notfrist.[85]

Spätestens mit der Zuschlagsverkündung endet die Möglichkeit, einen Einstellungsantrag zu stellen.[86]

Bei Vorliegen der Einstellungsvoraussetzungen kann das Verfahren für maximal sechs Monate einstweilig eingestellt werden.

Durch die einstweilige Einstellung muss die Aussicht bestehen, dass die (vom Gläubiger betriebene) Versteigerung vermieden wird. Vermieden werden kann die Versteigerung dann, wenn es dem Schuldner während der Einstellung möglich sein wird, den Vollstreckungsgläubiger wegen dessen Forderung zu befriedigen. Genügen kann hierbei, dass aufgrund eines sich nachweisbar anbahnenden freihändigen Verkaufs das Vollstreckungsobjekt zu einem besseren Preis veräußert werden kann, als in der Zwangsversteigerung. Außerdem muss die Einstellung nach den persönlichen und wirtschaftlichen Verhältnissen sowie nach der Art der Schuld der Billigkeit entsprechen, § 30a Abs. 1 ZVG.[87]

Abzulehnen ist die einstweilige Einstellung, wenn sie dem Gläubiger unter Berücksichtigung seiner eigenen wirtschaftlichen Verhältnisse nicht zuzumuten ist, § 30a Abs. 2 ZVG (z.B. wegen des Anwachsens der Zinsrückstände des Schuldners, wegen des Wertverlustes einer Sicherheit des Gläubigers oder wegen dessen eigener Zahlungsverpflichtungen).

Das Gericht kann die Einstellung auch mit Auflagen für den Schuldner verbinden:

---

84 BGH 19.2.2009 WM 2009, 903; *Stöber* § 30b Rz. 2.4 u. § 83 Rz. 4.1n.
85 *Stöber* § 30b Rz. 3.5; *Böttcher* § 30b Rz. 2.
86 *Stöber* § 30b Rz. 3.7; *Böttcher* § 30a Rz. 5.
87 *Stöber* § 30a Rz. 3.3; *Böttcher* § 30a Rz. 10ff.

– Der Schuldner hat die während der Einstellung fällig werdenden wiederkehrenden Leistungen zu erbringen. Bei Nichterfüllung binnen zwei Wochen nach Fälligkeit tritt die einstweilige Einstellung außer Kraft, § 30a Abs. 3 S. 1 ZVG. Eine derartige Anordnung ist vom Gericht in der Regel dann zwingend zu erlassen, wenn die Zwangsversteigerung von einem Grundpfandrechtsgläubiger betrieben wird, dessen Recht innerhalb der $^7/_{10}$-Grenze des Verkehrswertes liegt, § 30a Abs. 3 S. 2 ZVG.

– Der Schuldner hat Zahlungen auf die Rückstände der wiederkehrenden Leistungen zu erbringen, § 30a Abs. 4 ZVG.

– Der Schuldner hat sonstige Auflagen zu erfüllen, mit der Maßgabe, dass die Einstellung bei Nichterfüllung außer Kraft tritt, § 30a Abs. 5 ZVG (z.B. die Begleichung von Versicherungsprämien, von öffentlichen Lasten etc.).

Ist der Schuldnerantrag verspätet gestellt, so wird er ohne weitere Begründung zurückgewiesen; das Gericht hat dann jedoch § 765a ZPO (Vollstreckungsschutz) zu prüfen.[88]

Soweit möglich, sollte der Gläubiger versuchen, dass eine einstweilige Einstellung nicht aufgrund seiner eigenen Bewilligung erfolgt, sondern auf Antrag des Schuldners. So behält er seine beiden eigenen Einstellungsmöglichkeiten nach § 30 ZVG.

Sofern der Gläubiger nicht unter Zeitdruck steht, sollte er einem erstmaligen Einstellungsantrag des Schuldners auch nicht grundsätzlich entgegentreten. Damit zeigt er guten Willen und kann das Vollstreckungsgericht für weitere im Verlauf des Zwangsversteigerungsverfahrens noch anstehende Entscheidungen positiv „beeinflussen".

Hält der Gläubiger die vom Schuldner beantragte Einstellung des Verfahrens für unzulässig, sollte er in seiner Stellungnahme gegenüber dem Gericht darauf hinweisen, dass der Einstellungsantrag des Schuldners auch unter Berücksichtigung des § 765a ZPO beschieden wird. Hierdurch wird vermieden, dass der Schuldner sich erst anlässlich einer Beschwerde gegen den abgewiesenen Einstellungsantrag auf § 765a ZPO beruft und die Angelegenheit zur Klärung dieser Frage an das Gericht zurückverwiesen wird.

Interessant ist für den Gläubiger auch die Möglichkeit, dem Schuldnerantrag nicht entgegenzutreten, wenn dem Schuldner mit der einstweiligen Einstellung bestimmte Auflagen (z.B. Zahlungen) auferlegt werden. Erfüllt er diese, so verringert sich das Risiko des Gläubigers; ggf. kann auch tatsächlich die Versteigerung vermieden werden. Erbringt der Schuldner die Leistungen dagegen

---

[88] *Stöber* Einl. 61.3.

nicht, so kann der Gläubiger sofort die Fortsetzung des Verfahrens verlangen. Gegenüber dem Gericht hat er zukünftig das Argument, für die Schuldnerbelange durchaus aufgeschlossen gewesen zu sein.

Trifft ein Schuldnerantrag auf einstweilige Einstellung mit einer Gläubigerbewilligung nach § 30 ZVG zusammen, so geht letztere vor.[89] Im Falle der Verfahrensfortsetzung muss der Schuldner einen neuen Einstellungsantrag gem. § 30 a ZVG stellen.

Die Fortsetzung des einstweilen eingestellten Verfahrens muss der Gläubiger binnen einer Frist von sechs Monaten beantragen, die mit dem Ende der vom Gericht stets anzugebenden Einstellungsdauer (maximal sechs Monate) beginnt. Nur der Fortsetzungsantrag muss innerhalb dieser (zweiten) Frist von sechs Monaten bei Gericht eingehen, § 31 Abs. 1, 2b ZVG, während weitere für die Verfahrensfortsetzung erforderliche Unterlagen oder Vollstreckungsvoraussetzungen (Zustellungen an den Schuldner, Ablauf der Wartefrist) sowie die Anordnung der Fortsetzung auch außerhalb der Frist beigebracht werden bzw. erfolgen können.[90]

Der Antrag bedarf keiner bestimmten Form, muss aber den Willen des Gläubigers erkennen lassen, dass dieser die weitere Durchführung des eingestellten Verfahrens wünscht.[91]

Zur Fortsetzung des Verfahrens bedarf es nicht zwingend eines Fortsetzungsbeschlusses. Um die Verfahrensbeteiligten davon in Kenntnis zu setzen, dass der Einstellungsbeschluss keine Wirkungen mehr äußert, erscheint er allerdings sinnvoll.[92]

Ein verspäteter Fortsetzungsantrag führt zur Verfahrensaufhebung, § 31 Abs. 1 S. 2 ZVG. Wird das Verfahren jedoch zu diesem Zeitpunkt auch noch von einem anderen Gläubiger betrieben, so kann der „vergessliche" Gläubiger dem Verfahren wieder beitreten.

Hätte nur der die Stellung des Fortsetzungsantrages versäumende Gläubiger das Zwangsversteigerungsverfahren betrieben, hätte sein Versäumnis zur Folge, dass er die Anordnung des Verfahrens erneut beantragen müsste. Mit der Verfahrensaufhebung wäre allerdings der für die Zinsberechnung bedeutsame Beschlagnahmezeitpunkt entfallen. Diese Folge bleibt dem „vergesslichen" Gläubiger erspart, sofern zum Zeitpunkt der Aufhebung seines Verfahrens noch ein weiterer Gläubiger das Zwangsversteigerungsverfahren betreibt. Im Zwangsversteigerungsverfahren hat zwar jeder betreibende Gläubiger seine eigene

---

89 *Stöber* § 30 Rz. 6.2; *Böttcher* § 30 Rz. 19.
90 *Stöber* § 31 Rz. 5.1; *Alff* Rpfleger 2008, 148, 149 ablehnende Anm. zu LG Detmold 28.11.2007.
91 BGH 19.11.2009 WM 2010, 424.
92 *Stöber* § 31 Rz. 5.5; *Böttcher* § 31 Rz. 20.

Beschlagnahme. Für die Berechnung, welche wiederkehrenden Leistungen (Zinsen) als laufend und welche als rückständig gelten, § 13 Abs. 1 ZVG, ist aber für alle am Verfahren Beteiligten immer der erste Beschlagnahme-Wirksamkeitszeitpunkt entscheidend.

Dies gilt auch dann, wenn der Anordnungsbeschluss aufgehoben und seitens eines weiteren Gläubigers aus dessen Beitrittsbeschluss weiter betrieben wird (es bleibt also bei dem Beschlagnahme-Wirksamkeitszeitpunkt des Anordnungsbeschlusses).

Für den „vergesslichen" Gläubiger bedeutet dies, dass es aufgrund der Verfahrensbetreibung durch einen weiteren Gläubiger und seinen Beitritt für die Berechnung der wiederkehrenden Leistungen bei dem durch den aufgehobenen Anordnungsbeschluss bewirkten Beschlagnahmewirksamkeitszeitpunkt verbleibt.

Wird das eingestellte Verfahren auf den rechtzeitigen Antrag des Gläubigers fortgesetzt, so hat der Schuldner noch ein weiteres Mal die Möglichkeit, die erneute einstweilige Einstellung gem. § 30a ZVG zu beantragen, § 30c ZVG.

Gegen die Einstellungsentscheidung gibt es das Rechtsmittel der sofortigen Beschwerde, § 30b Abs. 3 ZVG.

2. Schuldnerantrag gem. § 765a ZPO

Im Gegensatz zu § 30a ZVG sind Anträge auf Verfahrenseinstellung gem. § 765a ZPO in jedem Verfahrensstadium möglich. Das Gericht hat sogar jede Erklärung des Schuldners im Hinblick auf ein Einstellungsbegehren gem. § 765a ZPO zu prüfen. Allerdings erfolgt keine Belehrung über diese Einstellungsmöglichkeit.

§ 765a ZPO ist anzuwenden, wenn die Versteigerung für den Schuldner wegen besonderer Umstände eine Härte bedeutet, die mit den guten Sitten nicht zu vereinbaren ist, wobei die Schutzbedürfnisse des Gläubigers voll zu würdigen sind.[93]

Gefährdet die Zwangsversteigerung die Gesundheit des Schuldners, kann dies eine sittenwidrige Härte für den Schuldner darstellen, allerdings muss der Schuldner den Zusammenhang zwischen Zwangsversteigerung und seiner Gesundheitsgefährdung substantiiert darlegen und die hinreichende Wahrscheinlichkeit dieser Voraussetzungen beweisen.[94]

---

93 BVerfG 3.10.1979 NJW 1979, 2607.
94 LG Lübeck 23.2.2004 Rpfleger 2004, 435; OLG Köln 20.9.1989 Rpfleger 1990, 30.

Besteht die Möglichkeit, dass ein naher Angehöriger des Schuldners wegen der Anordnung der Zwangsversteigerung stirbt oder ernsthaft erkrankt, kann auch dies ein wichtiger Grund i.S.d. § 765a ZPO sein.[95]

Die Möglichkeit einer Suizidgefährdung eines Angehörigen des Schuldners rechtfertigt einen Antrag nach § 765a ZPO allerdings nicht, wenn der Angehörige Berechtigter eines im Grundbuch des Versteigerungsobjektes eingetragenen Wohnrechtes ist, welches nach den Versteigerungsbedingungen bestehen bleibt.[96]

Die Entscheidung, wegen der Gefahr der Selbsttötung des Schuldners das Zwangsversteigerungsverfahren einstweilig oder sogar unbefristet einzustellen, erfordert eine umfassende Abwägung der wechselseitigen Interessen und eine besonders sorgfältige Nachprüfung des entsprechenden Vortrags.[97]

Bei der Entscheidung über einen mit Selbstmordbekundungen begründeten Einstellungsantrag des Schuldners sind die Belange des Gläubigers gegen die des Schuldners abzuwägen, mit der Folge, dass auch bei einer latenten Wahrscheinlichkeit der Verwirklichung der Absicht des Schuldners das Verfahren nicht ohne weiteres einzustellen ist.[98] Geht die Lebensgefahr nicht von dem mit der Zuschlagserteilung einhergehenden Eigentumsverlust aus, sondern nur von der nach dem Zuschlag drohenden Zwangsräumung, darf der Zuschlag nicht versagt werden.[99]

Ist indessen davon auszugehen, dass die Lebensgefahr schon deshalb besteht, weil der Schuldner oder ein naher Angehöriger den Eigentumsverlust befürchtet, ist stets eine Abwägung der in solchen Fällen ganz besonders gewichteten Interessen des Betroffenen mit den Vollstreckungsinteressen des Gläubigers geboten.[100]

Die Verfahrenseinstellung wegen Selbstmordgefahr kann mit der Auflage angeordnet werden, dass der Vollstreckungsschuldner eine erfolgversprechende Behandlungsmöglichkeit wahrnimmt und dem Gericht die Notwendigkeit weiterer Behandlung regelmäßig nachweist.[101]

---

95 OLG Hamm 26.3.2001 Rpfleger 2001, 508; hierzu auch: Brandenbg.OLG 6.3. u. 11.10.2000 Rpfleger 2000, 406 u. 2001, 91.
96 LG Gießen 1.12.2006 Rpfleger 2007, 278.
97 BVerfG 25.9.2006 NJW-RR 2007, 228; BGH 24.11.2005 WM 2006, 813, 814; OLG Oldenburg 3.1.2002, MDR 2002, 664; LG Mönchengladbach 14.12.2005 Rpfleger 2006, 332.
98 BGH 19.6.2008 WM 2008, 1833; 6.12.2007 WM 2008, 409; 14.6.2007 WM 2007, 1667, 1668; 24.11.2005 WM 2006, 813, 814; LG Koblenz 13.6.2008 Rpfleger 2008, 656.
99 BGH 19.6.2008 WM 2008, 1833.
100 BGH 15.7.2010 WM 2010, 1810.
101 BVerfG 25.9.2003 NJW 2004, 49; BGH 6.12.2007 WM 2008, 409.

Hält das Vollstreckungsgericht die Unterbringung des Schuldners in einer psychiatrischen Einrichtung für erforderlich, muss es mit der Fortsetzung des Versteigerungsverfahrens zuwarten, bis die Unterbringung durch die zuständigen Behörden und Gerichte angeordnet und durchgeführt worden ist.[102]

Auch die Einstellung nach § 765a ZPO kann mit Zahlungsauflagen an den Vollstreckungsschuldner verbunden werden.[103]

Eine sittenwidrige Härte i.S.d. § 765a Abs. 1 ZPO kann sich grundsätzlich nicht aus materiellrechtlichen Einwendungen des Schuldners gegen das Recht des Gläubigers auf Befriedigung aus dem Grundstück ergeben (z.B. Beschränkung der Verwertung aufgrund einer schuldrechtliche Sicherungsvereinbarung). Einwendungen dieser Art können nur mit der Vollstreckungsgegenklage geltend gemacht werden.[104]

Eine sittenwidrige Härte folgt auch nicht aus der Befürchtung des Schuldners, dass der bei der Versteigerung zu erwartende Erlös aufgrund der Besonderheiten des zu versteigernden Objektes weit unter dessen Marktwert liegen wird. Eine ergänzende Anwendung des § 765a ZPO neben § 85a ZVG wegen Verschleuderung des Grundbesitzes kommt erst in Betracht, wenn feststeht, in welchem Maß ein abgegebenes Meistgebot hinter dem festgesetzten Verkehrswert zurückbleibt.[105]

Da das Verbot der zwecklosen Pfändung, § 803 Abs. 2 ZPO im Zwangsversteigerungsverfahren keine Anwendung findet, darf das Vollstreckungsgericht das Versteigerungsverfahren nicht mit der Begründung aufheben, dass ein Versteigerungserlös zugunsten des das Verfahren betreibenden Gläubigers nicht zu erwarten sei.[106]

Gegen die Entscheidung im Vollstreckungsschutzverfahren nach § 765a ZPO findet die sofortige Beschwerde nach § 793 ZPO statt.[107]

3. Gläubigerbewilligung gem. § 30 ZVG

Der Gläubiger kann in jedem Verfahrensstadium, insgesamt ohne Rechtsverlust aber nur zweimal, § 30 Abs. 1 S. 3 ZVG, das Verfahren zeitweilig zum Ruhen bringen. Eine Einstellungsfrist kann er dem Gericht nicht vorgeben; das Voll-

---

102 BGH 14.6.2007 WM 2007, 1667, 1668.
103 Thür.OLG 22.5.2000 Rpfleger 2000, 463.
104 OLG Hamm 9.8.2001 Rpfleger 2002, 39.
105 OLG Hamm 9.8.2001 Rpfleger 2002, 39.
106 BGH 30.1.2004 WM 2004, 646; Rpfleger 2004, 302.
107 *Stöber* Einl. Rz. 59.1.

streckungsgericht stellt das Verfahren vielmehr unbefristet ein.[108] Es obliegt dem Gläubiger, die Fortsetzung des Verfahrens rechtzeitig, § 31 ZVG, zu beantragen.

Eine Verbindung der Einstellungsbewilligung mit Auflagen und Bedingungen ist nicht zulässig.[109]

Für die Einstellungsbewilligung ist keine Begründung erforderlich; die Bewilligung kann auch mündlich, z.B. im Termin, ggf. auch telefonisch vorab, dem Gericht übermittelt werden.

Die einstweilige Einstellung kann auch nur hinsichtlich einzelner Grundstücke oder Zubehörteile bewilligt werden.[110] Soweit aus mehreren Rechten betrieben wird, sollte der Gläubiger eindeutig zu erkennen geben, welches Verfahren ruhen soll.[111]

Die einstweilige Einstellung ist von der Verfahrensanordnung bis zur Zuschlagserteilung möglich und lässt die Beschlagnahme unberührt.

Wird das Verfahren von mehreren Gläubigern betrieben und erfolgt die einstweilige Einstellung seitens des bestrangig betreibenden Gläubigers
– vor dem Ende der Bietstunde, so ist ein neues geringstes Gebot aufzustellen und eine neue Bietstunde zu beginnen,
– nach dem Ende der Bietstunde, so muss der Zuschlag regelmäßig versagt werden, §§ 83, 33 ZVG, da alle Gebote erloschen sind, § 72 Abs. 3 ZVG.[112] Eine Zuschlagserteilung kommt nur dann in Betracht, wenn dadurch keiner der Beteiligten in seinen Rechten beeinträchtigt ist.[113]

Die stärkste Wirkung hat die einstweilige Einstellung des bestrangig betreibenden Gläubigers kurz nach dem Ende der Bietstunde, aber noch vor der Zuschlagserteilung, weil damit der Termin endgültig „kaputt" gemacht werden kann.

Einem Bietinteressenten kann mit Hinweis auf diese Rechtsfolge ggf. ein höheres Gebot „entlockt" werden.

---

108 LG Traunstein 24.6.1988 Rpfleger 1989, 35; *Stöber* § 30 Rz. 2.5; *Böttcher* § 30 Rz. 2.
109 *Stöber* § 30 Rz. 2.4; *Böttcher* § 30 Rz. 2.
110 *Stöber* § 30 Rz. 5.1, 5.2; *Böttcher* § 30 Rz. 7, 8.
111 OLG Düsseldorf 31.8.1990 Rpfleger 1991, 28 u. 69 mit Anm. *Hintzen*; *Stöber* § 30 Rz. 5.4; *Böttcher* § 30 Rz. 9.
112 BGH 15.3.2007 WM 2007, 1284.
113 LG Kassel 8.2.2000 Rpfleger 2000, 408; OLG Köln 16.6.1989 ZIP 1989, 1430; *Stöber* § 33 Rz. 3.4 ff., § 84 Rz. 2.

Achtung:

Die dritte Einstellungsbewilligung eines Gläubigers in „seinem" Verfahren bewirkt die Aufhebung dieses Verfahrens. Wird das Zwangsversteigerungsverfahren jedoch noch von weiteren Gläubigern betrieben, so steht dem Gläubiger, dessen Verfahren aufgehoben wurde, der Beitritt offen.

Da jeder Gläubiger für jedes „seiner" Verfahren – sofern er aus mehreren Rechten betreibt – zwei „unschädliche" Einstellungsmöglichkeiten besitzt, sollte insbesondere bei größeren Verfahren gewissenhaft nachgehalten werden, von welchem Gläubiger das Verfahren aktuell aus welchem Recht betrieben wird.

Die Rücknahmefiktion des § 30 Abs. 1 S. 3 ZVG setzt grundsätzlich voraus, das derselbe betreibende Gläubiger zweimal die einstweilige Einstellung aus demselben Beschlagnahmebeschluss bewilligt hat und daraufhin jeweils das betroffene Verfahren fortgesetzt wurde, bevor eine dritte Einstellungsbewilligung zur Verfahrensaufhebung führt.[114]

Betreibt ein Gläubiger die Versteigerung aus mehreren Beschlagnahmebeschlüssen (z.B. wegen des Grundschuldkapitals, wegen der dinglichen Zinsen, sowie wegen der persönlichen Forderung aus der Grundschuldbestellungsurkunde), kann seine dritte Einstellungsbewilligung allerdings zur Aufhebung aller Einzelverfahren führen, wenn für das Gericht eine ernsthafte Versteigerungsabsicht des Gläubigers nicht erkennbar ist.[115]

Die Fortsetzung des Verfahrens muss der Gläubiger innerhalb einer Frist von sechs Monaten beantragen, die mit der Zustellung des Einstellungsbeschlusses an ihn, § 32 ZVG, beginnt. Versäumt er diese Frist, so erfolgt die Aufhebung „seines" Verfahrens, § 31 Abs. 1 S. 2, Abs. 2a ZVG.

Gegen einen auf § 30 ZVG gestützten Einstellungsbeschluss des Gerichts kann der Gläubiger (nach vorheriger Anhörung) das Rechtsmittel der sofortigen Beschwerde, § 95 ZVG, § 793 ZPO, bzw. (bei unterbliebener vorheriger Anhörung) Erinnerung nach § 766 ZPO einlegen.

Dies wird er allerdings nur dann tun, wenn das Gericht eine von ihm abgegebene Erklärung fälschlicherweise als Einstellungsbewilligung verstanden hat.

---

114 OLG Düsseldorf 31.8.1990 Rpfleger 1991, 28; *Stöber* § 30 Rz. 3.2, 5.4.
115 LG Erfurt 28.1.2005 Rpfleger 2005, 375; LG Dessau 16.6.2004 Rpfleger 2004, 724; OLG Düsseldorf 31.8.1990 Rpfleger 1991, 28; *Hintzen* Rpfleger 1991, 69, 70.

4. Nichtabgabe von Geboten im Versteigerungstermin

Bleibt ein Versteigerungstermin erstmalig infolge Nichtabgabe von Geboten ergebnislos, so wird das Verfahren von Amts wegen einstweilen eingestellt. Die Einstellung wird im Versteigerungstermin verkündet und dem betroffenen (das Verfahren betreibenden)Gläubiger zugestellt.[116]

Der Gläubiger muss die Fortsetzung innerhalb von sechs Monaten ab Zustellung des Einstellungsbeschlusses beantragen. Wenn er diese Frist versäumt, so erfolgt die Verfahrensaufhebung, § 31 ZVG.

Gleiches gilt (Verfahrensaufhebung), wenn in einem weiteren (zweiten) Termin keine Gebote abgegeben werden, § 77 Abs. 2 S. 1 ZVG. Um dies zu vermeiden, muss der Gläubiger der bereits schon einmal von einer Verfahrenseinstellung nach § 77 Abs. 1 ZVG betroffen war (der weitere bzw. zweite wegen Nichtabgabe von Geboten ergebnislose Termin muss dem erstmals aus diesem Grunde ergebnislosen Termin zeitlich nicht unmittelbar nachfolgen), ggf. mit einem eigenen Gebot oder mit einer Einstellungsbewilligung handeln, die vor dem Schluss der Versteigerung (Ende der Bietstunde) abzugeben ist.[117]

Beruht die „Ergebnislosigkeit" des weiteren Termins allerdings auf anderen Umständen (z. Zuschlagsversagung nach §§ 74a, 85a ZVG; § 765a ZPO), kommt eine Verfahrensaufhebung gem. § 77 Abs. 2 Satz 1 ZVG nicht in Betracht.[118]

Wie § 30 ZVG, so betrifft auch § 77 ZVG das (Einzel-)Verfahren eines jeden Gläubigers. Werden auch im zweiten Termin keine Gebote abgegeben, so sind nur diejenigen Gläubiger von der drohenden Aufhebung betroffen, aufgrund deren Antrag bereits der erste, ergebnislos gebliebene Termin stattgefunden hat. Wurde somit von einem Gläubiger zum Zeitpunkt des ersten Termins das Verfahren noch nicht betrieben oder war sein Verfahren einstweilen eingestellt, so ist ihm gegenüber bei Ergebnislosigkeit des zweiten Termins das Verfahren lediglich gem. § 77 Abs. 1 ZVG einzustellen.[119]

Tritt ein Gläubiger vor dem Versteigerungstermin dem Verfahren bei, so ist § 77 Abs. 1 oder Abs. 2 ZVG ihm gegenüber nur anzuwenden, wenn „sein" Beschluss gem. § 43 Abs. 2 ZVG vier Wochen vor dem Termin dem Schuldner zugestellt wurde.[120]

---

116 *Stöber* § 77 Rz. 2.2; *Böttcher* § 77 Rz. 3.
117 LG Mainz Rpfleger 1988, 376; *Stöber* § 77 Rz. 2.4.
118 *Stöber* § 77 Rz. 2.4 a–e.
119 *Stöber* § 77 Rz. 2.4 b.
120 *Stöber* § 77 Rz. 2.2; *Böttcher* § 77 Rz. 3.

VIII. Weitere Einstellungsmöglichkeiten

Das ZVG sieht noch eine Reihe von weiteren Einstellungsmöglichkeiten vor:

1. Einstellung aufgrund der Zwangsversteigerung entgegenstehender (grundbuchmäßiger) Rechte, § 28 ZVG

Gegenstand der Zwangsversteigerung kann nur ein zum Vermögen des Vollstreckungsschuldners gehörendes Grundstück, Wohnungseigentum, Erbbaurecht etc. sein. Rechte Dritter an ihm dürfen der Vollstreckung nicht entgegenstehen.

Ist das Recht eines Dritten bereits zum Zeitpunkt der Beantragung der Zwangsversteigerung bekannt, steht es der Anordnung des Verfahrens entgegen.[121] Hat das Vollstreckungsgericht bei Verfahrensbeantragung das Recht eines Dritten nicht geprüft oder wurde es ihm erst später bekannt, ist es von Amts wegen nachträglich zu berücksichtigen und hat die einstweilige Einstellung des Verfahrens zur Folge.

Der Zwangsversteigerung „entgegenstehende" Rechte sind demzufolge alle verfahrenshindernden Rechte Dritter, die auch bereits der Anordnung des Verfahrens entgegenstehen können. Hierzu gehören insbesondere Eigentumsrechte Dritter am Versteigerungsobjekt.

Beispiel:

Erben des im Grundbuch eingetragenen Eigentümers sind A und B. Aufgrund des zwischen ihnen geschlossenen Auseinandersetzungsvertrages wird A als Grundstückseigentümer eingetragen. A bestellt der Sparkasse zur Absicherung von Darlehensverbindlichkeiten eine vollstreckbare Grundschuld. Als A seinen Zahlungsverpflichtungen nicht mehr nachkommen kann, wird auf Antrag der Sparkasse die Zwangsversteigerung angeordnet.

Zwischen A und B kommt es zum Streit über die Wirksamkeit des Auseinandersetzungsvertrages. A wird verurteilt einer Berichtigung des Grundbuches dahingehend zuzustimmen, dass als Eigentümer A und B in Erbengemeinschaft eingetragen werden.

Solange A im Grundbuch noch als Eigentümer eingetragen ist, besteht zu einer Verfahrenseinstellung keine Veranlassung. Erst mit Vollzug der Grundbuchberichtigung (durch Eintragung der Erbengemeinschaft als Eigentümer) ist das Verfahren einzustellen. Es ist nach (von der Sparkasse zu veranlassender und

---

121 *Stöber* § 28 Rz. 3.

dem Vollstreckungsgericht nachzuweisender) Klauselumschreibung auf und Zustellung an die Erbengemeinschaft von Amts wegen fortzusetzen.[122]

Ist zum Zeitpunkt der Anordnung der Zwangsversteigerung aufgrund einer Zwangssicherungshypothek im Grundbuch vorrangig eine Auflassungsvormerkung für einen bedingten Übereignungsanspruch eingetragen und erfolgt dann die Eigentumsumschreibung im Laufe des Zwangsversteigerungsverfahrens aufgrund dieser Vormerkung, ist die Zwangsversteigerung aufzuheben. Dies gilt auch dann, wenn streitig ist, ob der gesicherte Umschreibungsanspruch auch im Falle einer Zwangsvollstreckung zu erfüllen ist.[123]

Wird die Zwangsversteigerung eines Grundstücks demgegenüber aus einem Recht betrieben, das einer vor der Beschlagnahme eingetragenen Auflassungsvormerkung im Range vorgeht, hat eine nach der Beschlagnahme erfolgte Umschreibung des Eigentums auf den Vormerkungsberechtigten keinen Einfluss auf den Fortgang des Versteigerungsverfahrens.[124]

Ist dem Vollstreckungsgericht die Eröffnung eines Insolvenzverfahrens über das Vermögen des Vollstreckungsschuldners bekannt, stellt dies für einen persönlichen Gläubiger eine der Anordnung der Zwangsversteigerung entgegenstehende Verfügungsbeschränkung gem. § 28 Abs. 2 ZVG dar, es sei denn, dem Zwangsversteigerungsantrag des persönlichen Gläubigers wurde bereits vor Eröffnung des Insolvenzverfahrens entsprochen.

Nacherbenvermerk:
Ein im Grundbuch gem. § 51 GBO eingetragener Nacherbenvermerk ist kein nach § 28 Abs. 1 ZVG der Versteigerung entgegenstehendes Recht.[125]

Bei der Versteigerung eines zu einer Vorerbschaft gehörenden Grundstücks wird der Nacherbe durch § 773 ZPO geschützt. Danach soll ein zu einer Vorerbschaft gehörender Gegenstand nicht im Wege der Zwangsvollstreckung veräußert werden, wenn die Veräußerung im Falle des Eintritts der Nacherbfolge gem. § 2115 BGB dem Nacherben gegenüber unwirksam ist.

Der Anordnung des Versteigerungsverfahrens steht § 773 ZPO somit nicht entgegen.[126]

---

122 *Stöber* § 28 Rz. 4.7 b.
123 LG Trier 22.11.1999 Rpfleger 2000, 286; *Stöber* § 28 Rz. 4.8 a.
124 BGH 25.1.2007 Rpfleger 2007, 333; *Stöber* § 28 Rz. 4.8 c.
125 *Stöber* § 15 Rz. 30.10 c; *Buß* Das Nacherbenrecht in der Immobiliarzwangsversteigerung, S. 48 ff.
126 *Stöber* § 15 Rz. 30.11 c; *Böttcher* § 28 Rz. 21, 22; *Buß* (a. a. O. Fn. 125) S. 30 ff.

Für die Fortsetzung des Verfahrens ist allerdings nach der Art des titulierten Anspruchs zu unterscheiden:[127]

Erfolgt die Anordnung
- aufgrund einer Nachlassverbindlichkeit,
- aufgrund eines bereits vom Erblasser am Vorerbschafts-Grundstück bestellten Rechtes (z.B. Grundschuld),
- aufgrund eines vom befreiten Vorerben am Vorerbschafts-Grundstück entgeltlich bestellten Rechtes, §§ 2136, 2113 Abs. 2 BGB oder
- aufgrund eines mit Zustimmung des Nacherben bestellten Rechtes,

wird das Versteigerungsverfahren durchgeführt und kann die Veräußerung des Vorerbschafts-Grundstücks durch Erteilung des Zuschlags erfolgen, § 2115 S. 2 BGB.[128]

Will ein das Versteigerungsverfahren eines Vorerbschafts-Grundstücks betreibender Gläubiger vermeiden, dass das Vollstreckungsgericht aufgrund des Nacherbenvermerks das Verfahren gar nicht erst anordnet oder sogleich nach Anordnung wieder einstellt, sollte er seiner Antragstellung Nachweise beifügen, aus denen sich ergibt, dass die Durchführung des Versteigerungsverfahrens das Nacherbenrecht weder vereitelt noch beeinträchtigt.

Erfolgt die Anordnung durch einen Eigengläubiger des Vorerben wegen eines persönlichen Anspruchs gegen diesen, steht einer weiteren Durchführung des Verfahrens § 773 ZPO entgegen. Kann der Gläubiger nicht die Zustimmung des Nacherben beibringen, wird das Vollstreckungsgericht das Verfahren einstellen.[129]

Trotz des Nacherbenvermerks unbeschränkt zulässig ist die Eintragung einer Zwangssicherungshypothek sowie die Zwangsverwaltung.[130]

2. Einstweilige Einstellung während eines Insolvenzverfahrens, §§ 30 d–f ZVG[131]

Der Einstellungsantrag kann vom Insolvenzverwalter bis zum Schluss der Versteigerung (Verkündung des Zuschlags) unter Glaubhaftmachung der nachfolgenden Einstellungsgründe gestellt werden:

---

127 *Klawikowski* Rpfleger 1998, 100 ff.
128 *Stöber* § 15 Rz. 30.8; *Böttcher* § 28 Rz. 21; *Buß* (a.a.O. Fn. 125) S. 47.
129 *Stöber* § 15 Rz. 30.11 f., 30.12; *Buß* (a.a.O. Fn. 125) S. 65 ff.
130 *Stöber* § 15 Rz. 30.11 a, b.
131 *Mönning/Zimmermann* NZI 2008, 134 ff.

– Bis zum Berichtstermin im Insolvenzverfahren erfolgt die Einstellung auf Antrag des Insolvenzverwalters ohne weitere Bedingungen, § 30 d Abs. 1 Nr. 1 ZVG. Hierdurch sollen bis zum Berichtstermin alle Optionen für die weitere Durchführung des Insolvenzverfahrens offen gehalten werden. Es genügt, wenn der Insolvenzverwalter mit seinem Einstellungsantrag den Beschluss über die Eröffnung des Insolvenzverfahrens mit der daraus ersichtlichen Terminierung vorlegt.[132]

– Nach dem Berichtstermin ist bei der Entscheidung über den Einstellungsantrag in erster Linie darauf abzustellen, ob das zu versteigernde Objekt aufgrund der Entscheidung der Gläubigerversammlung für eine Fortführung des Unternehmens oder eine Gesamtveräußerung benötigt wird, § 30 d Abs. 1 Nr. 2 ZVG. Erforderlich ist die Vorlage eines entsprechenden Beschlusses der Gläubigerversammlung im Berichtstermin.[133]

– Mit § 30 d Abs. 1 Nr. 3 ZVG wird dem Fall Rechnung getragen, dass die Versteigerung die Durchführung eines Insolvenzplanes gefährden würde. Wird das zu versteigernde Objekt vom Insolvenzplan erfasst, muss durch die Vorlage des Planes glaubhaft gemacht werden, dass das zu versteigernde Objekt in die Planregelung einbezogen wurde und davon auszugehen ist, dass der Plan ohne das Objekt nicht durchführbar bzw. seine Durchführung gefährdet wäre.[134]

– Schließlich ist die Anordnung der einstweiligen Einstellung auch dann möglich, wenn in sonstiger Weise „durch die Versteigerung die angemessene Verwertung der Insolvenzmasse wesentlich erschwert würde", 30 d Abs. 1 Nr. 4 ZVG. Mit diesem Auffangtatbestand soll insbesondere eine sofortige Versteigerung (zur Unzeit) vermieden werden, bei der ein erheblich geringerer Erlös zu erwarten ist, als bei einer späteren freihändigen Veräußerung durch den Insolvenzverwalter.[135]

Die einstweilige Einstellung auf Schuldnerantrag ist in § 30 d Abs. 2 ZVG geregelt.

Die Voraussetzungen einer einstweiligen Einstellung im Insolvenz-Eröffnungsverfahren sind in § 30 d Abs. 4 ZVG aufgeführt.

Da durch die einstweilige Einstellung der Zwangsversteigerung der wirtschaftliche Wert des Rechtes des das Versteigerungsverfahren betreibenden Gläubigers nicht vermindert werden darf, ist das Vollstreckungsgericht ver-

---

132 *Hintzen* in Kölner Schrift z. InsO 2. Aufl. 2000 S. 1125 Rz. 81.

133 *Hintzen* (a. a. O. Fn. 132) Rz. 82.

134 *Hintzen* (a. a. O. Fn. 132) Rz. 83.

135 *Stöber* NZI 1998, 108; *Wenzel* NZI 1999, 102.

pflichtet anzuordnen, dass dem betreibenden Gläubiger nach dem Berichtstermin laufend Zinsen aus der Insolvenzmasse zu zahlen sind, § 30e Abs. 1 S. 1 ZVG.

Erfolgte die Verfahrenseinstellung bereits vor Eröffnung des Insolvenzverfahrens, setzt die Zinszahlungspflicht spätestens drei Monate nach dieser Einstellung ein, § 30e Abs. 1 S. 2 ZVG. Dadurch soll erreicht werden, dass der Gläubiger höchstens drei Monate lang entschädigungslos am Zwangszugriff gehindert wird.

Für die Höhe der Zinszahlungen wird aus Gründen der Praktikabilität auf die Zinsen abgestellt, die der Gläubiger aufgrund seines Rechtsverhältnisses mit dem Schuldner beanspruchen kann.

Dies können vertraglich vereinbarte oder kraft Gesetzes geschuldete Zinsen sein, § 288 BGB, § 352 HGB, nicht hingegen die dinglichen Zinsen eines das Zwangsversteigerungsverfahren betreibenden Grundpfandrechtsgläubigers.[136]

Die Anordnung laufender Zahlungen an den das Zwangsversteigerungsverfahren betreibenden Gläubiger ist auf Antragstellung auch für den Fall vorzusehen, dass das belastete Objekt (nebst Zubehör) während der Dauer der Einstellung des Zwangsversteigerungsverfahrens für die Insolvenzmasse genutzt wird und dadurch einen Wertverlust erleidet, § 30e Abs. 2 ZVG.

Die Aufhebung der einstweiligen Einstellung wird in § 30f ZVG geregelt:

Die Verfahrensfortsetzung ist auf Antrag des betreibenden Gläubigers anzuordnen, wenn keiner der Gründe nach § 30d Abs. 1–4 ZVG mehr vorliegt. Die Einstellungsgründe hat der Insolvenzverwalter darzulegen und glaubhaft zu machen.[137]

Ausführlich zur Geltendmachung/Verwertung von Grundpfandrechten im Insolvenzverfahren: *Knees*,[138] *Weis/Ristelhuber*[139] und *Obermüller*.[140]

---

136 LG Göttingen 27.1.2000 ZInsO 2000, 163; LG Stade 19.03.2002 Rpfleger 2002, 472; KPB/*Flöther* InsO § 165 Rz. 38; *Storz* Praxis des Zwangsversteigerungsverfahrens, B 3.1.2 Fn. 50; *Kirchhoff*, Leitfaden zum Insolvenzrecht Rz. 371 sowie ZInsO 2001, 1, 7; *Tetzlaff* ZInsO 2004, 521, 522; a. A. *Hintzen* ZInsO 2004, 713, 720f.
137 LG Göttingen 30.11.2000 Rpfleger 2001, 193.
138 *Knees* ZIP 2001, 1568ff.
139 *Weis/Ristelhuber* ZInsO 2002, 859.
140 *Obermüller* Insolvenzrecht in der Bankpraxis Rz. 6.872ff. u. 6.1107ff.

3. Einstellung aufgrund Zahlungsnachweis im Versteigerungstermin, § 75 ZVG

Legt der Schuldner im Versteigerungstermin dem Vollstreckungsgericht einen Einzahlungs- oder Überweisungsnachweis einer Bank oder Sparkasse oder eine öffentliche Urkunde vor, aus der sich ergibt, dass er oder ein Dritter, der berechtigt ist, den (das Verfahren betreibenden) Gläubiger zu befriedigen, den zur Befriedigung und zur Deckung der Kosten erforderlichen Betrag an die Gerichtskasse gezahlt hat, wird das Verfahren eingestellt, § 75 ZVG.[141]

Soweit § 75 ZVG seinem Wortlaut nach den Nachweis einer Zahlung an die Gerichtskasse im Versteigerungstermin nur dem Schuldner einräumt, ist davon auszugehen, dass es sich hierbei um ein redaktionelles Versehen des Gesetzgebers handelt. Entgegen dem Wortlaut von § 75 ZVG ist daher davon auszugehen, dass der Zahlungsnachweis im Versteigerungstermin auch von dem ablösungsberechtigten Dritten erbracht werden kann. Dies ergibt sich aus dem allgemeinen vollstreckungsrechtlichen Grundsatz zum Ablösungsrecht eines Dritten gem. § 1150 i.V.m. § 268 Abs. 1 BGB.[142] Das Versteigerungsverfahren ist somit auch dann von Amts wegen einzustellen, wenn ein Dritter, der berechtigt ist, den das Verfahren betreibenden Gläubiger zu befriedigen, den Nachweis über die Zahlung des zur Befriedigung und zur Deckung der Kosten erforderlichen Betrages an die Gerichtskasse im Versteigerungstermin vorlegt.[143] Eines Nachweises der Ablösezahlung durch den dazu berechtigten Dritten bedarf es nicht, wenn dessen Zahlung durch die Mitteilung der Gerichtskasse für das Vollstreckungsgericht aktenkundig ist.[144]

Die Zahlung muss alle aus dem Anordnungs- bzw. Beitrittsbeschluss ersichtlichen Beträge an Hauptsache, Zinsen und Kosten umfassen. Hinzu kommen die zwischenzeitlich angefallenen Zinsen sowie die Kosten der Rechtsverfolgung des betreibenden Gläubigers sowie die Gerichtskosten. Teilzahlungen sind unzulässig.[145] Der Einstellungsbeschluss ist gem. § 32 ZVG zuzustellen und hat eine Belehrung gem. § 31 ZVG zu enthalten. Das eingestellte Verfahren wird nur auf Gläubigerantrag fortgesetzt, der sofort nach Verfahrenseinstellung gestellt werden kann.[146]

---

141 Zu den Voraussetzungen u. Wirkungen: *Böttcher* ZfIR 2007, 597.
142 *Böttcher* ZfIR 2007, 597, 598; *Hintzen/Alff* Rpfleger 2007, 233, 239.
143 BGH 16.10.2008 WM 2009, 82.
144 BGH 16.10.2008 WM 2009, 82; *Böttcher* ZfIR 2007, 597.
145 *Stöber* § 75 Rz. 2.5; *Böttcher* § 75 Rz. 4.
146 *Stöber* § 75 Rz. 2.11; *Böttcher* § 75 Rz. 13.

Nach dem Wortlaut des § 75 ZVG ist eine Verfahrenseinstellung erst **im** Versteigerungstermin vorgesehen, wenn die gesetzlichen Voraussetzungen vorliegen. Es begegnet allerdings keinen grundlegenden Bedenken, das Verfahren bei Vorliegen der Voraussetzungen auch bereits vor Abhaltung des Versteigerungstermins einzustellen. § 75 ZVG erleichtert die Durchsetzung eines Ablöserechtes in der Zwangsversteigerung, indem es keines Nachweises einer Zahlung an den Inhaber des abzulösenden Rechtes bedarf, sondern der zur Ablösung erforderliche Betrag an das Gericht gezahlt werden kann. Dadurch wird die vereinfachte Durchsetzung des Ablöserechts gegenüber einem nicht empfangsbereiten Gläubiger ermöglicht. Das von diesem betriebene Verfahren kann bereits dann eingestellt werden, wenn die Zahlung des Ablösebetrages an die Gerichtskasse offenkundig oder durch Vorlage der in § 75 ZVG benannten Einzahlungs- oder Überweisungsnachweise belegt ist.[147]

Gehen mehrere zur Einstellung des Verfahrens geeignete Zahlungen beim Gericht ein, ist Grundlage der Einstellung die zuerst eingegangene ordnungsgemäße Zahlung. Ordnungsgemäß ist die Zahlung eines Ablösungsberechtigten nur, wenn dieser seine Ablösungsberechtigung vor der Zahlung nachweist.[148]

4. Einstellung aufgrund Deckung des Gläubigers aus einem Einzelgebot, § 76 ZVG

§ 76 ZVG ist eine Schutzbestimmung zugunsten des Schuldners zur Erhaltung seiner weiteren Grundstücke, wenn der Gläubiger bereits durch die Versteigerung eines oder einzelner von mehreren zur Versteigerung anstehender Grundstücke vollständige Befriedigung wegen seines Anspruches erhalten würde.

Einzustellen ist von Amts wegen, wenn das Meistgebot für ein Grundstück (bzw. für einzelne oder für eine Gruppe) zur Begleichung folgender Beträge reicht:

– die aus dem Anordnungs- bzw. Beitrittsbeschluss ersichtlichen Beträge an Hauptsache, Zinsen, Kosten sowie alle inzwischen fällig gewordenen Zinsen des betreibenden Gläubigers bis zum (voraussichtlichen) Verteilungstermin,

– die Kosten der dinglichen Rechtsverfolgung des Gläubigers,

---

147 LG Berlin 16.3.2011 – 82 T 62/11, 82 T 83/11 – unter Verweis auf BGH 16.10.2008 WM 2009, 82 [17]. Aus den Urteilsgründen BGH 6.10.2011 WM 2012, 80 geht hervor, dass die Einstellung bereits am Tage vor dem Versteigerungstermin erfolgte; a.A.: *D/S/H/E/R-Hintzen*, § 75 Rz. 10.
148 BGH 6.10.2011 WM 2012, 80.

– die Gerichtskosten,
– sowie alle dem bestrangig betreibenden Gläubiger vorgehenden Ansprüche, die bar bezahlt werden müssen.[149]

Wird der Fortsetzungsantrag nicht vor Ablauf von drei Monaten ab dem Verteilungstermin gestellt, wird das Verfahren aufgehoben, §§ 76 Abs. 2 S. 2, 29 ZVG.

5. Einstellung wegen Zuschlagsversagung, § 86 ZVG

§ 86 ZVG befasst sich mit den Auswirkungen einer Zuschlagsversagung.

Ist die Fortsetzung des Zwangsversteigerungsverfahrens trotz Zuschlagsversagung zulässig, so wirkt der rechtskräftige Zuschlagsversagungsbeschluss wie die einstweilige Einstellung des Zwangsversteigerungsverfahrens.[150]

Zulässig ist die Verfahrensfortsetzung z.B. dann, wenn der das Verfahren erstrangig betreibende Gläubiger nach dem Ende der Versteigerung, aber noch vor der Entscheidung des Vollstreckungsgerichtes über den Zuschlag gem. § 30 ZVG die Einstellung des Verfahrens bewilligt. Das Vollstreckungsgericht muss in diesem Fall die Einstellungsbewilligung des Gläubigers in der Weise berücksichtigen, dass es einen Zuschlagsversagungsbeschluss erlässt, § 33 ZVG.

Zulässig ist die Verfahrensfortsetzung auch in den Fällen einer Zuschlagsversagung nach §§ 30 c, 30 d, 75, 83 Nr. 1–4, ZVG; §§ 765a, 769 Abs. 2, 775 ZPO.

6. Einstellung der Zwangsvollstreckung durch das Prozessgericht, §§ 707, 719, 771 Abs. 3 ZPO

Durch eine auf Antrag gem. den vorgenannten Bestimmungen erfolgte Einstellung seitens des Prozessgerichtes soll verhindert werden, dass die Zwangsvollstreckung aufgrund eines Vollstreckungstitels stattfindet, dessen Bestand zweifelhaft sein kann.

7. Einstellung durch das Vollstreckungsgericht, §§ 769 Abs. 2, 775 ZPO

Ziel ist die Verhinderung einer möglicherweise ungerechtfertigten Vollstreckung.

---

149 OLG München 30.10.1992 Rpfleger 1993, 121; *Stöber* § 76 Rz. 2.3.
150 *Stöber* § 86 Rz. 2.1, *Böttcher* § 86 Rz. 1.

IX. Nebeneinander der einzelnen Einstellungsmöglichkeiten

Die zuvor beschriebenen Einstellungsmöglichkeiten bestehen alle nebeneinander; zu jeder kann es im Laufe eines Verfahrens kommen. Aus diesem Grund empfiehlt es sich, bei größeren Verfahren eine entsprechende Übersicht anzufertigen.

So können insbesondere Einstellungen gem. §§ 30, 30a, 30d, 77 ZVG, § 765a ZPO sehr leicht aufeinander folgen und zu einer entsprechend langen Verfahrensdauer führen. Eine weitere Verfahrensverlängerung kann durch Zuschlagsversagungen gem. §§ 85a Abs. 2, 74a Abs. 3 und 83 ZVG entstehen.

X. Verkehrswert

(siehe Beispielfall S. 324 ff.)

Der Grundstückswert (Verkehrswert) wird vom Vollstreckungsgericht von Amts wegen festgesetzt, § 74a Abs. 5 S. 1 ZVG. Er wird durch den Preis bestimmt, der zum Ermittlungszeitpunkt im gewöhnlichen Geschäftsverkehr nach den rechtlichen Gegebenheiten und tatsächlichen Eigenschaften, der sonstigen Beschaffenheit und der Lage des Versteigerungsobjektes ohne Rücksicht auf ungewöhnliche und persönliche Verhältnisse zu erzielen wäre, § 194 BauGB. Der Verkehrswert ist also der Wert, der im gewöhnlichen Geschäftsverkehr erzielt werden kann, der normale voraussichtliche Verkaufswert eines freihändigen Verkaufs, der Marktwert.[151]

Für die Verkehrswertermittlung bedient sich das Gericht in der Regel der Hilfe eines Sachverständigen. Aufgrund dessen Gutachten wird nach Anhörung aller Beteiligten der Verkehrswert durch das Vollstreckungsgericht festgesetzt.[152]

Das Gutachten muss zeitnah erstellt worden sein. Bei einem zeitlichen Abstand von 20 Monaten ist diese zeitliche Nähe nicht mehr gegeben.[153]

Da die Wertermittlung und -festsetzung einer Verschleuderung des Versteigerungsobjektes entgegenwirken und den Bietinteressenten eine Orientierungshilfe für ihre Erwerbsentscheidung geben soll,[154] muss sie auf eine sachgerechte Bewertung des Versteigerungsobjektes ausgerichtet sein. Das Vollstreckungsgericht ist deshalb verpflichtet, alle das Versteigerungsobjekt

---

151 *Stöber* § 74a Rz. 7.3 ff.; *Böttcher* § 74a Rz. 25.
152 Zur Eignung eines Gutachtens des vom Gericht eingesetzten Sachverständigen für eine Verkehrswertfestsetzung siehe LG Berlin 19.5.2010 WM 2010, 1990.
153 LG Rostock 5.8.2000 Rpfleger 2001, 40.
154 BGH 9.3.2006 WM 2006, 867; BGH 6.2.2003 WM 2003, 2053.

beeinflussenden Umstände tatsächlicher und rechtlicher Art sorgfältig zu ermitteln und bei der Wertfestsetzung zu berücksichtigen.[155]

Besteht bei einem Grundstück ein ernstzunehmender Altlastenverdacht, muss das Vollstreckungsgericht bei der Verkehrswertermittlung den Verdachtsmomenten nachgehen und alle zumutbaren Erkenntnisquellen über die Bodenbeschaffenheit nutzen. Kosten für ein Bodengutachten sind jedenfalls dann aufzuwenden, wenn sie in einem angemessenen Verhältnis zu den Auswirkungen stehen, die das Gutachten auch angesichts der Aussagekraft vorhandener Unterlagen auf den festzusetzenden Verkehrswert haben kann.[156]

Die untere Bodenschutzbehörde ist verpflichtet, dem Vollstreckungsgericht oder dem von ihm beauftragten Sachverständigen im Wege der Amtshilfe Auskunft über die ihr vorliegenden Informationen über gesundheits- oder umweltschädliche Veränderungen der natürlichen Bodenbeschaffenheit des Versteigerungsobjektes zu erteilen und darf die Auskunft nicht von der Zustimmung betroffener Personen abhängig machen.[157]

Die Festsetzung des Verkehrswertes hat so rechtzeitig vor dem Versteigerungstermin zu erfolgen, dass die Angabe des Verkehrswertes in der (Versteigerungs-)Terminsbestimmung, § 38 ZVG, möglich ist und Verfahrensbeteiligte noch vor dem Versteigerungstermin eine Rechtsmittelentscheidung herbeiführen können.[158]

Ändert das Vollstreckungsgericht den mitgeteilten Verkehrswert, so muss der geänderte Wert rechtzeitig vor dem Versteigerungstermin bekannt gemacht werden, § 43 ZVG; davon darf lediglich abgesehen werden, wenn der neue Wert nur unwesentlich von dem bereits bekannt gemachten abweicht (weniger als 10%).[159]

Der Verkehrswert wird für das (gesamte) Versteigerungsverfahren und nicht nur für den Versteigerungstermin festgesetzt.[160] Der Festsetzungsbeschluss erwächst nicht in materieller Rechtskraft.[161] Ändern muss das Vollstreckungsgericht den (rechtskräftig) festgesetzten Wert, bei Vorliegen neuer Tatsachen, die für das Verfahren bedeutsam sind (z.B. Feuerschaden, Wertsteigerung des Bo-

---

155 BGH 27.2.2004 WM 2004, 1040; *Stöber* § 74 a Rz. 7.5.
156 BGH 18.5.2006 WM 2006, 1727; Rpfleger 2006, 554; OLG Karlsruhe 30.7.2010 Rpfleger 2010, 688.
157 AG Duisburg 19.11.2011 Rpfleger 2012, 276.
158 *Stöber* § 74 a Rz. 7.11; *Böttcher* § 74 a Rz. 34.
159 BGH 19.6.2008 WM 2008, 1833.
160 OLG Köln 24.9.1992 Rpfleger 1993, 258; OLG Schleswig 9.9.1980 NJW 1981, 235; *Stöber* § 74 a Rz. 7.13; *Böttcher* § 74 a Rz. 26.
161 BGH 10.10.2003 WM 2004, 98; *Stöber* § 74 a Rz. 7.20 b; *Böttcher* § 74 a Rz. 37.

dens,[162] Eintragung eines Sondernutzungsrechtes an einem einer Eigentums-wohnung zugeordneten PKW-Stellplatz[163]).[164] Die Änderung kann aber nicht in den Gründen des Zuschlagsbeschlusses erfolgen, sondern muss vor dem Versteigerungstermin und so rechtzeitig geschehen, dass die Beteiligten die geänderte Festsetzung in dem hierfür nach § 74a Abs. 5 Satz 2 ZVG vorgesehenen Verfahren überprüfen können.[165]

Erreicht im ersten Versteigerungstermin das Meistgebot nicht $^7/_{10}$ des rechts-kräftig festgesetzten Grundstückswertes und wird deshalb der Zuschlag gem. § 74a Abs. 1 S. 1 ZVG versagt, fehlt im weiteren Zwangsversteigerungsverfahren allerdings das Rechtsschutzinteresse für eine Anpassung des festgesetzten Verkehrswertes an veränderte Umstände.[166]

Weder die Auswahl des Sachverständigen noch die Anordnung über die Einholung eines weiteren Gutachtens können mit der Vollstreckungserinnerung, § 766 ZPO, bzw. der sofortigen Beschwerde, § 793 ZPO, angefochten werden.

Eröffnet ist hier allein das Sachverständigen-Ablehnungsverfahren entsprechend § 406 ZPO.[167]

Den Zutritt zum Versteigerungsobjekt kann der Sachverständige nicht erzwingen. Bei Weigerung des Vollstreckungsschuldners muss er sein Gutachten nach dem äußeren Anschein und aufgrund sonstiger ihm zur Verfügung stehender Unterlagen erstellen. Häufig lässt sich der Schuldner allerdings vom Gericht überzeugen, dass es für ihn günstiger ist, wenn er dem Sachverständigen Zutritt gewährt.

Verweigert der Vollstreckungsschuldner dem gerichtlich bestellten Gutachter den Zutritt zu den Räumlichkeiten des Versteigerungsobjektes, kann das Gericht die Festsetzung des Verkehrswertes nach dem äußeren Anschein und den amtlichen Unterlagen vornehmen. Die Festsetzung kann vom Schuldner dann nicht mit der Begründung der Unrichtigkeit angefochten werden.[168]

---

162 OLG Köln 1.6.1983 Rpfleger 1983, 362.

163 OLG Düsseldorf 8.9.2000 Rpfleger 2000, 559.

164 BGH 11.10.2007 WM 2008, 33; OLG Köln 24.9.1992 Rpfleger 1993, 258; *Stöber* § 74a Rz. 7.20; *Böttcher* § 74a Rz. 38.

165 BGH 11.10.2007 WM 2008, 33; *Stöber* § 74 Rz. 7.11.

166 BGH 10.10.2003 WM 2004, 98; *Stöber* § 74a Rz. 7.9, 7.20e; *Böttcher* § 74a Rz. 38; a.A. *Storz/Kiderlen* NJW 2007, 1846.

167 OLG Stuttgart 8.11.1999 Rpfleger 2000, 227; BayObLG 8.7.1982 Rpfleger 1982, 433.

168 VerfGH Berlin 19.2.2007 Rpfleger 2007, 491; LG Dortmund 20.4.2000 Rpfleger 2000, 466; LG Göttingen 13.1.1998 Rpfleger 1998, 213; *Stöber* § 74a Rz. 10.5; *Böttcher* § 74a Rz. 28; a.A.: LG Lüneburg 16.7.2012 Rpfleger 2013, 108.

Da die Vergütung des Sachverständigen letztendlich zu Lasten des Gläubigers bzw. des Schuldners geht (die Vergütung gehört zu den im geringsten Gebot zu berücksichtigenden Gerichtskosten), sollte der Gläubiger eine bestehende Zutrittsmöglichkeit zum Grundstück nutzen und an der vom Sachverständigen anberaumten Innenbesichtigung teilnehmen.

Dabei kann der Gläubiger einen eigenen Eindruck vom Versteigerungsobjekt gewinnen:
- Beurteilung der Verwertungschancen
- Baulicher Zustand, Instandsetzungsbedarf
- Nachbarschaft/Umfeld
- Zubehörhaftung.
- Für die weitere Verwertung des Objektes ist auch die Feststellung eventueller Mietverhältnisse sehr nützlich.

Um die Teilnahme am Besichtigungstermin sicherzustellen, sollte dem Gericht – besser noch dem Sachverständigen – dieser Wunsch schriftlich mitgeteilt werden. Ob dem Gericht oder dem Gutachter eine eigene Wertschätzung übergeben werden sollte, ist im Einzelfall zu entscheiden.

Bei der der Verkehrswertfestsetzung vorhergehenden Anhörung zum vorliegenden Gutachten sollte dem Gläubiger bewusst sein, dass sich am Verkehrswert orientieren:
- das Rügerecht der $^7/_{10}$-Grenze, § 74a ZVG
- das Mindestgebot der $^5/_{10}$-Grenze, § 85a ZVG
- die Verteilung eines bestehen bleibenden Gesamtrechtes, § 64 ZVG
- die Verteilung des Erlöses beim Gesamtausgebot, § 112 ZVG
- die Befriedigungsfiktion, § 114a ZVG
- die Gerichtsgebühren
- der Schuldnerschutz im Falle des § 765a ZPO
- die Sicherheitsleistung.

Ferner ist zu berücksichtigen, dass das Wertgutachten in der Regel zur Information der Bietinteressenten auf der Geschäftsstelle des Amtsgerichts ausliegt und dort kostenlos eingesehen werden kann. Auf Wunsch erhalten Interessenten gegen Kostenerstattung auch eine Kopie.

Seine etwaigen Bedenken und anders lautenden Vorstellungen sollte der Gläubiger vor der Festsetzung des Verkehrswertes geltend machen und belegen. Die Geltendmachung von Einwendungen gegen den bereits mit Beschluss festgesetzten Verkehrswert im Wege des Rechtsmittels ist weitaus schwieriger und zeitaufwändiger. Ggf. sollte der Gläubiger versuchen, auf die Erstellung eines Ergänzungsgutachtens hinzuwirken.

Die Verkehrswertermittlung erfolgt regelmäßig nach den Vorschriften der ImmoWertV.[169]

Der Verkehrswert soll dem Wert des Versteigerungsobjektes im freihändigen Verkauf zum Bewertungszeitpunkt entsprechen. Keinesfalls soll er sich am zukünftigen Versteigerungserlös orientieren.

Der Verkehrswertfestsetzungsbeschluss kann von allen Beteiligten i. S. v. § 9 ZVG (mit Ausnahme von Mietern/Pächtern sowie Erbbauberechtigten)[170] mit dem Rechtsmittel der sofortigen Beschwerde angefochten werden, § 74 a Abs. 5 S. 3 ZVG. Er kann vom Schuldner unabhängig davon angefochten werden, ob er eine Herauf- oder eine Herabsetzung des Grundstückswertes erstrebt.[171] Ist über das Vermögen des Schuldners ein Insolvenzverfahren eröffnet worden, ist dessen Beschwerde gegen den Festsetzungsbeschluss eines massezugehörigen Grundstücks allerdings unzulässig.[172] Dies gilt auch bei Eröffnung eines Verbraucherinsolvenzverfahrens.[173]

Rechtsbeschwerde gegen den Beschluss des Beschwerdegerichts ist nur bei Zulassung möglich, § 574 Abs. 1 Nr. 2 ZPO.[174]

Der Sachverständige ist den Verfahrensbeteiligten gegenüber schadensersatzpflichtig, wenn er vorsätzlich oder grob fahrlässig ein unrichtiges Gutachten erstattet, § 839 a BGB. Zu den Verfahrensbeteiligten i. S. d. § 839 a BGB gehören nicht nur die Beteiligten gem. § 9 ZVG, sondern auch der Ersteher.[175]

---

169 Zu den Kriterien bei der Erstellung von Gutachten bei Zwangsversteigerungen s. *Fischer/Lorenz/Biederbeck* Rpfleger 2002, 337 ff.; zur Verkehrswertermittlung von Privathotels s.: *Metz* Rpfleger 2010, 13 ff.

170 BGH 5.7.2007 WM 2007, 1748; *Stöber* § 74 a Rz. 9.2, *Böttcher* § 74 a Rz. 41.

171 BGH 18.5.2006 WM 2006, 1727; 27.2.2004 WM 2004, 1040; LG Augsburg 25.7.2000 Rpfleger 2000, 559; *Stöber* § 74 a Rz. 9.2; *Böttcher* § 74 a Rz. 41.

172 BGH 29.5.2008 ZInsO 2008, 741; Rpfleger 2008, 590.

173 AG Duisburg 2.4.2009 ZInsO 2010, 631.

174 *Stöber* § 74 a Rz. 9.6; *Böttcher* § 74 a Rz. 44.

175 BGH 9.3.2006 WM 2006, 867; Rpfleger 2006, 551 mit kritischer Anm. *Alff.*

D. Vorbereitung auf den Zwangsversteigerungstermin

I. Terminsbestimmung

(siehe Beispielfall S. 338)

Guter Kontakt zum Rechtspfleger kann bei Vorliegen triftiger Gründe zu einem frühen oder späteren Termin – je nach Interessentenlage – führen.

Die Terminsbestimmung soll regelmäßig nicht erfolgen, bevor die einen Einstellungsantrag des Schuldners ablehnende Entscheidung rechtskräftig ist, § 30b Abs. 4 ZVG. Eine Verletzung dieser Soll-Vorschrift begründet allerdings nur dann einen Zuschlagsversagungsgrund, wenn schutzwürdige Belange des Schuldners beeinträchtigt worden sind.[1] Von der Einhaltung der Frist nach § 30b Abs. 4 ZVG kann demzufolge abgesehen werden, wenn sich das Ziel einer Einstellung nach § 30a ZVG, die Versteigerung des Eigentums des Schuldners zu vermeiden, nicht (mehr) erreichen lässt. Dies kann z.B. der Fall sein, wenn der Einstellungsantrag zu dem Beitritt eines nachrangigen Gläubigers bei einer bereits für den vorrangigen Gläubiger angeordneten Versteigerung erfolgt.[2]

Der Zeitraum zwischen der gerichtlichen Anberaumung des Termins und dem Versteigerungstermin selbst soll nicht mehr als sechs Monate betragen, § 36 Abs. 2 S. 1 ZVG.

War das Verfahren einstweilen eingestellt, betragen die Fristen zwischen Anberaumung und Versteigerungstermin mindestens ein und höchstens zwei Monate, § 36 Abs. 2 S. 2 ZVG.

Die Terminsbestimmung muss von Amts wegen allen dem Gericht bei Terminsanberaumung bekannten Verfahrensbeteiligten in der Frist des § 43 Abs. 2 ZVG (mindestens vier Wochen vor dem Versteigerungstermin) zugestellt werden, § 41 Abs. 1 ZVG.[3]

Bei Aufhebung /Absetzung des Versteigerungstermins bedarf es der Bestimmung eines neuen Termins, die in der Form eines vollständig neuen Beschlusses, der die Angaben der §§ 37 und 38 ZVG enthalten und den Beteiligten unter Beachtung der Zustellungsfristen zugestellt werden muss.[4]

---

1 BGH 19.2.2009 WM 2009, 903.
2 BGH 19.2.2009 WM 2009, 903 [Rz. 11].
3 *Stöber* § 43 Rz. 5; *Böttcher* § 41 Rz. 3.
4 LG Giessen 10.2.2012 Rpfleger 2012, 399.

Ein Zustellungsvertreter darf vom Gericht nicht bestellt werden, wenn dem Gericht die Postfachadresse desjenigen, dem zugestellt werden soll, bekannt ist. Dennoch erfolgte Zustellungen an den Zustellungsvertreter sind unwirksam.[5]

Allein daraus, dass ein Beteiligter während des Verfahrens umzieht, ohne dem Vollstreckungsgericht seine neue Anschrift mitzuteilen oder einen Nachsendeantrag zu stellen, kann nicht auf eine vorsätzliche Zustellungsvereitelung geschlossen werden, die dem Beteiligten die Berufung auf eine fehlende bzw. unwirksame Zustellung verwehrt.[6]

Neben den Zustellungen nach § 41 Abs. 1 ZVG muss die Terminsbestimmung im gerichtlichen Amtsblatt oder in einem für das Gericht bestimmten elektronischen Informations- und Kommunikationssystem (Internet) spätestens sechs Wochen vor dem Versteigerungstermin öffentlich bekannt gemacht werden, §§ 39 Abs. 1, 43 Abs. 1 ZVG.

Hat sich der Landesgesetzgeber eine Festlegung nicht vorbehalten, können das Bekanntmachungsblatt und das elektronische Bekanntmachungssystem durch allgemeine Verwaltungsverfügung bestimmt werden. Bei einem verlinkten Portal wie dem Bundesportal www.justiz.de ist eine Bekanntmachung bekannt gemacht, wenn die Bekanntmachungsdaten auf dem Server desjenigen Portals abgelegt und zum Abruf bereitgestellt sind, mit dem das Bekanntmachungsportal für den Abruf der Daten verlinkt ist.[7]

Darüber hinaus soll eine „Anheftung" der Terminsbestimmung an die Gerichtstafel des Vollstreckungsgerichts erfolgen, es sei denn, die Bekanntmachung erfolgt in dem für das Gericht bestimmten elektronischen Informations- und Kommunikationssystem, § 40 Abs. 1 S. 3 ZVG.

Dem Gericht steht es frei, weitere Veröffentlichungen der Terminsbestimmung vorzunehmen, § 40 Abs. 2 ZVG.[8] Auf die Häufigkeit und die Gestaltung derartiger Veröffentlichungen kann der Gläubiger bei einem guten Verhältnis zum Vollstreckungsgericht Einfluss nehmen. Dies kann sich besonders bei außergewöhnlichen Versteigerungsobjekten empfehlen.

Die Frist für die ordnungsgemäße Bekanntmachung des Versteigerungstermins gem. § 43 Abs. 1 ZVG ist nur gewahrt, wenn die Bekanntmachung auch inhaltlich den Anforderungen des § 37 ZVG (sog. „Muss-"Inhalt der Terminsbe-

---

5 BGH 14.6.2012 WM 2012, 1497.
6 BGH 7.10.2010 WM 2011, 174.
7 BGH 16.10.2008 Rpfleger 2009, 99.
8 Z. B. in der örtlichen Presse, im Internet, z. B. unter: www.zvg.com.

stimmung) entspricht.[9] Hierzu zählt auch die Bezeichnung des Grundstücks gemäß § 37 Nr. 1 ZVG.[10]

Die Bezeichnung des Grundstücks in der Terminsbestimmung nur unter Angabe der Gemarkung genügt den Anforderungen des § 37 Nr. 1 ZVG regelmäßig nicht, wenn die Gemarkung für eine ortsunkundige Person ohne Heranziehung weiterer Informationsquellen keine Rückschlüsse auf den Ortsnamen zulässt.[11]

Wird der Versteigerungstermin allerdings in beiden gemäß § 39 Abs. 1 ZVG zur Wahl gestellten Veröffentlichungsmedien bekannt gemacht, liegt eine ordnungsgemäße Bekanntmachung auch dann vor, wenn nur in einer der beiden Veröffentlichungen der Ortsname genannt ist.[12]

Dasselbe (= keine ordnungsgemäße Bekanntmachung) gilt, wenn zu den Sollangaben nach § 38 ZVG Angaben gemacht werden, die derart fehlerhaft sind, dass von einer Irreführung der Bieterkreise auszugehen ist.[13]

Eine ordnungsgemäße Bekanntmachung setzt danach z.B. voraus, dass die wirtschaftliche Bedeutung oder Nutzungsart des Grundstücks in der öffentlichen Bekanntmachung aussagekräftig bezeichnet wird.[14] Dazu gehört bei gewerblich nutzbaren Objekten oder bei Gebäuden mit einem außergewöhnlichen Charakter, die mit Wohngebäuden herkömmlicher Art kaum etwas gemein haben (z.B. schlossähnliches Gebäude aus der Barockzeit), ein zumindest schlagwortartiger Hinweis auf die tatsächliche Nutzungsart.[15]

Enthält die Terminsbestimmung eine über den Grundbuchbeschrieb hinausgehende Angabe zu der tatsächlichen Nutzung des Grundstücks (z.B.: „Einfamilienhaus"), kann die Vorschrift des § 37 Nr. 1 ZVG nur verletzt sein, wenn diese Angabe unrichtig oder irreführend ist. Dabei ist zu berücksichtigen, dass die Bekanntmachung im Hinblick auf die Nutzungsart des Grundstücks zwar aussagekräftig sein, aber keine ins Einzelne gehende Beschreibung des Versteigerungsobjektes enthalten muss; exposéartige Beschreibungen sind nicht erforderlich. Besonderheiten der Bebauung oder der Nutzung, insbesondere eine teilweise gewerbliche Nutzung, gehören deshalb nur dann zu den nach § 37

---

9 BGH 29.9.2011 WM 2011, 2363; 30.9.2010 WM 2010, 2365; *Stöber* § 37 Rz. 1; *Böttcher* §§ 37, 38 Rz. 25 ff.
10 BGH 17.1.2013 WM 2013, 379.
11 BGH 17.1.2013 WM 2013, 379.
12 BGH 17.1.2013 WM 2013, 379.
13 BGH 30.9.2010 WM 2010, 2365; 19.6.2008 WM 2008, 1833.
14 BGH 22.3.2007 WM 2007, 1286; OLG Nürnberg 9.11.2005 Rpfleger 2006, 215; OLG Hamm 2.12.1996 Rpfleger 1997, 226; 23.12.1999 Rpfleger 2000, 172; *Stöber* § 37 Rz. 2; *Böttcher* §§ 37, 38 Rz. 2.
15 OLG Nürnberg 9.11.2005 Rpfleger 2006, 215; OLG Hamm 23.12.1999 Rpfleger 2000, 172.

Nr. 1 ZVG unverzichtbaren Angaben, wenn sie dem Objekt ein solches Gepräge geben, dass die schlagwortartige Bezeichnung ohne ihre Erwähnung irreführend wäre.

Das kommt beispielsweise bei einem als Mehrfamilienhaus bezeichneten, tatsächlich aber als Heim oder als Pension genutzten Gebäude in Betracht. Umgekehrt verliert ein Miethaus seinen Charakter als Mehrfamilienhaus nicht dadurch, dass einige Einheiten zu gewerblichen Zwecken, z. B. als Laden, Arztpraxis oder Anwaltskanzlei genutzt werden. Ebenso ist ein Einfamilienhaus auch dann richtig bezeichnet, wenn es über eine Einliegerwohnung verfügt oder wenn ein Teil der Räume als Büro oder der Keller als Kosmetik- bzw. Fußpflegestudio genutzt wird.

Durch die Bezeichnung eines Versteigerungsobjektes als Einfamilienhaus wird auch nicht die Fehlvorstellung erweckt, es sei lediglich eine Wohnnutzung möglich und baurechtlich zulässig. Die Bezeichnung eines Grundstücks nach § 37 Nr. 1 ZVG hat nur beschreibenden Charakter und trifft keine Aussage über dessen rechtlich zulässige Nutzung. Demgemäß erfolgt aus der Angabe „Einfamilienhaus" nicht die Unzulässigkeit einer (teil-)gewerblichen Nutzung des Versteigerungsobjektes.[16]

Bei der Mitteilung der Nutzungsart in der öffentlichen Bekanntmachung des Versteigerungstermins kann sich das Vollstreckungsgericht grundsätzlich an die Angaben des Sachverständigen in dem Verkehrswertgutachten halten und sich auf eine auszugsweise Wiedergabe beschränken.

Wird in der Veröffentlichung darauf hingewiesen, dass es sich bei den weiteren Angaben um eine Objektsbeschreibung „laut Gutachten" handelt, ist hierdurch hinreichend deutlich gemacht, dass diese Angaben durch das Vollstreckungsgericht nicht abschließend geprüft sind. Sie können daher nicht mit der Zuschlagsbeschwerde unter dem Gesichtspunkt des Bekanntmachungsmangels angegriffen werden.[17]

Auf eine ordnungsgemäße Bekanntmachung ist unbedingt zu achten, weil eine nicht rechtzeitige, nicht richtige oder auch nur unvollständige Terminsveröffentlichung gem. § 43 Abs. 1 ZVG einen nicht heilbaren Zuschlagsversagungsgrund darstellt, §§ 83 Nr. 7, 43 Abs. 1, 37 ZVG, der vom Vollstreckungsgericht von Amts wegen zu berücksichtigen ist, § 100 Abs. 3 ZVG.

Das Unterlassen eines Hinweises auf die Nutzungsart des Versteigerungsobjektes kann Amtshaftungsansprüche begründen, wenn der Zuschlagsbeschluss aus diesem Grunde aufgehoben wird.[18]

---

16 BGH 29.9.2011 WM 2011, 2363.
17 OLG Hamm 23.12.1999 Rpfleger 2000, 172.
18 OLG Nürnberg 9.11.2005 Rpfleger 2006, 215.

Die dem Vollstreckungsgericht obliegende Amtspflicht zur Einhaltung der gesetzlichen Vorschriften im Zwangsversteigerungverfahren besteht nicht nur gegenüber den Vollstreckungsgläubigern und dem betroffenen Grundstückseigentümer, sondern auch dem Meistbietenden gegenüber, der auch zum geschützten Personenkreis des § 839 BGB zählt.[19]

Der Schutzzweck dieser Amtspflicht umfasst jedoch nicht den entgangenen Gewinn des Meistbietenden, wenn der Zuschlagsbeschluss wegen eines Zustellungsfehlers wieder aufgehoben wird,[20] wohl aber den Vermögensnachteil, den ein Vollstreckungsgläubiger infolge eines Verfahrensfehlers dadurch erleidet, dass er die durch den Zuschlag erlangte Möglichkeit der Befriedigung seiner titulierten Forderung verliert.[21]

Die Einsicht in die gerichtliche Zwangsversteigerungsakte ist unabhängig von der Verfahrensbeteiligung jeder Person gestattet und bedarf insbesondere nicht der Darlegung eines rechtlichen Interesses, § 42 ZVG.[22] Das Einsichtsrecht umfasst auch die Befugnis, sich eine Ablichtung des Verkehrswertgutachtens anzufertigen.[23]

II. Vorbereitung des Termins durch den Gläubiger

Der Gläubiger hat es selbst in der Hand, durch geeignete Maßnahmen das Ergebnis der Versteigerung sowohl in seinem als auch im Interesse des Schuldners zu beeinflussen.

Zu den in Betracht kommenden Maßnahmen gehören beispielsweise:
- Aktive Interessentensuche durch Interessentenkartei, Ansprechen von Kunden, eigene Anzeige, Makler-Auftrag, Ansprechen von Mietern und Nachbarn;
- Zusammenstellung von aussagekräftigen Objektunterlagen wie z.B. Kopie des Wertgutachtens, eigenes Exposé, Aufstellung der Mieter sowie der Mieteinnahmen, Vervollständigung von Bauzeichnungen, Ermittlung und Belegung von Renovierungsbedarf;
- Vereinbarung von Besichtigungsterminen;
- Finanzierungsangebote an Bietinteressenten:

---

19 BGH 22.1.2009 WM 2009, 613; 13.9.2001 WM 2002, 92; OLG Koblenz 18.1.2000 Rpfleger 2000, 342; BGH 21.3.1991 NJW 1991, 2759.
20 BGH 13.9.2001 WM 2002, 92.
21 BGH 22.1.2009 WM 2009, 613.
22 *Stöber* § 42 Rz. 2.
23 LG Berlin 14.12.2005 Rpfleger 2006, 274; *Stöber* § 42 Rz. 2.5.

Subventionierung eines „hohen" Versteigerungserlöses durch Sonderkonditionen. Ist z. b. ein am Versteigerungsobjekt abgesichertes Kreditinstitut aufgrund der rangmäßigen Stellung seines Grundpfandrechtes daran interessiert, dass im Versteigerungstermin ein Gebot abgegeben wird, das zu einer erhöhten Erlöszuteilung auf sein Recht führt, kann es einem möglichen Interessenten anbieten, den von ihm zu zahlenden „Ersteigerungspreis" (das Meistgebot) zu Sonderkonditionen zu finanzieren.

Ist die Finanzierung eines Zwangsversteigerungserwerbs beabsichtigt, sollte der (künftige) Kunde bezüglich der Ansteigerung auf folgende Punkte angesprochen werden:

– Wer soll Eigentümer des Versteigerungsobjektes werden? (Einzelperson, Eheleute, Gesellschaft)
– Wer wird im Versteigerungstermin anwesend sein und bieten? (Personalausweis bzw. Reisepass/evtl. notarielle Bietvollmacht/bei Gebot für eine Gesellschaft aktueller beglaubigter Handelsregisterauszug/Abtretung des Meistgebots/Grunderwerbsteuer)
– Möglicherweise Erfordernis einer Sicherheitsleistung von 10% des Verkehrswertes (Verrechnungsscheck, Bietungsbürgschaft)
– Abgabe von Geboten (Bestehen bleibende Rechte, Bargebot)
– Abtretung Meistgebot/Übertragung der Immobilie (Doppelte Grunderwerbsteuer)
– Zuschlagskosten: § 54 Abs. 2 S. 1 GKG (bei einem Wert von z. B. T€ 200 = € 728)
– Abschluss von Ausbietungsgarantieverträgen

Die Ausbietungsgarantie dient der Erzielung eines möglichst hohen Versteigerungserlöses, um den Gläubiger vor einem Ausfall in der Zwangsversteigerung (= keine ausreichende Zuteilung aus dem Versteigerungserlös) zu bewahren.

Die Ausbietungsgarantie ist ein insbesondere von Kreditinstituten häufig genutztes Instrument zur Abwendung von Ausfällen bei einer zwangsweisen Verwertung von Grundpfandrechten. Sie ist gesetzlich nicht geregelt und wird von der Rechtsprechung als Garantievertrag angesehen.[24]

Der Umfang der sich aus der Ausbietungsgarantie jeweils ergebenden Rechte und Pflichten hängt vorwiegend von den im Einzelfall getroffenen Vereinbarungen ab.

Verpflichtet sich der Ausbietungsgarant z. B. gegenüber einem Grundpfandrechtsgläubiger (Garantienehmer), dafür einzustehen, dass dieser bei der

---

24 OLG Celle 9.1.1991 DNotZ 1992, 302.

Zwangsversteigerung keinen Verlust erleidet, handelt es sich um eine sog. Ausbietungs-(Ausfallverhütungs-)Garantie mit „schwächerer" Wirkung.[25] Für den Ausbietungsgaranten besteht keine Gebotspflicht mit der Folge eines möglichen Erwerbs des Versteigerungsobjektes; die (formlose) Garantie entspricht in ihrer Wirkung einer Ausfallbürgschaft.[26]

Verpflichtet sich der Garant hingegen, den Grundpfandrechtsgläubiger auszubieten, d.h. ein Gebot in Höhe der Forderung des Gläubigers abzugeben, handelt es sich um eine sog. (formbedürftige)[27] Ausbietungsgarantie mit „stärkerer" Wirkung.

Der Abschluss des Garantievertrages kann unterschiedliche Ursachen haben.

So kann z.B. ein an der Ersteigerung des Grundstücks Interessierter durch die Übernahme einer Ausbietungsgarantie gegenüber einem am Versteigerungsobjekt abgesicherten Grundpfandrechtsgläubiger erreichen, dass dieser sein an sich erlöschendes Grundpfandrecht bestehen lässt. Dieses kann dann vom Ersteher zu Finanzierungszwecken eingesetzt werden, und es bedarf keiner mit entsprechenden Kosten verbundenen Neubestellung.

Bei einer befristet übernommenen Ausfallverhütungsgarantie (Ausbietungsgarantie mit „schwächerer" Wirkung) kann es dem Ausbietungsgaranten verwehrt sein, sich auf die Befristung zu berufen, da die Kombination von Ausfallverhütungsgarantie und Befristung sinnwidrig ist.[28] Ausführlich zur Ausbietungsgarantie: *Stöber,*[29] *Wenzel,*[30] *Storz.*[31]

Die dargestellten Maßnahmen sollten auf jeden Fall rechtzeitig vor dem Versteigerungstermin vorgenommen werden. Gerade bei größeren Objekten (Mehrfamilienhäusern, Gewerbe- und Industrieanlagen) benötigen die Interessenten in der Regel mehrere Wochen, ggf. sogar Monate, um die für den Erwerb des Versteigerungsobjektes erforderlichen Maßnahmen (so z.B. die Finanzierung des Ansteigerungspreises) vornehmen zu können.

Auch wenn sich eine sog. „Rettungs"-Ersteigerung (Erwerb des Versteigerungsobjektes durch den Gläubiger) nicht immer vermeiden lässt, so kann der

---

25 BGH 10.12.1998 WM 1999, 17.
26 *Stöber* § 71 Rz. 8.5; *Böttcher* § 71 Rz. 51.
27 *Stöber* § 71 Rz. 8.6; *Böttcher* § 71 Rz. 50; Hans.OLG Hamburg 12.7.2002 WM 2003, 376.
28 BGH 10.12.1998 WM 1999, 171; *Storz* Praxis des Zwangsversteigerungsverfahrens C 5.3.1.3.
29 *Stöber* § 71 Rz. 8.1 ff.
30 In BuB Rz. 4/2608.
31 *Storz* (a.a.O. Fn. 28) C 5.3.

Gläubiger doch in vielen Fällen durch eine wohlüberlegte, intensive Vorbereitung der Versteigerung seinen Anteil dazu beitragen, dass die Versteigerung zu einem befriedigenden Ergebnis führt.

III. Gerichtliche „41er"-Mitteilung über betreibende Gläubiger und deren Ansprüche

(siehe Beispielfall S. 348)

Innerhalb der vierten Woche vor dem Versteigerungstermin teilt das Gericht den Beteiligten[32] mit, auf wessen Antrag und wegen welcher Ansprüche die Versteigerung erfolgen wird, § 41 Abs. 2 ZVG. Die Mitteilung umfasst nur die dem Vollstreckungsschuldner rechtzeitig (d. h. vier Wochen vor dem Versteigerungstermin, § 44 Abs. 2 ZVG) zugestellten Anordnungs- bzw. Beitritts- und Fortsetzungsbeschlüsse.[33]

Der Gläubiger tut gut daran, die Mitteilung anhand des Grundbuches sorgfältig zu prüfen, da sie ihm Auskunft über die eigene Verfahrensposition gibt. Auch lässt sich an ihr schon das voraussichtliche geringste Gebot ablesen. Hierbei ist zu beachten, dass die das Verfahren betreibenden Gläubiger in der Mitteilung nicht in der Reihenfolge ihrer rangmäßigen Stellung im Grundbuch aufgeführt werden, sondern in der zeitlichen Folge der von ihnen jeweils erwirkten Beschlagnahme.

Die Frist des § 41 Abs. 2 ZVG folgt aus den Fristen der §§ 43 Abs. 2, 44 Abs. 2 ZVG. Danach kann ein betreibender Gläubiger nur dann für die Bildung des geringsten Gebotes, § 44 Abs. 1 ZVG, zugrunde gelegt werden, wenn sein Anordnungs-, Beitritts- oder Fortsetzungsbeschluss dem Schuldner vier Wochen vor dem Versteigerungstermin zugestellt worden ist.

Aus diesem Grunde sollte ein vorrangiger Gläubiger, der das Verfahren bislang nicht betreibt, spätestens bei Erhalt der Terminsbestimmung (diese ist den Beteiligten mindestens vier Wochen vor dem Versteigerungstermin zuzustellen) prüfen, ob er dem Verfahren noch beitreten soll.

Bei Erhalt der 41er-Mitteilung ist es für einen (bei der Berechnung des geringsten Gebots zu berücksichtigenden) Beitritt dann nämlich bereits zu spät.

---

32 *Stöber* § 41 Rz. 3.2; *Böttcher* § 41 Rz. 3, 4.
33 *Stöber* § 41 Rz. 3.4.

IV. Forderungsanmeldung

(siehe Beispielfall S. 353)

Anmeldepflichtig sind grundsätzlich alle Rechte (Ansprüche), die bei Eintragung des Versteigerungsvermerks nicht im Grundbuch standen. Hierzu gehören dingliche Rechte, die erst nach dem Versteigerungsvermerk oder überhaupt noch nicht eingetragen wurden. Anmeldepflichtig sind auch alle Ansprüche der Rangklassen 1–3 des § 10 Abs. 1 ZVG, die grundsätzlich nicht im Grundbuch eingetragen werden; auch Zinsen nicht eingetragener Rechte sowie Zinsrückstände eingetragener Rechte und die Kosten der Rechtsverfolgung sind anzumelden.

Die Anmeldung als Geltendmachung eines Rechtes (Anspruchs) dient der verfahrensrechtlich vorgesehenen Rechtswahrung und ist reine Prozesshandlung, d.h. ihre Versäumung führt nicht zu einem materiellrechtlichen Verlust, hat allerdings verfahrensrechtliche Konsequenzen (so z.B. die Nichtberücksichtigung bei der Feststellung des geringsten Gebotes).

Eine bestimmte Form ist für die Anmeldung nicht vorgeschrieben. Sie kann sowohl schriftlich als auch mündlich zu Protokoll der Geschäftsstelle des Vollstreckungsgerichtes oder auch noch im Versteigerungstermin (vor der Aufforderung zur Abgabe von Geboten) erfolgen. Ansprüche des betreibenden Gläubigers, die sich aus seinem Versteigerungs- bzw. Beitrittsantrag ergeben, gelten als angemeldet.[34]

Sofern keine Forderungsanmeldung erfolgt, berücksichtigt das Gericht von Amts wegen lediglich, § 45 Abs. 2 ZVG,
- das Kapital
- die „laufenden" Zinsen
- einen vom Gläubiger gezahlten Gerichtskostenvorschuss.

Alle darüber hinausgehenden Ansprüche sind zum Zwecke ihrer Berücksichtigung anzumelden.

Dies gilt insbesondere für:
- rückständige Zinsen, § 45 Abs. 2 ZVG.[35]
- Zwangsverwaltungsvorschüsse, damit sie in der Rangklasse 1 des § 10 ZVG bedient werden.[36]
- Anordnungs- und Beitrittskosten sowie die sonstigen Kosten der dinglichen Rechtsverfolgung, § 10 Abs. 2 ZVG.[37]

---

34 *Stöber* § 45 Rz. 2.5; *Böttcher* § 10 Rz. 53.
35 *Stöber* § 45 Rz. 3.5 c; *Böttcher* § 10 Rz. 53.
36 *Stöber* § 10 Rz. 2.7; *Böttcher* § 10 Rz. 12.
37 *Stöber* § 10 Rz. 15.8; *Böttcher* § 10 Rz. 72.

– Kosten für die Terminwahrnehmung;[38] zum Zwangsversteigerungstermin reicht die Anmeldung eines Pauschalbetrages, der im Verteilungstermin zu belegen ist.
– Gesetzliche Löschungsvormerkungen sowie abgetretene Rückgewähransprüche.[39]
– Rechte, die nach dem Zwangsversteigerungs-Vermerk eingetragen sind.[40]

Erfolgt keine Anmeldung, so werden diese Ansprüche nicht berücksichtigt. Bei verspäteter Anmeldung, § 37 Nr. 4 ZVG, tritt ein Rangverlust ein, § 110 ZVG: eine Berücksichtigung erfolgt erst in Rangklasse „9" des § 10 ZVG!

Für einen grundpfandrechtlich am Versteigerungsobjekt abgesicherten Gläubiger empfiehlt es sich in der Regel, seine (dingliche) Forderung auch dann in voller Höhe anzumelden, wenn sie über die gesicherte persönliche Forderung hinausgeht. So kann ggf. ein nachrangiger Gläubiger aus der $^7/_{10}$-Grenze hinausgedrückt werden, während z. B. ein Gebot von weniger als $^7/_{10}$ des Verkehrswertes schon für die volle Befriedigung der eigenen persönlichen Forderung ausreichend ist.

Beispiel:

III/1	€ 30.000 Grundschuld nebst 15% Zinsen zugunsten Gläubiger A
III/2	€ 25.000 Grundschuld nebst 15% Zinsen zugunsten Gläubiger B
Forderung Gläubiger A	= € 30.000
Verkehrswert	= € 50.000 ($^7/_{10}$ Grenze = € 35.000)

Für den das Zwangsversteigerungsverfahren bestrangig betreibenden Gläubiger A würde es an sich ausreichen, wenn seine Grundschuld nur mit ihrem Kapitalbetrag Berücksichtigung fände, da eine Zuteilung aus dem Versteigerungserlös in dieser Höhe die Befriedigung seiner durch die Grundschuld gesicherten Forderung zur Folge hätte.

Würde Gläubiger A auf die Geltendmachung der ihm im Range seines Rechtes zustehenden Zinsen, die im Beispielfall mit einem Betrag von € 12.000 unterstellt werden sollen, verzichten, würde Gläubiger B bereits bei einem Meistgebot, dass über € 30.000 läge eine Zuteilung auf sein Recht erhalten.

Bleibt das Meistgebot unter $^7/_{10}$ des Verkehrswertes, hätte Gläubiger B gem. § 74a Abs. 1 ZVG also die Möglichkeit, die Versagung des Zuschlags zu beantragen.

Dies kann Gläubiger A, dem ein Meistgebot in Höhe von € 30.000 schon reichen würde, dadurch verhindern, dass er die Zinsansprüche seiner Grund-

---

38 *Stöber* § 10 Rz. 15.6–15.8; *Böttcher* § 10 Rz. 91.
39 *Stöber* § 114 Rz. 9.15; *Böttcher* § 114 Rz. 37–41.
40 *Stöber* § 10 Rz. 8.6; *Böttcher* § 10 Rz. 53.

schuld in voller Höhe (€ 12.000) anmeldet. Da Gläubiger B in diesem Fall selbst bei einem Gebot in Höhe von $^7/_{10}$ des Verkehrswertes keine Zuteilung erhielte, kann er den Zuschlagsversagungsantrag nach § 74 Abs. 1 ZVG nicht stellen und der Zuschlag ist, soweit keine anderweitigen Versagungsgründe vorliegen, zu dem Meistgebot von € 30.000 zu erteilen.

Bei bestehen bleibenden Rechten ist zu beachten, dass deren Zinsen in das geringste Bargebot fallen. Je nach Sachlage (frühe erste Beschlagnahme; hohes, bestehen bleibendes Recht; hoher Zinssatz) kann sich daraus ein außerordentlich hohes Mindest-Bargebot ergeben. Unter Hinzuziehung des Kapitals der bestehen bleibenden Rechte und des Verkehrswertes kann dies dazu führen, dass es im Versteigerungstermin zu keinen Geboten kommt.

V. Entscheidung über das eigene Verhalten im Versteigerungstermin

1. Überlegungen

Um ein übereiltes und unüberlegtes Verhalten während der Bietzeit im Versteigerungstermin möglichst auszuschließen, sollte der Gläubiger sich bereits vor dem Termin Gedanken darüber machen, wie sein eigenes Verhalten bei verschiedenen Geboten aussehen soll:

– Kann die eigene Forderung in vollem Umfang realisiert werden?
– Bei welchem Gebot wird angesichts des Wertes des Versteigerungsobjektes einer Zuschlagserteilung nicht entgegengetreten, auch wenn die eigene Forderung nicht voll realisiert ist?
– Soll das Versteigerungsobjekt notfalls bei einem Ausbleiben von akzeptablen Geboten selbst ersteigert werden; zu welchem Preis kann es später wieder veräußert werden?
– Zu welchem Preis sollte das Versteigerungsobjekt selbst ersteigert werden, ohne dass eine Erlöszuteilung zu eigenen Gunsten erfolgt, der Forderungsverlust aber nur durch einen günstigen Wiederverkauf vermieden werden kann?

Beispiel:

III/1 € 30.000 Grundschuld nebst 10% Zinsen zugunsten Gläubiger A
III/2 € 25.000 Grundschuld nebst 12% Zinsen zugunsten Gläubiger B

Verkehrswert:	€ 60.000	Verfahrenskosten: € 1.000
Forderung Gläubiger A	= € 30.000	
Forderung Gläubiger B	= € 25.000	

Dem das Zwangsversteigerungsverfahren betreibenden Gläubiger A würde ein Meistgebot von € 31.000 zwecks Befriedigung seiner Forderung reichen. Bei einem Zuschlag zu diesem Gebot würde Gläubiger B mit seinem Recht (seiner Forderung) in voller Höhe ausfallen.

Ersteigert Gläubiger B das Versteigerungsobjekt zu einem Meistgebot von € 33.500 selber, erhält er aus dem Versteigerungserlös auf sein Recht (seine Forderung) zwar auch in diesem Fall keine Zuteilung. Veräußert er das ersteigerte Objekt sodann aber zu einem Preis, der über dem von ihm gezahlten Meistgebot liegt, kann er auf diese Weise seinen Forderungsverlust verringern. Zu beachten sind hierbei allerdings die Auswirkungen einer fiktiven Befriedigung nach § 114a ZVG (siehe unter Kapitel E S. 147ff.).

Gerade im Hinblick auf die vorgenannten Überlegungen erscheint eine Besichtigung des Versteigerungsobjektes, möglichst mit weiteren sachkundigen Personen, unverzichtbar.

2. Vorlasten

Der wirtschaftliche Wert eines Grundpfandrechtes wird entscheidend durch seine Rangstelle im Grundbuch bestimmt.

Die Höhe der einem Grundpfandrecht in Abt. III des Grundbuches vorgehenden Rechte lässt sich wegen ihrer zahlenmäßigen Bestimmtheit in der Regel ohne großen Aufwand ermitteln.

Anders verhält es sich hingegen oftmals jedoch bei den einem Grundpfandrecht im Range vorgehenden Rechten in Abt. II des Grundbuches.

Bei ihnen lässt sich ein Belastungswert entweder durch Kapitalisierung errechnen, während sich andere Rechte wertmäßig nur schwer oder ungenau beurteilen lassen.

Auch Verfügungsbeschränkungen, die in Abt. II des Grundbuches eingetragen werden, entziehen sich im Allgemeinen gänzlich einer zahlenmäßigen Wertfestlegung, sind aber oftmals so schwerwiegend (z.B. Insolvenzvermerk/ Auflassungsvormerkung), dass sie einer nachrangigen Beleihung entgegenstehen.[41]

Für einen nachrangigen Gläubiger ist es immer von großem Interesse, wie hoch die Vorrechte valutieren. Deshalb sollte der vorrangige Gläubiger unter möglichst genauer Grundstücks- und Schuldnerbezeichnung angeschrieben

---

41 Ausführlich hierzu: *Hennings-Holtmann* Eintragungen in Abteilung II des Grundbuches.

und um Auskunft zum Valutenstand gebeten werden. Auch sollte angefragt werden, ob noch weitere Sicherheiten bestehen.

Zum Teil ergibt sich die Berechtigung eines Auskunftsersuchens aus eigenen Urkunden; hilfreich kann auch der Hinweis auf ein eigenes Ersteigerungsinteresse bzw. eine Ausbietungsabsicht sein. Noch hilfreicher ist ggf. die Mitteilung einer Ablösungsabsicht.

Soweit solche Auskunftswünsche an einen selbst herangetragen werden, sollte die Ernsthaftigkeit des Ablösungsinteresses geprüft werden. Zur Sicherheit sollten die eigenen Forderungen aufgerundet und keinesfalls verbindliche Erklärungen abgegeben werden.

VI. Ablösung

Die Ablösung im engeren Sinne bietet eine rechtlich einwandfreie Möglichkeit, in die Rechtsposition des betreibenden, vorrangigen Gläubigers zu gelangen. Sofern das abzulösende Recht einwandfrei besichert ist, stellt die Ablösung kein Risiko dar. Sie sollte daher erwogen werden, wenn die Stellung des bestrangig betreibenden Gläubigers für den Ablauf des Zwangsversteigerungsverfahrens Erfolg versprechend scheint, um das eigene, nachrangige Recht zu realisieren.

Als Gründe für die Ablösung eines das Zwangsversteigerungsverfahren bestrangig betreibenden Gläubigers können eine Vielzahl von Überlegungen in Betracht kommen:

- Unabhängig von der Höhe des Meistgebotes kann der Ablösende als das Verfahren bestrangig betreibender Gläubiger die Zuschlagserteilung verhindern (Zweck: Zeitverzögerung, Erhöhung des Meistgebotes).
- Bei einer Ablösung im Versteigerungstermin beginnt eine neue Bietzeit und zuvor abgegebene Gebote erlöschen. Versäumte Anmeldungen können nachgeholt werden.
- Aufhebung des Versteigerungsverfahrens, um eine Neuberechnung der dinglichen Zinsen zu erreichen.

Ablöseberechtigt ist jeder, der Gefahr läuft, durch die Zwangsvollstreckung ein Recht an dem Vollstreckungsobjekt zu verlieren, § 268 Abs. 1 BGB. Weiterhin ist auch ablösungsberechtigt der Grundstückseigentümer sowie ein sonstiger nach § 268 BGB Berechtigter, wenn ein gleich- oder vorrangiger Grundpfandrechtsgläubiger Befriedigung aus dem Grundstück verlangt, §§ 1142, 1150 BGB.[42]

---

42 *Stöber* § 15 Rz. 20.1–20.16; *Böttcher* § 75 Rz. 15 ff.; *Gaberdiel/Gladenbeck* Kreditsicherung durch Grundschulden Rz. 1095.

Das Ablöserecht muss nicht im Interesse des Schuldners ausgeübt werden, um die Zwangsversteigerung des Grundstücks abzuwenden.[43] Es kann von dem Inhaber eines Rechts an dem Grundstück – auch gegen den Willen des Schuldners[44] – gegenüber dem die Zwangsvollstreckung aus einem vorrangigen Recht betreibenden Gläubiger zu dem Zweck ausgeübt werden, die Zwangsversteigerung aus einem nachrangigen Recht weiter zu betreiben.[45] Das gilt insbesondere dann, wenn das abzulösende vorrangige Recht wiederholt zur Verhinderung des Zuschlags eingesetzt wurde, indem der Inhaber dieses Rechts dem Verfahren beitrat und nach dem Schluss der Versteigerung die Einstellung des Verfahrens bewilligte.[46] Dass der Ablösende selbst die Zwangsversteigerung betreibt, nimmt ihm nicht die Berechtigung zu einer Ablösung.[47]

Das Ablösungsrecht nach § 268 BGB steht dem Gläubiger eines Grundpfandrechts an dem Grundstück des Schuldners auch dann zu, wenn das Grundpfandrecht erst nach der Anordnung der Zwangsversteigerung entstanden ist.[48]

Soweit die Voraussetzungen vorliegen, kann auch gegen den ausdrücklichen Willen des abzulösenden Gläubigers abgelöst werden; es muss sich aber um einen vorrangigen Gläubiger handeln. Nicht ablösungsberechtigt ist z.B. ein Bietinteressent.

Folgende Ablöseverfahren sind zu unterscheiden:
–   Befriedigung des betreibenden bzw. Befriedigung verlangenden Gläubigers durch einen Berechtigten gem.
    –   § 268 Abs. 1 BGB oder
    –   §§ 1142, 1150, 268 BGB vor und im Termin.
    Eine Ablösung nach § 268 BGB hat zur Voraussetzung, dass die Zwangsvollstreckung anhängig ist; d.h., dass das Verfahren von einem Gläubiger dinglich, § 10 Rangklasse 4 ZVG, oder persönlich, § 10 Rangklasse 5 ZVG, oder aus einem Vorzugsanspruch, § 10 Rangklasse 2 oder 3 ZVG, betrieben wird. Eine Ablösung ist daher nicht möglich während der Dauer einer einstweiligen Einstellung.

---

43 BGH 1.3.1994 WM 1994, 909.
44 BGH 12.7.1996 NJW 1996, 2791, 2792.
45 OLG Köln 14.12.1988 Rpfleger 1989, 298, 299.
46 BGH 16.10.2008 WM 2009, 82; *Storz* Rpfleger 1990, 177, 179 zu OLG Köln 16.6.1989 Rpfleger 1990, 176.
47 BGH 6.10.2011 WM 2011, 2365, 2366 [11].
48 BGH 5.10.2006 WM 2006, 2316.

Die Ablösung nach den §§ 1142, 1150 BGB erfordert, dass ein Grundpfand-rechtsgläubiger – ganz allgemein – Befriedigung aus dem Grundstück ver-langt; hierfür reicht schon die Zahlungsaufforderung aus.

Bei der Ablösung einer Grundschuld umfasst der an den Grundschuldgläu-biger zu zahlende Ablösungs-Betrag neben dem Kapitalbetrag auch die Grundschuldzinsen sowie die dem Gläubiger entstandenen Kosten (z.B. Gerichtskosten). Eine Beschränkung der abzulösenden dinglichen Zinsen auf den Zeitraum der Rangklasse des § 10 Abs. 1 Nr. 4 ZVG ist ohne weiteres nicht zulässig (insbesondere bei einer ohne Zwangsversteigerungs-Beschlag-nahme erfolgten Ablösung gem. §§ 1142, 1150 BGB),[49] in der Praxis allerdings (zwecks Vermeidung eines Verjährungseinwandes) durchaus üblich.

Wird die Zwangsversteigerung wegen öffentlicher Grundstückslasten aus verschiedenen Rangklassen betrieben (§ 10 Abs. 1 Nr. 3 und Nr. 7 ZVG), kön-nen die einer Rangklasse zuzuordnenden Forderungen unabhängig vonein-ander abgelöst werden.[50]

Durch Aufrechnung mit einer Gegenforderung (§ 1142 Abs. 2 BGB) kann eine Grundschuld nur abgelöst werden, wenn der Duldungsanspruch (des Gläu-bigers) durch die Aufrechnung vollständig abgelöst oder der fehlende Be-trag zusammen mit der Aufrechnung im Wege der Zahlung erbracht wird.[51]

– Zahlung an das Gericht gem. § 75 ZVG.

Eine Ablösung kann auch in der Weise erfolgen, dass der Ablösende in ei-nem von einem vorrangigen Gläubiger betriebenen Zwangsversteigerungs-verfahren, den zur Befriedigung des betreibenden Gläubigers und zur De-ckung der Kosten erforderlichen Betrag an das Gericht zahlt, § 75 ZVG. Dabei bestimmt sich der an die Gerichtskasse zu leistende Ablösebetrag grundsätzlich nach dem sich aus der Anmeldung des abzulösenden Gläubi-gers ergebenden Betrag.[52]

Als materielle Rechtsfolge geht die abgelöste Forderung (die Grundschuld) mit allen Neben- und Vorrechten auf den Ablösenden über;[53] es tritt ein gesetzlicher Forderungsübergang ein, §§ 268 Abs. 3, 401, 412 BGB. Bei der abgelösten Hypo-thek erwirbt der Ablösende die Forderung mit der sie sichernden Hypothek, bei der Grundschuld das Grundpfandrecht.[54] Auch die Position als Verfahrensbetei-

---

49 *Muth* 4 A Rz. 25; a.A. *Stöber* § 75 Rz. 2.5c.
50 BGH 6.10.2011 WM 2011, 2365, 2366 [14ff.].
51 BGH 16.7.2010 WM 2010, 1757.
52 BGH 16.10.2008 WM 2009, 82.
53 *Stöber* § 15 Rz. 20.19; *Böttcher* § 75 Rz. 34ff.; *Gaberdiel/Gladenbeck* (a.a.O. Fn. 42) Rz. 1095.
54 H.M. *Stöber* § 15 Rz. 20.19; a.A. *Böttcher* § 75 Rz. 34.

ligter geht auf den Ablösenden über; ein Beitrittsbeschluss ist nicht erforderlich.[55]

Die formellen Rechtsfolgen, ob nämlich der Ablösende sofort in die Stellung des betreibenden Gläubigers gelangt[56] oder ob er erst die Urkunde umstellen und zustellen lassen muss,[57] sollten angesichts der noch nicht endgültig ausdiskutierten Fragen möglichst vorher mit dem Rechtspfleger besprochen werden. Im Falle des § 75 ZVG (Ablösung durch Zahlung an das Gericht) erfolgt auf jeden Fall die einstweilige Einstellung des Verfahrens.

Will der den betreibenden Gläubiger Ablösende, § 268 BGB, die einstweilige Einstellung des Zwangsversteigerungsverfahrens bewilligen, § 30 ZVG, muss er dem Vollstreckungsgericht die Ablösung nachweisen. Der Nachweis kann durch Vorlage von per Telefax übermittelten Urkunden erfolgen und hat keine Umschreibung der Vollstreckungsklausel auf den Ablösenden zur Voraussetzung.[58]

Bei der Ablösung einer öffentlich-rechtlichen Grundstückslast rückt der Ablösende in die Rangklasse 3 des § 10 Abs. 1 ZVG ein und erhält den bei der Erlösverteilung hierauf entfallenden Betrag. Den öffentlich-rechtlichen Vollstreckungstitel kann der Ablösende allerdings nicht auf sich umschreiben lassen, sondern muss im ordentlichen (Zivil-)Rechtsweg einen Titel auf Duldung der Zwangsvollstreckung aus Rangklasse 3 erwirken.[59]

Zu den ablösungsberechtigten Beteiligten gehören neben gleich- und nachrangigen (auch persönlichen) Gläubigern auch Mieter und Pächter[60] sowie sonstige Berechtigte[61] (z. B. der Eigentümer von Zubehörsachen). Ihnen muss durch die Versteigerung ein Rechtsverlust drohen; in der Regel wird dies das Erlöschen ihres Rechtes im Falle eines Zuschlages sein. Auf eine eventuelle volle Befriedigungsaussicht des Ablösenden ist dagegen nicht abzustellen.

Von der Ablösung im Sinne der zuvor beschriebenen Bestimmungen sind zu unterscheiden:
- der freiwillige Forderungs(ver)kauf gem. §§ 398, 401 BGB;
- . eine Zahlung des Schuldners an den Gläubiger und Verfahrenseinstellung über §§ 769 Abs. 2, 775 Nr. 4 und 5 ZPO.

---

55 *Stöber* § 15 Rz. 20.22; *Böttcher* § 75 Rz. 34.
56 Steiner/*Storz* § 75 Rz. 71; *Storz* (a. a. O. Fn. 25) B 7.3.4 [5].
57 OLG Hamm 29.11.1999 Rpfleger 2000, 171; OLG Bremen 30.3.1987 Rpfleger 1987, 381; OLG Düsseldorf 22.10.1986 Rpfleger 1987, 75; *Stöber* § 15 Rz. 29.7 u. 8.
58 BGH 5.10.2006 WM 2006, 2316.
59 *Stöber* § 15 Rz. 20.26.
60 *Stöber* § 15 Rz. 20.5.
61 *Stöber* § 15 Rz. 20.4–20.16.

E. Versteigerungstermin

I. Allgemeines

Der Versteigerungstermin ist öffentlich und wird von dem/der für das Zwangsversteigerungsverfahren zuständigen Rechtspfleger/in geleitet.

Da erfahrungsgemäß fast jedes Verfahren bestimmte Besonderheiten mit sich bringt, ist eine Teilnahme am Versteigerungstermin ein unbedingtes Muss.

Der Ort und der Zeitpunkt der Versteigerung müssen mit der Terminbestimmung übereinstimmen. Eine Verlegung des Versteigerungsortes (anderer Raum, anderes Gebäude), muss das Gericht im Protokoll festhalten[1] und durch geeignete Maßnahmen sicherstellen, dass die am Versteigerungstermin Interessierten den geänderten Versteigerungsort problemlos finden.[2]

Bei einer kurzfristigen Verlegung des Zwangsversteigerungstermins in einen anderen Saal ist es ausreichend, wenn ein Verweis auf den neuen Saal am Aushang, eine Nachschau am bisherigen Saal kurz vor Beginn des Versteigerungstermins und eine Information im Eingangsbereich des Gerichts veranlasst wird.[3]

Während eine Vorverlegung des in der Terminsbestimmung angegebenen Versteigerungszeitpunktes nicht möglich ist (Zuschlagsversagungsgrund nach § 83 Nr. 6 ZVG),[4] kann das Gericht den Beginn der Versteigerung (Aufruf der Sache) bei Vorlage zwingender Gründe (z.B. Verkehrsstau) kurzfristig verschieben.[5]

Der Versteigerungstermin gliedert sich in drei Abschnitte:

– Aufruf der Sache, Feststellung der erschienenen Beteiligten, Bekanntmachungen und Hinweise, Aufstellung des geringsten Gebots und der Versteigerungsbedingungen, Entgegennahme von Anträgen und Anmeldungen sowie Hinweis auf den Ausschluss weiterer Anmeldungen, Aufforderung zur Abgabe von Geboten.
– Bietzeit, Verkündung des Schlusses der Versteigerung.
– Verhandlung über den Zuschlag (bei Vorlage wirksamer Gebote); ansonsten Verfahrenseinstellung.

---

1 LG Oldenburg 16.8.1990 Rpfleger 1990, 470; *Stöber* § 66 Rz. 3.2; *Böttcher* § 66 Rz. 5.
2 LG Oldenburg 16.8.1990 Rpfleger 1990, 470; *Stöber* § 66 Rz. 3.2; *Böttcher* § 66 Rz. 5.
3 LG Essen 20.1.2006 Rpfleger 2006, 665.
4 *Stöber* § 83 Rz. 4.1 m; *Böttcher* § 66 Rz. 6.
5 *Stöber* § 66 Rz. 3.3; *Böttcher* § 66 Rz. 6.

II. Bekanntmachungsteil

Auch wenn sie langweilig und uninteressant erscheinen sollten, so sind die Bekanntmachungen des Gerichtes über das Versteigerungsobjekt, den Grundbuchinhalt, die betreibenden Gläubiger, den Beschlagnahmezeitpunkt etc., § 66 ZVG, genauestens mit den eigenen Unterlagen zu vergleichen. Nicht erst einmal ist es vorgekommen, dass sich dabei einige Überraschungen ergeben haben:

– Ein kleiner, aber entscheidender Grundstücksmiteigentumsanteil (z.B. eine Garagenzufahrt) wurde im Zwangsversteigerungsantrag vergessen.

– Infolge eines übersehenen Rangtausches hat sich der Grundbuchinhalt entscheidend geändert.

– Entgegen der 41er-Mitteilung ist man selbst plötzlich bestrangig betreibender Gläubiger, weil ein vorrangiger Gläubiger zwischenzeitlich die einstweilige Einstellung bewilligt hat.

Beispiel:

III/1	€ 25.000 Grundschuld Gläubiger A
III/2	€ 15.000 Grundschuld Gläubiger B
Verkehrswert	= € 40.000

Ging z.B. Gläubiger B bis zum Versteigerungstermin davon aus, dass der ihm rangmäßig vorgehende Gläubiger A ebenfalls das Zwangsversteigerungsverfahren betrieb und erfährt er erst aufgrund der Bekanntmachungen des Gerichtes zu Beginn des Versteigerungstermins, dass Gläubiger A die einstweilige Einstellung bewilligt hat, verbessert dies seine Möglichkeiten, auf den Ablauf des Zwangsversteigerungsverfahrens Einfluss zu nehmen, ganz entscheidend.

Würde z.B. ein bares Meistgebot in Höhe von € 3.000 abgegeben, hätte Gläubiger B die Möglichkeit, durch seine Einstellungsbewilligung einen Zuschlag zu diesem Gebot, bei dem er nur eine geringe oder gar keine Zuteilung auf sein Recht erhielte, zu verhindern. Würde das Verfahren hingegen noch vom vorrangigen Gläubiger A betrieben (und nicht eingestellt sein), könnte Gläubiger B durch seine Einstellungsbewilligung den Zuschlag zu dem ihn nicht befriedigenden Gebot nicht abwenden.

Beschlagnahmedatum und Forderungsanmeldungen

Die Bekanntgabe der ersten Beschlagnahme sollte Veranlassung geben, die eigene Forderungsanmeldung mit nachfolgender Frage zu überprüfen:

Ist die Berechnung der laufenden und rückständigen wiederkehrenden Leistungen richtig erfolgt?

Besondere Beachtung verdient auch der Hinweis des Gerichtes, dass Anmeldungen spätestens bis zur Aufforderung zur Abgabe von Geboten zu erfolgen haben, § 37 Nr. 4 ZVG.

Werden anmeldepflichtige Ansprüche verspätet angemeldet, so erfahren sie einen Rangverlust, § 110 ZVG. Erst nach allen anderen Ansprüchen werden sie in Rangklasse „9" berücksichtigt.

Zu den Rangklassen siehe Kapitel F S. 180 ff.

Anmeldepflichtig sind insbesondere:

– nach dem Zwangsversteigerungsvermerk eingetragene Rechte in Abt. II und III des Grundbuches (z. B. Grunddienstbarkeit, Nießbrauch, Reallast, Grundschuld, Hypothek, Sicherungshypothek).

– Ansprüche der Rangklassen 1–3 des § 10 Abs. 1 ZVG (z. B. Zwangsverwaltungsvorschüsse, öffentliche Grundstückslasten, bevorrechtigte Hausgeldansprüche bei der Versteigerung von Wohnungseigentum).

– Zinsrückstände und Kosten im Grundbuch eingetragener Rechte [z. B. die rückständigen Zinsen (wiederkehrende Leistungen) und die Rechtsverfolgungskosten einer eingetragenen Grundschuld].

Bei der Bekanntgabe der Forderungsanmeldungen der übrigen Gläubiger sollte gleich festgehalten werden, bei welchen Geboten Sicherheitsleistung verlangt sowie das Nichterreichen der $^7/_{10}$-Grenze gerügt werden kann.

III. Aufstellung des geringsten Gebotes

Das geringste Gebot entspringt dem Deckungsgrundsatz des § 44 Abs. 1 ZVG und setzt sich zusammen aus:

– den ggf. dem bestrangig betreibenden Gläubiger vorgehenden und damit bestehen bleibenden Rechten mit ihrem Kapitalbetrag, § 52 ZVG,

Bei der Feststellung der in das geringste Gebot als bestehen bleibend aufzunehmenden Rechte ist ein (bei Eintragung des Versteigerungsvermerks) aus dem Grundbuch ersichtliches Recht bereits dann nicht (mehr) zu berücksichtigen, wenn die für seine Löschung erforderlichen Urkunden spätestens im Versteigerungstermin vorgelegt werden oder die Voraussetzungen für die Löschung des Rechtes liquid, d. h. beweissicher vorliegen.[6]

---

6 BGH 10.5.2012 WM 2012, 1396; *Stöber* § 45 Rz. 6.6; *Hintzen* in D/S/H/E/R § 45 Rz. 3.

- dem bar zu zahlenden Teil, § 49 Abs. 1 ZVG, bestehend in der Regel aus:
  - den Verfahrenskosten, § 109 Abs. 1 ZVG,
  - den Vorschüssen einer Zwangsverwaltung, § 10 Abs. 1 Nr. 1 ZVG,
  - den öffentlichen Grundstückslasten, § 10 Abs. 1 Nr. 3 ZVG,
  - den laufenden und rückständigen – wenn angemeldet – Zinsen von bestehen bleibenden Rechten, gerechnet bis zwei Wochen nach dem Versteigerungstermin, § 47 ZVG.

Der bestrangig betreibende Gläubiger selbst kommt nicht in das geringste Gebot. Es bleiben lediglich die ihm vorrangigen Rechte bestehen. Wird aus dem erstrangigen Recht betrieben, bleibt kein Recht bestehen; nur in diesem Fall ist gänzlich lastenfreier Eigentumserwerb durch den Meistbietenden möglich.

Wie bereits ausgeführt, kann ein betreibender Gläubiger nur dann der Aufstellung des geringsten Gebotes zugrunde gelegt werden, wenn „sein" Anordnungs-, Beitritts- oder Fortsetzungsbeschluss dem Schuldner mindestens vier Wochen vor dem Termin zugestellt worden ist, § 44 Abs. 2 ZVG. Für die Fristenberechnung gelten die §§ 186–193 BGB.

Wenn aus einem gleichrangigen Recht betrieben wird, erlöschen beide Rechte, denn nur ein dem betreibenden Gläubiger vorrangiges Recht bleibt bestehen.

Das geringste Gebot ist zu ändern, wenn der für seine Aufstellung zugrunde gelegte, bislang bestrangige Gläubiger die einstweilige Einstellung bewilligt; sofern das Verfahren von weiteren Gläubigern betrieben wird, ist der nunmehr bestrangig betreibende Gläubiger zu ermitteln.

Das geringste Gebot und die Versteigerungsbedingungen sind erneut festzustellen und zu verlesen.[7] Auf die Ausschließung weiterer Anmeldungen ist hinzuweisen und erneut zur Abgabe von Geboten aufzufordern. Es ist eine volle Bietzeit von mindestens 30 Minuten einzuhalten.

IV. Ersatzwert, Zuzahlungsbetrag

Häufig bleiben in Abt. II des Grundbuches eingetragene Rechte wie z.B. ein Wege- oder Leitungsrecht u.ä. bestehen. Für diese Grunddienstbarkeiten bzw. beschränkt persönlichen Dienstbarkeiten ist vom Gericht bei der Feststellung des geringsten Gebotes ein Ersatzwert (Zuzahlungsbetrag) festzusetzen, § 51 Abs. 2 ZVG.

---

7 LG Köln 29.12.1988 Rpfleger 1989, 297.

Dieser Betrag ist vom Ersteher zusätzlich zum Bar-(meist)gebot zu zahlen, wenn sich herausstellt, dass das Recht zum Zeitpunkt des Zuschlages nicht mehr bestand.

Die Höhe des Zuzahlungsbetrages bemisst sich nach dem Betrag, um den der Wert des Versteigerungsobjektes objektiv durch die Belastung gemindert ist, der somit bei Verkauf des Versteigerungsobjektes ohne die Belastung über den bei der Veräußerung des belasteten Versteigerungsobjektes erreichbaren Kaufpreis hinaus hätte erzielt werden können. Der gem. § 51 Abs. 2 ZVG vom Gericht festzusetzende Zuzahlungsbetrag ist nicht mit dem gem. § 92 Abs. 1 ZVG an die Stelle eines erlöschenden Rechtes tretenden Wertersatz zu verwechseln.[8]

Sofern das Recht für den Eigentümer lediglich eine rechtliche, aber keine tatsächliche Belastung darstellt, werden in der Regel Beträge zwischen € 50 und € 250 „symbolisch" festgesetzt. Handelt es sich dagegen um eine tatsächlich beeinträchtigende Belastung, so z.B. ein Wohnungsrecht, so ist der Ersatzwert entsprechend höher festzuhalten. Denn bei seinem Gebot berücksichtigt der Ersteher, dass er diese Belastung übernehmen muss, und bietet dementsprechend weniger. Sofern er – wie sich erst nachträglich herausstellen wird – nicht belastet ist, hat er den ihn vermeintlich belastenden Betrag nachzuzahlen.

Für die Rechte in Abt. III des Grundbuches gilt § 50 ZVG; hier ist jedoch die Festsetzung eines Ersatzwertes (Zuzahlungsbetrages) nicht erforderlich. Zu zahlen hat der Ersteher z.B. den Betrag des Kapitals einer bei Feststellung des geringsten Gebots als bestehen bleibend berücksichtigten Grundschuld in der Höhe, in der sie nicht besteht, § 50 Abs. 1 S. 1 ZVG.[9]

Wenn das Versteigerungsobjekt z.B. für eine als bestehen bleibend übernommene Grundschuld nicht haftet, weil diese aufgrund Unwirksamkeit der Eintragung nicht besteht oder aufgrund Mithaftung eines anderen Objektes erlischt, kann dieser Vorteil nicht dem Ersteher zugute kommen. Der Wegfall der als bestehen bleibend übernommenen Grundschuld führt daher zu einer entsprechenden Erhöhung der Zahlungspflicht des Erstehers. Sie kommt den am Versteigerungsobjekt Berechtigten zugute, die bei Fortbestehen der Grundschuld unbefriedigt geblieben wären; sind solche nicht vorhanden, gebührt der Zuzahlungsbetrag dem Eigentümer des Versteigerungsobjektes bei Zuschlagserteilung.[10]

Kein Zuzahlungsfall (entsprechend § 50 Abs. 1 S. 1 ZVG) liegt vor, wenn bei einer als bestehen bleibend übernommenen Grundschuld der Grundschuldgläubiger aufgrund Erledigung des Sicherungszwecks zur Rückgewähr der Grundschuld verpflichtet ist und dem Ersteher nach Zuschlagserteilung eine

---

8 OLG Hamm 6.10.1983 Rpfleger 1984, 30; *Stöber* § 51 Rz. 3.1; *Böttcher* §§ 50, 51 Rz. 3.
9 *Stöber* § 50 Rz. 5.1; *Böttcher* §§ 50, 51 Rz. 24.
10 *Stöber* § 50 Rz. 2.1; *Böttcher* §§ 50, 51 Rz. 39.

Löschungsbewilligung erteilt. Während § 50 ZVG eine Zuzahlungspflicht zugunsten nachrangiger Gläubiger begründet, soll der Rückgewähranspruch dem Sicherungsgeber zugute kommen.[11]

Erteilt der Gläubiger einer bestehen bleibenden Grundschuld dem Ersteher des versteigerten Grundstücks nach dem Zuschlag eine Löschungsbewilligung, obwohl der Ersteher nach dem Sicherungsvertrag zu deren Entgegennahme nicht – alleine – berechtigt ist (der Ersteher hat die Grundschuld als Teileigentümer des von ihm ersteigerten Grundstücks bestellt), und wird dem früheren Miteigentümer aufgrund der erfolgten Löschung der Grundschuld eine Befriedigungsmöglichkeit genommen, kann ihm – bei Genehmigung der erteilten Löschungsbewilligung – gegenüber dem Ersteher ein bereicherungsrechtlicher Ausgleichsanspruch aus § 816 Abs. 2 BGB zustehen.[12]

Liegt dem Ersteher in der Zwangsversteigerung bereits zum Zeitpunkt des Zuschlags eine Löschungsbewilligung des Grundpfandgläubigers für eine eingetragene, aber nicht mehr valutierende Grundschuld vor, die als bestehen bleibendes Rechte in das geringste Gebot aufgenommen wurde, und bewirkt der Ersteher nach seiner Eintragung als neuer Eigentümer im Grundbuch unter Vorlage dieser Bewilligung die Löschung der Grundschuld, so kann der frühere Eigentümer allerdings einen Zuzahlungsanspruch gegen den Ersteher auf Grund einer entsprechenden Anwendung des § 50 Abs. 2 Nr. 1 ZVG haben.[13]

Bei der Eintragung eines Nacherbenvermerks kommt die Festsetzung eines Zuzahlungsbetrages nach den §§ 50, 51 ZVG nicht in Betracht.[14]

V. Versteigerung mehrerer Grundstücke

Mehrere Grundstücke können in einem Verfahren versteigert werden, wenn die in § 18 ZVG genannten Voraussetzungen vorliegen (Verbindung mehrerer Verfahren).

Im Regelfall der Versteigerung mehrerer Grundstücke geht der Gläubiger aus einem Gesamtrecht vor.

Die zeitgleiche Versteigerung mehrerer Grundstücke ist aber auch dann zulässig, wenn die Voraussetzungen nach § 18 ZVG nicht vorliegen. Nur wenn im Einzelfall in einem gleichzeitig durchgeführten Verfahren unvorhergesehene Schwierigkeiten auftauchen, so dass der Rechtspfleger seine Aufmerksamkeit

---

11 BGH 23.3.1993 WM 1993, 887; NJW 1993, 1919.
12 BGH 9.5.2007 WM 2007, 1711; BGH 9.2.1989 WM 1990, 490 unter III.
13 OLG Hamm 28.3.2002 MDR 2002, 1273.
14 BGH 23.3.2000 WM 2000, 1023.

nicht mehr auf das/die anderen Verfahren richten kann, oder wenn für die Verfahrensbeteiligten und für die Bietinteressenten nicht mehr zu erkennen ist, welche Hinweise des Gerichts gerade das sie interessierende Grundstück betreffen, darf das Gericht mehrere Versteigerungsverfahren nicht zur selben Zeit durchführen, oder es muss – wenn solche Schwierigkeiten im Versteigerungstermin auftreten – einzelne Verfahren unterbrechen und die Versteigerungen nacheinander erledigen.[15]

Ausgebotsarten
Einzelausgebot, § 63 Abs. 1 S. 1 ZVG
Grundsätzlich erfolgt gem. § 63 Abs. 1 ZVG die Einzelversteigerung jedes einzelnen Grundstücks. Entsprechendes gilt bei der Versteigerung von Bruchteilseigentum, weil dieses vollstreckungsrechtlich wie ein Grundstück zu behandeln ist.[16]

Bei der Berechnung des geringsten Gebots werden für jedes Einzelausgebot alle Barbeträge und alle Belastungen berücksichtigt, die das einzelne Grundstück betreffen.

Kosten (Gebühren und Auslagen) werden in den Einzelausgeboten zu Teilbeträgen nach dem Verhältnis der Grundstückswerte berücksichtigt.[17]

Dies gilt auch (mangels getrennter Anmeldung) für die Ansprüche der Rangklassen 1–3 des § 10 Abs. 1 ZVG.[18]

Die Ansprüche der Rangklasse 4 des § 10 Abs. 1 ZVG sind, soweit es sich um Gesamtrechte handelt, sowohl wegen des Kapitals als auch wegen der Nebenleistungen (Zinsen/Kosten) bei den Einzelausgeboten in jeweils voller Höhe zu berücksichtigen. Einzelrechte sind jeweils bei dem Grundstück zu berücksichtigen, für welches die Haftung besteht.

Beispiel:

Die Grundstücke A, B, C sind wie folgt belastet:

III/1	€ 20.000 Grundstück A	Grundstückswert: € 60.000
III/2	€ 40.000 Grundstücke B, C	
III/3	€ 60.000 Grundstück B	Grundstückswert: € 120.000
III/4	€ 80.000 Grundstück C	Grundstückswert: € 180.000
III/5	€ 30.000 Grundstücke A, B, C	

---

15 BGH 18.9.2008 WM 2009, 270; 22.3.2007 WM 2007, 1286; a. A.*Stöber* § 66 Rz. 10.1; zur Verfahrensverbindung in der Zwangsverwaltung s.: *Schmidberger/Traub* IGZInfo 3/2008, 111.
16 BGH 30.10.2008 WM 2009, 271; *Stöber* § 63 Rz. 3.4.
17 *Stöber* § 63 Rz. 2.5; *Böttcher* § 63 Rz. 2.
18 *Stöber* § 63 Rz. 2.5; *Böttcher* § 63 Rz. 2.

Das Zwangsversteigerungsverfahren wird von einem Gläubiger wegen eines persönlichen, nicht am Grundstück abgesicherten Anspruchs betrieben.

Kosten nach dem Gesamtwert der Grundstücke berechnet: € 3.600

Grundsteuern – Gesamtanspruch: € 1.800

Zinsen jeweils 1% des Kapitals

Die geringsten (Einzel-)Ausgebote sehen wie folgt aus:

Grundstück	A	B	C
Wert	€ 60.000	€ 120.000	€ 180.000

Bestehen bleibende Rechte:

III/1	€ 20.000	–	–
III/2	–	€ 40.000	€ 40.000
III/3	–	€ 60.000	–
III/4	–	–	€ 80.000
III/5	€ 30.000	€ 30.000	€ 30.000
	€ 50.000	€ 130.000	€ 150.000

Bar zu zahlender Teil:

Kosten	€ 600	€ 1.200	€ 1.800
Grundsteuern	€ 300	€ 600	€ 900

Zinsen

III/1	€ 200	–	–
III/2	–	€ 400	€ 400
III/3	–	€ 600	–
III/4	–	–	€ 800
III/5	€ 300	€ 300	€ 300
	€ 1.400	€ 3.100	€ 4.200
insgesamt:	€ 51.400	€ 133.100	€ 154.200

Gesamtausgebot, § 63 Abs. 1 S. 2, Abs. 2 S. 1 ZVG
Häufig wird es sinnvoll sein, dass alle Grundstücke als wirtschaftliche Einheit zusammen versteigert werden. In diesem Fall kann ein Beteiligter spätestens im Versteigerungstermin vor der Aufforderung zur Abgabe von Geboten beantragen, dass neben dem Einzelausgebot alle Grundstücke zusammen ausgeboten werden, § 63 Abs. 2 S. 1 ZVG, Gesamtausgebot.

Sind Grundstücke mit einem einheitlichen Bauwerk überbaut (jeder Grundstückseigentümer ist Eigentümer des auf seinem Grundstück stehenden Gebäudeteils), kann das Vollstreckungsgericht neben dem Einzelausgebot auch ein gemeinsames Ausgebot zulassen, ohne dass es hierzu des Antrages eines Verfahrensbeteiligten bedarf, § 63 Abs. 1 S. 2 ZVG. Das Gesamtausgebot tritt dem Einzelausgebot dann als zusätzliche Versteigerungsmodalität zur Seite. Von einem Einzelausgebot kann nur abgesehen werden, wenn die in § 63 Abs. 4 S. 1 ZVG genannten Beteiligten hierauf verzichten.[19] Ein in einem Vortermin erklärter Verzicht reicht nur, wenn er im aktuellen Versteigerungstermin bestätigt wird.[20]

Ein Gesamtgrundpfandrecht wird im geringsten Gebot für die Gesamtversteigerung (als bestehen bleibend und für die Barzahlungsbeträge) nur einmal berücksichtigt.[21]

Das geringste Gesamtausgebot sieht im Beispielfall dann wie folgt aus:

Bestehen bleibende Rechte:		bar zu zahlender Teil:	
		Kosten	€ 3.600
		Grundsteuern	€ 1.800
		Zinsen	
III/1	€ 20.000	III/1	€ 200
III/2	€ 40.000	III/2	€ 400
III/3	€ 60.000	III/3	€ 600
III/4	€ 80.000	III/4	€ 800
III/5	€ 30.000	III/5	€ 300
	€ 230.000		€ 7.700

Geringstes Gesamtausgebot insgesamt: € 237.700

---

19 BGH 30.10.2008 WM 2009, 271; *Stöber* § 63 Rz. 3.1.
20 BGH 22.1.2009 – V ZB 91/08 –; *Stöber* § 63 Rz. 2.2.
21 *Stöber* § 63 Rz. 5.2.

Ein Beteiligter kann auch spätestens bis zum Beginn der Bietzeit im Versteigerungstermin beantragen, dass unter Verzicht auf Einzelausgebote nur ein Gesamtausgebot zugelassen wird.

Bei Zustimmung der anwesenden Beteiligten, deren Rechte bei der Feststellung des geringsten Gebotes nicht zu berücksichtigen sind (= Erlöschen) sowie des (anwesenden) Schuldners,[22] erfolgt dann lediglich ein Gesamtausgebot, § 63 Abs. 4 ZVG.

Auch wenn der Schuldner im Versteigerungstermin erst nach Verkündung des Beschlusses über die Zulassung nur eines Gesamtausgebotes erscheint, aber vor der Aufforderung zur Abgabe von Geboten, § 66 Abs. 2 ZVG, dürfen Einzelausgebote nur unterbleiben, wenn er hierauf verzichtet.[23]

Eine Rechtsbeeinträchtigung des (nicht zustimmenden) Schuldners entfällt nur dann, wenn sicher feststeht, dass bei Einzelausgeboten kein höherer Versteigerungserlös erzielt worden wäre.[24]

Der Verzicht auf Einzelausgebote ist bis zur Aufforderung zur Abgabe von Geboten „zu erklären", § 63 Abs. 4 S. 2 ZVG. Gefordert ist ein positives Tun mit eindeutigem Erklärungsgehalt, das zudem stets zu protokollieren ist. Schweigen steht dem nicht gleich,[25] ausreichend ist aber z.B. ein die Zustimmung zu dem beantragten Verzicht bestätigendes Kopfnicken.[26] Der Verzicht auf Einzelgebote muss im Protokoll über den Versteigerungstermin (lediglich) festgestellt, nicht aber vorgelesen und genehmigt werden.[27]

Gruppenausgebot, § 63 Abs. 2 S. 2 und 3 ZVG
Werden mehr als zwei Grundstücke versteigert, ist neben Einzel- und Gesamtausgebot auch ein Gruppenausgebot möglich.

Im Beispielfall würde das geringste Gruppenausgebot bezüglich der Grundstücke B und C wie folgt aussehen:

---

22 BGH 30.10.2008 WM 2009, 271.
23 LG Aurich 14.10.2008 Rpfleger 2009, 166.
24 BGH 2.2.2012 – V ZB 6/11 [Rz. 11] –; *Stöber* § 84 Rz. 2.4 c.
25 BGH 30.10.2008 WM 2009, 271; *Stöber* § 63 Rz. 2.1 u. 3.4.
26 BGH 1.7.2010 NJW-RR 2010, 1458.
27 BGH 1.7.2010 NJW-RR 2010, 1458.

Bestehen bleibende Rechte:		bar zu zahlender Teil:	
		Kosten	€ 3.000
		Grundsteuer	€ 1.500
III/2	€ 40.000	III/2	€ 400
III/3	€ 60.000	III/3	€ 600
III/4	€ 80.000	III/4	€ 800
III/5	€ 30.000	III/5	€ 300
	€ 210.000		€ 6.600

geringstes Gruppenausgebot insgesamt: € 216.600

Erhöhung des geringsten Gesamtausgebots bei Mehrgebot auf geringstes Einzelausgebot, § 63 Abs. 3 S. 1 ZVG

Bei dem geringsten Gesamtausgebot tritt eine sofortige[28] Erhöhung ein, wenn bei dem Einzelausgebot auf eines der Grundstücke ein Gebot abgegeben wird, das das geringste Gebot für dieses Grundstück übersteigt; das geringste Gebot des Gesamtausgebots erhöht sich in diesem Fall um den Mehrbetrag. Die Erhöhung tritt im Bargebot ein und zwar bei jedem über das geringste Gebot hinausgehenden Gebot, da die Deckung, die ein Beteiligter durch das Einzelausgebot erlangt hat, auch für das Gesamtausgebot gesichert sein muss.

Im Verhältnis zum Einzelausgebot ist auch das Gruppenausgebot Gesamtausgebot und im Verhältnis zum Gesamtausgebot gilt auch das Gruppenausgebot als Einzelausgebot.[29]

Beispiel:

Grundstücke	A	B	C	Gruppenausgebot B, C	Gesamtausgebot
Bestehen bleibende Rechte	€ 50.000	€ 130.000	€ 150.000	€ 210.000	€ 230.000
Bar zu zahlender Teil	€ 1.400	€ 3.100	€ 4.200	€ 6.600	€ 7.700
	€ 51.400	€ 133.100	€ 154.200	€ 216.600	€ 237.700

Es werden in folgender Reihenfolge bar geboten:
1. Auf das Einzelausgebot Grundstück B = € 3.500
2. Auf das Einzelausgebot Grundstück A = € 2.000
3. Auf das Gruppenausgebot Grundstück B, C = € 8.000

---

28 LG Bielefeld 16.9.1987 Rpfleger 1988, 32; *Stöber* § 63 Rz. 6.1; *Böttcher* § 63 Rz. 12.
29 *Stöber* § 63 Rz. 6.1.

Auswirkungen der abgegebenen Bargebote:

zu 1.:

Das geringste Gruppen- und Gesamtausgebot erhöht sich um jeweils € 400

Geringstes Gruppenausgebot bar nunmehr: € 7.000

Geringstes Gesamtausgebot bar nunmehr: € 8.100

zu 2.:

Das geringste Gesamtausgebot erhöht sich um € 600

Geringstes Gesamtausgebot bar nunmehr: € 8.700

zu 3.:

Das geringste Gesamtausgebot erhöht sich um € 1000 (wegen des Gebots zu 1. ist von einem geringsten Gruppenausgebot von € 7.000 auszugehen)

Geringstes Gesamtausgebot bar nunmehr: € 9.700.

Zuschlagsentscheidung bei unterschiedlichen Ausgeboten, § 63 Abs. 3 S. 2 ZVG

Werden sowohl auf die Einzel- als auch auf die Gruppen- und Gesamtausgebote Gebote abgegeben, so darf der Zuschlag auf das Gesamtausgebot nur dann erteilt werden, wenn dessen Meistgebot höher ist als das Gesamtergebnis der Einzelausgebote und wenn es das nach § 63 Abs. 3 S. 1 ZVG um den Mehrbetrag erhöhte geringste Gebot des Gesamtausgebotes übersteigt;[30] bei gleichem Ergebnis erfolgt der Zuschlag auf die Einzelausgebote.[31]

Fällt der Gebotsvergleich zugunsten des Gesamtausgebotes aus, kommt eine Zuschlagserteilung hierauf aber im Hinblick auf § 85 a oder § 74 a ZVG nicht in Frage, hat das Vollstreckungsgericht zu prüfen, ob der Zuschlag auf das/die Einzelausgebot/e erfolgen kann.[32]

Werden nicht auf alle Einzelausgebote Gebote abgegeben, so sind sie beim Vergleich mit Null anzusetzen.[33]

Das auf das Gesamtausgebot abgegebene Meistgebot (Gesamtmeistgebot) kann auch dann gem. § 63 Abs. 3 S. 2 ZVG höher sein als das Gesamtergebnis der Einzelausgebote, wenn die Beteiligten im Termin nach § 63 Abs. 4 S. 1 ZVG für einige Grundstücke auf Einzelausgebote verzichtet haben.[34]

Bei der Vergleichsrechnung sind sowohl die bestehen bleibenden Rechte als auch der bar zu zahlende Teil zu berücksichtigen.[35]

---

30 BGH 28.9.2006 ZfIR 2007 m. zust. Anm. *Böttcher*; *Stöber* § 63 Rz. 7.1 u. 7.4; *Böttcher* § 63 Rz. 14.

31 *Stöber* § 63 Rz. 7.1; *Böttcher* § 63 Rz. 14.

32 BGH 18.10.2012 WM 2012, 2337; Anm. hierzu: *Steffen* ZfIR 2013, 108, 109 ff.

33 OLG Frankfurt 19.5.1995 Rpfleger 1995, 512; *Stöber* § 63 Rz. 7.3; *Böttcher* § 63 Rz. 14.

34 BGH 28.9.2006 ZfIR 2007, 147 m. zust. Anm. *Böttcher*.

35 *Stöber* § 63 Rz. 7.1; *Böttcher* § 63 Rz. 14.

Beispiel:

Grundstücke	A	B	C	Gruppenaus-gebot B, C	Gesamt-ausgebot
Bestehen bleibende Rechte	€ 50.000	€ 130.000	€ 150.000	€ 210.000	€ 230.000
Bar zu zahlender Teil	€ 1.400	€ 3.100	€ 4.200	€ 6.600	€ 7.700
	€ 51.400	€ 133.100	€ 154.200	€ 216.600	€ 237.700
Bargebot im Termin:	€ 2.000	€ 3.500	€ 5.000	€ 80.000	€ 100.000

Bezüglich der Zuschlagserteilung ist wie folgt vorzugehen:

Zu vergleichen sind zunächst die Meistgebote in den Einzelausgeboten B und C mit dem Meistgebot des dazugehörigen Gruppenausgebotes:

Gruppenausgebot	B, C	Summe der Einzelausgebote B, C		
		Grundstück B:		
Bestehen bleibende Rechte	€ 210.000	Bestehen bleibende Rechte	€ 130.000	
Bar zu zahlender Teil	€ 80.000	Bar zu zahlender Teil	€ 3.500	€ 133.500
		Grundstück C:		
		Bestehen bleibende Rechte	€ 150.000	
		bar zu zahlender Teil	€ 5.000	€ 155.000
	€ 290.000			**€ 288.500**

Demzufolge ist das Meistgebot des Gruppenausgebots für die weitere Prüfung der Zuschlagsentscheidung maßgebend.

Gesamtausgebot		Summe von Einzelausgebot A und Gruppenausgebot		
		Grundstück A:		
Bestehen bleibende Rechte	€ 230.000	Bestehen bleibende Rechte	€ 50.000	
Bar zu zahlender Teil	€ 100.000	Bar zu zahlender Teil	€ 2.000	€ 52.000
		Gruppenausgebot B, C:		
		Bestehen bleibende Rechte	€ 210.000	
		Bar zu zahlender Teil	€ 80.000	€ 290.000
	€ 330.000			**€ 342.000**

Der Zuschlag ist somit auf das Einzelausgebot für das Grundstück A und das Gruppenausgebot der Grundstücke B und C zu erteilen.

Eine Zuschlagserteilung auf ein Einzelausgebot kann nicht erfolgen, wenn der die Zwangsversteigerung in mehrere Grundstücke betreibende Gläubiger nach Schluss der Bietzeit hinsichtlich der anderen Grundstücke die einstweilige Einstellung bewilligt.[36]

Bei mehreren Ausgebotsarten ist stets ein gemeinsamer Versteigerungsschluss zu bestimmen. Versteigert das Gericht in demselben Verfahren mehrere Grundstücksbruchteile nach Gesamt-, Gruppen- und Einzelausgeboten, so verstößt es gegen § 73 Abs. 1 S. 2 ZVG, wenn es das jeweils abgegebene höchste Gesamt- oder Gruppenausgebot durch dreimaligen Aufruf verkündet und nach Eintrag der genauen Uhrzeit im Protokoll für diese Ausgebotsarten die Versteigerung schließt. Wegen eines solchen Verfahrensfehlers ist der Zuschlag zu versagen.[37]

Verteilung eines vorgehenden Gesamtgrundpfandrechtes und Gegenantrag, § 64 Abs. 1 und 2 ZVG

Kommt es bei der Versteigerung von mehreren Grundstücken zu Einzel- und Gesamtausgeboten, so sind die bestehen bleibenden Gesamtbelastungen bei jedem Einzelausgebot in voller Höhe einzusetzen. Hierdurch werden die Einzelmeistgebote gegenüber dem Gesamtmeistgebot (das die Gesamtbelastungen nur einmal beinhaltet) erheblich teurer. Meistens werden daher keine Einzelgebote abgegeben.

Aus diesem Grund haben nachrangige Gläubiger sowie der Schuldner die Möglichkeit, gem. § 64 Abs. 1 ZVG (bis zum Beginn der Bietzeit)[38] den Antrag zu stellen, dass die bestehen bleibenden Gesamtrechte im Verhältnis der Werte der Grundstücke (nach Abzug der Vorlasten – egal ob bestehen bleibend oder erlöschend) verteilt werden.

Beispiel:

Grundstück	A (Wert: € 26.000)	B (Wert: € 50.000)
III/1	€ 6.000	–
III/2	–	€ 10.000
III/3	€ 30.000	€ 30.000

---

36 OLG Stuttgart 31.10.2001 Rpfleger 2002, 165.
37 BGH 9.5.2003 Rpfleger 2003, 452; LG Kassel 3.8.2006 Rpfleger 2007, 97.
38 LG Krefeld 24.2.1987 Rpfleger 1987, 323; *Stöber* § 64 Rz. 3.4, *Böttcher* § 64 Rz. 2.

Das Verfahren wird von einem „persönlichen" Gläubiger betrieben.
Der Grundstückseigentümer (Schuldner) beantragt die Verteilung des Rechtes III/3.

Nach Abzug der Vorbelastungen (§ 64 Abs. 1 S. 2 ZVG) ergeben sich folgende <u>Werte</u>:	€ 20.000	€ 40.000
Das Gesamtrecht III/3 ist somit im Verhältnis 1 : 2 zu <u>verteilen</u>:	€ 10.000	€ 20.000
Im geringsten Gebot bestehen bleibende Rechte:		
III/1	€ 6.000	–
III/2	–	€ 10.000
III/3	€ 10.000	€ 20.000
	€ 16.000	€ 30.000

Die Verteilung mehrerer Gesamtgrundpfandrechte erfolgt nacheinander, beginnend mit dem rangbesten Recht.[39]

Übersteigen oder erschöpfen die zu berücksichtigenden Vorbelastungen schon den Wert eines Grundstücks, so bleibt für das Grundstück kein „Rest"-wert und es kann sich an diesem kein Anteil am Gesamtrecht ergeben. Der Antrag nach § 64 Abs. 1 ZVG ist zurückzuweisen, wenn keine Grundstücke vorhanden sind, für die sich ein Anteil am Gesamtrecht errechnen lässt.[40]

Der Gesamtrechtsgläubiger wiederum kann gem. § 64 Abs. 2 ZVG (bis zum Schluss der Versteigerung, § 73 Abs. 2 S. 1 ZVG)[41] verlangen, dass nur die seinem Recht vorgehenden Ansprüche bei der Feststellung des geringsten Gebotes berücksichtigt werden. Er wird damit zum bestrangig betreibenden Gläubiger. Die Folge ist ein Doppelausgebot, d.h. die Grundstücke werden im Hinblick auf die Einzelgebote sowohl mit der beantragten Verteilung nach § 64 Abs. 1 ZVG (Verteilung des Gesamtrechtes auf die einzelnen Grundstücke) als auch mit der vom Gesamtrechtsgläubiger verlangten Berechnung nach § 64 Abs. 2 ZVG ausgeboten. Geboten werden kann sodann auf beide Alternativen. Nach dem Ende der Bietstunde muss der Gesamtsrechtsgläubiger erklären, welches der beiden Ausgebote der Zuschlagserteilung zugrundegelegt werden soll.

---

39 *Stöber* § 64 Rz. 3.2, 4.4; *Böttcher* § 64 Rz. 3.
40 *Stöber* § 64 Rz. 4.4; *Böttcher* § 64 Rz. 3.
41 *Stöber* § 64 Rz. 5.3; *Böttcher* § 64 Rz. 5.

Beispiel:

Grundstück	A (Wert: € 26.000)	B (Wert: € 50.000)
III/1	€ 6.000	–
III/2	–	€ 10.000
III/3	€ 30.000	€ 30.000

Das Verfahren wird von einem „persönlichen" Gläubiger betrieben.
Der Grundstückseigentümer (Schuldner) beantragt die Verteilung des Rechtes III/3.
Der Gläubiger des Rechtes III/3 stellt den Antrag gemäß § 64 Abs. 2 ZVG.

Im geringsten Gebot bestehen
bleibende Rechte:

III/1	€ 6.000	–
III/2	–	€ 10.000
	€ 6.000	€ 10.000

Dadurch, dass in dem geringsten Gebot gem. § 64 Abs. 2 ZVG das verteilte Gesamtrecht nicht bestehen bleibt, wird dessen Befriedigung durch Barzahlung zwar ermöglicht, nicht aber gesichert. Die Gewähr dafür, dass der Zuschlag auf das Ausgebot nach § 64 Abs. 2 ZVG nur erteilt wird, wenn es hoch genug ist, um den Gläubiger des verteilten Gesamtrechtes und die übrigen dem betreibenden Gläubiger vorgehenden Ansprüche bar decken zu können, stellt der von Amts wegen zu berücksichtigende § 83 Nr. 3 ZVG sicher.[42]

VI. Abweichende Versteigerungsbedingungen

Die gesetzlichen Versteigerungsbedingungen regeln die Rechte und Pflichten des Erstehers und der Beteiligten, den Umfang des Versteigerungsgegenstandes, § 55 ZVG, den Gefahrenübergang, § 56 ZVG, und das Rechtsverhältnis zu Mietern und Pächtern, §§ 57 ff. ZVG. Teil der Versteigerungsbedingungen sind auch die Vorschriften über die Feststellung des geringsten Gebotes, §§ 44 ff. ZVG.

Die im Einzelfall geltenden Versteigerungsbedingungen werden im Versteigerungstermin vor dem Beginn der Bietzeit vom Versteigerungsgericht festgestellt und durch Vorlesen bekannt gemacht, § 66 Abs. 1 ZVG.

Die Vorschriften des ZVG über die Feststellung des geringsten Gebotes und der Versteigerungsbedingungen sind nicht zwingender Natur. Durch die Beteiligten, § 9 ZVG, können Abweichungen beantragt werden.

---

42 *Stöber* § 64 Rz. 7.3; *Böttcher* § 64 Rz. 11.

Nicht geändert werden können dagegen die grundlegenden, zwingenden Verfahrensvorschriften der Zwangsversteigerung,[43] wie z.B. die Zuschlagserteilung an den Meistbietenden oder die Rangfolge der aus dem Meistgebot zu Befriedigenden. Ebenso wenig kann ein mit zu versteigernder wesentlicher Bestandteil über abweichende Versteigerungsbedingungen von der Versteigerung ausgenommen werden.[44]

Beispielhaft für die Möglichkeiten abweichender Versteigerungsbedingungen seien genannt:

– Fortbestehen eines Rechtes, das nach den gesetzlichen Versteigerungsbedingungen erlöschen würde.[45]
– Erlöschen eines Rechtes, das nach den gesetzlichen Versteigerungsbedingungen bestehen bleiben würde.[46]
– Höhere Verzinsung des Meistgebotes bis zum Verteilungstermin.[47]

Abweichende Versteigerungsbedingungen können von jedem Beteiligten verlangt werden, § 59 Abs. 1 ZVG. Der Antrag muss spätestens im Versteigerungstermin vor der Aufforderung zur Abgabe von Geboten gestellt werden, § 59 Abs. 1 S. 1 ZVG.

Werden durch die beantragte Änderung der Versteigerungsbedingungen die Rechte eines anderen Beteiligten beeinträchtigt, muss dieser zustimmen. Verweigert er seine Zustimmung, so wird das Verlangen nach abweichenden Versteigerungsbedingungen zurückgewiesen.[48]

Beeinträchtigt ist in den beiden erstgenannten Beispielsfällen sowohl der Gläubiger des ursprünglich erlöschenden als auch der Gläubiger des normalerweise bestehen bleibenden Rechtes.

Das Recht kommt bei Erlöschen als dem bestrangig betreibenden Gläubiger vorgehend nach gesetzlichen Versteigerungsbedingungen in vollem Umfang (mit Kosten, Zinsen und Nebenleistungen sowie der Hauptsache) ins bare geringste Gebot.[49] Wird beantragt, dass das erlöschende Recht außerhalb des geringsten Gebots stehen soll, ist wegen des bei unzureichendem Meistgebot möglichen Ausfalls die Zustimmung des Schuldners erforderlich, wenn das zu

---

43 *Stöber* § 59 Rz. 2.2 u. 2.5; *Böttcher* § 59 Rz. 8.
44 OLG Düsseldorf 27.1.1995 Rpfleger 1995, 373.
45 *Stöber* § 59 Rz. 7; *Böttcher* § 59 Rz. 20.
46 *Stöber* § 59 Rz. 5.6; *Böttcher* § 59 Rz. 16.
47 LG Münster 3.3.1981 Rpfleger 1982, 77; *Stöber* § 59 Rz. 5.19; *Böttcher* § 59 Rz. 18.
48 *Stöber* § 59 Rz. 4.3; *Böttcher* § 59 Rz. 11.
49 *Stöber* § 59 Rz. 5.6; *Böttcher* § 59 Rz. 16; LG Arnsberg 27.7.2004 Rpfleger 2005, 42.

versteigernde Objekt nur zu dem beantragten abweichenden Ausgebot versteigert werden soll (ansonsten Doppelausgebot).[50]

Vor Beendigung der Bietzeit lässt sich aber oft nicht bestimmen, ob durch eine abweichende Versteigerungsbedingung ein Recht beeinträchtigt wird oder nicht. In diesem Fall muss ein Doppelausgebot erfolgen, § 59 Abs. 2 ZVG.[51] Auf das Meistgebot mit der abweichenden Versteigerungsbedingung wird der Zuschlag erteilt, wenn keine Beeinträchtigung letztendlich feststellbar ist oder wenn alle Beeinträchtigten der abweichenden Bestimmung zugestimmt haben.[52]

Beispiel:

Eingetragen sind im Grundbuch in folgender Reihenfolge

III/1	6.000 €	A-Bank
III/2	12.000 €	Sparkasse (ZVG betreibender Gläubiger)
III/3	18.000 €	B-Bank
III/4	24.000 €	C-Bank

Die B-Bank stellt den Antrag auf bestehen bleiben ihres Rechtes.

Geringstes Gebot

1) Nach den gesetzlichen Versteigerungsbedingungen

Bestehen bleibender Teil		Bar zu zahlender Teil
III/1	6.000 €	Kosten 1.000 €
		Steuern 1.800 €
		Zinsen III/1.600 €

2) Nach den abweichenden Versteigerungsbedingungen

Bestehen bleibender Teil		Bar zu zahlender Teil
III/1	6.000 €	Kosten 1.000 €
III/3	18.000 €	Steuern 1.800 €
		Zinsen III/1.600 €

Beeinträchtigung?

III/1	Nicht beeinträchtigt.
III/2	Ob eine Beeinträchtigung vorliegt, hängt vom baren Meistgebot ab.
III/3	Ist beeinträchtigt, da es anstelle einer Barzahlung bestehen bleibt; in dem Antrag auf abweichende Versteigerungsbedingungen ist aber die Zustimmung zu sehen.
III/4	Braucht nicht zuzustimmen, § 59 Abs. 3 ZVG.

---

50 LG Arnsberg 27.7.2004 Rpfleger 2005, 42; *Stöber* § 59 Rz. 5.6.
51 *Stöber* § 59 Rz. 4.4; *Böttcher* § 59 Rz. 12.
52 *Stöber* § 59 Rz. 6.3; a. A. *Böttcher* § 59 Rz. 14.

Stimmt die Sparkasse der beantragten Abweichung zu, erfolgt die Versteigerung nur zu dem abweichenden Ausgebot. Bei Ablehnung der Sparkasse erfolgt ein Doppelausgebot.

Zuschlagsentscheidung bei Doppelausgebot

a) Bei Gebot nur auf das gesetzliche Ausgebot: Der Zuschlag erfolgt auf dieses Gebot.

b) Bei Gebot nur auf das abweichende Ausgebot: Der Zuschlag erfolgt nur, wenn alle Beeinträchtigten zustimmen. Wird die Sparkasse allerdings voll ausgeboten, kann der Zuschlag auch ohne ihre ausdrückliche Zustimmung erfolgen.

c) Bei Geboten auf beide Ausgebote: Das Meistgebot zu dem abweichenden Ausgebot hat den Vorrang. Ist die Sparkasse nicht beeinträchtigt, weil sie im abweichenden Ausgebot voll ausgeboten worden ist, erfolgt der Zuschlag. Wird die Sparkasse durch beide Meistgebotsarten beeinträchtigt und hat der abweichenden Ausgebotsart nicht zugestimmt, erfolgt der Zuschlag auf das Meistgebot, das sie am geringsten beeinträchtigt.

Der Zuschlag setzt nicht voraus, dass Gebote auf beide Ausgebotsarten erfolgen.[53] Werden bei einem Doppelausgebot nur Gebote auf das abweichende Ausgebot abgegeben, ist die Zustimmung eines Beteiligten nach § 59 Abs. 1 S. 3 ZVG entbehrlich, wenn keine konkreten Anhaltspunkte für dessen Beeinträchtigung bestehen.[54]

VII. Biet„stunde", Mindestbietzeit

Dadurch, dass § 73 ZVG zwingend vorschreibt, dass zwischen der Aufforderung zur Abgabe von Geboten und dem Schluss der Versteigerung mindestens 30 Minuten liegen müssen, soll eine voreilige Erledigung des Zwangsversteigerungsverfahrens verhindert werden. Während des Bietzeitraumes können Fragen gestellt und Probleme geklärt werden. Beteiligten wie Bietinteressenten wird durch die zwingende Einhaltung der Mindestbietzeit eine Überlegungsfrist gewährt.

Die Bietzeit beginnt nach der Aufforderung zur Gebotsabgabe und muss von da an mindestens volle 30 Minuten betragen. Sie endet mit dem Beginn der

---

53 BGH 8.12.2011 WM 2012, 272.
54 BGH 8.12.2011 WM 2012, 272.

gerichtlichen Erklärung, dass Schluss der Versteigerung sei, § 73 Abs. 2 S. 1 ZVG.[55]

Die Biet„stunde" (Bietzeit) muss mindestens 30 Minuten dauern, kann darüber hinaus aber beliebig lange andauern. Die Versteigerung muss also nicht etwa nach Ablauf von 30 Minuten beendet sein, sondern kann so lange fortgesetzt werden, bis trotz Aufforderung des Gerichtes keine Gebote mehr abgegeben werden.[56]

Unterbrechungen (z. B. Abwesenheit des den Versteigerungstermin leitenden Rechtspflegers) sind in die Mindesbietzeit nicht einzurechnen.[57]

1. Gebote

Das Gebot bindet den Bieter; es stellt eine privatrechtliche Willenserklärung dar. Diese kann ggf. vom Bieter entsprechend den Anfechtungsvorschriften der §§ 119 ff. BGB angefochten werden.[58]

Der Bieter kann sein Gebot allerdings nicht wegen seiner Fehlvorstellung über den Umfang der nach den Versteigerungsbedingungen bestehen bleibenden Rechte gem. § 119 Abs. 1 BGB anfechten.[59]

Ebenso wenig kann das Meistgebot mit der Begründung eines Irrtums über eine verkehrswesentliche Eigenschaft des Versteigerungsobjektes (z. B. der Zugang zu einem See) angefochten werden. Die Lage und Beschaffenheit eines Grundstücks gehören zum einen nicht zu den Versteigerungsbedingungen und Irrtümer über Grundstücksmängel berechtigen nicht zur Irrtumsanfechtung, da hierdurch der Ausschluss der Mängelgewährleistung gem. § 56 S. 3 ZVG umgangen würde.[60]

Der Haftungsausschluss nach § 56 S. 3 ZVG hat zur Folge, dass der Ersteher den Zuschlag auch nicht wegen Irrtums über eine verkehrswesentliche Eigenschaft nach § 119 Abs. 2 BGB anfechten kann, sofern das Fehlen der Eigenschaft einen Sachmangel begründet.[61]

---

55 *Stöber* § 73 Rz. 2.2 u. 3.3; *Böttcher* § 73 Rz. 1 u. 4.
56 OLG Karlsruhe 24.10.1997 Rpfleger 1998, 79; *Stöber* § 73 Rz. 2.5; *Böttcher* § 73 Rz. 2.
57 *Stöber* § 73 Rz. 2.6; *Böttcher* § 73 Rz. 2.
58 BGH 17.4.1984 NJW 1984, 1950; *Stöber* § 71 Rz. 3.1; a. A. *Böttcher* § 71 Rz. 43 u. 44: unanfechtbare Prozesshandlung.
59 BGH 5.6.2008 WM 2008, 1454.
60 LG Neuruppin 8.8.2001 Rpfleger 2002, 40; OLG Hamm 8.6.1998 Rpfleger 1998, 438; *Stöber* § 71 Rz. 3.
61 BGH 18.10.2007 WM 2007, 2330.

Nach Rechtskraft des Zuschlags ist eine Irrtumsanfechtung auf jeden Fall ausgeschlossen.[62]

Ein in der Versteigerung abgegebenes Gebot erlischt durch:
- ein zugelassenes Übergebot, dem nicht sofort widersprochen wird, § 72 Abs. 1 ZVG.

Ein Übergebot liegt allerdings nicht vor, wenn das höhere Gebot in einem anderen Ausgebot abgegeben worden ist: Wird bei einem Doppelausgebot das Übergebot in dem Ausgebot zu den abweichenden Bedingungen abgegeben, bleibt ein in dem Ausgebot zu den gesetzlichen Bedingungen abgegebenes Gebot davon unberührt.[63]

Ausnahme:
Solange für ein zugelassenes Übergebot die nach § 68 Abs. 2 und 3 ZVG zu erbringende Sicherheitsleistung nicht bis zur Entscheidung über den Zuschlag geleistet ist, bleibt das „überbotene" Gebot wirksam und ihm kann im Falle der Nichterbringung der Sicherheitsleistung der Zuschlag erteilt werden, § 72 Abs. 4 ZVG.[64]
- Zurückweisung, § 72 Abs. 2 ZVG, z.B. infolge fehlender Vollmacht, Sicherheitsleistung u.ä.

Ein Gebot, das in dem Wissen bzw. der Absicht abgegeben wird, als Meistbietender hierauf keine Zahlung leisten zu können bzw. zu wollen, kann analog § 138 Abs. 1 BGB als rechtsmissbräuchlich und sittenwidrig zurückgewiesen werden.[65]
Ein Gebot erlischt, wenn es zurückgewiesen wird und der Bieter oder ein Beteiligter der Zurückweisung nicht sofort widerspricht. Ob das zurückgewiesene Gebot tatsächlich unwirksam war, ist unerheblich.[66]
- Einstellung des Verfahrens oder Aufhebung des Termins, § 72 Abs. 3 ZVG.

---

62 OLG Hamm, JurBüro 1966, 889; LG Neuruppin 8.8.2001 Rpfleger 2002, 40; *Stöber* § 71 Rz. 3.2.
63 BGH 16.2.2012 WM 2012, 812.
64 *Böttcher* ZfIR 2007, 597, 601.
65 LG Lüneburg 23.4.2007 Rpfleger 2007, 419; OLG Nürnberg 23.9.1998 Rpfleger 1999, 87; *Stöber* § 71 Rz. 2.10.
66 BGH 14.2.2008 Grundeigentum 2008, 535; *Böttcher* § 72 Rz. 3.

Während der gesamten Bietzeit, § 73 Abs. 1 S. 1 ZVG, können Gebote abgegeben werden.

Werden nach Ablauf der 30-minütigen Mindesbietzeit und Verkündung des letzten Gebotes erkennbar keine weiteren Gebote mehr abgegeben, wird die Bietzeit durch Verkündung des „Schlusses der Versteigerung" beendet, § 73 Abs. 2 ZVG.

Wirksamkeitserfordernis eines in Vertretung abgegebenen Gebotes ist, dass die Vertretungsmacht bei Gericht offenkundig ist oder durch eine öffentlich beglaubigte Urkunde nachgewiesen wird, § 71 Abs. 2 ZVG. Aus der Vollmacht muss ausdrücklich hervorgehen, dass sie zum Grundstückserwerb bzw. zur Abgabe von Geboten ermächtigt oder es muss sich um eine Generalvollmacht handeln.[67]

Der Nachweis der Vertretungsmacht kann durch öffentliche Urkunden nach §§ 415, 417, 418 ZPO geführt werden. Die öffentliche Form ersetzt die in § 71 Abs. 2 ZVG bezeichnete öffentliche Beglaubigung nach § 129 BGB.[68]

Die Vertretungsmacht des Bieters ist bei Abgabe des Gebotes im Versteigerungstermin sofort nachzuweisen, andernfalls das Gebot durch das Vollstreckungsgericht als unwirksam zurückzuweisen ist.

Ein vier Wochen alter Handelsregisterauszug ist für den Nachweis der Befugnis zur Vertretung einer GmbH dann nicht ausreichend, wenn weitere Umstände hinzukommen, die gegen die Eindeutigkeit des Nachweises sprechen (z.B. Vollmacht statt auf Geschäftspapier auf neutralem Papier; fehlende Angabe der HR-Nummer).[69]

Im Zwangsversteigerungsverfahren hat das Vollstreckungsgericht ihm vorgelegte öffentliche oder öffentlich beglaubigte Urkunden lediglich auf deren formelle Beweiskraft zu prüfen. Ob die vom Vertreter in Anspruch genommene Vertretungsbefugnis materiell-rechtlich besteht, ist für die gerichtliche Entscheidung nach § 71 Abs. 2 ZVG ebenso wenig von Bedeutung wie die Nachreichung dies bestätigender öffentlicher oder öffentlich beglaubigter Urkunden vor einem Zuschlagsverkündungstermin oder im Beschwerdeverfahren.[70]

Legt z.B. der für eine GmbH Bietende zum Nachweis seiner Gebotsberechtigung dem Gericht eine vom Geschäftsführer der GmbH erstellte, notariell beglaubigte Bietvollmacht sowie unbeglaubigte Unterlagen über die Eintragung der GmbH im Handelsregister vor, erstreckt sich die Beweiskraft der notariellen Urkunde nur darauf, dass die beurkundete Erklärung von der in der Nieder-

---

67 *Stöber* § 71 Rz. 6.4 a; DNotI-Report 18/2012 September 2012, S. 150.
68 BGH 7.4.2011 WM 2011, 1024.
69 LG Mainz 5.1.2000 Rpfleger 2000, 287; *Stöber* § 71 Rz. 6.5; *Böttcher* § 71 Rz. 19 ff.
70 BGH 16.2.2012 WM 2012, 812; 17.4.2008 WM 2008, 1278, 1280 Rn. 14.

schrift benannten Person abgegeben wurde, nicht aber auf die inhaltliche Richtigkeit der Erklärung. Die vorgelegte Urkunde erbringt daher nur den Beweis dafür, dass die in der Niederschrift benannte Person erklärt hat, die Bietvollmacht als Geschäftsführer der GmbH zu erteilen, beweist aber nicht ihre Berechtigung dazu. Diese hätte durch eine weitere öffentliche oder öffentlich beglaubigte Urkunde nachgewiesen werden müssen (Vorlage eines beglaubigten HR-Auszuges, § 9 Abs. 3 HGB, oder notarielle Bescheinigung nach § 21 BNotO).[71]

Zur Unwirksamkeit des Gebotes eines Gläubigervertreters siehe Seite 140 ff. unter „$^5/_{10}$- und $^7/_{10}$-Grenze".

2. Negatives Bietabkommen

Ein sog. negatives Bietabkommen hat den Zweck, Bietinteressenten vom Bieten abzuhalten, die Gebote klein zu halten, den Bieterkreis zu beschränken, um damit einem anderen einen möglichst günstigen Erwerb zu ermöglichen.

Ein solches Abkommen ist nicht schlechthin sittenwidrig gem. § 138 BGB. Die Sittenwidrigkeit ist vielmehr nach den Umständen des Einzelfalles zu beurteilen, wobei Inhalt, Beweggrund und Zweck der Absprache zu berücksichtigen sind.[72]

Sittenwidrig ist das Bietabkommen u. a. dann, wenn die Konkurrenz der Bieter geschmälert wird, indem mindestens ein Bieter, der mehr als andere bieten wollte, von der Teilnahme am Versteigerungstermin abgehalten wird.[73]

Die Sittenwidrigkeit des Abkommens führt allerdings weder zu einer Unwirksamkeit der Gebote, noch stellt sie einen Zuschlagsversagungsgrund dar, sondern führt zu einer Schadensersatzpflicht gegenüber den Verfahrensbeteiligten und dem Grundstückseigentümer gem. § 826 BGB, die grundsätzlich außerhalb des Zwangsversteigerungsverfahrens geltend zu machen ist.

Allenfalls kann eine Verpflichtung des Versteigerungsgerichtes bestehen, von einer sofortigen Zuschlagserteilung abzusehen und dem Schuldner Gelegenheit zu geben, einen Vollstreckungsschutzantrag gem. § 765a ZPO zu stellen, sofern das Gericht vor der Erteilung des Zuschlags Kenntnis von der sittenwidrigen Absprache erlangt.[74]

---

71 BGH 16.2.2012 WM 2012, 812.
72 OLG Koblenz 20.6.2002 Rpfleger 2002, 637; LG Saarbrücken 16.7.1999 Rpfleger 2000, 80; BGH 24.10.1978 NJW 1979, 162; *Stöber* § 71 Rz. 8.8; *Böttcher* § 71 Rz. 49.
73 LG Saarbrücken 16.7.1999 Rpfleger 2000, 80; OLG Karlsruhe 21.4.1993 Rpfleger 1993, 413; OLG Köln 10.10.1977 NJW 1978, 47.
74 LG Saarbrücken 16.7.1999 Rpfleger 2000, 80; *Stöber* § 71 Rz. 8.8; *Böttcher* § 71 Rz. 49.

3. Vollmachten

(s. Beispielfall S. 355)

Gläubiger und Schuldner können sich im Zwangsversteigerungs- und Zwangsverwaltungsverfahren gegenüber dem Vollstreckungsgericht nur durch einen Rechtsanwalt oder eine der in § 79 Abs. 2 Nr. 1–4 ZPO benannten Personen bzw. Einrichtungen vertreten lassen.[75]

Demgemäß kann sich eine Sparkasse als jur. Person öff. Rechts auch durch Beschäftigte einer anderen Sparkasse vertreten lassen, § 79 Abs. 2 Nr. 1 2.HS ZPO, während Immobilienmakler nicht befugt sind, einen Gläubiger als Beteiligten i.S. v. § 9 ZVG im Zwangsversteigerungsverfahren zu vertreten. Die Befugnis, Bieter zu vertreten, bleibt davon unberührt.[76]

Bevollmächtigte, die nicht gem. § 79 Abs. 2 ZPO vertretungsbefugt sind, sind vom Gericht zurückzuweisen, § 79 Abs. 3 S. 1 ZPO.

Die reine Vertretungsvollmacht (Prozessvollmacht) bedarf im Gegensatz zur Bietvollmacht lediglich der einfachen Schriftform, § 80 S. 1 ZPO. Sie berechtigt zu allen im Zwangsversteigerungsverfahren einschlägigen Verfahrenshandlungen und ist dem Gericht im Original vorzulegen.

Eine Bietvollmacht muss demgegenüber öffentlich beglaubigt sein, es sei denn, die auch die Abgabe von Geboten umfassende Vertretungsmacht des Bevollmächtigten ist bei Gericht offenkundig (wie z.B. dadurch, dass in einer beim Grundbuchamt eingereichten Urkunde, die mit den Grundakten beim Versteigerungstermin dem Vollstreckungsgericht vorliegt, eine Bietvollmacht enthalten ist).[77]

Für Sparkassen sieht z.B. § 20 Abs. 4 Sparkassengesetz NW vor, dass vom Vorstand oder den mit seiner Vertretung beauftragten Personen erstellte und mit dem Siegel versehene Vollmachten öffentliche Urkunden sind. Eine notarielle Beglaubigung der Vollmacht ist dadurch entbehrlich.

Es empfiehlt sich, gerade größere Termine zu zweit wahrzunehmen. Will ein das Zwangsversteigerungsverfahren betreibender Gläubiger z.B. während des Versteigerungstermins mit einem Bietinteressenten über die abzugebende Gebotshöhe verhandeln, geschieht dies in der Regel außerhalb des Gerichtsraumes, in dem der Versteigerungstermin stattfindet. Um dennoch über alle während der Abwesenheit ablaufenden Verfahrensvorgänge (z.B. Anmeldungen,

---

75 Zur Vertretung von Beteiligten u. Bietern im Versteigerungsverfahren sowie zur Terminswahrnehmung durch Mitarbeiter eines Rechtsanwalts: *Ertle* ZfIR 2013, 9 ff.; *Witte/Jähne* Rpfleger 2010, 65, sowie *Klawikowski* Rpfleger 2008, 404.

76 BGH 20.1.2011 WM 2011, 461.

77 *Stöber* § 71 Rz. 6.4 f; *Böttcher* § 71 Rz. 15.

Anträge, Gebote, gerichtliche Hinweise und Belehrungen) informiert zu sein, sollte ein Vertreter des Gläubigers im Versteigerungsraum verbleiben.

Für Kreditinstitute ist es ratsam, auch die Berechtigung für eine mögliche Bürgschaftsübernahme in die Vollmacht aufzunehmen.

Es empfiehlt sich, für den Rechtspfleger eine Kopie der Vollmacht für die Gerichtsakte mitzubringen.

Von der offenen Vollmacht ist die so genannte verdeckte (stille) Vollmacht zu unterscheiden:

Bei ihr erklärt der Meistbietende nachträglich, nicht für sich, sondern für einen Dritten geboten zu haben, § 81 Abs. 3 ZVG. Diesem wird der Zuschlag erteilt, wenn seine Vollmachtserteilung bzw. seine Genehmigung beim Gericht offenkundig oder in öffentlich-beglaubigter Form nachgewiesen ist. Möglich ist es auch, dass der Vollmachtsgeber seine Genehmigung bzw. seine Zustimmung zu Protokoll des Gerichts erklärt.[78]

Wird die Vollmacht bzw. die Zustimmung nicht nachgewiesen, so wird der Zuschlag dem Bieter – auch gegen seinen Willen – selbst erteilt.[79]

Wird der Zuschlag bei verdeckter Vollmacht dem Vollmachtgeber erteilt, so fällt eine doppelte Grunderwerbsteuer an (es liegen zwei Erwerbsvorgänge vor; der Ersterwerb liegt bereits in der Abgabe des Meistgebotes durch den in verdeckter Vollmacht Bietenden).[80]

Gleiches gilt, wenn die Rechte aus dem Meistgebot abgetreten werden, § 81 Abs. 2 ZVG.[81]

VIII. Sicherheitsleistung

Sinn der Sicherheitsleistung ist es, die Ernsthaftigkeit des Gebotes sowie die wirtschaftliche Bonität des Bieters zu prüfen und die Beteiligten vor einer Nichtzahlung eines Gebotes zu schützen.

Alles was mit der Sicherheitsleistung zusammenhängt, muss **sofort** geschehen:
- Das Verlangen nach Sicherheitsleistung, § 67 Abs. 1 ZVG
- Die Entscheidung über die Sicherheitsleistung, § 70 Abs. 1 ZVG
- Die Leistung der Sicherheit, § 70 Abs. 2 ZVG.

---

78 *Stöber* § 81 Rz. 5.2; *Böttcher* § 81 Rz. 21.
79 *Stöber* § 81 Rz. 5.3; *Böttcher* § 81 Rz. 21.
80 BFH 26.3.1980 ZIP 1980, 691; *Stöber* § 81 Rz. 7.3.
81 BFH 6.11.1974 BStBl II 1975, 92; *Stöber* § 81 Rz. 7.3.

Das Gericht verlangt von sich aus im Versteigerungstermin vom Bieter keinerlei Zahlungen und auch keine Sicherheitsleistung. Dies ist vielmehr Sache der am Verfahren Beteiligten.

Wird Sicherheitsleistung beantragt und vom Gericht für erforderlich erachtet, ist sie „sofort" zu leisten, andernfalls das Gebot zurückzuweisen ist, § 70 Abs. 2 S. 3 ZVG. Die gesetzliche Regelung der „sofortigen" Erbringung der Sicherheitsleistung ist zwar nicht wörtlich zu verstehen. Die Sicherheit hat aber ohne Verzögerung zu erfolgen, so dass der Verfahrensfortgang nicht behindert wird. Ein Gebot kann daher zurückgewiesen werden, wenn die Sicherheitsleistung vom Bieter nicht umgehend geleistet werden kann.[82]

Wird ein Gebot ohne (beantragte) Sicherheitsleistung zugelassen und hiergegen von dem die Sicherheit Verlangenden nicht sofort Widerspruch erhoben, gilt das Sicherheitsverlangen als zurückgenommen, § 70 Abs. 3 ZVG. Erfolgt hingegen trotz Widerspruchs der Zuschlag auf das (ohne Sicherheitsleistung) abgegebene Gebot, kann hiergegen Zuschlagbeschwerde erhoben werden.[83]

Ausnahme vom „sofortigen" Erbringen der Sicherheitsleistung:

Da die Sicherheitsleistung nicht durch Barzahlung erbracht werden kann, § 69 Abs. 1 ZVG, soll es einem Bieter auch bei verlangter erhöhter Sicherheitsleistung nach § 68 Abs. 2 oder 3 ZVG möglich bleiben, ein wirksames Gebot abzugeben. Die zu seinem Gebot verlangte erhöhte Sicherheitsleistung muss in diesen Fällen spätestens bis zur Entscheidung über den Zuschlag (also auch noch nach dem Ende der Bietstunde oder in einem besonderen Verkündungstermin)[84] erbracht werden, § 68 Abs. 4 ZVG.

Beispiel:

Die Sparkasse betreibt aus einer für sie im Jahre 2004 über 150.000 € bestellten erstrangigen Grundschuld nebst 15% Zinsen die Versteigerung. Der Verkehrswert wurde vom Gericht auf € 200.000 festgesetzt. Im ersten Versteigerungstermin im März 2007 gibt der Schuldner in der Bietstunde das erste Gebot i. H. v. € 220.000 ab. Die Sparkasse verlangt erhöhte Sicherheitsleistung gem. § 68 Abs. 3 ZVG, die vom Schuldner unter Verweis auf § 68 Abs. 4 ZVG vorerst nicht erbracht wird. Aufgrund des hohen Schuldnergebotes sehen die anwesenden Bietinteressenten, die zu einer Gebotsabgabe bis zur Höhe des Verkehrswertes bereit gewesen wären, von weiteren Geboten ab. Nach Beendigung der Bietstunde erklärt der Schuldner, dass er die zu seinem Meistgebot zu leistende erhöhte Sicherheitsleistung nicht erbringen kann.

Folge: Mangels Abgabe eines vom Schuldner überbotenen zuschlagfähigen Gebotes, § 72 Abs. 4 ZVG, muss der Zuschlag versagt werden, § 83 Nr. 8 ZVG.

---

82 BGH 12.1.2006 WM 2006, 782; krit. hierzu: *Storz/Kiderlen* NJW 2007, 1846, 1849.
83 LG Essen 4.8.2005 Rpfleger 2006, 31; *Stöber* § 70 Rz. 4, § 71 Rz. 2.8.
84 *Böttcher* ZfIR 2007, 597, 600; *Hintzen/Alff* Rpfleger 2007, 233, 236.

Wird im Beispielfall nach dem Schuldnergebot noch ein weiteres Gebot abgegeben, das niedriger ist, als das Gebot des Schuldners, ist auch dieses Untergebot
zunächst als zulässig zu berücksichtigen und ihm ist der Zuschlag zu erteilen,
wenn der Schuldner die erhöhte Sicherheitsleistung nicht bis zur Entscheidung
über den Zuschlag erbringt.[85]

Bei einer Sicherheitsleistung nach § 68 Abs. 2 und 3 ZVG ist der Betrag nach
§ 68 Abs. 1 ZVG „sofort" zu leisten, während der Erhöhungsbetrag bis zur Zuschlagserteilung erbracht werden kann.[86] Wird die regelmäßige Sicherheitsleistung nicht sofort bewirkt, ist das abgegebene Gebot zurückzuweisen, § 70 Abs. 2
S. 1 ZVG.

Erbringt im Falle von § 68 Abs. 2 S. 3 ZVG der Vollstreckungsschuldner den
Regelbetrag der Sicherheitsleistung, bleibt sein Gebot (zunächst) bis zur Zuschlagsentscheidung wirksam.[87] Leistet er dann bis zur Entscheidung über den
Zuschlag den erhöhten Betrag der Sicherheitsleistung, wird sein Gebot endgültig wirksam, während es ansonsten zurückzuweisen wäre, § 70 Abs. 2 S. 3 ZVG.

1. Antragsberechtigung zum Sicherheitsverlangen

Antragsberechtigt ist nur ein Beteiligter, der aus dem Bar-Teil des abgegebenen
Gebotes Zahlung erhalten würde, sollte dies auch nur ein Minimalbetrag sein,
§ 67 Abs. 1 ZVG.

Zu den Berechtigten gehört auch der Gläubiger eines bestehen bleibenden
Rechtes, der Zinsen geltend gemacht hat. Auch der Eigentümer (Schuldner) ist
antragsberechtigt, soweit er gegenüber einem aus dem Bargebot zu befriedigenden Grundpfandrechtsgläubiger persönlich haftet oder ihm ein Erlösüberschuss zugeteilt würde.[88] Nicht antragsberechtigt sind hingegen Mieter und
Pächter.[89]

Die Frage der Antragsberechtigung muss der Rechtspfleger aufgrund eines
vorläufigen Teilungsplanes ermitteln, den er anhand der vorliegenden Anmeldungen aufgestellt hat.[90]

---

85 *Böttcher* ZfIR 2007, 597, 601; *Alff* Rpfleger 2007, 233, 237; a.A.: *Hintzen* Rpfleger 2007, 233,
237.
86 *Böttcher* ZfIR 2007, 597, 600; *Hintzen/Alff* Rpfleger 2007, 233, 236.
87 *Böttcher* ZfIR 2007, 597, 601; *Hintzen/Alff* Rpfleger 2007, 233, 236 ff.
88 *Stöber* § 67 Rz. 2.2; *Böttcher* §§ 67–70 Rz. 5.
89 *Stöber* § 67 Rz. 2.2; *Böttcher* §§ 67–70 Rz. 10.
90 *Stöber* § 67 Rz. 2.3 u. 2.4; *Böttcher* §§ 67–70 Rz. 12.

Der Antrag auf Sicherheitsleistung kann nicht (vorsorglich) bereits vor der Abgabe von Geboten gestellt werden.[91] Eine Rücknahme ist bis zur Erbringung der Sicherheitsleistung möglich.[92]

Ist der Bieter gleichzeitig auch Gläubiger eines durch sein Gebot ganz oder teilweise gedeckten Grundpfandrechts, so kann nur ein das Zwangsversteigerungsverfahren betreibender Gläubiger Sicherheit verlangen, § 67 Abs. 2 S. 1 ZVG.

Bestimmte Bieter sind grundsätzlich von der Verpflichtung zur Sicherheitsleistung befreit, § 67 Abs. 3 ZVG. Neben dem Bund, der Deutschen Bundesbank und den Bundesländern gehören hierzu z. b. auch kommunale Körperschaften und Sparkassen, § 10 ZVG-Einführungsgesetz.[93] Selbst Großbanken müssen demgegenüber auf Verlangen Sicherheitsleistung für ihr Gebot erbringen.

Der gegenüber einem Bieter gestellte Antrag nach Sicherheitsleistung besteht bei all seinen folgenden Geboten weiter. Es steht dem Antragsteller auch frei, bei bestimmten Bietern keine Sicherheitsleistung zu fordern (z. B. bei einem Kunden, dem die das Verfahren betreibende Bank die Finanzierung des Meistgebotes zugesagt hat). Auch kann erst ab einer gewissen Gebotshöhe erstmalig Sicherheitsleistung verlangt werden bzw. ab einer gewissen Höhe wieder verzichtet werden.

Beispiel:

Im Grundbuch sind folgende Rechte eingetragen:

III/1 20.000 € nebst Zinsen für die A-Bank
III/2 22.000 € zinslos für die B-Bank
III/3 24.000 € nebst Zinsen für die C-Bank
III/4 26.000 € nebst Zinsen für die Sparkasse = betreibende Gläubigerin
III/5 28.000 € zinslos für die E-Bank

Der Verkehrswert der Immobilie beträgt 200 T €.

Der das Verfahren neben der Sparkasse wegen einer zinslosen Forderung von 40.100 € betreibende Privatgläubiger P hat die Einstellung (§ 30 ZVG) bewilligt.

Geringstes Gebot:

bestehen bleibender Teil		bar zu zahlender Teil	
III/1	20.000 €	Kosten	1.000 €
III/2	22.000 €	Steuern	3.000 €
III/3	24.000 €	Zinsen III/1	2.000 €
	66.000 €	Zinsen III/3	2.400 €
			8.400 €

---

91 *Stöber* § 67 Rz. 2.5.
92 *Stöber* § 67 Rz. 2.7; *Böttcher* §§ 67–70 Rz. 2.
93 *Stöber* § 67 Rz. 4.3; *Böttcher* §§ 67–70 Rz. 19.

Weitere im Hinblick auf eine beantragte Sicherheitsleistung zu berücksichtigende Ansprüche im nachfolgenden Rang:

III/4	28.600 €	(Kapital + Zinsen)
III/5	28.000 €	
P	40.100 €	

1. Zu dem von X im Termin abgegebenen Gebot von 8.400 € verlangt
   a) die Sparkasse Sicherheit
   b) die C-Bank Sicherheit
2. Zu dem Gebot der C-Bank von 68.000 € verlangt
   a) die E-Bank Sicherheit
   b) der P Sicherheit

Zu 1a:

Die Sparkasse kann keine Sicherheit verlangen, da ihr Recht bei Nichtzahlung des Gebotes nicht beeinträchtigt würde, § 67 Abs. 1 ZVG. Der Betrag würde bei Zahlung des Bargebots nur bis zum Recht III/3 reichen.

Zu 1b:

Die C-Bank kann Sicherheit verlangen, da ihr Recht bei Nichtzahlung des Gebots beeinträchtigt würde. Sie würde bei Erfüllung des Bargebotes Zahlung auf die Zinsen erhalten.

X muss Sicherheit leisten, da keiner der Ausnahmetatbestände des § 67 Abs. 2 oder 3 ZVG greift.

X muss $1/_{10}$ des Verkehrswertes, mindestens aber die Kosten des Verfahrens gem. § 68 Abs. 1 ZVG, hier also € 20.000 leisten.

Zu 2a:

Die E-Bank kann Sicherheit verlangen, da ihr Recht bei Nichtzahlung des Gebotes beeinträchtigt würde. Bei Zahlung würde sie nämlich hinsichtlich ihrer Forderung voll befriedigt, § 67 ZVG.

Die C-Bank muss aber keine Sicherheit erbringen, da sie ein durch das Gebot gedecktes Grundpfandrecht hat und die E-Bank das Verfahren nicht betreibt, § 67 Abs. 2 ZVG.[94]

Zu 2b:

P kann Sicherheit verlangen, da sein Recht bei Nichterfüllung i.H.v. 3.000 € beeinträchtigt würde.

---

94 *Stöber* § 67 Rz. 3.1; *Böttcher* §§ 67–70 Rz. 14 ff.

Die C-Bank muss aber auch hier keine Sicherheit erbringen, da sie ein durch das Gebot gedecktes Grundpfandrecht hat und P das Verfahren aufgrund der Einstellung nicht betreibt, § 67 Abs. 2 ZVG.[95]

2. Höhe der Sicherheitsleistung

Die Sicherheit ist in Höhe von 10% des in der Terminsbestimmung genannten, anderenfalls des festgesetzten Verkehrswertes zu leisten, § 68 Abs. 1 S. 1 ZVG.

Der Verkehrswert als Bezugsgröße für die Bietsicherheit verhindert unnötige Unterbrechungen bei der Abgabe von Geboten, da eine fortlaufende Nachschusspflicht der verschiedenen Bieter bei Erhöhung ihrer Gebote entfällt. Dadurch bleibt die für den Erfolg eines Versteigerungsverfahrens nicht zu unterschätzende, durch das ständige Bieten und Überbieten bedingte Dynamik des Versteigerungsverfahrens erhalten.

Auf Grund der Bekanntmachung des Verkehrswerts weiß jeder Bietinteressent, in welcher Höhe Bietsicherheit von ihm verlangt werden kann. Hierdurch wird verhindert, dass Gebote ernsthafter Interessenten möglicherweise nur deshalb unterbleiben, weil sie über keine ausreichende Sicherheit im Termin verfügen, obwohl eine Finanzierung des Versteigerungsobjektes für sie problemlos möglich wäre.

Ist vom Gericht ein symbolischer Verkehrswert von 1 € festgesetzt worden, ist ein Antrag auf Erbringung einer Sicherheit rechtsmissbräuchlich und Sicherheitsleistung darf vom Gericht nicht angeordnet (für erforderlich erklärt) werden.[96]

Wird von den Bietern im Versteigerungstermin Sicherheitsleistung in der gesetzlichen Höhe verlangt, kann ein späterer Bieter sich nicht darauf berufen, dass ihm die Höhe der Sicherheitsleistung (10% des Verkehrswertes) nicht bekannt gewesen sei.[97] Das Gericht ist nicht gehalten, einem Bieter, der seiner Obliegenheit zur Beschaffung einer Sicherheit nicht nachgekommen ist, im Versteigerungstermin noch Gelegenheit zu geben, diese noch während der Bietfrist beizubringen und – falls dafür erforderlich – die Frist zur Abgabe von Geboten zu verlängern.[98]

---

95 *Stöber* § 67 Rz. 3.5; *Böttcher* §§ 67–70 Rz. 15.
96 BGH 12.7.2012 WM 2012, 1867.
97 Brandenbg.OLG 8.2.2001 Rpfleger 2001, 610.
98 BGH 12.1.2006 WM 2006, 782; *Stöber* § 70 Rz. 3.2.

Das Sicherheitsverlangen kann vom Antragsteller auf einen geringeren Betrag als gesetzlich vorgesehen beschränkt werden.[99]

Der Gläubiger eines originär, also nicht etwa nach § 59 ZVG (abweichende Versteigerungsbedingungen) bestehen bleibenden Rechts kann über die von Gesetzes wegen zu erbringende Bietsicherheit hinaus Sicherheitsleistung bis zur Höhe des Betrages verlangen, welcher zur Deckung der seinem Recht vorgehenden Ansprüche durch Zahlung zu berichtigen ist, § 68 Abs. 2 ZVG.

Bei Geboten des Vollstreckungsschuldners oder des für das Schuldnervermögen zuständigen Insolvenzverwalters kann der betreibende Gläubiger Sicherheit in der Höhe verlangen, die zur Deckung seiner Ansprüche in bar nötig ist, § 68 Abs. 3 ZVG. Dies gilt aber z. B. nicht für Gebote der Ehefrau des Vollstreckungsschuldners.[100]

§ 68 Abs. 1 S. 3 und 4 ZVG regelt den Fall, in dem angesichts hoher bestehen bleibender Rechte die nach dem Verkehrswert errechnete Sicherheitsleistung den Bargebotsbetrag übersteigt.

Beispiel:

III/1 € 50.000 Grundschuld nebst 10% Zinsen Gläubiger A

III/2 € 25.000 Grundschuld nebst 15% Zinsen Gläubiger B

III/3 € 25.000 Grundschuld nebst 18% Zinsen Gläubiger C

Der Verkehrswert des Versteigerungsobjektes beträgt € 100.000.

Die gerichtlichen Verfahrenskosten belaufen sich auf € 1.500.

Die von einem Bieter zu erbringende Sicherheitsleistung beträgt € 10.000.

Betreibt Gläubiger B das Zwangsversteigerungsverfahren, bleibt die Grundschuld des Gläubigers A über € 50.000 bestehen.

Das geringste Bargebot beläuft sich bei von Gläubiger A geltend gemachten Zinsen in Höhe von € 4.000 auf € 5.500 (Verfahrenskosten + die dem Gläubiger A zustehenden Grundschuldzinsen).

Würde Bietinteressent X nunmehr ein Bargebot in Höhe von z. B. € 7.500 abgeben und würde zu diesem Gebot ein zulässiger Antrag auf Sicherheitsleistung gestellt, würde die von X zu erbringende Sicherheitsleistung sein abgegebenes Bargebot um € 2.500 übersteigen.

In diesem Fall hätte X gem. § 68 Abs. 1 S. 3 ZVG gegenüber dem Vollstreckungsgericht Anspruch auf Freigabe des sein Bargebot übersteigenden Betrages der Sicherheitsleistung in Höhe von € 2.500.

Bei der überwiegenden Zahl der Vollstreckungsversteigerungen wird das Verfahren allerdings aus dem rangbesten Recht betrieben, so dass sich die Notwendigkeit einer Freigabe der erbrachten Bietsicherheit eher selten stellen wird.

---

99 *Stöber* § 68 Rz. 2.3.

100 *Stöber* § 68 Rz. 4.1; *Böttcher* §§ 67–70 Rz. 24 ff.

Dass in dem durch § 68 Abs. 1 S. 3 ZVG geregelten Fall eine Verteuerung des Verfahrens für den Bietinteressenten durch einen Zinsverlust für die Zeit bis zur Freigabe des überschießenden Sicherheitsbetrages eintreten kann, wird vom Gesetzgeber mit dem Hinweis darauf akzeptiert, dass der Bieter diesen Zinsverlust im Zusammenhang mit der Finanzierung des ersteigerten Objektes berücksichtigen könne. Hierbei wird allerdings übersehen, dass ein solcher Zinsverlust auch denjenigen Bieter trifft, dem nicht der Zuschlag auf das von ihm abgegebene Gebot erteilt wird.

3. Art der Sicherheitsleistung

Das Gesetz sieht vor,
– Bundesbank-(LZB-)Scheck, § 69 Abs. 2 S. 1 ZVG
– Verrechnungsscheck eines Kreditinstitutes, § 69 Abs. 2 S. 1 ZVG
  (in beiden Fällen darf der vorgelegte Scheck frühestens drei Werktage vor dem Versteigerungstermin ausgestellt sein)[101]
– Bankbürgschaft, § 69 Abs. 3 ZVG [102]
– Überweisung auf ein Konto der Gerichtskasse, wenn der Betrag der Gerichtskasse vor dem Versteigerungstermin gutgeschrieben ist und ein Nachweis hierüber im Termin vorliegt, § 69 Abs. 4 ZVG.[103]

Bei der Überweisung sollte der Name des Vollstreckungsgerichts, das Aktenzeichen des Verfahrens, der Name des Bieters, das Stichwort „Sicherheitsleistung" und der Terminstag angegeben werden.

Die Sicherheitsleistung ist auch dann erbracht und nachgewiesen, wenn eine Quittung der Gerichtskasse vorgelegt wird, aus der sich ergibt, dass der erforderliche Geldbetrag nicht überwiesen, sondern bar eingezahlt wurde.[104]

Für den Nachweis der Sicherheitsleistung im Versteigerungstermin ist der Bieter verantwortlich. Auf eine Mitteilung der Gerichtskasse an das Versteigerungsgericht kann er sich nicht verlassen.[105]

Muss in dem Verfahren, für das die Überweisung erfolgte, keine Sicherheit gestellt werden, kann mit dem Überweisungsbeleg der Nachweis der Sicher-

---

101 Zum Scheckausstellungszeitraum siehe *Rellermeyer* Rpfleger 2012, 181.
102 Zur (berechtigten) Kritik an der derzeitigen gesetzlichen Regelung der Sicherheitsleistung von Kreditinstituten s.: *Piekenbrock* WM 2009, 969.
103 Krit. hierzu: *Hintzen/Alff* Rpfleger 2007, 233, 235.
104 LG Berlin 5.8.2008 Rpfleger 2008, 660.
105 *Böttcher* ZfIR 2007, 597, 600; *Hintzen/Alff* Rpfleger 2007, 233, 234 f.

heitsleistung auch in einem anderen Versteigerungsverfahren, das zum Zuständigkeitsbereich der gleichen Gerichtskasse gehört, erbracht werden.[106]

Eine Sicherheitsleistung durch Barzahlung ist ausgeschlossen, § 69 Abs. 1 ZVG.

Bei Sicherheitsleistung durch Verrechnungsscheck eines Kreditinstituts ist zu berücksichtigen, dass es sich bei dem Verrechnungsscheck nicht um einen von dem ausstellenden Kreditinstitut auf sich selbst gezogenen Scheck handeln darf. Ein derartiger (trassiert-eigener) Scheck ist unwirksam, Art. 6 Abs. 3 ScheckG.[107]

In der Praxis wird deshalb in der Regel so verfahren, dass das Kreditinstitut den von ihm ausgestellten Scheck auf sein bei der Bundesbank (LZB) geführtes Konto zieht.

Die Möglichkeit der Sicherheitsleistung durch Scheck ist auf Schecks beschränkt, die von im Inland zum Betreiben von Bankgeschäften zugelassenen Kreditinstituten oder der Bundesbank ausgestellt und im Inland zahlbar sind, § 69 Abs. 2 S. 2 ZVG.

Als zum Ausstellen derartiger Schecks berechtigt gilt jedes Kreditinstitut, das in einer von der Europäischen Kommission im Amtsblatt der Europäischen Gemeinschaften veröffentlichten Liste der zugelassenen Kreditinstitute aufgeführt ist, die jährlich aktualisiert wird, § 69 Abs. 2 S. 3 ZVG. Diese Liste erleichtert dem Vollstreckungsgericht im Versteigerungstermin für den Fall einer Sicherheitsleistung durch Verrechnungsscheck die Prüfung, ob das scheckausstellende Kreditinstitut zum Betreiben von Bankgeschäften im Inland berechtigt ist.

Der Bieter kann mittels eines Schecks auch mehrfach Sicherheit leisten, wenn im Versteigerungstermin ohne weiteres festgestellt werden kann, dass der Scheck den gesetzlichen Anforderungen entspricht und einen unverbrauchten Wert in ausreichender Höhe verkörpert.[108]

Beispiel:

Neben dem Grundstück A befindet sich ein weiteres Grundstück des Schuldners in der Zwangsversteigerung. Das Gericht bestimmt den Versteigerungstermin für beide Verfahren auf den 19.6.2012. Im Termin gibt M ein auf das zweite Verfahren bezogenes Gebot ab. Die erforderliche Sicherheit i.H.v. € 5.750 leistet er durch einen bankbestätigten Scheck über € 28.500. Nachfolgend bietet M auf das im weiteren Verfahren zu versteigernde Grundstück A € 69.000. Auf das Verlangen nach Sicherheitsleistung i.H.v. € 7.800 beantragt er, den im anderen Verfahren verbliebenen Differenzbetrag des Schecks als Sicherheitsleistung anzuerkennen.

---

106 *Böttcher* ZfIR 2007, 597, 599; *Hintzen/Alff* Rpfleger 2007, 233, 235.
107 *Baumbach/Hefermehl* Wechselgesetz und Scheckgesetz Art. 6 Rz. 3; *Bülow* Kommentar zum Wechselgesetz/Scheckgesetz Art. 6 Rz. 1 u. 2.
108 BGH 15.5.2008 WM 2008, 1323.

Bei der von M angebotenen Sicherheit handelt es sich um eine Leistung i.S.d. § 69 Abs. 1 ZVG. Die Sicherheit kann durch Verweis auf den dem Vollstreckungsgericht im anderen Verfahren übergebenen Scheck erbracht werden, da dieser mangels ausdrücklicher anderer Erklärung nur in Höhe der dort erforderlichen Sicherheit verwendet wurde.

Das Vollstreckungsgericht muss allerdings im Besitz des Originalschecks sein und dessen Tauglichkeit zur Sicherheitsleistung im Termin ohne weiteres feststellen können (dies ist z.B. nicht der Fall, wenn auf einen Scheck verwiesen wird, der sich in einer nicht im Versteigerungstermin vorliegenden Akte befindet). Da dem Gericht im Beispielfall bekannt war, dass der Scheck den Betrag, der im anderen Verfahren als Sicherheit erforderlich war, um € 22.250 überstieg, bestand somit kein Zweifel, dass der Scheck auch die weitere von M zu erbringende Sicherheit abdeckte.

Keine Sicherheitsleitung gem. § 69 Abs. 2 ZVG ist ein vom Bieter im Versteigerungstermin ausgestellter Scheck mit einer darauf bezogenen Einlösungszusage eines Kreditinstitutes.[109]

Die Sicherheitsleistung durch die Stellung eines Bürgen ist auf die (unbefristete, unbedingte und selbstschuldnerische) Bankbürgschaft beschränkt, § 69 Abs. 3 ZVG.

Dies enthebt den Vollstreckungsrechtspfleger der schwierigen und im Versteigerungstermin kaum zuverlässig durchführbaren Prüfung der Tauglichkeit eines privaten Bürgen.

Das Erfordernis, dass die Verpflichtung aus der Bürgschaft im Inland zu erfüllen ist, stellt sicher, dass der Bürge notfalls auch im Inland gerichtlich verfolgt werden kann.

Die Bürgschaftsurkunde verbleibt bei den Gerichtsakten und wird nicht etwa an denjenigen ausgehändigt, der Sicherheitsleistung verlangt hat.[110] Im Falle der Nichtzahlung des verbürgten Meistgebotes erfolgt eine Inanspruchnahme des Bürgen allerdings nicht durch das Gericht. Vielmehr wird die Forderung gegen den mithaftenden Bürgen auf den am Erlös Berechtigten mit übertragen, § 118 Abs. 1 ZVG.[111]

Für ein Kreditinstitut als Kaufmann kann die Bürgschaftserklärung des (hierzu legitimierten) Terminvertreters in das Terminprotokoll aufgenommen werden, § 350 HGB.[112]

---

109 BGH 12.1.2006 WM 2006, 782.
110 *Stöber* § 69 Rz. 4.6; *Böttcher* §§ 67–70 Rz. 54.
111 *Stöber* § 69 Rz. 4.7; *Böttcher* §§ 67–70 Rz. 58.
112 *Stöber* § 69 Rz. 4.4.

Andere Möglichkeiten der Sicherheitsleistung (z. B. ausländische Zahlungs-mittel, Sparbuch) sind vom Vollstreckungsgericht nur dann zuzulassen, wenn der die Sicherheit verlangende Gläubiger zustimmt.[113]

IX. $^5/_{10}$ - und $^7/_{10}$ -Grenze

Von Amts wegen ist der Zuschlag zu versagen, wenn das Meistgebot einschließ-lich des Kapitalwertes der bestehen bleibenden Rechte $^5/_{10}$ des festgesetzten Verkehrswertes nicht erreicht (absolutes Mindestgebot, § 85a Abs. 1 ZVG).

Als Schuldnerschutzvorschrift soll § 85a ZVG die Verschleuderung des Ver-steigerungsobjektes verhindern und ein wirtschaftlich vertretbares Ergebnis der Versteigerung gewährleisten.

Auf Antrag eines dazu Berechtigten ist der Zuschlag weiterhin zu versagen, wenn das Meistgebot einschließlich des Kapitalwertes der bestehen bleibenden Rechte $^7/_{10}$ des festgesetzten Verkehrswertes nicht erreicht und der Antragsteller bei einem $^7/_{10}$-Gebot eine Zuteilung auf seinen Anspruch erhalten würde (relati-ves Mindestgebot, § 74 Abs. 1 ZVG).

§ 74a ZVG bezweckt als Gläubigerschutzvorschrift den Schutz der am Ver-steigerungsobjekt in der $^7/_{10}$-Grenze liegenden Berechtigten vor einem Verlust durch Verschleuderung.

Beispiel:

Grundstückswert	= € 300.000		
$^7/_{10}$-Wert	= € 210.000		**210.000**
Betreibender Gläubiger: III/2			
Rangstatus:			
Bestehen bleibendes Recht III/1	€ 120.000	€ 120.000	

Bar zu zahlender Teil			
Kosten und Grundsteuer	€ 8.000		
Zinsen III/1	€ 12.000		
	€ 20.000	€ 20.000	
Weitere Rechte:			
III/2 Kapital	€ 50.000		
Zinsen	€ 8.000		
	€ 58.000	€ 58.000	
III/3 Kapital	€ 84.000	$\underline{€\ 12.000}$ = $^7/_{10}$ = 210.000	
Zinsen	€ 6.000		
	€ 90.000		

---

113 *Stöber* § 69 Rz. 6.2; *Böttcher* §§ 67–70 Rz. 47 ff.

M ist Meistbietender mit einem Bargebot von € 80.000 geblieben. Der Gläubiger des Rechtes III/3 stellt den Antrag auf Zuschlagsversagung gem. § 74a Abs. 1 ZVG.

Der Gläubiger des Rechtes III/3 würde bei einem baren Meistgebot von € 90.000, mit dem die $^7/_{10}$-Grenze erreicht würde (€ 120.000 bestehen bleibendes Recht + € 90.000 bares Meistgebot = € 210.000 = $^7/_{10}$) € 10.000 mehr erhalten, als bei dem tatsächlichen Meistgebot des M.

Folge: Der Zuschlag ist zu versagen.

Antragsberechtigt ist jeder, dem nach § 10 ZVG ein Recht auf Befriedigung aus dem Versteigerungsobjekt zusteht, und der bei einem Gebot in Höhe von $^7/_{10}$ des Verkehrswertes nach dem Stand der Anmeldungen eine (höhere) Zuteilung erhalten würde.

Nicht antragsberechtigt ist demgegenüber ein zur Befriedigung aus dem Versteigerungsobjekt Berechtigter, dessen Anspruch durch das abgegebene Meistgebot entweder voll gedeckt ist[114] oder der auch bei einem Gebot von $^7/_{10}$ nichts erhalten würde.

Bei der danach zur Prüfung der Antragsberechtigung erforderlichen hypothetischen Berechnung der Höhe der aus dem Versteigerungserlös vorrangig zu befriedigenden Ansprüche (fiktiver Teilungsplan)[115] ist bei einer Grundschuld auf deren Nominalbetrag (Kapital nebst Zinsen und anderen Nebenleistungen) abzustellen, und nicht auf die Höhe der dem Grundschuldgläubiger noch zustehenden schuldrechtlichen Forderung.[116]

§ 74a Abs. 1 ZVG findet keine Anwendung, wenn das Meistgebot von einem zur Befriedigung aus dem Grundstück Berechtigten abgegeben wird, dessen Gebot einschließlich des Kapitalwertes der bestehenbleibenden Rechte zusammen mit dem Betrage, mit dem der Meistbietende bei der Verteilung des Erlöses ausfallen würde, $^7/_{10}$ des Grundstückswertes erreicht und dieser (ausfallende) Betrag im Range unmittelbar hinter dem letzten Betrage steht, der durch das Meistgebot noch gedeckt ist, § 74b ZVG.

Dies ist insbesondere dann der Fall, wenn das Versteigerungsobjekt mit gleichrangigen Rechten belastet ist und einer dieser Gläubiger Meistbietender ist. Die Höhe seines nach § 74b ZVG maßgeblichen Ausfallbetrages errechnet sich aus der Differenz zwischen dem Nominalwert seines Rechtes und dem auf ihn entfallenden Anteil an dem bereinigten Erlös.[117]

---

114 *Stöber* § 74a Rz. 3.3; *Böttcher* § 74a Rz. 3.
115 *Stöber* § 74a Rz. 3.3; *Böttcher* § 74a Rz. 3; *Steiner/Storz* § 74a Rz. 34.
116 BGH 27.2.2004 WM 2004, 902 dazu Anm. v. *Brehm* in WuB VI F.§ 74a ZVG 2.04.
117 BGH 2.2.2012 WM 2012, 811; siehe hierzu auch die Anm. von *Steffen* in ZfIR 2012, 512.

Zu den Antragsberechtigten gehören neben dem betreibenden auch alle weiteren Gläubiger, selbst wenn sie erst in den unteren Rangklassen des § 10 ZVG zu berücksichtigen sind.[118]

Nach dem Wortlaut des § 74a Abs. 1 Satz 1 ZVG ist – bei Vorliegen der übrigen Tatbestandsvoraussetzungen – ohnehin nicht ein „Beteiligter", sondern ein „Berechtigter" befugt, die Versagung des Zuschlags zu beantragen. Daher liegt es nahe, dass es sich beim „Berechtigten" nicht um einen „Beteiligten" i.S.d. § 9 ZVG handeln muss und das Bestehen der Antragsberechtigung nach § 74a Abs. 1 Satz 1 ZVG somit nicht von einer Anmeldung des Rechtes nach § 9 Nr. 2 ZVG abhängig ist. Aber selbst dann, wenn nur ein Beteiligter i.S.d. § 9 ZVG einen Antrag auf Zuschlagsversagung stellen könnte, ist der Antrag eines „Berechtigten" auf Zuschlagsversagung konkludent auch als Anmeldung seines Rechtes zu sehen, aus dem er seine Antragsberechtigung ableitet. Dies jedenfalls dann, wenn Rechtsgrund und Rang des Rechtes bekannt sind und der Berechtigte seinen Antrag auf dieses Recht stützt.[119]

Der Schuldner selbst ist nicht antragsberechtigt, auch wenn er bei einem $^7/_{10}$-Gebot einen Übererlös erhalten würde.[120] Ihm bleibt lediglich die Möglichkeit eines Antrages nach § 765a ZPO. Etwas anderes gilt für den Fall, dass der Schuldner Inhaber eines Eigentümergrundpfandrechtes ist.[121]

Einem Antrag nach § 74a Abs. 1 Satz 1 ZVG steht nicht entgegen, dass der antragstellende Gläubiger selbst das Versteigerungsverfahren betreibt.[122]

Es ist allerdings nicht möglich, dass ein das Verfahren betreibender Gläubiger sein eigenes, unter $^7/_{10}$ liegendes (Meist-)Gebot mit einem Zuschlagsversagungsantrag nach § 74a Abs. 1 ZVG rügt. Dies würde sich selbst widersprechen: entweder will er mit seinem Gebot den Zuschlag erhalten oder er will ihn nicht – dann darf er auch nicht bieten.[123]

Gibt ein das Zwangsversteigerungsverfahren betreibender Gläubiger z.B. ein zwischen $^5/_{10}$ und $^7/_{10}$ des Verkehrswertes liegendes Gebot ab, um mögliche Interessenten zu einem höheren Gebot zu bewegen, und bleibt es zum Ende der Bietstunde bei dem von ihm abgegebenen Gebot, könnte er keinen Versagungsantrag nach § 74a Abs. 1 ZVG stellen.[124] Will er verhindern, dass das Versteigerungsobjekt ihm zugeschlagen wird, müsste er die einstweilige Einstellung be-

---

118 OLG Koblenz 15.1.1999 Rpfleger 1999, 407; *Stöber* § 74a Rz. 3.5 u. 3.7; *Böttcher* § 74a Rz. 3.
119 BVerfG 26.10.2011 ZfIR 2012, 185.
120 BGH 21.1.1988, MDR 1988, 578; *Stöber* § 74a Rz. 3.6; *Böttcher* § 74a Rz. 14.
121 BGH 27.2.2004 WM 2004, 902; 21.1.1988 NJW-RR 1988, 1206; *Stöber* § 74a Rz. 3.6.
122 BGH 2.2.2012 WM 2012, 811.
123 *Stöber* § 74a Rz. 3.9.
124 *Stöber* § 74a Rz. 3.9; *Böttcher* § 74a Rz. 10.

willigen. Eine weitere Einstellung nach § 30 ZVG ist für ihn im weiteren Verfahrensverlauf dann aber nur noch einmal möglich.

Um dies zu verhindern, könnte der Gläubiger allerdings einen sog. Strohmann zwecks Abgabe eines „Lockgebotes" vorschieben, dass vom Gläubiger dann notfalls gem. § 74a Abs. 1 ZVG gerügt werden kann. Von einer Unwirksamkeit des vom Strohmann abgegebenen Gebots wegen Rechtsmissbrauchs ist in diesem Fall nicht auszugehen.[125]

Gestellt werden kann der Antrag auf Zuschlagsversagung wegen Nichterreichens der $7/_{10}$-Grenze sofort nach Gebotsabgabe, spätestens jedoch bis zum Ende der Verhandlung über den Zuschlag (im Versteigerungstermin). In einem gesonderten Zuschlags-Verkündigungstermin, § 87 Abs. 2 ZVG (hierzu S. 152), kann der Versagungsantrag nicht mehr gestellt werden,[126] ebenso nicht in der Rechtsmittelinstanz.

Persönliche Anwesenheit im Zwangsversteigerungstermin ist daher unbedingt erforderlich. Hierbei sollte der Antragsberechtigte auf jeden Fall schon vor der Bietstunde deutlich zu verstehen geben, dass er einen entsprechenden Antrag stellen wird, um etwaige Hoffnungen von Interessenten auf niedrigere Gebote gleich zu zerstören. Bietinteressenten werden dadurch veranlasst, gleich mindestens $7/_{10}$ des Verkehrswertes zu bieten.

Bis zur Entscheidung über den Zuschlag kann der Versagungsantrag auch noch zurückgenommen werden.[127]

Das Nichterreichen der $5/_{10}$- sowie – bei entsprechendem Antrag – der $7/_{10}$-Grenze führt zur Zuschlagsversagung; von Amts wegen ist ein neuer Termin zu bestimmen (§ 85a Abs. 2 S. 1, § 74a Abs. 3 S. 1 ZVG). Die Frist zwischen ersten und zweiten Versteigerungstermin soll mindestens drei Monate betragen und darf sechs Monate nicht übersteigen, § 74a Abs. 3 S. 2 ZVG.[128]

Erfolgte bereits einmal die Zuschlagsversagung aus den Gründen des § 74a Abs. 1 ZVG oder des § 85a Abs. 1 ZVG, so sind die Grenzen „kaputt". In dem nächsten Termin kann keine Zuschlagsversagung mehr aus diesen Gründen erfolgen. Hierauf wird in der Terminsbestimmung hingewiesen, § 38 Abs. 1 S. 2 ZVG.

Es kommt vor, dass im ersten Versteigerungstermin ein Vertreter des das Verfahren betreibenden Gläubigers ein Gebot im eigenen Namen abgibt, das aufgrund seiner Höhe zwar nicht zuschlagsfähig ist (unterhalb von $5/_{10}$ des Verkehrswertes), das aber zur Folge hat, dass im nächsten Versteigerungstermin

---

125 OLG Koblenz 15.1.1999 Rpfleger 1999, 407.
126 *Stöber* § 74a Rz. 4.1; *Böttcher* § 74a Rz. 16.
127 *Stöber* § 74a Rz. 4.5; *Böttcher* § 74a Rz. 20.
128 AG Neuruppin 12.11.2004 Rpfleger 2005, 273; *Stöber* § 74a Rz. 6.2; *Böttcher* § 74a Rz. 24.

eine Zuschlagsversagung wegen Nichterreichens der $^5/_{10}$- oder der $^7/_{10}$-Grenze nicht mehr in Betracht kommt.

Gebote in der Zwangsversteigerung, die unter der Hälfte des Grundstückswertes liegen, sind nicht allein aus diesem Grunde unwirksam und zurückzuweisen; gibt ein an dem Erwerb des Grundstücks interessierter Bieter ein solches Gebot nur ab, um die Rechtsfolgen des § 85a Abs. 1 und 2 ZVG herbeizuführen, ist das weder rechtsmissbräuchlich noch ist das Gebot unwirksam oder ein Scheingebot.

Wird ein derartiges Gebot allerdings von einem Gläubigervertreter (als Eigengebot) abgegeben, ist es vom Vollstreckungsgericht als rechtsmissbräuchlich und damit unwirksam zurückzuweisen, wenn es ausschließlich zu dem Zweck abgegeben wird, um die Wertgrenze des § 85a Abs. 1 ZVG in einem neuen Versteigerungstermin zu Fall zu bringen. Hierbei ist unerheblich, ob der Gläubiger seinem Terminvertreter eine entsprechende Weisung erteilt hat. Bei einem Eigengebot des Gläubigervertreters spricht eine tatsächliche Vermutung für die missbräuchliche Absicht, den vom Gesetz bezweckten Schuldnerschutz zu unterlaufen.[129] Sie kann dadurch widerlegt werden, dass ein gesetzeskonformes Interesse an der Abgabe des Eigengebots glaubhaft gemacht wird.[130]

Das Vollstreckungsgericht muss bei der Abgabe von Eigengeboten des Gläubigervertreters also prüfen, ob das Gebot mit Erwerbswillen erfolgt oder nicht. Es ist davon auszugehen, dass die Vollstreckungsgerichte aufgrund der vom BGH[131] vertretenen Auffassung, Eigengebote von Gläubigervertretern grundsätzlich als unwirksam zurückweisen werden, wenn der bietende Gläubigervertreter die Missbrauchsvermutung nicht widerlegen kann.

Dies wird zur Folge haben, dass ein das Zwangsversteigerungsverfahren betreibender Gläubiger dazu übergehen wird, im Fall der Nichtabgabe von Geboten im ersten Versteigerungstermin, eine Gebotsabgabe (zwecks Wegfalls der Grenzen der §§ 85a, 74a ZVG) statt durch den eigenen Terminvertreter durch einen Strohmann (z.B. Makler) zu bewirken.[132] Hierbei ist allerdings zu berück-

---

129 BGH 19.7.2007 – V ZB 15/07 –; 5.7.2007 WM 2007, 1747; 10.5.2007 Rpfleger 2007, 483 sowie bereits 24.11.2005 WM 2006, 237; Rpfleger 2006, 144 m. kritischer Anm. v. *Hintzen* u. *Groß* Rpfleger 2007, 91; a.A. LG Potsdam 23.11.2006 Rpfleger 2007, 337; LG Detmold 20.6.2006 Rpfleger 2006, 491; *Stöber* § 85a Rz. 4.1–4.3; krit. auch *Storz/Kiderlen* NJW 2007, 1846, 1847; *Hasselblatt* NJW 2006, 1320 ff. sowie *Krainhöfner* Rpfleger 2007, 421 (Anm. zu LG Mainz); zu den wirtschaftlichen Konsequenzen u. Handlungsmöglichkeiten des Grundpfandrechtsgläubigers s.: *Maske/Langenstein* BankPraktiker 2008, 332.
130 BGH 18.10.2007 WM 2008, 304.
131 BGH 19.7.2007 – V ZB 15/07 –; 5.7.2007 WM 2007, 1747; 10.5.2007 Rpfleger 2007, 483 sowie BGH 24.11.2005 WM 2006, 237.
132 So auch *Maske/Langenstein; Krainhöfner; Hasselblatt* (a.a.O. Fn. 129).

sichtigen, dass das Vollstreckungsgericht nicht gehindert ist, bei seiner Entscheidung über die Zulassung eines Gebots auf in anderen Verfahren gewonnene Personen- und Sachkenntnisse zurückzugreifen.[133] Ist dem Gericht z. B. bekannt, dass die das nicht zuschlagsfähige Gebot abgebende Person auch in anderen Verfahren bereits mehrfach Gebote abgegeben hat, aufgrund derer der Zuschlag gem. § 85a Abs. 1 ZVG versagt werden musste, ist davon auszugehen, dass das Gericht das Gebot zurückweisen wird, auch wenn es nicht vom Terminvertreter des Gläubigers abgegeben wurde.

Unwirksam ist demzufolge auch das Gebot eines Beauftragten des Gläubigers, das ausschließlich darauf gerichtet ist, zu Gunsten des Gläubigers und zu Lasten des Schuldners die Rechtsfolgen von § 85a Abs. 1 und Abs. 2 ZVG herbeizuführen. Ob der Bieter zur Vertretung des Gläubigers berechtigt ist, ist ohne Bedeutung.[134]

Während das unterhalb der $^5/_{10}$-Grenze liegende Eigengebot eines Gläubigervertreters als rechtsmissbräuchlich gilt, muss bei dem Gebot einer sonstigen Person die Rechtsmissbräuchlichkeit allerdings positiv festgestellt werden. Das Vollstreckungsgericht wird regelmäßig jedoch kaum in der Lage sein abzuklären, ob ein taktisches Gebot in Wahrheit für einen Gläubiger abgegeben wird und damit unwirksam ist. Eine derartige Feststellung könnte im Rahmen einer späteren Zuschlagsbeschwerde allenfalls vom Beschwerdegericht durch zeugenschaftliche Vernehmung des vormaligen Bieters erfolgen.

Versagt das Vollstreckungsgericht den Zuschlag im ersten Termin nach § 85a Abs. 1 ZVG – ohne dass dies angefochten wird –, obwohl es das Gebot wegen Rechtsmissbrauchs nach § 71 Abs. 1 ZVG hätte zurückweisen müssen und erfolgt im zweiten Termin der Zuschlag auf ein unterhalb der $^5/_{10}$-Grenze liegendes Gebot, muss das mit der Zuschlagsbeschwerde befasste Gericht überprüfen, ob das zur Zuschlagsversagung führende Eigengebot des Gläubigervertreters im ersten Termin überhaupt wirksam war. Kommt das Beschwerdegericht zu dem Ergebnis, dass das Vollstreckungsgericht das Eigengebot des Gläubigervertreters hätte zurückweisen müssen, bestand wegen der Unwirksamkeit des Eigengebotes im ersten Termin die Wertgrenze des § 85a ZVG auch im Folgetermin fort, so dass dem unter der $^5/_{10}$-Grenze liegenden Gebot der Zuschlag zu versagen ist.[135]

Aufgrund der Gefahr einer erst nachträglich (im Beschwerdeverfahren) festgestellten Unwirksamkeit eines zur Beseitigung der Wertgrenzen abgegebe-

---

133 BGH 10.5.2007 Rpfleger 2007, 483.
134 BGH 17.7.2008 WM 2008, 1836; hierzu *Keller* ZfIR 2008, 671; a. A. *Stöber* § 85a Rz. 4.4.
135 BGH 19.7.2007 – V ZB 15/07 –; 5.7.2007 WM 2007, 1747; Rpfleger 2007, 617 mit kritischer Anm. v. *Alff*.

nen Gebotes kann ein das Versteigerungsverfahren betreibender Gläubiger es kaum noch riskieren, andere Personen zur Abgabe eines taktischen Gebotes anzuhalten.

Bleibt der erste Versteigerungstermin demgegenüber wegen des Ausbleibens jeglicher Gebote ergebnislos, sind die Gebotsgrenzen des § 85 a ZVG und des § 74 a ZVG auch noch im Folgetermin zu beachten.[136]

Beispiel:

Die Sparkasse betreibt die Versteigerung eines Wohnungseigentums. Der Verkehrswert des Objektes ist auf € 113.000 festgesetzt. Im ersten Versteigerungstermin gibt der Terminvertreter der Sparkasse im eigenen Namen ein Gebot von € 20.000 ab. Das Vollstreckungsgericht versagt den Zuschlag nach § 85a Abs. 1 ZVG. Im zweiten Versteigerungstermin bleibt Bieter M. mit einem Gebot von € 40.000 Meistbietender. Das Vollstreckungsgericht versagt den Zuschlag nach § 33 ZVG, weil die Sparkasse nach dem Schluss der Versteigerung die Einstellung des Verfahrens bewilligt hatte (§ 33 ZVG). Im dritten Versteigerungstermin wird dem Meistbietenden B. auf sein Meistgebot von € 34.000 der Zuschlag erteilt.

Der Schuldner erhebt Zuschlagsbeschwerde.

Das im **ersten** Versteigerungstermin abgegebene Gebot des Gläubigervertreters war unwirksam[137] und damit nicht geeignet, die Rechtsfolgen des § 85 a Abs. 1 und 2 ZVG herbeizuführen. Daher galt die Wertgrenze des § 85 a Abs. 1 ZVG auch im zweiten Termin.

Im **zweiten** Termin hätte wegen des unter $^5/_{10}$ liegenden Meistgebots zwar eine Zuschlagsversagung gem. § 85 a Abs. 1 ZVG erfolgen müssen, diese unterblieb allerdings, weil die Sparkasse nach dem Schluss der Versteigerung die Einstellung des Verfahrens gem. § 30 Abs. 1 ZVG bewilligte, so dass der Zuschlag gem. § 33 ZVG zu versagen war.

Auch in diesem Fall handelt es sich um eine ergebnislose Versteigerung, die von den Regeln über die Zuschlagsversagung nach § 85 a ZVG nicht erfasst wird und nicht zu einem Wegfall der Wertgrenzen führt.

Da demzufolge die Wertgrenzen auch noch im **dritten** Termin zu beachten waren, war dem unter $^5/_{10}$ liegenden Meistgebot der Zuschlag zu versagen.[138]

Wird der Verkehrswert aufgrund nachträglich bekannt gewordener Umstände erhöht, so ergeben sich bei

---

136 LG Mainz 22.11.2006 Rpfleger 2007, 218; *Stöber* § 85 a Rz. 5.3; *Böttcher* § 85 a Rz. 15.
137 BGH 19.7.2007, V ZB 15/07; 5.7.2007 WM 2007, 1747; 10.5.2007 WM 2007, 1522.
138 BGH 18.10.2007 WM 2007, 2329; Anm. hierzu: *Keller* ZfIR 2008, 134 f.; *Groß* Rpfleger 2008, 545; s. hierzu auch BGH 5.6.2008 – V ZB 125/07 –.

– § 85a Abs. 1 ZVG ein neuer Zuschlagsversagungsgrund und bei
– § 74a Abs. 1 ZVG für die neu in die $^{7}/_{10}$-Grenze aufgenommenen Gläubiger eine Rügemöglichkeit im nächsten Termin.[139]

X. § 85a Abs. 3 ZVG

Für sich genommen ist § 85a Abs. 1 ZVG relativ klar und verständlich: Erreicht das abgegebene Meistgebot einschließlich des Kapitalwertes der bestehen bleibenden Rechte nicht die Hälfte des Verkehrswertes, ist der Zuschlag zu versagen.

§ 85a Abs. 3 ZVG gibt allerdings einem „zur Befriedigung aus dem Grundstück Berechtigten" (z.B. einem Grundschuldgläubiger) die Möglichkeit, den Zuschlag auch auf ein von ihm abgegebenes Gebot zu erhalten, das unter $^{5}/_{10}$ des Verkehrswertes liegt.

Die Gefahr bei § 85a Abs. 3 ZVG:
Der Zuschlag kann trotz Nichterreichens der $^{5}/_{10}$-Grenze (bares Meistgebot zuzüglich Kapitalwert bestehen bleibender Rechte) nicht versagt werden, wenn ein zur Befriedigung aus dem Grundstück (dinglich oder persönlich) Berechtigter ein bares (Meist-)Gebot abgibt, dass
– zusammen mit dem Kapitalwert der bestehen bleibenden Rechte
– und unter Hinzurechnung des Betrages, mit dem der Meistbietende bei der Erlösverteilung ausfallen würde (fiktiver Ausfall) 50% des Verkehrswertes erreicht.

Als Berechtigter i.S.v. § 85a Abs. 3 ZVG gilt jeder dingliche Gläubiger, unabhängig davon, ob betreibend oder nicht betreibend, aber auch jeder persönlich betreibende Gläubiger.

Beispiel:

Verkehrswert:	€ 400.000
Bestehen bleibendes Recht III/1	€ 80.000
Bar zu zahlender Teil	€ 20.000
Geringstes Gebot	€ 100.000
Betreibende Gläubiger:	
III/2 mit dingl. Anspruch von	€ 60.000
III/3 mit dingl. Anspruch von	€ 80.000

---

139 *Stöber* § 74a Rz. 4.3; *Böttcher* § 74a Rz. 18.

Werden von Bietinteressent B € 40.000 (bar) geboten, erfolgt Zuschlagsversagung gem. § 85 a Abs. 1 ZVG.

Bietet der Gläubiger des Rechtes III/2 € 40.000 (bar), so ist ebenfalls der Zuschlag zu versagen, weil das Meistgebot in Höhe von € 120.000 (€ 80.000 bestehen bleibende Rechte + € 40.000 Bargebot) zusammen mit dem Ausfall des Gläubigers i. H. v. € 40.000 (III/2 erhält aus dem Bar-Gebot € 20.000) nicht die $^5/_{10}$-Wertgrenze erreicht.

Zu beachten ist ferner, dass bei der Anwendung von § 85 a Abs. 3 ZVG ausfallende Zwischenrechte unberücksichtigt bleiben.[140]

Bietet der Gläubiger des Rechtes III/3 den Betrag von € 40.000, so fällt das Recht III/2 mit einem Betrag von € 40.000 aus; außerdem fällt das Recht III/3 in voller Höhe aus. Hier kann der Zuschlag erteilt werden, da das Meistgebot (€ 120.000) + der Ausfall des Rechtes III/3 gerade die Wertgrenze (€ 200.000) erreichen.

Die Tatsache, dass auch das Recht III/2 mit einem Teilbetrag ausfällt, ist unbeachtlich. Der Gläubiger des Rechtes III/2 hat die Möglichkeit, einen Zuschlagsversagungsantrag gem. § 74 a Abs. 1 ZVG zu stellen.

XI. Berechnung des Ausfalls

Bei der Zuschlagsentscheidung nach § 85 a Abs. 3 ZVG ist auf das dingliche Recht (die Grundschuld nebst Zinsen und weiterer Nebenleistungen) und nicht etwa auf die (durch die Grundschuld gesicherte) persönliche Forderung abzustellen.[141]

Von Bedeutung ist diese Frage, wenn die Summe aus Meistgebot, das der aus dem Grundstück zur Befriedigung berechtigte Gläubiger abgegeben hat, und seinem dinglichen Anspruch zwar über, die Summe aus abgegebenen Meistgebot und persönlicher (dinglich gesicherter) Forderung aber unter der $^5/_{10}$-Grenze liegt.

Es gehört nicht zu den Aufgaben des Vollstreckungsgerichtes, materiell-rechtliche Befriedigungsfragen zu entscheiden und in diesem Zusammenhang Ermittlungen zu den schuldrechtlichen Vereinbarungen, die hinsichtlich des Sicherungszweckes der Grundschuld getroffen sind, anzustellen.

Wird eine nur teilweise valutierte Grundschuld bei der Ausfallermittlung nach § 85 a Abs. 3 ZVG mit dem Nennbetrag angerechnet, während die durch die Grundschuld gesicherte Forderung zusammen mit dem abgegebenen Meistgebot unterhalb von 50% des festgesetzten Verkehrswertes liegt, kommt zugunsten des Schuldners ein Bereicherungsanspruch gegen den meistbietenden Grundschuldgläubiger in Betracht. Der rechtsgrundlos erlangte Vorteil des

---

140 *Stöber* § 85 a Rz. 6.5; *Böttcher* § 85 a Rz. 11.
141 BGH 27.2.2004 WM 2004, 902 = ZIP 2004, 874; *Stöber* § 85 a Rz. 6.3; *Böttcher* § 85 a Rz. 9; *Gaberdiel/Gladenbeck* Kreditsicherung durch Grundschulden Rz. 1198.

meistbietenden Grundschuldgläubigers aus seinem ausfallenden Recht, welches nur noch teilweise valutiert, liegt nach § 85a Abs. 3 ZVG darin, dass er den nicht mehr valutierten Teil seines Rechtes nicht ausbieten muss.[142]

Wird das Grundstück wegen einer nur noch sehr geringen persönlichen Forderung zu einem Gebot versteigert, das in überhaupt keinem Verhältnis zu seinem eigentlichen Wert steht, kann der Schuldner einen Antrag nach § 765a ZPO stellen.[143]

Ist der Schuldner im Versteigerungstermin nicht anwesend, wird das Vollstreckungsgericht die Zuschlagsentscheidung in einem besonderen Termin verkünden.

Während der § 85a Abs. 3 ZVG für einen vorrangigen, unachtsamen Gläubiger eine erhebliche Gefahr darstellt, ist der Schuldner über die Befriedigungsfiktion des § 114a ZVG vor einer Verschleuderung des Versteigerungsobjektes gesichert (der Ersteher gilt bezüglich seines Anspruches als befriedigt, soweit dieser bei einem Gebot von $7/_{10}$ des Verkehrswertes gedeckt wäre).

Die Gefahr für vorrangige Gläubiger liegt darin, dass Zwischenrechte (dem bietenden Gläubiger vorrangige Rechte) bei der Feststellung des Betrages, mit dem der Bietende bei der Erlösverteilung ausfällt, ohne Beachtung bleiben, § 114a S. 2 ZVG.[144]

So darf der Gläubiger eines erlöschenden Rechtes nicht auf die Zuschlagsversagung nach § 85a Abs. 1 ZVG vertrauen, wenn „Scherzgebote" von nachrangigen Gläubigern abgegeben werden. Gänzlich unverständlich ist es, wenn der Gläubiger eines erlöschenden, im Bereich von $5/_{10}$ des Verkehrswertes liegenden Rechtes den Termin nicht einmal wahrnimmt.

Beispiel:

Verkehrswert:	€ 200.000;	Verfahrenskosten: € 2.000
Betreibender Gläubiger:		
III/1	€ 60.000	
III/2	€ 100.000 (voll valutiert)	

Im ersten Termin bleibt der Gläubiger des Rechtes III/2 mit einem Gebot von € 2.000 Meistbietender. Der Gläubiger des Rechtes III/1 hat auf einen Antrag gem. § 74a Abs. 1 ZVG verzichtet, weil er von der Zuschlagsversagung wegen Nichterreichung der Hälfte des Grundstückswertes, § 85a Abs. 1 ZVG, ausging. Die Möglichkeit einer Zuschlagserteilung nach § 85a Abs. 3 ZVG hat er übersehen.

---

142 BGH 22.9.2011 WM 2011, 2103; *Fischer* ZInsO 2012, 1493, 1513 unter 16.
143 BGH 27.2.2004 WM 2004, 902; LG Frankfurt 27.7.1987 Rpfleger 1988, 37; *Stöber* § 85a Rz. 6.4.
144 *Stöber* § 85a Rz. 6.5; *Böttcher* § 85a Rz. 11.

Meistgebot und Ausfall des Gläubigers III/2 betragen € 102.000, so dass die Grenze des § 85a Abs. 1 erreicht ist und ein Zuschlag erfolgen kann.

Das bedeutet, dass auch ein erstrangig gesicherter Gläubiger dem (ersten) Versteigerungstermin nicht deswegen fernbleiben kann, weil sein Recht im Rahmen von 50% des Verkehrswertes liegt.

Durch diese Ausnahme von der Zuschlagsversagungspflicht des Gerichts ergeben sich immer wieder Konstellationen, bei denen sogar erstrangige Gläubiger Ausfälle hinnehmen müssen, da sie die Gefahr nicht rechtzeitig erkannt und nicht entsprechend gehandelt haben.

Ein bietender, nachrangiger Gläubiger, dem das Versteigerungsobjekt unter Anwendung des § 85a Abs. 3 ZVG zugeschlagen wird, kann seine Forderung dann möglicherweise durch einen freihändigen Weiterverkauf des ersteigerten Objektes realisieren.[145]

Liegen die Voraussetzungen des § 85a Abs. 3 ZVG vor und ist die Gefahr erkannt, so bieten sich folgende Gegenmaßnahmen an:
– rechtzeitiger Antrag gem. § 74a Abs. 1 ZVG;
– als bestrangig betreibender Gläubiger: Verfahrenseinstellung, § 30 ZVG;
– Abgabe eigener Gebote (Ausbieten).

Gibt ein das Zwangsversteigerungsverfahren betreibender Grundschuldgläubiger (somit ein zur Befriedigung aus dem Grundstück Berechtigter i.S.d. § 85a Abs. 3 ZVG) im (ersten) Versteigerungstermin in Vollmacht für eine Immobilienverwaltungsgesellschaft, an der er selbst zu 99% beteiligt ist, das Meistgebot ab, welches unter 50% des Verkehrswertes liegt, kann der Zuschlag der Immobilienverwaltungsgesellschaft nicht im Hinblick auf § 114a ZVG i.V.m. § 85a Abs. 3 ZVG erteilt werden.[146]

XII. Erweiterte Befriedigung des Erstehers, § 114a ZVG

Erhält ein Grundpfandrechtsgläubiger den Zuschlag zu einem Gebot, welches einschließlich des Kapitalwertes der bestehen bleibenden Rechte unter $^7/_{10}$ des Verkehrswertes liegt, so gilt er als insoweit aus dem Grundstück befriedigt, als wenn – fiktiv – ein Gebot in Höhe von $^7/_{10}$ des Verkehrswertes abgegeben wor-

---

145 OLG Oldenburg 12.1.1988 Rpfleger 1988, 277; OLG Hamm 21.3.1986 Rpfleger 1986, 441.
146 LG Landau 8.2.2001 Rpfleger 2001, 366; *Stöber* § 85a Rz. 7.8.

den wäre.[147] Hierdurch soll das Interesse des Schuldners an einer wertgemäßen Veräußerung des Versteigerungsobjektes gewahrt werden.[148]

Beispiel:

Verkehrswert des Grundstücks	€ 200.000
70%	€ 140.000
Verfahrenskosten	€ 2.000
Betreibender Gläubiger:	
III/1 Sparkasse	€ 100.000
III/2 Sparkasse	€ 60.000

Die Sparkasse ersteigert das Grundstück für € 102.000. Ihre persönliche (gesicherte) Forderung beträgt € 140.000. Auf ihre gesicherte Forderung muss sie gem. § 114 a S. 1 ZVG neben € 100.000 noch weitere € 38.000 aus dem Recht III/2 zur Anrechnung bringen.

Bei der Berechnung der „fiktiven" Befriedigung sind erlöschende Rechte, auch soweit sie vorrangig sind, nicht zu berücksichtigen, § 114 a S. 2 ZVG. Für die Befriedigungswirkung ist es also unerheblich, ob der angenommene zusätzliche Erlös bei einem Gebot von 70% des Verkehrswertes auch tatsächlich der Sparkasse zugeflossen wäre.

Beispiel:

Verkehrswert des Grundstücks	€ 200.000
70%	€ 140.000
Verfahrenskosten	€ 2.000
Betreibende Gläubiger: III/1	€ 100.000
III/2	€ 40.000
III/3 Sparkasse	€ 60.000

Die Sparkasse (gesicherte Forderung: € 140.000) erhält den Zuschlag für € 102.000. Sie muss sich aus dem Recht III/3 € 38.000 auf ihre Forderung anrechnen lassen. Die erlöschenden Rechte III/1 und III/2 bleiben bei der Berechnung der fiktiven Befriedigung unberücksichtigt. Die persönliche Forderung der Sparkasse reduziert sich auf € 102.000.

Für die Berechnung der Befriedigungsfiktion kann folgende Formel verwandt werden:

---

147 *Stöber* § 114 a Rz. 3.1; *Böttcher* § 114 a Rz. 11.
148 BGH 13.11.1986 NJW 1987, 503.

$7/_{10}$ des Verkehrswertes
abzüglich Kapitalwert bestehen bleibender Rechte
abzüglich bares Meistgebot
= fiktive Befriedigung des Meistbietenden.

Die Befriedigungsfiktion tritt mit dem Zuschlag in Kraft.[149]

Sofern sich die Forderungen des ersteigernden Gläubigers innerhalb von $7/_{10}$ des Verkehrswertes des Versteigerungsobjektes bewegen, müssen demzufolge alle anderen Sicherheiten vorher verwertet, die persönliche Vollstreckung gegen den Schuldner beendet sowie Gelder aus der Zwangsverwaltung geflossen sein. Ansonsten ist der ansteigernde Gläubiger mangels einer Forderung nicht mehr berechtigt, diese Sicherheiten zu verwerten bzw. weiterhin gegen den Schuldner vorzugehen.

Beispiel:

Die Sparkasse hat zur Absicherung eines Darlehens von € 70.000 eine Grundschuld in Höhe von € 70.000 und eine Bürgschaft über weitere € 50.000 erhalten.

Das Grundstück hat einen Verkehrswert von € 100.000. Mangels anderer Interessenten ersteigert die Sparkasse das Grundstück für € 50.000. Gem. § 114a ZVG muss sie sich über das Meistgebot hinaus für weitere € 20.000 für befriedigt erklären. Das Kreditengagement ist damit erledigt. Ein Zurückgreifen auf die Bürgschaft ist der Sparkasse verwehrt.

Die Befriedigungsfiktion regelt die Versteigerungsfolgen zwischen dem Ersteher und dem Schuldner; ihr kommt damit materiell-rechtliche Bedeutung zu. Das Vollstreckungsgericht braucht sich hiermit nicht zu beschäftigen, es erfolgt auch keine Titelabschreibung.[150]

Entsteht Streit über die nach § 114a ZVG eintretende Erfüllung der persönlichen Schuld, hat das Prozessgericht zu entscheiden. Auch dieses ist regelmäßig an den nach § 74a Abs. 5 ZVG festgesetzten Verkehrswert gebunden. Wird der Zuschlag versagt, weil das Meistgebot nicht $7/_{10}$ oder die Hälfte des Grundstückswertes erreicht, und entfällt im weiteren Verfahrensverlauf das Rechtsschutzinteresse für eine Anpassung des festgesetzten Grundstückswertes an veränderte Umstände, soll die (überholte) Festsetzung in dieser Hinsicht für das Prozessgericht bei Anwendung des § 114a ZVG allerdings nicht bindend sein.[151]

---

149 BGH 13.12.1990 WM 1991, 253; *Stöber* § 114a Rz. 3.4; *Böttcher* § 114a Rz. 12.
150 BGH 27.2.2004 WM 2004, 755; *Stöber* § 114a Rz. 3.11; *Böttcher* § 114a Rz. 11.
151 BGH 27.2.2004 WM 2004, 755; *Stöber* § 114a Rz. 3.1; krit. hierzu zu Recht *Storz* EWIR § 114a ZVG 1/04, 463 sowie *Storz/Kiderlen* NJW 2007, 1846, 1847.

Der meistbietende Grundschuldgläubiger gilt auch dann als befriedigt, wenn er seine Rechte aus dem Meistgebot an einen Dritten abtritt, der dann den Zuschlag erhält.[152]

Die Bestimmung des § 114 a ZVG kann auch nicht durch die Einschaltung eines mittelbaren Stellvertreters oder eines Strohmannes oder eines wirtschaftlich abhängigen Dritten, auf den der Grundschuldgläubiger bestimmenden Einfluss hat (z. B. ein abhängiges Unternehmen) umgangen werden.[153]

Die Befriedigungsfiktion des § 114 a ZVG gilt in allen Versteigerungsterminen unabhängig davon, ob eine Zuschlagsversagung nach § 74 a ZVG möglich ist.[154]

In Literatur und Rechtsprechung herrscht weitgehend Einigkeit darüber, dass allein die persönliche (durch die Grundschuld gesicherte) Forderung von der Befriedigungsfiktion des § 114 a ZVG erfasst wird. Der BGH[155] führt hierzu aus, dass der fingierte Erlös aus der Verwertung des Grundstückes die gesicherte persönliche Forderung auch dann tilgt, wenn der Gläubiger sie noch nicht gekündigt oder sonst fällig gestellt hat. Der Gläubiger muss sich nach Auffassung des BGH daran festhalten lassen, dass er seine Sicherheit (Grundschuld) verwertet hat. Der nach § 114 a ZVG fingierte Erlös aus dieser Verwertung tilge dann die gesicherte persönliche Forderung, auch wenn sie noch nicht gekündigt oder sonst fällig gestellt war.

In der Praxis ist im Regelfall allerdings bereits vor Verwertung der Grundschuld die durch sie gesicherte Forderung gekündigt und fällig gestellt.

Liegt die persönliche Forderung, für die die Befriedigungswirkung eintritt, unter $^7/_{10}$ des Verkehrswertes, braucht der Ersteher die Differenz zwischen dem Betrag, bis zu dem er befriedigt ist, und der $^7/_{10}$-Grenze nicht an den bisherigen Grundstückseigentümer auszuzahlen.[156] Ein Bereicherungsanspruch besteht insoweit nicht, denn es handelt sich eben nur um eine Befriedigungsfiktion, die vom Gesetzgeber für den Fall des Rettungserwerbs angenommen wird, nicht um ein tatsächlich vorliegendes Meistgebot, bei dem der Übererlös, der dann ja tatsächlich zur Verfügung steht und zu verteilen ist, dem bisherigen Grundstückseigentümer zusteht.

---

152 BGH 6.7.1989 WM 1989, 1349; *Gaberdiel/Gladenbeck* (a.a.O. Fn. 141) Rz. 1204; *Stöber* § 114 a Rz. 2.7 b; *Böttcher* § 114 a Rz. 6.

153 BGH 14.4.2005 Rpfleger 2005, 554; 9.1.1992 WM 1992, 541; *Gaberdiel/Gladenbeck* (a.a.O. Fn. 141) Rz. 1205; *Stöber* § 114 a Rz. 2.8; *Böttcher* § 114 a Rz. 6.

154 *Stöber* § 114 a Rz. 2.9.

155 BGH 13.11.1986 WM 1987, 80 = ZIP 1987, 156; *Böttcher* § 114 a Rz. 14; a. A. *Stöber* § 114 a Rz. 3.7 b.

156 BGH 13.11.1986 WM 1987, 80; 13.12.1990 WM 1991, 253; *Gaberdiel/Gladenbeck* (a.a.O. Fn. 141) Rz. 1208; *Böttcher* § 114 a Rz. 14; a. A. *Stöber* § 114 a Rz. 3.7 b.

Beispiele für die Befriedigungsfiktion sind zu finden bei *Gaberdiel/Gladenbeck* und *Muth*.[157]

Während der Bietstunde findet § 114a ZVG nur in Hinblick auf § 85a Abs. 3 ZVG Beachtung.

XIII. Verhandlung über den Zuschlag

Nach dem Ende der Bietstunde wird den Beteiligten Gelegenheit gegeben, Erklärungen im Hinblick auf den Zuschlag abzugeben, § 74 ZVG.

Der Hauptzweck der nach dem Schluss der Versteigerung durchgeführten Anhörung über den Zuschlag nach § 74 ZVG besteht darin, etwaigen Zuschlagsbeschwerden vorzubeugen und in diesem Zusammenhang auch etwaige Mängel des Verfahrens, die zu einer Versagung des Zuschlags führen könnten, – soweit rechtlich möglich – durch nachträgliche Genehmigung nach § 84 ZVG auszuräumen.[158]

Anwesende Beteiligte und Bieter, deren Gebote noch wirksam sind, erhalten nach dem verkündeten Schluss der Bietstunde Gelegenheit zur Äußerung und Antragstellung. Eine Pflicht hierzu besteht allerdings nicht. Erklärt sich ein Beteiligter mit der Zuschlagserteilung einverstanden, genehmigt er damit alle ihm bekannten Verfahrensmängel.[159] Ein Antrag, den Zuschlag zu dem abgegebenen Meistgebot zu erteilen, muss nicht gestellt werden. Erforderlich ist aber ein Zuschlagsversagungsantrag.[160] Als Anträge kommen u.a. in Betracht:

– Zuschlagsversagungsantrag wegen Nichterreichens der $7/_{10}$-Grenze, § 74a Abs. 1 ZVG.
– Zuschlagsversagungsantrag, wenn der nach § 75 ZVG vorgesehene Einzahlungs- oder Überweisungsnachweis erst nach dem Ende der Bietstunde vorgelegt wird, § 33 ZVG.[161]
– Vollstreckungsschutzantrag des Vollstreckungsschuldners nach § 765a ZPO

Ist der Schuldner z.B. der Meinung, dass der Zuschlag auf das abgegebene Meistgebot eine sittenwidrige Verschleuderung darstellt, muss er dies (nach Wegfall der § 85a-Grenze) über einen Antrag nach § 765a ZPO geltend machen.

---

157 *Gaberdiel/Gladenbeck* (a.a.O. Fn. 141) Rz. 1210; Muth, ZIP 1987, 350, 352ff. (Ziff.11, 6).
158 BGH 19.11.2009 WM 2010, 424; *Böttcher* § 74 Rz. 1.
159 *Stöber* § 74 Rz. 2.3; *Böttcher* § 74 Rz. 2.
160 *Stöber* § 74 Rz. 2.2.
161 *Stöber* § 75, Rz. 2.8.

Der Gesichtspunkt der Verschleuderung ist kein von Amts wegen zu berücksichtigender Zuschlagsversagungsgrund nach § 83 Nr. 6 ZVG.[162]

Ist Vollstreckungsschutz beantragt, muss, auch wenn die Wertgrenzen entfallen sind, vom Gericht stets geprüft werden, ob eine sittenwidrige Verschleuderung des Grundstücks droht.[163] Besteht ein krasses Missverhältnis zwischen dem festgesetzten Verkehrswert und dem Meistgebot und liegen konkrete Umstände vor, die mit Wahrscheinlichkeit ein wesentlich höheres Gebot in einem Fortsetzungstermin erwarten lassen, muss das Gericht Vollstreckungsschutz nach § 765a ZPO gewähren.[164]

Wird über den Antrag erst nach „Schluss der Versteigerung", § 73 Abs. 2 ZVG, entschieden, kann diese Entscheidung bei Bejahung eines Aufhebungs- bzw. Einstellungsgrundes nur durch Zuschlagsversagung, § 33 ZVG, oder andernfalls durch Zuschlagserteilung erfolgen.[165]

Die Vorlage eines notariellen Kaufvertragsentwurfs und die Bestimmung eines Beurkundungstermins unter Bezeichnung noch nicht erfüllter Bedingungen ist nicht ausreichend, um ernsthafte Verkaufsverhandlungen glaubhaft zu machen.[166]

1. Antrag auf Anberaumung eines besonderen Zuschlagtermins

Die Zuschlagsentscheidung wird entweder im Versteigerungstermin selbst oder in einem besonderen Verkündigungstermin verkündet, der im Versteigerungstermin „sofort" zu bestimmen ist, § 87 Abs. 1 ZVG und nicht über eine Woche hinaus angesetzt werden soll, § 87 Abs. 2 S. 1 ZVG.

Wird die Zuschlagsentscheidung entgegen der Regelung in § 87 Abs. 1 ZVG nicht verkündet, ist sie gleichwohl wirksam, wenn das Versteigerungsgericht sie den Verfahrensbeteiligten zum Zweck der Verlautbarung förmlich zugestellt hat; der Verfahrensfehler führt allerdings zur Aufhebung der Entscheidung im Beschwerdeverfahren, wenn sie auf der Verletzung des Verfahrensrechts beruht, ohne den Fehler also anders ausgefallen wäre.[167]

---

162 *Stöber* § 83 Rz. 4.1n; a. A. LG Neubrandenburg 3.6.2004, mit abl. Anm. *Alff* Rpfleger 2005, 42.

163 BGH 16.2.2012 WM 2012, 812.

164 BGH 16.2.2012 WM 2012, 812.

165 LG Bayreuth 12.2.2001 Rpfleger 2001, 367; OLG Köln 19.8.1996 Rpfleger 1997, 34; *Stöber* Einl.,Rz. 58.3.

166 LG Bayreuth 12.2.2001 Rpfleger 2001, 367.

167 BGH 15.12.2011 WM 2012, 365.

Es ist Sache des Vollstreckungsgerichtes, welche Möglichkeiten der Verkündung es wählt. Bei einer verfassungskonformen Anwendung des § 87 Abs. 1 ZVG kann es beim Vorliegen besonderer Umstände zur Anberaumung eines besonderen Verkündungstermins verpflichtet sein.[168]

Wird z.B. ein Meistgebot abgegeben, das erheblich unter dem Verkehrswert des Versteigerungsobjektes liegt, und war der verfahrensunkundige Vollstreckungsschuldner im Versteigerungstermin nicht anwesend, wird das Gericht schon von sich aus dazu neigen, einen besonderen Verkündigungstermin anzuberaumen, um dem Vollstreckungsschuldner Gelegenheit zu geben, einen Vollstreckungsschutzantrag nach § 765a ZPO zu stellen.[169]

Beträgt das Meistgebot im dritten Zwangsversteigerungstermin z.B. lediglich 7% des Verkehrswertes, ist das Vollstreckungsgericht bei Abwesenheit des Schuldners im Versteigerungstermin grundsätzlich verpflichtet, einen gesonderten Zuschlagstermin anzuberaumen, um dem Schuldner Gelegenheit zu geben, durch einen Vollstreckungsschutzantrag den Zuschlag zu verhindern. Gegen einen dennoch erfolgten sofortigen Zuschlag kann der Schuldner mit der Zuschlagsbeschwerde vorgehen, die bei Erfolg zur Aufhebung des Zuschlagsbeschlusses und weiteren Entscheidung durch das Vollstreckungsgericht führt.[170]

Dass der Schuldner den Versteigerungstermin nicht wahrnimmt ist allerdings für sich allein grundsätzlich kein zwingender Anlass, um einen besonderen Zuschlagsverkündungstermin anzuberaumen.[171]

Anlass zur Ansetzung eines besonderen Verkündungstermins kann z.B. auch dann gegeben sein, wenn der das Zwangsversteigerungsverfahren bestrangig betreibende Gläubiger bei der Anhörung zur Zuschlagsentscheidung nicht mehr anwesend ist, weil er davon ausging, dass auf das im (ersten) Versteigerungstermin abgegebene Meistgebot, das unter $5/_{10}$ des Verkehrswertes lag, kein Zuschlag erteilt werden konnte. Stellt das Gericht sodann fest, dass der Zuschlag aufgrund Vorliegens der Voraussetzungen des § 85a Abs. 3 ZVG zu erteilen ist, wird es einen besonderen Verkündungstermin anberaumen, um dem Gläubiger die Möglichkeit zu erhalten, durch eine Einstellungsbewilligung einen Zuschlag auf das ungenügende Gebot und damit einen Ausfall zu verhindern.[172]

---

168 BGH 14.7.2011 Rpfleger 2011, 682; 30.1.2004 WM 2004, 901; BVerfG 7.12.1977, NJW 1978, 368; *Stöber* § 87 Rz. 2.1; *Böttcher* § 87 Rz. 3.
169 BVerfG 7.12.1977, NJW 1978, 368.
170 LG Mönchengladbach 25.2.2004 Rpfleger 2004, 436.
171 BGH 30.1.2004 WM 2004, 901; OLG Frankfurt 12.2.1991 Rpfleger 1991, 470.
172 OLG Hamm 21.3.1986 Rpfleger 1986, 441; LG Krefeld 31.8.1987 Rpfleger 1988, 34; LG Bonn 7.3.1988 Rpfleger 1989, 211.

Aus der Garantiefunktion des Art. 14 Abs. 1 S. 1 GG lassen sich keine allgemeinen, für sämtliche in Betracht kommenden Versteigerungsfälle gleichermaßen geltende Regeln herleiten. Ob der Anspruch auf eine „faire Verfahrensführung" einen eigenen Verkündungstermin erfordert, lässt sich nur unter Berücksichtigung der besonderen Umstände des Einzelfalles beurteilen.[173]

Das Vollstreckungsgericht muss eine Verschleuderung des Versteigerungsobjektes durch seine Verfahrensführung möglichst zu vermeiden suchen.[174] Dies gilt insbesondere dann, wenn die Forderung, wegen derer das Verfahren betrieben wird, relativ gering ist. Erfolgt die Vollstreckung noch dazu wegen eines Anspruchs der öffentlichen Hand, ist im Hinblick auf deren unmittelbare Grundrechtsbindung eine besondere Zurückhaltung angezeigt, wenn eine Verschleuderung des Schuldnervermögens in Frage steht.[175]

Wenn sich die Verkündung des Zuschlags bereits im Versteigerungstermin aufgrund einer drohenden Verschleuderung des Grundbesitzes als verfahrensfehlerhaft darstellt, kann dies mit der Zuschlagsbeschwerde allerdings nur dann erfolgreich angegriffen werden, wenn der Zuschlag auf dem Verfahrensfehler beruht, der Schuldner bei einer Vertagung der Zuschlagsverkündung also einen Zuschlagsversagungsgrund hätte geltend machen können.[176]

Ermessens- bzw. verfahrensfehlerhaft ist es demgegenüber, wenn das Gericht von einer Entscheidung über den Zuschlag bereits im Versteigerungstermin allein aus dem Grunde absieht, weil der das Verfahren betreibende Gläubiger Gelegenheit erhalten möchte, mit dem Meistbietenden über eine (außergerichtliche) Zuzahlung zu verhandeln.[177]

Außerhalb des Versteigerungsverfahrens vereinbarte Zuzahlungen des Meistbietenden an den betreibenden Gläubiger, die diesen dazu veranlassen sollen, einen Einstellungsantrag zurückzunehmen oder nicht zu stellen, verletzen die Rechte des Schuldners und führen zu einer Versagung des Zuschlags.[178]

Will der betreibende Gläubiger den Meistbietenden zu einer Erhöhung seines Gebotes veranlassen, muss er dies also unter Hinweis auf einen ansonsten von ihm beabsichtigten Einstellungsantrag vor dem Schluss der Versteigerung (Ende der Bietzeit) tun. Vereinbart er mit dem Meistbietenden eine außerhalb

173 BGH 30.1.2004 WM 2004, 901.
174 *Storz/Kiderlen* NJW 2007, 1846, 1848.
175 BGH 5.11.2004 Rpfleger 2005, 151; NZM 2005, 190 m. Anm. *Storz*.
176 BGH 14.7.2011 Rpfleger 2011, 682.
177 BGH 31.5.2012 WM 2012, 1434.
178 BGH 31.5.2012 WM 2012, 1434; siehe hierzu die Anm. von *Kirsch* in ZfIR 2012, 650 und *Ertle* in Rpfleger 2013, 41 ff.

des Versteigerungsverfahrens zusätzlich zum Meistgebot zu erbringende Zahlung, riskiert er eine Zuschlagsversagung.

Die Anberaumung eines gesonderten Zuschlagstermins kann auch dazu genutzt werden, um bei einem eigenen Meistgebot noch einen Abtretungs-Erwerber, § 81 Abs. 2 ZVG, zu finden,

2. Abtretung der Rechte aus dem Meistgebot

Grundsätzlich wird der Zuschlag dem Meistbietenden erteilt, § 81 Abs. 1 ZVG.

Eine Abtretung der Rechte aus dem Meistgebot nebst Übernahme der Verpflichtungen aus dem Meistgebot durch den Zessionar,[179] § 81 Abs. 2 ZVG, mit der Folge der Zuschlagserteilung an den Abtretungsempfänger, ist nur vor der Zuschlagserteilung möglich.

Die Abtretungs- und Übernahmeerklärung müssen im Versteigerungstermin (hierzu gehört auch der seine Fortsetzung bildende Verkündungstermin) zu Protokoll oder nachträglich in einer öffentlich-beglaubigten Urkunde erfolgen.[180]

Abgetreten werden kann auch zu Bruchteilen (Miteigentumsanteil) oder bezüglich eines oder einzelner von mehreren gleichzeitig versteigerten Grundstücken.[181]

Für die Erfüllung der Verpflichtungen aus dem Meistgebot haften Meistbietender und Ersteher gesamtschuldnerisch, § 81 Abs. 4 ZVG.

Nach Zuschlagserteilung kommt nur noch eine notarielle Übertragung des ersteigerten Objektes in Betracht.

3. Anträge nach dem Schluss der Versteigerung

Der das Verfahren betreibende Gläubiger wie auch – teilweise – die anderen Beteiligten haben auch noch nach dem Schluss der Versteigerung (Ende der Bietzeit) die Möglichkeit, durch entsprechende Anträge auf den weiteren Verfahrensablauf einzuwirken:

---

179 LG Heilbronn 22.6.1995 Rpfleger 1996, 78.
180 LG Braunschweig 16.6.1999 Rpfleger 1999, 555; *Stöber* § 81 Rz. 4.2; *Böttcher* § 81 Rz. 19.
181 LG Braunschweig 16.6.1999 Rpfleger 1999, 555; *Stöber* § 81 Rz. 4.1; *Böttcher* § 81 Rz. 19.

a) Antrag auf einstweilige Einstellung, § 30 ZVG

Im Falle der Verfahrenseinstellung durch den bestrangig betreibenden Gläubiger (nach dem Ende der Bietzeit) erfolgt Zuschlagsversagung nach § 33 ZVG; es muss ein neuer Versteigerungstermin mit einem neuen geringsten Gebot anberaumt werden.

b) $^7/_{10}$-Rüge, § 74a Abs. 1 ZVG

Sofern berechtigt, kann ein Gläubiger das Nichterreichen der $^7/_{10}$-Grenze rügen. Der Zuschlag kann dann nicht erteilt werden. Der Antrag ist nicht mehr möglich in einem gesonderten Verkündungstermin oder nach Zuschlagserteilung.[182]

4. Zuschlagsversagung

Eine Reihe von weiteren Gründen kann dazu führen, dass der Zuschlag zu dem abgegebenen Meistgebot versagt werden muss:

–   Nichterreichen der $^5/_{10}$-Grenze, § 85a Abs. 1 ZVG,
–   Antrag eines Beteiligten nach § 85 ZVG,
–   Ablösung des bestrangig betreibenden Gläubigers nach Schluss der Versteigerung;[183] Eine Zuschlagserteilung kommt nur dann in Betracht, wenn dadurch keiner der Beteiligten in seinen Rechten beeinträchtigt ist.[184]
    Wird die Versteigerung vom Gläubiger aus mehreren Grundschulden betrieben, stellt es keinen Rechtsmissbrauch dar, wenn ein Ablösungsberechtigter lediglich das bestrangige Recht ablöst.[185]
–   Zahlungsnachweis im Termin nach Schluss der Versteigerung,[186] § 75 ZVG
    Wird (erst) nach dem Schluss der Versteigerung (Ende der Bietstunde) nachgewiesen, dass der nach § 75 ZVG erforderliche Betrag (das sind sämtliche aus dem Anordnungs- bzw. Beitrittsbeschluss ersichtlichen Beträge an Hauptsache, Zinsen, Kosten, nebst der bis zur Zahlung aufgelaufenen Zinsen und der Kosten der dinglichen Rechtsverfolgung des betreibenden Gläubigers sowie die gerichtlichen Verfahrenskosten, § 109 Abs. 1 ZVG) an

---

182 *Stöber* § 74a Rz. 4.1; *Böttcher* § 74a Rz. 16.
183 *Stöber* § 33 Rz. 2.6.
184 LG Kassel 8.2.2000 Rpfleger 2000, 408; OLG Köln 16.6.1989, ZIP 1989, 1430; *Stöber* § 33 Rz. 3.4b, § 84 Rz. 2.
185 BGH 10.6.2010 WM 2010, 1703.
186 *Stöber* § 75 Rz. 2.8; *Böttcher* § 75 Rz. 11.

die Gerichtskasse gezahlt wurde, kann kein neues geringstes Gebot mehr aufgestellt werden.

Betrifft die Ablösungszahlung nach § 75 ZVG den das Verfahren bestrangig betreibenden Gläubiger, muss der Zuschlag versagt werden, § 33 ZVG.[187]

- § 765a ZPO-Beschluss,[188]
- weitere Gründe des § 83 ZVG.

Die Versagungsgründe nach Nr. 1 bis 5 stehen der Erteilung des Zuschlags nicht entgegen, wenn das Recht des Beteiligten durch den Zuschlag nicht beeinträchtigt wird oder wenn der Beteiligte das Verfahren genehmigt, § 84 Abs. 1 ZVG. Die Genehmigung des fehlerhaften Verfahrens muss nicht wörtlich erklärt werden, sondern kann auch schlüssig mit der zu Protokoll des Vollstreckungsgerichts erklärten Zustimmung zur Zuschlagserteilung ausgesprochen werden.[189]

Ein Zuschlagsversagungsgrund nach § 83 Nr. 6 ZVG ist gegeben, wenn der Zuschlag auf ein Gebot erteilt wurde, das wegen fehlenden Nachweises der Vertretungsmacht nach § 71 Abs. 2 ZVG hätte zurückgewiesen werden müssen.[190]

Ein Zuschlagsversagungsgrund i. S. v. § 83 Nr. 6 ZVG ist auch das Fehlen der Ausfertigung des Titels im Versteigerungstermin. Wird trotz dieses Mangels der Zuschlag erteilt, legt der Gläubiger die Ausfertigung aber spätestens im Verfahren über die Zuschlagsbeschwerde vor, so ist der Zuschlag nicht zu versagen, wenn festgestellt wird, dass der Titel während des gesamten Zwangsversteigerungsverfahrens unverändert Bestand hatte.[191]

Der BGH hält auch Verfahrensfehler nach § 83 Nr. 6 ZVG grundsätzlich für heilbar. Dies gilt auch für Mängel bei der Titelzustellung, wie z. B. die unterbliebene Zustellung der Vollmacht für eine Vollstreckungsunterwerfung.[192]

Nur bis zum Zuschlag und nicht mehr im Bescherdeverfahren heilbar ist dagegen ein Mangel des Vollstreckungstitels (z. B. die fehlende Erteilung und Zustellung der Rechtsnachfolgeklausel). Dieser Mangel kann nur bis zur Erteilung des Zuschlags geheilt werden.[193]

Wird der Rechtspfleger vom Schuldner wegen der Besorgnis der Befangenheit abgelehnt, darf eine Zuschlagsentscheidung gem. § 83 Nr. 6 ZVG erst nach Bescheidung des Ablehnungsgesuchs erfolgen.

---

187 *Böttcher* ZfIR 2007, 597, 598.

188 *Stöber* Einl. Rz. 58.3.

189 BGH 19.11.2009 WM 2010, 424, 84; *Stöber* § 84 Rz. 3.2; *Böttcher* § 84 Rz. 3.

190 BGH 16.2.2012 WM 2012, 812; 7.4.2011 WM 2011, 1024.

191 BGH 30.1.2004,Rpfleger 2004, 368; a.A. *Stöber* § 83 Rz. 2.1b; krit. auch: *Storz/Kiderlen* NJW 2007, 1846, 1848: Fall des § 83 Nr. 5 ZVG.

192 BGH 10.4.2008 WM 2008, 1505; a.A. *Stöber* § 83 Rz. 2.1b.

193 BGH 18.3.2010 WM 2010, 1233.

Ist das Ablehnungsgesuch allerdings rechtsmissbräuchlich, kann seine Nichtberücksichtigung nicht als ein der Zuschlagsentscheidung entgegenstehender Grund i.S. v. § 83 Nr. 6 ZVG angesehen werden. Rechtsmissbräuchlich ist ein Befangenheitsantrag dann, wenn er lediglich der Verfahrensverschleppung dient. Über das Ablehnungsgesuch kann in diesen Fällen der Rechtspfleger selbst entscheiden.[194]

Ein nicht heilbarer Zuschlagsversagungsgrund ist auch eine nicht rechtzeitige oder nicht richtige oder nur unvollständige Terminsveröffentlichung sowie die Nichteinhaltung der Mindestbietzeit, § 83 Nr. 7 ZVG.[195] Für die Zuschlagserteilung oder -versagung ist allein der Inhalt des protokollierten Geschehens im Versteigerungstermin maßgeblich, § 80 ZVG.[196]

Zieht das Gericht im Beschwerdeverfahren über einen Zuschlagsversagungsantrag des Schuldners den Ersteher gem. § 99 ZVG durch Übersendung der Beschwerdebegründung „zur Kenntnis und zur Stellungnahme" dem Verfahren bei, kann es die Kosten des Beschwerdeverfahrens dem Ersteher bei Zuschlagsversagung nur dann auferlegen, wenn es den Ersteher hierauf ausdrücklich hingewiesen hat.[197]

Ob das Verfahren im Falle einer Zuschlagsversagung aufgehoben oder eingestellt ist, richtet sich nach § 86 ZVG. Aufhebungswirkung kommt der Zuschlagsversagung zu, wenn sie auf Mängeln nach § 28 ZVG beruht, bei Antragsrücknahme nach § 29 ZVG, bei mehr als zwei Einstellungsbewilligungen nach § 30 ZVG oder bei Mängeln nach § 83 Nr. 5–6 ZVG.[198]

XIV. Wirkungen des Zuschlags

(siehe Beispielfall S. 365)

Der Zuschlag wird mit der Verkündung wirksam, § 89 ZVG.

Mit ihm wird der Ersteher originärer Eigentümer des Versteigerungsobjektes (keine Rechtsnachfolge),[199] sofern der Beschluss nicht wieder rechtskräftig im Erinnerungsverfahren aufgehoben wird, § 90 Abs. 1 ZVG. Eine zusätzliche notarielle Beurkundung ist nicht erforderlich.

---

194 BGH 21.6.2007 Rpfleger 2007, 619 sowie 14.4.2005 Rpfleger 2005, 415.
195 *Stöber* § 83 Rz. 4.2a u. b.
196 BGH 18.9.2008 WM 2009, 270; *Stöber* § 83 Rz. 4.2b.
197 BVerfG 12.1.2005 WM 2005, 335; *Stöber* § 99 Rz. 2.5; krit. hierzu: *Rimmelspacher/Fleck* WM 2005, 1777ff.
198 *Stöber* § 86 Rz. 2.2; *Böttcher* § 86 Rz. 1ff.
199 BGH 15.5.1986 Rpfleger 1986, 396.

Weiterhin erwirbt der Ersteher mit dem Zuschlag Eigentum an sämtlichen Gegenständen, auf die sich die Versteigerung erstreckt, § 90 Abs. 2 ZVG. Dazu gehören die wesentlichen Bestandteile des Versteigerungsobjektes und alle Zubehörstücke, die sich bei der Aufforderung zur Abgabe von Geboten auf dem Grundstück befanden. Dies gilt auch dann, wenn sie nicht im Eigentum des Schuldners standen, §§ 90 Abs. 2, 55 Abs. 2, 20 Abs. 2, 21 ZVG, § 1120 BGB.[200]

Einzelne und zum Teil mobile Elektroheizgeräte können wesentliche Bestandteile eines Gebäudes (und damit wesentliche Bestandteile des Grundstücks, § 94 Abs. 1 BGB) sein, wenn ansonsten keine anderen Heizmöglichkeiten vorhanden sind.[201]

Zwecks Vermeidung möglicher Schadensersatzansprüche des ursprünglichen Eigentümers sollte der Ersteher allerdings darauf achten, dass es vor Rechtskraft des Zuschlagsbeschlusses zu keinen von ihm zu verantwortenden Verschlechterungen des ersteigerten Objektes kommt.[202]

Wird der Zuschlag im Beschwerdeweg rechtskräftig wieder aufgehoben und einem anderen erteilt, ist der ursprüngliche Ersteher dem neuen Ersteher zur Herausgabe der gezogenen Nutzungen verpflichtet, §§ 988, 987 BGB.[203]

Ab dem Zuschlag gebühren dem Ersteher alle Nutzungen des Grundstücks; daneben trägt er die Lasten wie Grundsteuern und Zinsen ab diesem Zeitpunkt.[204] Ein Anspruch auf Gewährleistung besteht nicht, § 56 S. 3 ZVG. Der Gefahrübergang wird in § 56 S. 1 ZVG geregelt.

Schadensversicherungsverträge, die sich auf das Grundstück und die mitversteigerten Gegenstände beziehen, gehen auf den Ersteher über, §§ 99, 95 Abs. 1 VVG.

Kündigungsrechte bestehen sowohl für den Versicherer, wie für den Ersteher, § 96 VVG. Die Monatsfrist, innerhalb derer der Erwerber einer versicherten Sache die bestehenden Versicherungen kündigen kann, § 96 Abs. 2 S. 2 VVG, beginnt grundsätzlich mit der Erfüllung des Eigentumserwerbstatbestandes, im Fall des Erwerbs eines Grundstücks im Wege der Zwangsversteigerung mit dem Zuschlagsbeschluss.[205] Soweit der Erwerber erst später Kenntnis von der Versicherung erlangt und die Kündigungsfrist erst von dieser Kenntnis an läuft, § 96

---

200 *Stöber* § 90 Rz. 5; *Böttcher* § 90 Rz. 4.
201 AG Menden 17.8.2011, bestätigt durch LG Arnsberg 22.12.2011 Rpfleger 2012, 459.
202 OLG Celle 9.8.2006 WM 2006, 2039.
203 BGH 5.3.2010 WM 2010, 849.
204 *Stöber* § 56 Rz. 3.4–3.10; *Böttcher* § 56 Rz. 7 ff.
205 BGH 28.4.2004 NJW-RR 2004, 968.

Abs. 2 S. 2 VVG, genügt für den Fristbeginn die Kenntnis davon, dass bestimmte Risiken bei einem bestimmten Versicherer gedeckt sind.[206]

Der Eigentumswechsel ist dem Versicherer anzuzeigen, § 97 VVG.

Hausanschlusskosten und Baukostenzuschüsse, die der Voreigentümer aus von ihm mit dem Versorgungsunternehmen abgeschlossenen Anschlussverträgen schuldet, können nicht gegenüber dem Ersteher geltend gemacht werden, selbst wenn dieser die Versorgungsleistungen erstmals über den Anschluss in Anspruch nimmt.[207]

Mit dem Zuschlag erlöschen gem. § 91 Abs. 1 ZVG die nicht im geringsten Gebot aufgeführten Rechte. Dies gilt auch dann, wenn sie irrtümlich nicht berücksichtigt wurden.[208] Grundschulden, die durch den Zuschlag erlöschen, setzen sich am Versteigerungserlös fort.[209]

Ist die erlöschende Grundschuld eine Gesamtgrundschuld, die außerdem auf einem nicht versteigerten Grundstück lastet, so bleibt die Grundschuld an jenem Grundstück (zunächst) bestehen. Wenn und soweit allerdings auf die bei dem versteigerten Grundstück erlöschende Grundschuld ein Erlös entfällt, erlischt auch die Grundschuld an dem nicht versteigerten Grundstück gem. § 1181 Abs. 2 BGB.[210]

Gehören die mit einem Gesamtrecht belasteten Grundstücke verschiedenen Eigentümern und hat der Eigentümer, in dessen Grundstück die Zwangsversteigerung betrieben wird, gegen den anderen Eigentümer einen Ersatzanspruch, geht die Grundschuld an dem anderen Grundstück in Höhe des Ersatzanspruchs auf den Eigentümer, gegen den die Zwangsversteigerung betrieben wird, über, § 1182 BGB.[211]

Obwohl im geringsten Gebot nicht als bestehen bleibend berücksichtigt, können gewisse Rechte dennoch bestehen bleiben, § 52 Abs. 2 ZVG.

Dies gilt z.B. für das Recht auf eine Überbaurente, §§ 912ff. BGB, und eine Notwegrente, § 917 Abs. 2 BGB, sowie für den Erbbauzins, wenn dessen Bestehen bleiben nach § 9 Abs. 3 ErbbauVO als Inhalt der Reallast vereinbart worden ist (siehe hierzu auch Kapitel H).

206 BGH 28.4.2004 NJW-RR 2004, 968.
207 BGH 1.4.1987 u. 29.3.1990 NJW 1987, 2084 u. 1990, 21.30; *Stöber* § 56 Rz. 3.10; *Böttcher* § 56 Rz 8.
208 *Stöber* § 91 Rz. 2.1.
209 BGH 17.5.1988 WM 1988, 1137; *Stöber* § 91 Rz. 2.5; *Böttcher* § 91 Rz. 4.
210 BGH 11.10.1984 WM 1984, 1577.
211 BGH 11.10.1984 WM 1984, 1577.

Wird in ein Wohnungseigentum mit dem Rang nach § 10 Abs. 1 Nr. 2 ZVG vollstreckt, bleiben Grunddienstbarkeiten und beschränkte persönliche Dienstbarkeiten, die auf dem Grundstück als Ganzem lasten, auch dann bestehen, wenn sie bei der Feststellung des geringsten Gebotes nicht berücksichtigt werden. Dies allerdings nur dann, wenn ihnen kein anderes Recht der Rangklasse des § 10 Abs. 1 Nr. 4 ZVG vorgeht, aus dem die Versteigerung betrieben werden kann, § 52 Abs. 2 S. 2 ZVG.

Besonderheit Altenteilsrecht:
Trotz Nichtberücksichtigung im geringsten Gebot bleibt auch ein Altenteilsrecht bestehen, wenn und soweit das jeweilige Landesrecht dies vorsieht, § 9 Abs. 1 EGZVG. Dies gilt auch dann, wenn es dem bestrangig betreibenden Gläubiger im Range nachgeht oder gleichsteht.

Es erlischt nur dann, wenn sein Erlöschen als (besondere) Versteigerungsbedingung beantragt und festgestellt wird, § 9 Abs. 2 EGZVG. Der Rechtspfleger ist verpflichtet, die Beteiligten hierauf hinzuweisen.[212]

Der (Erlöschens-)Antrag kann bis zum Schluss der Versteigerung gestellt werden. Er hat zur Voraussetzung, dass durch das Fortbestehen des Altenteilsrechts ein diesem vor- oder gleichrangiges Recht eines Beteiligten beeinträchtigt würde. Da dies regelmäßig nicht bereits bei Antragstellung vorhersehbar ist, erfolgt in der Regel ein Doppelausgebot (gleichzeitiges[213] Ausgebot sowohl zu der gesetzlichen Bedingung des Bestehenbleibens des Altenteilsrechts, wie auch zu der beantragten Bedingung seines Erlöschens).[214]

Der Zuschlag erfolgt grundsätzlich auf das gesetzliche Ausgebot (also mit Bestehenbleiben des Altenteilsrechts), sofern der den Erlöschensantrag stellende Beteiligte durch das Zuschlagsgebot voll gedeckt ist oder jedenfalls nicht weniger erhält, als bei dem von ihm beantragten Ausgebot. Entscheidend ist also nicht ausschließlich das jeweils höhere Ausgebot, sondern ob der den Erlöschensantrag stellende Beteiligte bei einem Zuschlag auf das gesetzliche Ausgebot beeinträchtigt wäre.[215]

Dem Vollstreckungsgericht steht bei der Erteilung des Zuschlags kein Ermessen zu. Seine Entscheidung ist gebunden und bestimmt sich allein danach, ob der betroffene Gläubiger einen Antrag nach § 9 Abs. 2 EGZVG gestellt hat und

---

212 BGH 21.3.1991 WM 1991, 1182; *Gaberdiel/Gladenbeck* (a.a.O. Fn. 141) Rz. 1083, 1084.
213 BGH 1.12.2011 WM 2012, 451.
214 BGH 1.12.2011 WM 2012, 451.
215 LG Arnsberg 10.7.1984 Rpfleger 1984, 427; LG Flensburg 17.2.1964 SchlHA 1965, 146; *Stöber* EG 9 Rz. 4.1ff.

ob er bei einem Ausgebot unter Fortbestehen des Altenteils keine oder eine schlechtere Deckung erreicht als bei einem Ausgebot ohne Fortbestehen dieses Rechtes.[216]

Während die Ausführungsgesetze der Länder fast durchgängig das Bestehenbleiben eines Altenteils trotz dessen Nichtberücksichtigung im geringsten Gebot vorsehen, wurde das nordrhein-westfälische ZVG-Ausführungsgesetz zum 1.1.2011 aufgehoben, so dass in NRW ein nicht im geringsten Gebot zu berücksichtigendes Altenteil erlischt. Die Stellung eines Antrags auf Erlöschen ist demzufolge nicht erforderlich.[217]

Eine als Teil des geringsten Gebots bestehen bleibende Grundschuld ist für den Ersteher rechtlich und wirtschaftlich eine Belastung des Grundstücks, gleichgültig, ob sie valutiert oder nicht. Bei einer valutierenden Grundschuld muss er damit rechnen, dass der Gläubiger sie als Sicherheit in Anspruch nimmt. Der Ersteher kann dem Grundschuldgläubiger grundsätzlich keine Einreden entgegensetzen, die sich aus dem zwischen dem früheren Eigentümer (Sicherungsgeber) und dem Gläubiger (Sicherungsnehmer) abgeschlossenen Sicherungsvertrag ergeben.[218] Eine nicht mehr valutierende Grundschuld hat der Gläubiger durch Abtretung (i.d.R. an den früheren Eigentümer) zurückzugewähren.[219]

Ersteigert ein Miteigentümer das bis dahin gemeinsame Grundstück, kann er vom bisherigen Miteigentümer nicht auf Zahlung des hälftigen Betrages einer bestehen bleibenden und nicht mehr valutierenden Grundschuld in Anspruch genommen werden, die er mit dem vormaligen Miteigentümer einem Kreditinstitut zur Sicherung eines gemeinsam aufgenommenen Darlehens gewährt hatte. Er muss allerdings bei der („Rück-")Übertragung und Teilung der Grundschuld mitwirken und hinsichtlich einer dem bisherigen Miteigentümer gebührenden Teilgrundschuld die Zwangsvollstreckung in das von ihm ersteigerte Grundstück dulden.[220]

Die Eintragung des Erstehers als neuer Eigentümer kann erst erfolgen, wenn der Zuschlagsbeschluss rechtskräftig und der Teilungsplan ausgeführt ist, § 130 ZVG. Die Eintragung erfolgt nur auf Ersuchen des Vollstreckungsgerichts, § 38 GBO, und nicht etwa auf Antrag des Erstehers. Zur Umschreibung des Grundbuchs auf den Namen des Erstehers bedarf es der Vorlage der Unbedenk-

---

216 BGH 1.12.2011 WM 2012, 451.
217 Gesetz zur Modernisierung und Bereinigung von Justizgesetzen im Land Nordrhein-Westfalen, GV NRW 2010, 29 ff.
218 BGH 21.5.2003 Rpfleger 2003, 522.
219 BGH 17.5.1988 WM 1988, 1137; *Gaberdiel/Gladenbeck* (a.a.O. Fn. 122) Rz. 1131 ff.
220 BGH 20.10.2010 WM 2011, 90.

lichkeitsbescheinigung des Finanzamtes wegen der Grunderwerbsteuer, § 22 GrEStG.[221]

Das Grundbuchamt kann den Ersteher nicht über § 82 GBO zur Einreichung der Unbedenklichkeitsbescheinigung zwingen, um die Voraussetzungen für das Grundbuchersuchen des Vollstreckungsgerichts zu schaffen. Es liegt somit allein im Verantwortungsbereich des Vollstreckungsgerichts, auf die Erteilung einer Unbedenklichkeitsbescheinigung in Zusammenarbeit mit dem zuständigen Finanzamt hinzuwirken.[222]

Gegen den selbst nutzenden Eigentümer und seine Familienangehörigen sowie gegen Besitzer, deren Recht durch den Zuschlag erloschen ist (z. B. Wohnrechte), kann nach Erteilung einer Vollstreckungsklausel aus dem zugestellten Zuschlagsbeschluss die Zwangsräumung betrieben werden, § 93 Abs. 1 ZVG. Hierzu bedarf es weder der Rechtskraft des Zuschlagsbeschlusses noch einer besonderen richterlichen Genehmigung, § 758a Abs. 2 ZPO.[223]

Auch ein Rechtsnachfolger des Erstehers kann aus dem Zuschlagsbeschluss die Räumungsvollstreckung betreiben.[224]

In der dem Zuschlagsbeschluss beigefügten Vollstreckungsklausel muss der räumungspflichtige Besitzer (i. d. R. der Vollstreckungsschuldner) namentlich bezeichnet sein. Gleiches gilt für den mitbewohnenden Ehegatten oder einen nichtehelichen Lebensgefährten,[225] nicht hingegen für Kinder.[226] Bei dauerhaft in dem zu räumenden Objekt aufgenommenen Angehörigen müssen auch diese in der Vollstreckungsklausel benannt sein.[227]

Besteht im Falle einer Zwangsräumung bei einem nahen Angehörigen des Schuldners eine Suizidgefahr, ist diese bei der Anwendung des § 765a ZPO in gleicher Weise wie eine beim Schuldner selbst bestehende Gefahr zu berücksichtigen. Die Zwangsräumung kann aber selbst dann nicht ohne weiteres einstweilen eingestellt werden, wenn mit der Räumung eine konkrete Gefahr für Leben und Gesundheit des Schuldners oder eines nahen Angehörigen verbunden ist. Erforderlich ist stets die Abwägung der Interessen der Betroffenen mit den Vollstreckungsinteressen des Erstehers. Auch dann, wenn bei einer Räumungsvollstreckung eine konkrete Suizidgefahr für einen Betroffenen besteht,

---

221 *Stöber* § 130 Rz. 2; *Böttcher* § 130 Rz. 18 u. 24.
222 OLG Hamm 11.1.2012 Rpfleger 2012, 252 mit abl. Anm. *Krause.*
223 *Stöber* § 93 Rz. 2.1 u. 2.4; *Böttcher* § 93 Rz. 2; zur Räumung gegen Mit"besitzer" nach § 93 ZVG siehe auch: *Cranshaw/Gietl* ZfIR 2010, 753
224 LG Göttingen 29.1.1996 Rpfleger 1996, 300.
225 BGH 16.1.2008 WM 2008, 464 unter [27]; LG Wiesbaden 28.9.1998 DGVZ 2000, 24; *Stöber* § 93 Rz. 2.2.
226 OLG Hamburg 6.12.1990 MDR 1991, 453; *Stöber* § 93 Rz. 2.2.
227 AG Bad Neuenahr-Ahrweiler 18.3.1987 DGVZ 1987, 142; *Stöber* § 93 Rz. 2.2.

ist vom Gericht sorgfältig zu prüfen, ob dieser Gefahr nicht auch auf anderer Weise als durch Einstellung der Räumung wirksam begegnet werden kann. Auch der Gefährdete selbst ist gehalten, das ihm Zumutbare zu tun, um die Risiken, die für ihn im Fall der Räumung bestehen, zu verringern.[228]

Diese Maßstäbe gelten auch dann, wenn es darum geht, ob ein Zwangsversteigerungsverfahren wegen der bei endgültiger Zuschlagserteilung und Zwangsräumung des Grundstücks drohenden Gefahr der Selbsttötung des Schuldners einzustellen ist.[229]

Macht der Besitzer des ersteigerten Objektes, gegen den aus dem Zuschlagsbeschluss die Zwangsvollstreckung auf Räumung und Herausgabe betrieben wird, ein durch den Zuschlag nicht erloschenes Recht zum Besitz, § 93 Abs. 1 S. 2 ZVG, geltend (z.B. aufgrund eines Mietvertrages), so hat er dem Vollstreckungsgericht (zwecks Verhinderung der Erteilung einer Vollstreckungsklausel) zumindest Anhaltspunkte darzutun, die ein Besitzrecht zum Zeitpunkt der Zuschlagserteilung nahe legen. Ansonsten muss er seine Einwände gem. § 93 Abs. 1 S. 3 ZVG im Wege einer Klage nach § 771 ZPO geltend machen.[230]

XV. Gerichtliche Verwaltung für Rechnung des Erstehers, § 94 ZVG

Bezweckt wird der Schutz gegen tatsächliche Verfügungen des Erstehers bis zur Zahlung oder Hinterlegung des Meistgebotes, die zu einer sich in einem möglichen Wiederversteigerungsverfahren negativ auswirkenden Wertminderung führen könnten.

Beispiele:
Abholzen; Ausbeuten von Bodenbestandteilen; Vornahme baulicher Veränderungen; Kündigung von Mietverträgen; Neubegründung von Mietverträgen zur Erschwerung der Wiederversteigerung.[231] Schutz vor rechtlichen Verfügungen bietet § 130 Abs. 3 ZVG.

---

228 BGH 4.5.2005 WM 2005, 1226.
229 BVerfG 5.11.2007 WM 2007, 2297; BGH 14.6.2007 WM 2007, 582; BGH 24.11.2005 WM 2006, 813; hierzu auch: *Storz/Kiderlen* NJW 2007, 1846, 1849.
230 BGH 14.2.2008 DGVZ 2008, 170; 27.2.2004 WM 2004, 754 Rpfleger 2004, 368; OLG Hamm 6.12.1988 Rpfleger 1989, 165; OLG Frankfurt am Main 31.7.1987 Rpfleger 1989, 209.
231 *Stöber* § 94 Rz. 3.4.

Antragsberechtigt ist jeder Beteiligte, der eine Befriedigung aus dem baren Meistgebot zu erwarten hat, evtl. auch der Schuldner bei voraussichtlicher Zuteilung auf ein Eigentümerrecht oder bei einem möglichen Erlösüberschuss. Das Antragsrecht entfällt, wenn die Bietsicherheit den Anspruch des Beteiligten deckt.[232]

Die Antragstellung erfolgt schriftlich oder zu Protokoll des Gerichtes, frühestens im Versteigerungstermin nach Gebotsabgabe, spätestens bis zur Zahlung bzw. Hinterlegung des baren Meistgebots – und bei Nichtzahlung des baren Meistgebots – bis zum Ablauf von drei Monaten nach der Forderungsübertragung nach § 118 Abs. 1 ZVG, denn bis dahin ist der Gläubiger noch nicht befriedigt.

Bei Verzicht auf die Rechte aus der Forderungsübertragung oder bei Stellung eines Wiederversteigerungsantrages innerhalb von drei Monaten seit Verkündung der Forderungsübertragung kann der Antrag sogar noch später gestellt werden, da nach § 118 Abs. 2 S. 2 ZVG in diesen Fällen keine Befriedigungswirkung eintritt und der Berechtigte nach wie vor „Befriedigung aus dem Bargebot zu erwarten hat".[233]

Über den Antrag entscheidet das Vollstreckungsgericht nach Zuschlagserteilung durch Beschluss, der dem Ersteher zuzustellen ist, und der auch die Verwalterbestellung enthält.

Besitz des Versteigerungsobjektes seitens des Erstehers ist keine Zulässigkeitsvoraussetzung für die Anordnung der gerichtlichen Verwaltung. Sie kann also auch bei Schuldnerbesitz oder Besitz eines sonstigen Dritten erfolgen.[234]

Die Anordnung der Ersteherverwaltung wird nicht im Grundbuch vermerkt.

Auf die Verwaltung finden die Zwangsverwaltungsvorschriften entsprechende Anwendung, § 94 Abs. 2 ZVG; allerdings ohne §§ 156 Abs. 2, 157–160 ZVG (= Vorschriften über die Gläubigerbefriedigung).[235] Auch steht dem Schuldner kein Wohnrecht nach § 149 ZVG zu.

Der Verwalter hat alle rechtlichen und tatsächlichen Handlungen vorzunehmen, die der Sicherungszweck erfordert. Er hat Nutzungen zu ziehen und Ausgaben zu tätigen.

Die Kündigung und der Abschluss von Miet- und Pachtverträgen können nur durch den Verwalter erfolgen (dieses Recht steht nicht dem Ersteher zu, da es dem Regelungszweck von § 94 ZVG zuwiderliefe).[236]

---

232 *Stöber* § 94 Rz. 2.2; *Böttcher* § 94 Rz. 2.
233 *Stöber* § 94 Rz. 2.4.
234 LG Dortmund 11.3.1993 Rpfleger 1994, 121; *Stöber* § 94 Rz. 2.5; *Böttcher* § 94 Rz. 3.
235 *Stöber* § 94 Rz. 3.1; *Böttcher* § 94 Rz. 5.
236 *Stöber* § 94 Rz. 3.4; *Böttcher* § 94 Rz. 7.

Erzielte Nutzungsüberschüsse werden gem. einem vom Gericht aufzustellenden Teilungsplan verteilt; Auszahlungen dürfen aber nur an die Gläubiger bestehen gebliebener Rechte vorgenommen werden. Den Gläubigern der durch Zuschlag erloschenen Rechte haftet dagegen ausschließlich der Versteigerungserlös.[237]

Die anfallenden Verwaltungskosten trägt der Ersteher (bei subsidiärer Haftung des Antragstellers).[238]

Verfahrensaufhebung erfolgt durch das Vollstreckungsgericht von Amts wegen bei

- Antragsrücknahme,
- Zahlung/Hinterlegung des zur Deckung des Anspruches des Antragstellers erforderlichen Betrages des baren Meistgebotes,[239]
- Verstreichen der Dreimonatsfrist des § 118 Abs. 2 S. 2 ZVG ohne Verzicht und Wiederversteigerungsantrag (hier tritt endgültig Befriedigungsfiktion nach § 118 Abs. 2 S. 1 ZVG ein),
- Nichtzahlung eines Vorschusses durch den Antragsteller, § 161 Abs. 3 ZVG,[240]
- rechtskräftiger Aufhebung des Zuschlags.

XVI. Rechtsmittel gegen die Zuschlagsentscheidung

Die Zuschlagsentscheidung ist mit sofortiger Beschwerde anfechtbar, § 96 ZVG, § 793 Abs. 1 ZPO.[241] Der Beginn der zweiwöchigen Rechtsmittelfrist ist in § 98 ZVG geregelt.

Beschwerdeberechtigt im Falle der Erteilung des Zuschlags ist jeder Verfahrensbeteiligte, der Ersteher, ein für zahlungspflichtig erklärter Dritter (z.B. ein Bürge), ein Bieter, dessen Gebot nicht erloschen ist oder sein Zessionar sowie ein verdeckter Vollmachtgeber, § 97 Abs. 1 ZPO.[242]

Im Falle der Zuschlagserteilung beginnt die Beschwerdefrist auch dann mit der Verkündung des Beschlusses im Versteigerungstermin zu laufen, § 98 S. 2

---

237 *Stöber* § 94 Rz. 3.3; *Böttcher* § 94 Rz. 7.
238 *Böttcher* § 94 Rz. 7.
239 *Stöber* § 94 Rz. 3.9; *Böttcher* § 94 Rz. 9.
240 *Stöber* § 94 Rz. 3.9; *Böttcher* § 94 Rz. 9.
241 *Stöber* § 96 Rz. 2 u.3; *Böttcher* § 96 Rz. 2.
242 *Stöber* § 97 Rz. 2.1–2.10.

ZVG, wenn sich der Bieter im Termin vertreten lässt und der Vertreter über eine uneingeschränkte Verfahrensvollmacht verfügt.[243]

Die Frist für die Beschwerde gegen den Zuschlag beginnt analog § 98 S. 2 ZVG auch bei einem Beteiligten, der sein Recht gem. § 97 Abs. 2 ZVG erst nachträglich im Beschwerdeverfahren anmeldet, mit der Verkündung des Zuschlagsbeschlusses.[244]

Für die befristeten Rechtsmittel im Zwangsversteigerungsverfahren besteht das Erfordernis einer Rechtsmittelbelehrung. Deren Unterbleiben steht aber weder der Wirksamkeit der gerichtlichen Entscheidung noch dem Beginn des Laufes der Rechtsmittelfrist entgegen. Ist die fehlende Belehrung für die Versäumung der Rechtsmittelfrist ursächlich, ist bei der Prüfung der Wiedereinsetzung in den vorigen Stand fehlendes Verschulden des Rechtsmittelführers unwiderleglich zu vermuten.[245]

Das Rechtsbeschwerdegericht (der BGH, § 133 GVG) kann die Vollziehung des Zuschlags (nicht jedoch dessen Wirksamkeit) aussetzen, § 575 Abs. 2 i. V. m. § 570 Abs. 3 ZPO, muss dabei aber die Erfolgsaussichten des Rechtsmittels und die drohenden Nachteile für die übrigen Verfahrensbeteiligten gegeneinander abwägen. Ein Aussetzung der Vollziehung wird regelmäßig nur dann in Betracht kommen, wenn durch die (weitere) Vollziehung dem Rechtsbeschwerdeführer größere Nachteile drohen, als den anderen Beteiligten bei Aussetzung der Vollziehung, die Rechtslage zumindest zweifelhaft ist und die Rechtsbeschwerde zulässig erscheint.[246]

Bei einer Zuschlagsversagung ist der das Verfahren betreibende Gläubiger beschwerdeberechtigt, sowie ein Bieter, dessen Gebot nicht erloschen ist oder sein Zessionar sowie ein verdeckter Vollmachtgeber, § 97 Abs. 1 ZPO.[247]

Der Schuldner ist bei einer Zuschlagsversagung ausnahmsweise dann beschwerdeberechtigt, wenn das Vollstreckungsgericht den Zuschlag auf ein unwirksames Gebot rechtsfehlerhaft nach § 85a Abs. 1 ZVG (Nichterreichung der $^5/_{10}$-Grenze) versagt, statt das Gebot nach § 71 Abs. 1 ZVG zurückzuweisen.[248]

Die Beschwerdegründe gegen die Zuschlagsentscheidung ergeben sich ausschließlich aus § 100 ZVG.

---

243 BGH 28.2.2008 WM 2008, 1567; *Stöber* § 98 Rz. 2.1.

244 BGH 5.7.2007 WM 2007, 1841; *Stöber* § 98 Rz. 2.1 b.

245 BGH 26.3.2009 WM 2009, 1056.

246 BGH 18.12.2008 WM 2009, 358 unter III 5.; 27.8.2008 – V ZB 94/08 –; 31.10.2007 WuM 2008, 95.

247 *Stöber* § 97 Rz. 2.11.

248 BGH 18.10.2007 WM 2008, 304.

Eine Zuschlagsbeschwerde ist nur zulässig, wenn der Beschwerdeführer ein rechtliches Interesse an der Aufhebung der Zuschlagsentscheidung hat. Daran fehlt es, wenn nur die Rechte eines anderen beeinträchtigt worden sind, § 100 Abs. 2 ZVG, oder wenn feststeht, dass sich der gerügte Verfahrensverstoß auf das Recht des Beschwerdeführers nicht ausgewirkt hat.[249]

Ein eigenes Beschwerderecht nach § 100 Abs. 1 ZVG wegen der Verletzung des Rechts eines anderen Beteiligten steht dem Schuldner allerdings – aber auch nur dann – zu, wenn diese Verletzung mittelbar auch zu einer Beeinträchtigung seiner rechtlich geschützten und nicht nur wirtschaftlichen Interessen geführt hat.[250]

Ein Vollstreckungsschutzantrag nach § 765a ZPO zur Verhinderung einer Verschleuderung des Versteigerungsobjektes kann nach erfolgter Zuschlagserteilung nicht mehr gestellt werden.[251]

Demgegenüber kann die ernsthafte Gefahr einer Selbsttötung des Schuldners wegen der Zwangsversteigerung seines Grundstücks auch dann zur Aufhebung des Zuschlagsbeschlusses und zur einstweiligen Einstellung des Verfahrens führen, wenn sich die Suizidgefahr erst nach Verkündung des Zuschlagsbeschlusses aufgrund während des Beschwerdeverfahrens zu Tage tretender neuer Umstände ergibt.[252] Das gilt auch dann, wenn die Fortführung des Versteigerungsverfahrens den Erfolg der Behandlung einer lebensbedrohlichen Erkrankung des Schuldners gefährdet.[253] Hat sich die zuständige Behörde des suizidgefährdeten Schuldners angenommen und Maßnahmen ergriffen, kann das Vollstreckungsgericht davon ausgehen, dass diese ausreichen. Flankierende Maßnahmen hat das Gericht nur dann zu erwägen, wenn es konkrete Anhaltspunkte dafür hat, dass die von der Behörde ergriffenen Maßnahmen nicht ausreichen, oder wenn sich konkrete neue Gesichtspunkte ergeben, die die Lage entscheidend verändern.[254]

Es spielt keine Rolle, ob die auf den Zuschlagsbeschluss zurückzuführende Gefahr der Selbsttötung sich erstmals nach dessen Erlass gezeigt hat oder ob sie schon zuvor latent vorhanden war und sich durch den Zuschlag im Rahmen eines dynamischen Geschehens weiter vertieft hat. Die Suizidgefahr ist vom

---

249 BGH 22.1.2009 – V ZB 101/08 –; 20.7.2006 Rpfleger 2006, 665.
250 BGH 22.1.2009 – V ZB 101/08 –.
251 LG Mönchengladbach 25.2.2004 Rpfleger 2004, 436; OLG Köln, MDR 1988, 152; *Stöber* Einl. Rz. 57.2, 59.10.
252 BGH 18.9.2008 NJW 2009, 80; 24.11.2005 WM 2006, 813.
253 BGH 21.7.2011 WM 2011, 1707.
254 BGH 9.6.2011 WM 2011, 1604.

Vollstreckungsgericht unter Berücksichtigung der vom BVerfG hierzu aufgestellten Grundsätze zu beachten.[255]

Ein rechtskräftiger Zuschlagsbeschluss kann allerdings nicht nach § 765a
ZPO aufgehoben werden.[256] Rechtsmängel begründende Tatsachen, die erst
nach Erteilung des Zuschlags entstanden oder dem Vollstreckungsgericht bekannt geworden sind, müssen auch in einem Beschwerdeverfahren gegen den
Zuschlagsbeschluss grundsätzlich unberücksichtigt bleiben und dürfen nicht
zur Aufhebung des Zuschlags führen.[257]

Dieser Grundsatz erfährt nur dann eine Durchbrechung, wenn eine konkrete Gefahr für Leben oder Gesundheit des Schuldners oder eines nahen Angehörigen infolge des Eigentumsverlustes durch die Zuschlagserteilung (noch) während des Verfahrens über eine gegen den Zuschlagsbeschluss zulässigerweise
erhobene Beschwerde zutage tritt und dem (Beschwerde-)Gericht unterbreitet
wird.[258]

Mit der Rechtskraft des Zuschlagsbeschlusses und der Verteilung des Erlöses
ist das Zwangsversteigerungsverfahren jedoch beendet. Der rechtskräftige Zuschlagsbeschluss kann danach grundsätzlich nicht mehr geändert oder ergänzt
werden. Dem Schuldner bleibt allenfalls über § 765a ZPO die Möglichkeit, die
vorläufige Einstellung der Räumungsvollstreckung zu erreichen.[259]

Ist über das Vermögen des Schuldners ein Insolvenzverfahren eröffnet,
kann er ihm zustehende Rechtsbehelfe grundsätzlich nicht mehr selbst einlegen, es sei denn, der Insolvenzverwalter/Treuhänder hätte den Vollstreckungsgegenstand freigegeben.[260] Dies gilt auch für die Stellung eines Vollstreckungs-
schutzantrages nach § 765a ZPO.[261] Eine Ausnahme gilt allerdings für den Fall,
dass der Schuldner den Schutzantrag auf eine Gefahr für Leben und körperliche
Unversehrtheit für sich oder einen nahen Angehörigen stützt.[262]

Die Aufhebung des Zuschlagsbeschlusses im Rechtsbehelfsverfahren wirkt
für das weitere Verfahren nicht anders als eine anfängliche Versagung des Zu-

---

255 BVerfG 11.7.2007 WM 2007, 1666.

256 BGH 1.10.2009 WM 2010, 522; bestätigt durch BVerfG 3.3.2010 WM 2010, 767.

257 BGH 13.7.1965 WM 1965, 937; OLG Düsseldorf 20.5.1987 Rpfleger 1987, 514.

258 BGH 18.9.2008 NJW 2009, 80.

259 BGH 18.12.2008 WM 2009, 358 unter III 5.; 27.8.2008 – V ZB 94/08 –; 31.10.2007 WuM
2008, 95.

260 BGH 29.5.2008 ZInsO 2008, 741; 18.10.2007 WM 2007, 2329, krit. hierzu: *Keller* ZfIR 2008,
134, 136.

261 *Stöber* Einl. Rz. 53.1; MünchKommZPO/*Heßler* § 765a, Rz. 77; *Zöller/Stöber* § 765a Rz. 19;
Stein/Jonas/Münzberg § 765a, Rz. 19.

262 BGH 12.3.2009 ZInsO 2009, 1029; 18.12.2008 WM 2009, 358.

schlags durch das Vollstreckungsgericht, deren Rechtsfolgen nach Eintritt der Rechtskraft sich nach § 86 ZVG bestimmen.[263]

Ist die Fortsetzung des Verfahrens zulässig, so darf sie – soweit das Gericht nichts anderes bestimmt – nur aufgrund eines Antrags des Gläubigers nach § 31 Abs. 1 S. 1 ZVG erfolgen. Das Vollstreckungsgericht ist nicht befugt, einen von ihm im vorangegangenen Versteigerungstermin begangenen Fehler, der auf die Beschwerde eines Beteiligten zur Aufhebung des Zuschlags geführt hat, von sich aus dadurch zu beheben, dass es sogleich von Amts wegen einen neuen Versteigerungstermin bestimmt.[264]

XVII. Gerichtskosten für Versteigerungstermin und Zuschlag

1. Termingebühr

Für die Abhaltung des Versteigerungstermins wird eine Termingebühr von 0,5 des Gebührensatzes erhoben, GKG-KV 2213. Der Wert der Gebühr bestimmt sich nach dem vom Vollstreckungsgericht nach § 74 a ZVG festgesetzten Verkehrswert.[265]

Der Versteigerungstermin gilt als abgehalten, wenn zur Abgabe von Geboten aufgefordert worden ist. Das weitere Schicksal des Termins ist für die Erhebung der Gebühr unerheblich. Die Gebühr wird allerdings nur einmal erhoben, auch wenn mehrere Termine stattfinden müssen.[266]

Keine Termingebühr wird erhoben, wenn der Zuschlag wegen des Nichterreichens der $5/_{10}$-Grenze, § 85a ZVG, bzw. der $7/_{10}$-Grenze, § 74a ZVG, zu versagen ist, GKG-KV 2213.

Kostenschuldner der dem Versteigerungserlös gem. § 109 ZVG vorweg zu entnehmenden Termingebühr ist der Antragsteller.[267]

---

263 BGH 19.11.2009 WM 2010, 424; 25.1.2007 WM 2007, 655, 658.
264 BGH 19.11.2009 WM 2010, 424; *Stöber* § 86 Rz. 2.5.
265 *Stöber* Einl. Rz. 78.3.
266 *Stöber* Einl. Rz. 78.1.
267 *Stöber* Einl. Rz. 78.4.

2. Zuschlagsgebühr

Die Gerichtskosten für die Erteilung des Zuschlags und die danach erfolgende Umschreibung des Eigentums im Grundbuch trägt der Ersteher.[268]

Für den Zuschlagsbeschluss wird eine Gebühr von 0,5 des Gebührensatzes erhoben, GKG-KV 2214. Der Wert der Gebühr bestimmt sich nach dem Meistgebot, für das der Zuschlag erteilt wird, ohne Zinsen (aus § 49 ZVG), einschließlich des Wertes der bestehen bleibenden Rechte zuzüglich des Betrages, in dessen Höhe der Ersteher nach § 114 a ZVG als aus dem Grundstück befriedigt gilt, § 54 Abs. 2 GKG. Wird der Zuschlag aufgehoben, entfällt die Gebühr.[269]

Rechtsgrundlage für die Berechnung der Gebühr, die vom Grundbuchamt für die Eintragung des Erstehers als Eigentümer erhoben wird, ist § 60 KostO.

Bemessungsgrundlage für die (volle) Gebühr ist der vom Vollstreckungsgericht gem. § 74 a Abs. 5 ZVG festgesetzte Verkehrswert.

---

268 *Stöber* Einl. Rz. 79.6.
269 *Stöber* Einl. Rz. 79.1.

F. Verteilung des Erlöses

I. Verteilungstermin

Der vom Vollstreckungsgericht zu bestimmende Verteilungstermin findet in der Regel ca. sechs bis acht Wochen nach Zuschlagserteilung statt, § 105 Abs. 1 ZVG.

Im Gegensatz zum Versteigerungstermin ist er nicht öffentlich.

Teilnahmeberechtigt sind nur die Verfahrensbeteiligten, der Ersteher, ein für die Sicherheitsleistung haftender Bürge, § 69 Abs. 2 ZVG, sowie ein Meistbietender, der sein Recht aus dem Meistgebot an den Ersteher abgetreten oder für diesen geboten hat, § 81 Abs. 2, 3 ZVG.

Der Termin ist allen Beteiligten mitzuteilen, § 105 Abs. 2 ZVG.

Die Anmeldungen (s. Beispielfall S. 377) erfolgen hinsichtlich der Zinsberechnung bei

– bestehen bleibenden Rechten bis zu dem Tag vor dem Zuschlag, § 56 S. 2 ZVG
– erlöschenden Rechten bis zum Tag vor dem Verteilungstermin.

Sofern nicht in Höhe der vollen dinglichen Forderung angemeldet wird, ist bei einer voll zu befriedigenden persönlichen Forderung die Dauer der Überweisung des zugeteilten Erlöses durch die Gerichtskasse zu berücksichtigen. Ein gewisser Sicherheitszuschlag auf die angemeldete (persönliche) Forderung empfiehlt sich daher.

Wer auf Löschungsvormerkungen angewiesen ist oder Rückgewähransprüche geltend macht, sollte den Verteilungstermin auf jeden Fall wahrnehmen; gleiches gilt für die Abgabe einer Liegenbelassungserklärung (hierzu S. 192) oder wenn sonstige Probleme im Hinblick auf die Erlösverteilung nicht ausgeschlossen werden können.

Streit entsteht nicht selten darüber, ob ein am Versteigerungsobjekt grundpfandrechtlich abgesicherter Gläubiger verpflichtet ist, dass ihm zustehende Recht im Versteigerungsverfahren vollumfänglich geltend zu machen.

Beispiel:

III/1   € 55.000 Grundschuld nebst 15% Zinsen zugunsten Sparkasse
III/2   € 30.000 Grundschuld nebst 15% Zinsen zugunsten Volksbank

Die für die Grundschuld der Sparkasse geltende Sicherungszweckvereinbarung sieht vor, dass die Sparkasse nicht verpflichtet ist, in einem etwaigen Zwangsversteigerungsverfahren aus der Grundschuld einen Betrag geltend zu machen, der ihre besicherten Ansprüche übersteigt.

In dem allein von der Volksbank betriebenen Zwangsversteigerungsverfahren verzichtet die Sparkasse gegenüber dem Versteigerungsgericht auf die Geltendmachung ihrer Grundschuldzinsen.

Nach dem Zuschlag erteilt die Sparkasse dem Ersteher eine Löschungsbewilligung gegen Zahlung von 57.390,67 € (Grundschuldkapital zzgl. dinglicher Zinsen vom Zuschlag bis zur Ablösung).

Wegen ihres Verzichtes auf die Zinsen bis zum Zuschlag wird die Sparkasse vom (vormaligen) Eigentümer/Sicherungsgeber auf Schadensersatz in Anspruch genommen.

Der BGH hat hierzu entschieden, dass sich für den die Zwangsversteigerung nicht betreibenden Grundschuldgläubiger aus dem durch die Sicherungsabrede mit dem Schuldner/Eigentümer/Sicherungsgeber begründeten Treuhandverhältnis nicht die Verpflichtung ergibt, nicht benötigte Grundschuldzinsen im Zwangsversteigerungsverfahren geltend zu machen.[1]

Ob sich hieran etwas ändert, wenn der am Versteigerungsobjekt grundpfandrechtlich abgesicherte Gläubiger selber (auch) die Zwangsversteigerung aus seinem Recht betreibt, hatte der BGH für den nachfolgenden Fall zu entscheiden:

Beispiel:

III/1   € 75.000 Grundschuld nebst 15% Zinsen zugunsten B-Bank.

III/2   € 72.500 Grundschuld nebst 15% Zinsen zugunsten S-Bank.

Die für die Grundschuld der B-Bank geltende Sicherungszweckvereinbarung sieht vor, dass die B-Bank nicht verpflichtet ist, im Zwangsversteigerungsverfahren einen Grundschuldbetrag geltend zu machen, der über ihre besicherten Forderungen hinaus geht und dass sie im Verteilungsverfahren auf etwaige Mehrerlöse verzichten kann.

Die Ansprüche auf Übertragung vorrangiger Grundschulden und u. a. auf Auskehr des Erlöses hat der Schuldner an die S-Bank abgetreten (Anzeige an die B-Bank ist erfolgt).

Nach Eröffnung des Insolvenzverfahrens über das Schuldnervermögen betreibt die B-Bank das Zwangsversteigerungsverfahren. Der Zuschlag erfolgt zum Meistgebot iHv 89.2 T€. Da die B-Bank ihre Grundschuldzinsen zum Verteilungstermin nur anteilig geltend macht, bekommt die S-Bank einen Teilbetrag zugeteilt.

Der Insolvenzverwalter verklagt die B-Bank auf Schadensersatz in Höhe des an die S-Bank zugeteilten Betrages.

Nach Auffassung des BGH ist der die Zwangsversteigerung betreibende Grundschuldgläubiger jedenfalls dann nicht verpflichtet, für die Erfüllung seiner (grundschuldbesicherten) Ansprüche gegen den Schuldner nicht benötigte Grundschuldzinsen (dennoch) anzumelden, wenn diese Mehranmeldung für ihn mit Risiken behaftet ist.

---

1 BGH 16.12.2011 WM 2012, 301.

Ein derartiges Risiko war im vorliegenden Fall nach Auffassung des BGH für die B-Bank gegeben, da sie befürchten musste, durch die Geltendmachung auch der nicht benötigten Grundschuldzinsen der S-Bank einen Teil des Versteigerungserlöses zu entziehen und dieser für deren Ausfall wegen Verletzung von Pflichten aus einem vertragsähnlichen geschäftlichen Kontakt Schadensersatz leisten zu müssen.

Die Abtretung der Ansprüche auf Rückübertragung der Grundschuld an einen Dritten verpflichtet den Gläubiger nach Ansicht des BGH nicht zur Anmeldung nicht benötigter Grundschuldzinsen, wenn das Absehen von einer Mehranmeldung dazu führt, dass der Zessionar des Rückübertragungsanspruchs (hier die S-Bank) auf die Grundschuldzinsen zugreifen kann.[2]

Wieder anders ist die Rechtslage zu beurteilen, wenn der Ersteher eine anlässlich der Versteigerung bestehen gebliebene Grundschuld ablösen will:

Beispiel:

Das Darlehen der B-Bank ist durch Grundschulden am Grundstück von A/B gesichert.

In der Teilungsversteigerung ersteigert E das (mit den Grundschulden der B-Bank belastete) Grundstück.

Gemäß der für ihre Grundschulden geltenden Sicherungszweckvereinbarung ist die B-Bank nicht verpflichtet, die Grundschulden über die durch sie besicherten Ansprüche hinaus geltend zu machen und berechtigt, ganz oder teilweise auf die Grundschulden zu verzichten; auch bei Verwertung außerhalb eines Zwangsversteigerungsverfahrens.

Die B-Bank fordert den E lediglich zur Zahlung des Grundschuldnominalbetrages, nicht aber auch zur Begleichung der dinglichen Zinsen seit Zuschlag auf. Diese tritt sie an A/B ab.

A/B betreiben wegen der dinglichen Zinsen die Zwangsversteigerung des von E ersteigerten Grundstücks.

Wegen angeblichen Verzichtes der B-Bank auf die dinglichen Zinsen seit Zuschlag erhebt E Vollstreckungsabwehrklage. A/B klagen daraufhin auf Feststellung, dass die B-Bank ihnen zum Schadensersatz verpflichtet sei, weil sie von E auch die dinglichen Zinsen seit Zuschlag hätte einfordern müssen.

Der BGH hat den Fall wie folgt entschieden:

Soll eine in der Zwangs- oder Teilungsversteigerung bestehen gebliebene Grundschuld verwertet werden, ist der Grundschuldgläubiger aufgrund des durch die Sicherungsabrede begründeten Treuhandverhältnisses mit dem persönlichen Schuldner zur Verwertung der Grundschuld in der Weise verpflichtet, dass dieser von der persönlichen Schuld/den durch die Grundschuld besicherten Verbindlichkeiten vollständig befreit wird; eine Verpflichtung zur Geltend-

---

2 BGH 3.2.2012 WM 2012, 591.

machung auch der zur Zeit der Ablösung nicht valutierten bzw. nicht benötigten Grundschuldzinsen treffen den Grundschuldgläubiger nicht.[3]

Die Entscheidung des BGH ist für den Grundschuldgläubiger kein Freibrief dahingehend, bei der Verwertung/Ablösung seiner in der Versteigerung bestehen gebliebenen Grundschuld auf nicht benötigte Grundschuldzinsen verzichten zu dürfen. Die Berechtigung des Grundschuldgläubigers zum Zinsverzicht war ebenso wenig Gegenstand des BGH-Urteils, wie die Prüfung der banküblichen Sicherungsvereinbarung, bei der Zwangsversteigerung auf nicht benötigte Grundschuldteile verzichten zu dürfen. Der BGH verneint lediglich die Verpflichtung des Gläubigers zur Geltendmachung/Durchsetzung nicht benötigter dinglicher Zinsen gegenüber dem neuen Eigentümer. Dies darf er dem vormaligen Eigentümer des versteigerten Objektes überlassen.

Ein nach Eigentumswechsel erfolgter Verzicht des Gläubigers auf die seit Zuschlag entstandenen dinglichen Zinsen kann demgegenüber den Rückgewähranspruch des vormaligen Eigentümers/Sicherungsgebers beeinträchtigen und Schadensersatzansprüche auslösen.[4]

II. Teilungsplan

Im Verteilungstermin wird nach § 113 ZVG vom Vollstreckungsgericht der Teilungsplan als Grundlage für die Erlösverteilung aufgestellt.

Seine Form und sein Inhalt sind im Gesetz nicht konkret geregelt; in der Praxis ist häufig die nachfolgende Gliederung anzutreffen:

1. Vorbemerkungen

Sie enthalten Aussagen zu dem versteigerten Objekt, so z.B. die Bezeichnung des vom Verfahren betroffenen Grundstücks, den Namen des Erstehers, den Tag der Zuschlagserteilung, den Einheits- und den Verkehrswert des Grundstücks etc.

---

3 BGH 4.2.2011 WM 2011, 596.
4 Zu den vorgenannten BGH-Entscheidungen (Fn. 1–3) siehe auch: *Jähne/Witte* Rpfleger 2012, 473 ff.; *Alff*, Rpfleger 2011, 357 ff.; *Fischer* ZInsO 2012, 1493, 1500 ff unter IV 3 und 4.

2. Teilungsmasse

Sie ist der Ersatz für das versteigerte Objekt und die mitversteigerten Gegenstände. An ihr setzen sich die Ansprüche auf Befriedigung aus dem Versteigerungsobjekt fort, die nach den Versteigerungsbedingungen erloschen sind (so z. B. eine erloschene Grundschuld).

Über den Erlösanspruch, der als Surrogat an die Stelle einer mit dem Zuschlag erloschenen Grundschuld tritt, kann der Berechtigte erst nach dem Zuschlag verfügen. Eine bereits vor dem Zuschlag erfolgte Abtretung wird mit dem Zuschlag nicht wirksam.[5]

Die Teilungsmasse setzt sich in der Regel aus dem baren Meistgebot und den Bargebotszinsen (4% ab dem Zuschlagstag bis zum Tag vor dem Verteilungstermin, § 49 Abs. 2 ZVG) zusammen.

Hinterlegt der Ersteher das Bargebot schon vor dem Verteilungstermin unter Rücknahmeverzicht, endet seine Zinspflicht das bare Meistgebot betreffend am Tage vor der Wirksamkeit der Hinterlegung, § 49 Abs. 4 ZVG.[6]

Hat der Ersteher für sein Gebot eine Sicherheitsleistung auf das Konto der Gerichtskasse überwiesen, wird diese auf die Zahlung des Meistbargebotes angerechnet, § 107 Abs. 3 ZVG. Auch wegen dieses Betrages endet die Verzinsungspflicht, § 49 Abs. 4 ZVG analog.[7]

Das Bargebot ist so rechtzeitig durch Überweisung oder Einzahlung auf ein Konto der Gerichtskasse zu entrichten, dass der Betrag der Gerichtskasse vor dem Verteilungstermin gutgeschrieben ist und ein Nachweis hierüber im Termin vorliegt, § 107 Abs. 2 S. 2 i. V. m. § 49 Abs. 3 ZVG. Eine Barzahlung im Verteilungstermin ist ausgeschlossen.

Nicht zur Teilungsmasse gehören Einkünfte aus einer parallel zur Zwangsversteigerung betriebenen Zwangsverwaltung, da es sich um zwei getrennte Verfahren mit voneinander unabhängigen Teilungsmassen handelt. Unter Umständen ist aber bei der Zuteilung aus der Zwangsversteigerungs-Teilungsmasse zu berücksichtigen, ob und wie viel dem Gläubiger bereits aus der Zwangsverwaltungsteilungsmasse zugeteilt wurde.[8]

---

5 BGH 6.11.1963 NJW 1964, 813; *Stöber* § 114 Rz. 5.1c; *Gaberdiel/Gladenbeck* Kreditsicherung durch Grundschulden Rz. 1166.

6 *Stöber* § 107 Rz. 2.2b u. § 49 Rz. 3.1 u. 5.2; *Böttcher* § 107 Rz. 3.; Die Hinterlegung erfolgt nach den Hinterlegungsgesetzen der einzelnen Länder. Zur Behandlung der Hinterlegungszinsen im Teilungsplan der Zwangsversteigerung: *Steffen* Rpfleger 2011, 360.

7 *Böttcher* ZfIR 2007, 597, 602; *Hintzen/Alff* Rpfleger 2007, 233, 236.

8 *Stöber* § 107 Rz. 2.4; *Böttcher* § 107 Rz. 10.

3. Bestehen bleibende Rechte

Auch sie werden in den Teilungsplan ein- und damit festgestellt, § 113 Abs. 2 ZVG.

Auf sie erfolgt allerdings aufgrund ihres Bestehen bleibens keine Zuteilung. Mit ihrer Aufnahme in den Teilungsplan wird den Beteiligten Gelegenheit gegeben, bei Unrichtigkeit mittels Widerspruchs, § 115 ZVG, den Teilungsplan zu beanstanden.

4. Schuldenmasse

Ihre Feststellung ist der bedeutsamste Abschnitt des Teilungsplans.[9]

Zu ihr gehören die Ansprüche, die nach den §§ 10, 37 Nr. 4, 110 ZVG auf der Grundlage des Teilungsplanes aus dem Versteigerungserlös zu befriedigen sind.

Zuvor wird jedoch festgestellt, dass aus der Teilungsmasse als Teil der Schuldenmasse die gerichtlichen Kosten des Verfahrens – mit Ausnahme der durch die Anordnung bzw. den Beitritt (= Rechtsverfolgungskosten des Gläubigers) und den Zuschlag (= Kosten des Erstehers) entstandenen Kosten – vorweg – zu entnehmen sind, § 109 Abs. 1 ZVG.

Die danach verbleibende Schuldenmasse wird im Teilungsplan nach den Berechtigten, der Rangordnung ihrer Ansprüche sowie nach den Ansprüchen selbst festgestellt.

Berechtigt an der Schuldenmasse sind alle diejenigen, deren Recht auf Befriedigung aus dem Versteigerungsobjekt sich umgewandelt hat in ein Recht auf Befriedigung aus dem Erlös (so z. B. der Gläubiger einer erloschenen Grundschuld).

Die Ansprüche der Berechtigten werden im Teilungsplan üblicherweise genau bezeichnet (z. B. Grundschuld Abt. III Nr. 2) und nach Hauptsumme, Kosten und Zinsen aufgeteilt.

Besondere Bedeutung für den Teilungsplan hat die Rangordnung der Rechte (Ansprüche), die sich aus den Rangvorschriften des ZVG und des BGB ergibt. Für den Teilungsplan wird der Inhalt des Grundbuches zugrunde gelegt.

In die Schuldenmasse des Teilungsplans werden neben den ausdrücklich angemeldeten auch diejenigen Ansprüche aufgenommen, die aus dem Grundbuch ersichtlich sind, § 114 Abs. 1 S. 1 ZVG.

---

9 *Stöber* § 113 Rz. 3.4; § 114 Rz. 2–5; *Böttcher* § 113 Rz. 5.

5. Zuteilung

Sie erfolgt im letzten Abschnitt des Teilungsplans.[10]

Aus ihr geht die tatsächliche Verteilung des Versteigerungserlöses hervor. Vorweg werden die Verfahrenskosten entnommen und an die Gerichtskasse abgeführt, § 109 Abs. 1 ZVG. Der verbleibende Überschuss wird auf die in der Schuldenmasse festgestellten Ansprüche nach ihrem Rang zugeteilt, § 109 Abs. 2 ZVG.

Bleibt nach Befriedigung aller Berechtigten ein Überschuss, so steht dieser dem Schuldner (vormaligen Eigentümer, der das Eigentum an dem Versteigerungsobjekt mit dem Zuschlag verloren hat) zu.[11]

Reicht der Versteigerungserlös zur Befriedigung aller Gläubiger nicht aus, so wird in der Regel in der Zuteilung des Teilungsplans auf den Ausfall hingewiesen.

III. Ausführung des Teilungsplanes

Ist der Teilungsplan aufgestellt, wurde Widerspruch nicht erhoben und hat der Ersteher das bare Meistgebot (nebst Zinsen) bezahlt oder vorher hinterlegt, wird der Teilungsplan ausgeführt, § 117 Abs. 1 ZVG.

Hat der Ersteher selbst etwas aus dem Erlös zu beanspruchen, kann er sich in Höhe des Betrages, der ihm zuzuteilen ist, für befriedigt erklären. Diese sog. echte Befriedigungserklärung kann im Verteilungstermin abgegeben werden. Sie stellt eine vereinfachte Zahlung auf die Teilungsmasse dar.[12]

Auch ein Gläubiger, der nicht Ersteher ist, kann durch die Erklärung, dass er befriedigt sei, bewirken, dass sich die Zahlungspflicht des Erstehers um den Betrag vermindert, der bei Ausführung des Teilungsplans auf den Gläubiger entfallen würde (sog. unechte Befriedigungserklärung).[13]

Soweit der Versteigerungserlös gezahlt ist, wird der Teilungsplan durch unbare Zahlung an die Berechtigten ausgeführt, § 117 Abs. 1 S. 2 ZVG.

Materiell empfangsberechtigt ist derjenige, der zum Zeitpunkt der Planausführung gem. § 10 ZVG ein Recht auf Befriedigung aus dem Grundstück hat.

---

10 *Stöber* § 113 Rz. 3.5; *Böttcher* § 113 Rz. 6.
11 *Stöber* § 114 Rz. 10.2.
12 BGH 17.5.1988 WM 1988, 1137; *Stöber* § 117 Rz. 4.3; *Böttcher* § 117 Rz. 24.
13 BGH 17.5.1988 WM 1988, 1377; *Stöber* § 117 Rz. 4.4; *Böttcher* § 117 Rz. 25.

Die Rangklassen des § 10 Abs. 1 ZVG im Einzelnen:

Klasse „0": Verfahrenskosten
Da diese dem Versteigerungserlös vorweg zu entnehmen sind, §§ 44 Abs. 1, 49 Abs. 1, 109 Abs. 1 ZVG, werden sie zur besseren Übersicht als Rangklasse „0" den übrigen Gläubigern vorangestellt.[14]

Zu den Verfahrenskosten gehören auch die Vorschüsse der betreibenden Gläubiger; eine Anmeldung ist nicht erforderlich.[15]

Nicht zu den Verfahrenkosten zählen die Anordnungs- und Beitrittskosten; sie finden Berücksichtigung gem. § 10 Abs. 2 ZVG.[16] Weiterhin gehören hierzu nicht die Zuschlagskosten; sie trägt der Ersteher, § 58 ZVG.[17]

Klasse 1: Zwangsverwaltungsvorschüsse nebst Zinsen[18]
Voraussetzungen:
– Der Vorschuss muss sich objekterhaltend oder -verbessernd ausgewirkt haben.[19]
– Die Zwangsverwaltung muss bis zum Zuschlag angedauert haben.[20]
– Die Ausgaben können nicht aus den in der Zwangsverwaltung gezogenen Nutzungen erstattet werden.[21]
– Der Anspruch auf Ersatz des Vorschusses muss rechtzeitig zum Zwangsversteigerungstermin angemeldet werden, §§ 37 Nr. 4, 45 Abs. 1, 110, 114 ZVG.[22]

Den Anspruch der Rangklasse 1 hat nur der die Zwangsverwaltung betreibende Gläubiger.[23]

14 *Stöber* § 10 Rz. 1.7; *Böttcher* § 10 Rz. 2.
15 *Stöber* § 109 Rz. 2.4.
16 *Stöber* § 109 Rz. 2.3a; *Böttcher* § 109 Rz. 4.
17 *Stöber* § 109 Rz. 2.3b; *Böttcher* § 109 Rz. 4.
18 BGH 10.4.2003 WM 2003, 1098; ZInsO 2003, 463; *Stöber* § 10 Rz. 2; *Böttcher* § 10 Rz. 6ff.
19 BGH 14.4.2005 Rpfleger 2005, 552; 10.4.2003 WM 2003, 1098; *Stöber* § 10 Rz. 2.2; *Böttcher* § 10 Rz. 8.
20 LG Bochum 30.6.1994 Rpfleger 1994, 517; *Stöber* § 10 Rz. 2.5; *Böttcher* § 10 Rz. 9 u. 10.
21 LG Bochum 30.6.1994 Rpfleger 1994, 517; *Stöber* § 10 Rz. 2.5; *Böttcher* § 10 Rz. 9.
22 *Stöber* § 10 Rz. 2.7; *Böttcher* § 10 Rz. 12.
23 *Stöber* § 10 Rz. 2.1; *Böttcher* § 10 Rz. 7.

Klasse 1a: Die zur Insolvenzmasse gehörenden Ansprüche auf Ersatz der Kosten der Feststellung der beweglichen Gegenstände, auf die sich die Versteigerung erstreckt.

Im Falle der Zwangsversteigerung eines zur Insolvenzmasse gehörenden Grundstücks sind der Insolvenzmasse die Kosten zu erstatten, die durch die Feststellung des mithaftenden Grundstückszubehörs entstehen, §§ 20 Abs. 2, 21 ZVG i. V. m. §§ 1120–1122 BGB.[24]

Hierdurch soll vermieden werden, dass die Insolvenzmasse zum Nachteil ungesicherter Gläubiger mit Kosten belastet wird, die ausschließlich im Interesse der gesicherten Gläubiger aufgewendet werden.[25]

Die Erstattung der Feststellungskosten bezieht sich ausschließlich auf das Grundstückszubehör, da die Feststellung der Rechte an dem Grundstück selbst für den Insolvenzverwalter unproblematisch ist; diese Rechte sind zum größten Teil eindeutig aus dem Grundbuch ersichtlich.

Der Verwalter wird dagegen häufig Schwierigkeiten haben zu klären, ob die beim Schuldner vorgefundenen beweglichen Sachen rechtlich als Zubehör einzuordnen sind und ob die Voraussetzungen des § 1120 BGB gegeben sind, dass die Zubehörstücke ins Eigentum des Schuldners gelangt sind.

Die Erstattung der Feststellungskosten zur Insolvenzmasse wird dadurch erreicht, dass für sie ein vorrangiges Recht auf Befriedigung aus dem Grundstück besteht, § 10 Abs. 1 Nr. 1a ZVG.

Dieses Recht muss bei jeder Zwangsversteigerung, die von einem Gläubiger mit schlechterem Rang betrieben wird, ins geringste Bargebot eingerechnet werden.

Bei einer freihändigen Veräußerung des Grundstücks kommt dem über § 10 Abs. 1 Nr. 1a ZVG abgesicherten Anspruch auf Erstattung der Feststellungskosten keine Bedeutung zu. In diesem Fall muss der Insolvenzverwalter die entstandenen Kosten über den erzielten Verkaufserlös abdecken.

Die Ersatzansprüche nach § 10 Abs. 1 Nr. 1a ZVG setzen voraus, dass das Insolvenzverfahren über das Vermögen des Schuldners eröffnet ist. Schuldner in diesem Sinne ist der Eigentümer des Grundstücks, in das die Zwangsversteigerung betrieben wird. Wird also ein Grundstück, das zu einer Insolvenzmasse gehört, freihändig an einen Dritten veräußert, so gehen die Ansprüche unter.

Dem Wortlaut des § 10 Abs. 1 Nr. 1a. ZVG lässt sich nicht entnehmen, dass ein vorrangiges Befriedigungsrecht des Insolvenzverwalters nur dann in Betracht kommt, wenn das Insolvenzverfahren bereits vor dem Zwangsversteigerungsverfahren eröffnet und auch der Insolvenzverwalter vorher bestellt wurde.

---

24 *Stöber* § 10 Rz. 3.2; *Böttcher* § 10 Rz. 14 a.
25 *Stöber* § 10 Rz. 3.2; *Böttcher* § 10 Rz. 14 a.

Nach dem Gesetzeswortlaut werden auch Zwangsversteigerungen erfasst, die vor der Insolvenzeröffnung eingeleitet wurden. Der Gesetzeswortlaut setzt lediglich voraus, dass das Insolvenzverfahren eröffnet und ein Insolvenzverwalter bestellt ist.

Da das Zubehör von der Versteigerung erfasst wird, § 55 ZVG, und die Grundschuld zugleich im Umfang der §§ 1192, 1120 ff. BGB die Zubehörgegenstände umfasst, impliziert eine Befassung mit dem Gutachten zugleich eine entsprechende Feststellungstätigkeit des Insolvenzverwalters.[26]

Die Höhe der zu ersetzenden Feststellungskosten ist auf 4% pauschaliert. Bezugsgröße ist der Wert der beweglichen Sachen, auf die sich die Versteigerung erstreckt. Dieser Wert ist vor der Zwangsversteigerung eines Grundstücks neben dessen Verkehrswert besonders festzusetzen, § 74 a Abs. 5 S. 2 ZVG.[27] Die Festsetzung des Zubehörwertes ist zwar nicht gesondert anfechtbar; sie kann aber durch sofortige Beschwerde gegen die Festsetzung des gesamten Grundstückswertes mit zur Überprüfung gestellt werden, § 74 a Abs. 5 S. 3 ZVG.

Sind keine beweglichen Gegenstände vorhanden, auf die sich die Versteigerung erstreckt, entfällt ein in Rangklasse 1a zu erstattender Anspruch.[28] Gleiches gilt, wenn in einem über das Vermögen des Schuldners eröffneten Insolvenzverfahren kein Insolvenzverwalter bestellt worden ist (Eigenverwaltung, § 270 InsO).[29]

Der Anspruch auf Ersatz der Feststellungskosten muss vom Insolvenzverwalter rechtzeitig zum Versteigerungstermin vor der Aufforderung zur Abgabe von Geboten angemeldet werden, §§ 37 Nr. 4, 45 Abs. 1, 110, 114 ZVG.[30]

Klasse 2: Bei der Vollstreckung in Wohnungseigentum:
Die fälligen Ansprüche der Wohnungseigentümer gegen einen Miteigentümer auf Zahlung der Beiträge zu den Lasten und Kosten des gemeinschaftlichen Eigentums oder des Sondereigentums, die nach den §§ 16 Abs. 2, 28 Abs. 2 und 5 WEG geschuldet werden (sog. Wohn- bzw. Hausgeld), einschließlich der Vorschüsse und Rückstellungen sowie der Rückgriffsansprüche einzelner Wohnungseigentümer (näheres hierzu unter Kapitel I).

---

26 LG Erfurt 12.4.2012 IGZInfo 4/2012, 219; *Stöber* ZVG-Handbuch Rz. 70 a; *Böttcher* § 10 Rz. 14; *D/S/H/E/R* § 10 Rz. 14

27 *Stöber* § 10 Rz. 3.4; *Böttcher* § 10 Rz. 14 d.

28 *Stöber* § 10 Rz. 3.4; *Böttcher* § 10 Rz. 14 d.

29 *Stöber* § 10 Rz. 3.8; *Böttcher* § 10 Rz. 14 b.

30 *Stöber* § 10 Rz. 3.6; *Böttcher* § 10 Rz. 14 f.

Die Eintragung einer Zwangssicherungshypothek wegen der in § 10 Abs. 1 Nr. 2 ZVG genannten Ansprüche am betroffenen Wohnungs- bzw. Teileigentum kann nur unter der aufschiebenden Bedingung eingetragen werden, dass das Vorrecht der Klasse 2 wegfällt, § 54 GBO analog.[31]

Klasse 3: Öffentliche Lasten
Zu ihnen zählen öffentlich-rechtliche Ansprüche, für die neben dem Eigentümer auch das zu versteigernde Objekt selbst haftet.

Einmalige Leistungen genießen das Vorrecht nur bis zu vier Jahren; wiederkehrende Leistungen (z. B. Grundsteuer) nur bis zu zwei Jahren. Ältere Ansprüche fallen in Rangklasse 7.

Ansprüche auf einmalige Entrichtung öffentlicher Lasten gehören nur dann in die Rangklasse 3, wenn der Gläubiger innerhalb von vier Jahren nach dem Eintritt der Fälligkeit wegen dieses Anspruchs die Anordnung der Zwangsversteigerung bzw. Zulassung des Beitritts zu einem bereits anhängigen Verfahren beantragt oder seinen Anspruch angemeldet hat.[32]

Öffentliche Lasten müssen auf jeden Fall angemeldet werden, da sie aus dem Grundbuch nicht ersichtlich sind, § 37 Nr. 4, § 45 Abs. 1, § 114 Abs. 1 ZVG. Zu ihnen zählen u. a. Grundsteuern, Schornsteinfegergebühren, Erschließungsbeiträge.

Bei der Zwangsversteigerung wegen bevorrechtigter Grundsteuer können die Kosten einer vorangegangenen Mobiliarvollstreckung nicht in der Klasse 3 berücksichtigt werden. Dies gilt selbst dann, wenn die Stadtkasse nach Landesrecht oder interner Verwaltungsanordnung die Immobiliarvollstreckung erst nach einer ergebnislosen Mobiliarvollstreckung betreiben darf.[33]

Öffentliche Abgaben sind nur dann öffentliche Lasten, wenn sie in dem für die Abgabe maßgeblichen Bundes- oder Landesgesetz als öffentliche Last bezeichnet sind oder aus der gesetzlichen Regelung eindeutig hervorgeht, dass die Abgabenschuld auf dem zu versteigernden Objekt lastet und nicht nur eine persönliche Haftung des Abgabenschuldners, sondern auch die dingliche Haftung des Versteigerungsobjektes besteht.[34]

Aus Gründen der Klarheit und Rechtssicherheit muss aus der gesetzlichen Regelung eindeutig hervorgehen, dass die Abgabenverpflichtung auf dem Grundstück lastet und dass mithin nicht nur eine persönliche Haftung des Ab-

---

31 *Zeiser* Rpfleger 2008, 58; *Stöber* Einl. 75.7 u. § 10 Rz. 6.24.
32 BGH 24.5.2012 WM 2012, 1441; 20.12.2007 WM 2008, 740; *Stöber* § 10 Rz. 6.17 b; *Böttcher* § 10 Rz. 45.
33 LG Dortmund 4.9.2007 Rpfleger 2007, 677.
34 BGH 30.6.1988 WM 1988, 1574; OVG NW 10.8.1998 Rpfleger 1999, 89; *Stöber* § 10 Rz. 6; *Böttcher* § 10 Rz. 23 ff.

gabenschuldners, sondern auch eine dingliche Haftung des Grundstücks besteht. Zweifel in dieser Hinsicht schließen eine Berücksichtigung der Zahlungspflicht als öffentliche Last aus.[35]

So ruht z.B. der sich aus einer Altlastensanierung ergebende Anspruch auf Wertausgleich gem. § 25 Abs. 6 S. 1 BBodSchG als öffentliche Last auf dem sanierten Grundstück. Als einmalig zu zahlende Leistung findet er in Rangklasse 3 allerdings nur dann Berücksichtigung, wenn er in den letzten vier Jahren vor dem Zuschlag fällig geworden ist.[36] Hat der Gläubiger innerhalb der 4-Jahresfrist wegen seines Anspruchs die Beschlagnahme des Grundstücks erwirkt, bleibt ihm das Vorrecht der Rangklasse 3 trotz Zeitablaufs erhalten.[37]

Ist ein Bodenschutz-Vermerk im Grundbuch eingetragen, ist das Vorhandensein einer öffentlichen Last zwar (ausnahmsweise) grundbuchersichtlich. Zur Berücksichtigung im Verfahren empfiehlt es sich aber trotzdem, die Höhe des Wertausgleichsanspruchs rechtzeitig anzumelden.[38] Ist das Bestehen eines Anspruchs auf Wertausgleich nicht im Grundbuch vermerkt, muss der Berechtigte den Anspruch rechtzeitig zum Versteigerungstermin anmelden, da er ansonsten Gefahr läuft, dass er bei der Erlösverteilung das Vorrecht der Rangklasse 3 verliert, § 110 ZVG.

Nicht zu den öffentlichen Lasten zählen persönliche Abgaben wie Strom, Gas, Wasser, Müllabfuhr, Straßenreinigung, Kanalbenutzung, Einkommensteuer.

Müllgebühren, die für eine gesamte Wohnungseigentumsanlage erhoben werden, sind mangels ausdrücklicher Regelung keine öffentliche Lasten.[39]

Andererseits begründet § 6 KAG NW eine auf dem Wohnungseigentum ruhende öffentliche Last in Höhe der für das gesamte Grundstück entstandenen Benutzungsgebühren, soweit diese nach der kommunalen Satzung grundstücksbezogen ausgestaltet sind und hiernach alle Inhaber von Miteigentumsanteilen an dem Grundstück gesamtschuldnerisch haften.[40]

Gem. KAG NW ruhen nicht nur Ansprüche auf Kostenersatz für Straßenausbau sowie Haus- und Grundstücksanschlüsse als öffentliche Last auf dem Grundstück, §§ 8 Abs. 9 und 10 KAG NW, sondern sämtliche grundstücksbezo-

35 BGH 30.3.2012 WM 2012, 997; 11.5.2010 WM 2010, 1715; 19.11.2009 WM 2010, 771.
36 *Stöber* § 10 Rz. 6.3 u. 6.17b.; zu Altlasten in der Zwangsversteigerung siehe auch: *Schoss* IGZ-Info 4/2007, 135ff.; *Gaberdiel/Gladenbeck* (a.a.O. Fn. 5) Rz. 51ff.
37 *Stöber* § 10 Rz. 6.17b.
38 *Stöber* § 66 Rz. 6.2.
39 OLG Zweibrücken 27.11.2007 WM 2008, 179.
40 BGH 11.5.2010 WM 2010, 1715.

genen Benutzungsgebühren, wie z.B. Gebühren für Müllabfuhr, Straßenreinigung und Abwasserbeseitigung, § 6 Abs. 5 KAG NW (gleiches gilt in Rheinland-Pfalz, Mecklenburg-Vorpommern und im Saarland).[41]

Auch Kommunalabgaben, wie die Kosten der Wasserversorgung und Abwasserbeseitigung, können landesrechtlich als öffentliche Last ausgestaltet werden. Durch eine kommunale Satzung kann dies nur dann wirksam geschehen, wenn ihre Ermächtigungsgrundlage (das Landesgesetz) die Begründung einer öffentlichen Last zulässt. Die Bestimmung des Gebührenschuldners in der maßgeblichen Satzung muss dann allerdings an die dingliche Berechtigung (das Grundstückseigentum) und nicht nur an die Nutzung des Grundstücks anknüpfen. Werden neben dinglich Berechtigten (Eigentümern) auch bloße Nutzer herangezogen, muss aus der Satzung deutlich hervorgehen, dass die Leistung hinsichtlich der dinglich Berechtigten nicht (nur) personenbezogen erbracht wird, sondern für diese Gruppe von Gebührenschuldnern eine öffentliche Last entstehen lässt.[42]

Auch Säumniszuschläge auf eine Abgabenforderung sind innerhalb der zeitlichen Grenze von zwei Jahren der Rangklasse des § 10 Abs. 1 Nr. 3 ZVG zuzuordnen.[43]

Klasse 4: Dingliche Rechte am Versteigerungsobjekt
Hierzu zählen Hypothek, Grundschuld, Reallast etc.[44]

Berücksichtigt werden der Hauptanspruch sowie die laufenden und (soweit angemeldet) die zwei Jahre rückständigen Zinsen einschließlich der Kosten der dinglichen Rechtsverfolgung (dingliche Klage, Klausel, Zustellung).[45]

Klasse 5: Rechte, derentwegen das Verfahren betrieben wird
Hierzu gehören die Beschlagnahmeansprüche. Rangklasse 5 umfasst also alle Ansprüche der das Verfahren betreibenden Gläubiger, soweit sie nicht bereits in einer höheren Rangklasse berücksichtigt werden.[46]

---

41 LG Kleve 21.1.2009 KKZ 2010, 17 f.; ebenso: AG Bad Oeynhausen 10.5.2011 – 11 C 381/10 –; 10.11.2010 – 003 K 119/09 wegen Trink- und Abwassergebühren; kritisch zu gebrauchsabhängigen Benutzungsgebühren als unbegrenztes Vorrecht nach § 10 Abs. 1 Nr. 3 ZVG: *Fischer* ZfIR 2011, 468 ff.
42 BGH 30.3.2012 WM 2012, 997, kritisch hierzu: *Fischer* ZfIR 2012, 489 ff.
43 BGH 19.11.2009 WM 2010, 771; *Stöber* § 10 Rz. 6.16; *Böttcher* 3 10 Rz. 37.
44 *Stöber* § 10 Rz. 8; *Böttcher* § 10 Rz. 48 ff.
45 *Stöber* § 10 Rz. 15; *Böttcher* § 10 Rz. 71 ff.
46 *Stöber* § 10 Rz. 9; *Böttcher* § 10 Rz. 55 ff.

Klasse 6: Dingliche Rechte, die nach der Beschlagnahme eingetragen sind

Nach der durch einen Gläubiger herbeigeführten Beschlagnahme eingetragene dingliche Rechte zählen zur Rangklasse 6; sie werden erst nach dem Anspruch des das Verfahren betreibenden Beschlagnahmegläubigers berücksichtigt (sog. relative Unwirksamkeit).[47]

Klasse 7: Ältere öffentliche Lasten der Rangklasse 3

Wird ihretwegen das Verfahren betrieben, fallen sie in Rangklasse 5.

Ältere Rückstände, wegen derer das Verfahren nicht betrieben wird, müssen angemeldet werden.[48]

Klasse 8: Ältere Rückstände der Rangklasse 4

Die Hauptsachebeiträge bleiben immer in Klasse 4. Nur die wiederkehrenden Leistungen können wegen der älteren Rückstände in Rangklasse 8 geraten,[49] wenn ihretwegen das Verfahren nicht betrieben wird (ansonsten fallen sie in Rangklasse 5).[50]

Zur Berücksichtigung der Ansprüche nach Rangklasse 8 bedarf es der Anmeldung.

Klasse „9": Verspätet angemeldete Ansprüche, §§ 37 Nr. 4, 110 ZVG

Rechte, die bei Eintragung des Versteigerungsvermerks nicht aus dem Grundbuch ersichtlich sind und die nicht bis zur Aufforderung zur Abgabe von Geboten im Versteigerungstermin angemeldet werden, werden erst nach den Ansprüchen der Rangklasse 8 berücksichtigt.[51]

In den Rangklassen 1, 2, 3 und 7 haben mehrere Ansprüche untereinander gleichen Rang, § 10 Abs. 1 ZVG.[52]

Dagegen richtet sich in den Rangklassen 4, 6 und 8 der Rang bei mehreren Rechten nach dem Grundbuch, §§ 879–881, 883 BGB, § 11 Abs. 1 ZVG.[53]

Stehen danach Rechte im Gleichrang (weil z.B. am gleichen Tag im Grundbuch eingetragen), werden sie bei der Erlöszuteilung nach dem Verhältnis ihrer Beträge (Kosten, Zinsen, Hauptsache) berücksichtigt, § 10 Abs. 1 Satz 1.[54]

---

47 *Stöber* § 10 Rz. 10; *Böttcher* § 10 Rz. 60 ff.
48 *Stöber* § 10 Rz. 11.1; *Böttcher* § 10 Rz. 68.
49 *Stöber* § 10 Rz. 12.1; *Böttcher* § 10 Rz. 69.
50 *Stöber* § 10 Rz. 12.3; *Böttcher* § 10 Rz. 69.
51 *Stöber* § 10 Rz. 13; *Böttcher* § 10 Rz. 70.
52 *Stöber* § 11 Rz. 2; *Böttcher* § 11 Rz. 2.
53 *Stöber* § 11 Rz. 3; *Böttcher* § 11 Rz. 3 ff.
54 *Stöber* § 10 Rz. 1.4; § 11 Rz. 1.3.

In der Rangklasse 5 ist bei mehreren Ansprüchen die Zeitfolge der einzelnen Beschlagnahmen maßgebend, § 11 Abs. 2 ZVG.[55]

In der Rangklasse „9" ist der ursprüngliche Rang des verspätet angemeldeten Anspruchs maßgebend.[56]

Die Rangfolge von Haupt- und Nebenansprüchen eines Gläubigerrechtes richtet sich, vergleichbar § 367 BGB, nach § 12 ZVG: Kosten, Zinsen, Hauptanspruch.

In den Teilungsplan kann ein Recht (Anspruch) nur unter den Voraussetzungen des § 114 ZVG aufgenommen werden:
– Ansprüche ohne Anmeldung (= Ansprüche, die bei Eintragung des Versteigerungsvermerks grundbuchersichtlich sind),
– Ansprüche nur aufgrund einer Anmeldung,
– Ansprüche ohne Wertangabe (z.B. erlöschende Dienstbarkeit, Nießbrauch), wenn der Betrag bis zum Verteilungstermin angemeldet wird,
– Anmeldepflichtige Ansprüche, die verspätet, § 37 Nr. 4 ZVG, angemeldet wurden.

Zu beachten ist, dass die zum geringsten Gebot erfolgte Anmeldung auch für den Teilungsplan wirkt; eine nochmalige Anmeldung ist somit grundsätzlich nicht erforderlich.

IV. Gesetzlicher Löschungsanspruch und Löschungsvormerkung[57]

Der gesetzliche Löschungsanspruch, § 1179a BGB, und die Löschungsvormerkung, § 1179 BGB, können sich sowohl gegen eine Hypothek als auch gegen eine Grundschuld richten.

Da eine (Sicherungs-)Grundschuld in der Regel nicht automatisch Eigentümergrundschuld wird, wenn die durch sie gesicherte Forderung getilgt ist, kann die Löschung der Grundschuld erst verlangt werden, wenn die Fremdgrundschuld zur Eigentümergrundschuld geworden ist (durch Zahlung auf die Grundschuld, durch Rückabtretung oder durch Verzicht).

---

55 *Stöber* § 11 Rz. 4; *Böttcher* § 11 Rz. 15.
56 *Stöber* § 110 Rz. 2.5; *Böttcher* § 110 Rz. 5.
57 *Stöber* § 114 Rz. 9; *Böttcher* § 114 Rz. 30 ff.

Die Verpflichtung des Eigentümers zur Löschung der Eigentümergrundschuld besteht entweder kraft Gesetzes, § 1179a Abs. 1 S. 1 BGB[58] oder aufgrund Vereinbarung.[59]

Diese Löschungspflicht ist regelmäßig durch fiktive, § 1179a Abs. 1 S. 3 BGB, oder eingetragene, § 1179 BGB Löschungsvormerkung gesichert.

Einen durch Löschungsvormerkung gesicherten Löschungsanspruch kann nur der Gläubiger eines vor dem 1.1.1978 bestellten Grundpfandrechtes haben, da diesem kein gesetzlicher Löschungsanspruch gem. § 1179a BGB zusteht.[60]

Im Verteilungsverfahren wird der Löschungsanspruch nur dann berücksichtigt, wenn er spätestens im Verteilungstermin geltend gemacht wurde.[61] Andernfalls bleibt er bei der Erlösverteilung unberücksichtigt.

Im Falle des Bestehen Bleibens sowohl des mit dem Löschungsanspruch „belasteten" als auch des „begünstigten" Rechts werden regelmäßig keine Probleme auftreten.

Anders stellt es sich hingegen dar, wenn entweder das mit dem Löschungsanspruch belastete oder das begünstigte Recht aufgrund des Zuschlags erlischt:

1. Gesetzlicher Löschungsanspruch bzw. Löschungsvormerkung bezüglich eines durch Zuschlag erloschenen Eigentümerrechtes

Weder der gesetzliche Löschungsanspruch, § 1179a Abs. 1 BGB, noch die Löschungsvormerkung, § 1179 BGB, verhindern das Entstehen der Eigentümer-Grundschuld. Ist sie durch den Zuschlag erloschen, § 91 Abs. 1 ZVG, kann der Löschungsanspruch allerdings nicht mehr durch Löschung des Rechtes erfüllt werden. Stattdessen kann der löschungsberechtigte Gläubiger den auf das Eigentümerrecht entfallenden Erlös verlangen, den er bei vor dem Zuschlag durchgeführter Löschung erhalten hätte.[62]

Lässt sich das Bestehen des Löschungsanspruches im Verteilungstermin nicht klären, wird der Betrag, der auf das durch den Löschungsanspruch betroffene Grundpfandrecht entfällt, dessen Inhaber zugeteilt, aber nur (auflösend) bedingt.[63] Hilfsweise für den Fall, dass sich der Löschungsanspruch als begrün-

---

58 *Gaberdiel/Gladenbeck* (a.a.O. Fn. 5) Rz. 495.

59 *Gaberdiel/Gladenbeck* (a.a.O. Fn. 5) Rz. 527.

60 *Gaberdiel/Gladenbeck* (a.a.O. Fn. 5) Rz. 1226 u. 538.

61 *Stöber* § 114 Rz. 9.15; *Böttcher* § 114 Rz. 37.

62 BGH 13.3.1963 Rpfleger 1963, 234; 6.7.1989 WM 1989, 1412; *Gaberdiel/Gladenbeck* (a.a.O. Fn. 1), Rz. 1215 ff.; *Stöber* § 114 Rz. 9.8 c u. 9.8 b; *Böttcher* § 114 Rz. 30 ff.

63 *Stöber* § 114 Rz. 9.16 u. 9.17; *Böttcher* § 114 Rz. 37.

det herausstellt, wird der Betrag dem Löschungsberechtigten zugeteilt, § 119 ZVG, und zwar insoweit, wie dieser ihn erhalten würde, wenn das vom Löschungsanspruch betroffene Recht noch vor dem Zuschlag gelöscht worden wäre.[64]

Die Ausführung des Teilungsplanes ist auszusetzen, wenn der Löschungsberechtigte Widerspruch gegen ihn einlegt,[65] wobei bereits die Geltendmachung (Anmeldung) des Löschungsanspruchs als Widerspruch anzusehen sein dürfte.[66] In diesem Fall darf eine Auszahlung an den Inhaber des vom Löschungsanspruch betroffenen Rechtes nicht erfolgen. Der Löschungsberechtigte muss innerhalb eines Monats dem Vollstreckungsgericht die Erhebung der Klage nachweisen, § 115 Abs. 1 ZVG, § 878 Abs. 1 ZPO, und seinen Löschungsanspruch außerhalb des Vollstreckungsverfahrens verfolgen. Andernfalls wird der Teilungsplan ohne Rücksicht auf den Widerspruch ausgeführt.[67]

Sofern ohne einen Löschungsanspruch bzw. Löschungsvormerkung begünstigte Zwischenrechte eingetragen sind, kann ihnen aus der Geltendmachung durch den nachrangigen Gläubiger kein Vorteil entstehen.[68]

Mithin ergeben sich folgende Berechnungen:

– Das löschungsvormerkungsberechtigte Recht erhält den Resterlös abzüglich der Zwischenrechte
– Die Zwischenrechte erhalten den Resterlös abzüglich der Eigentümergrundschuld.

Beispiel:

III/1	€ 15.000 Grundschuld	Gläubiger A
III/2	€ 10.000 Eigentümergrundschuld	Vollstreckungsschuldner
III/3	€ 2.500 Hypothek	Gläubiger B
III/4	€ 5.000 Grundschuld	Gläubiger C

Gläubiger A betreibt das Zwangsversteigerungsverfahren. Das durch den Zuschlag erlöschende Eigentümerrecht des Vollstreckungsschuldners ist mit einer Löschungsvormerkung zugunsten Gläubiger C belastet. Der Zuschlag wird zu einem Meistgebot in Höhe von € 20.000 erteilt. Auf die Eigentümergrundschuld entfallen € 5.000. Bei rechtzeitiger Löschung der Eigentümergrundschuld (vor dem Zuschlag) wären € 2.500 des Erlöses auf die Hypothek des Gläubigers B

---

64 *Gaberdiel/Gladenbeck* (a.a.O. Fn. 5), Rz. 1218.
65 *Stöber* § 114 Rz. 9.16; *Böttcher* § 114 Rz. 37.
66 *Stöber* § 114 Rz. 9.16; *Böttcher* § 114 Rz. 37.
67 *Stöber* § 115 Rz. 5.3; *Gaberdiel/Gladenbeck* (a.a.O. Fn. 5), Rz. 1219; *Böttcher* § 115 Rz. 35.
68 *Gaberdiel/Gladenbeck* (a.a.O. Fn. 5), Rz. 1221.

entfallen. Da diesem der Löschungsanspruch des Gläubigers C aber keinen Vorteil verschaffen darf, fallen die € 2.500 an den Vollstreckungsschuldner. Der Rest von € 2.500 wäre bei rechtzeitiger Löschung dem Löschungsberechtigten Gläubiger C zugefallen und gebührt somit ihm.

2. Gesetzlicher Löschungsanspruch, wenn der Gläubiger einer durch den Zuschlag erloschenen Grundschuld für den nicht valutierenden Teil seines Rechtes auf den Erlös verzichtet

Beispiel:

III/1	€ 25.000 Grundschuld	Volksbank
III/2	€ 150.000 Grundschuld	Sparkasse

Im Februar 2006 kündigt die Volksbank die durch ihre Grundschuld besicherten Forderungen und beantragt die Zwangsversteigerung. Die Sparkasse tritt dem Verfahren bei. Im Mai 2006 wird das Insolvenzverfahren über das Vermögen des Grundstückseigentümers eröffnet. Da die Grundschuld der Volksbank wegen zwischenzeitlicher Rückführung der durch sie besicherten Forderungen nicht mehr valutiert, zeigt die Sparkasse der Volksbank die im Jahre 2004 an sie erfolgte Abtretung der Rückgewähransprüche an. Im Juli 2008 kommt es zur Versteigerung. Da die Volksbank nach der Versteigerung auf ihre Grundschuld verzichtet, kehrt das Gericht von dem Erlös 27.003,35 € an den Insolvenzverwalter aus.

Die Sparkasse verklagt den Insolvenzverwalter auf Herausgabe des zugeteilten Erlösanteils.

Nach § 106 Abs. 1 Satz 1 InsO kann ein Gläubiger Befriedigung aus der Insolvenzmasse verlangen, wenn ihm ein Anspruch auf Aufhebung eines Rechtes an einem Grundstück des Schuldners zusteht, zu dessen Sicherung eine Vormerkung im Grundbuch eingetragen ist. Dem steht nach § 1179a Abs. 1 Satz 3 BGB *der* Fall gleich, dass der Gläubiger einer Hypothek/Grundschuld von dem Eigentümer die Löschung einer vor- oder gleichrangigen Hypothek/Grundschuld verlangen kann, wenn diese im Zeitpunkt der Eintragung der Hypothek/Grundschuld des Gläubigers mit dem Eigentum in einer Person vereinigt ist oder eine solche Vereinigung später eintritt.

Diese Situation liegt im Beispielfall vor:

Die Sparkasse als nachrangige Grundschuldgläubigerin kann nach § 1179a Abs. 1 Satz 1 BGB Löschung der ihrer Grundschuld vorgehenden Grundschuld der Volksbank beanspruchen.

Zwar hat die Volksbank erst **nach** Zuschlagserteilung auf ihre (vorrangige) Grundschuld verzichtet, so dass sich die Grundschuld aufgrund ihres Erlöschens nicht mehr in eine Eigentümergrundschuld umwandeln konnte (deren

Löschung die Sparkasse hätte beanspruchen können). Da mit der Zuschlagserteilung der Versteigerungserlös aber an die Stelle des Grundstücks tritt und sich
die erloschenen Rechte und früheren Rechtsbeziehungen an ihm fortsetzen, ist
die Sparkasse rechtlich genauso zu behandeln, wie in dem Fall eines Verzichtes
der Volksbank auf deren Grundschuld *vor* Zuschlagserteilung.

Dass die Voraussetzungen für den Anspruch aus § 1179a Abs. 1 BGB bzw. für
die dem gleich zu achtende Rechtsposition der Sparkasse erst nach Insolvenzeröffnung entstanden sind, ist unerheblich.[69]

An seiner bisherigen Rechtsauffassung, dass, wenn der Gläubiger einer
durch den Zuschlag erloschenen Grundschuld erst im Verteilungstermin für den
nicht valutierten Teil seines Rechtes auf den Erlös verzichtet, ein nachrangiger
Grundschuldgläubiger an dem Resterlös keine Rechte gem. § 1179a BGB geltend
machen kann, da dieser sich nicht auf das durch den Verzicht entstandene Ei-
gentümererlöspfandrecht erstreckt,[70] hält der BGH ebenso wenig fest, wie an
seiner bis dahin zur Insolvenzfestigkeit des gesetzlichen Löschungsanspruchs
nach § 1179a Abs. 1 Satz 1 BGB vertretenen Sichtweise.[71]

3. Gesetzlicher Löschungsanspruch bzw. Löschungsvormerkung bezüglich eines bestehen bleibenden Eigentümerrechtes bei Erlöschen des begünstigten Rechtes

Erlischt das begünstigte Recht mit dem Zuschlag, § 91 Abs. 1 ZVG, hat das nicht
den Wegfall des gesetzlichen Löschungsanspruchs zur Folge, § 91 Abs. 4 ZVG.
Der weiterhin bestehende Anspruch ist gem. § 130a Abs. 2 S. 2 ZVG durch eine
gesonderte Vormerkung des Berechtigten zu sichern. Voraussetzung ist jedoch,
dass ein diesbezüglicher Antrag rechtzeig im Verteilungstermin gestellt wird,
§ 130a Abs. 2 S. 1 ZVG.[72]

Da die Löschungspflicht bei dem durch Löschungsvormerkung gesicherten
Löschungsanspruch nicht Inhalt des begünstigten Grundpfandrechtes ist, sondern sich aus der neben dem Grundpfandrecht getroffenen Vereinbarung ergibt,
ist der Löschungsanspruch nicht unmittelbar betroffen, wenn das begünstigte
Recht erlischt. Der Löschungsanspruch bleibt bestehen, ohne dass es hierzu

---

69 BGH 27.4.2012 WM 2012, 1077; siehe hierzu auch die Entscheidungsbesprechung von Alff,
Rpfleger 2012, 417 ff.
70 BGH 22.7.2004 WM 2004, 1786.
71 BGH 9.3.2006 WM 2006, 869 (dies hat der IX. Zivilsenat des BGH dem V. Zivilsenat anlässlich dessen Urteil vom 27.4.2012 WM 2012, 1077 Rz. 21 mitgeteilt).
72 *Stöber* § 130a, Rz. 3; *Böttcher* § 130a Rz. 6; *Gaberdiel/Gladenbeck* (a.a.O. Fn. 5) Rz. 1224.

einer gesetzlichen Bestimmung wie beim gesetzlichen Löschungsanspruch bedarf.[73]

Wenn der Anspruch auf Löschung des Eigentümerrechtes erfüllt wird, fallen auch die Wirkungen der einzutragenden Vormerkung weg. Für diesen Fall hat das Gericht bereits im Teilungsplan gem. § 50 Abs. 2 Nr. 1 ZVG einen Zuzahlungsbetrag und seine eventuelle Verteilung gem. § 125 Abs. 1 ZVG festzulegen.[74]

V. Liegenbelassungsvereinbarung für erlöschende Rechte

Ein an sich nach den Versteigerungsbedingungen erlöschendes Recht kann durch Vereinbarung zwischen dem Ersteher und dem Gläubiger des erlöschenden Rechtes bestehen bleiben, § 91 Abs. 2 ZVG.

Eine Grundschuld kann auch dann liegen belassen werden, wenn der Grundschuldgläubiger das Grundstück selbst ersteigert. In diesem Fall genügt die Erklärung allein des Erstehers.[75]

Die Vereinbarung bedarf der öffentlichen Beglaubigung; ersatzweise kann sie auch während des Versteigerungs- oder Verteilungstermins zu Protokoll des Gerichtes erklärt werden, § 78 ZVG, kann aber auch bereits vor dem Zuschlag zwischen Grundschuldgläubiger und künftigem Ersteher getroffen werden.[76]

Die Vereinbarung ändert nicht die Zuteilung, sondern lediglich deren Ausführung. Dabei stellt sie eine Zahlungsmodalität dar, von der die übrigen Beteiligten nicht berührt werden.

Es kann auch das Bestehen lassen eines Rechtes vereinbart werden, auf das keine Zuteilung erfolgte. Der Betrag, der bestehen bleiben soll, kann beliebig verändert, natürlich nicht erhöht werden.[77] Der Zinssatz ist nicht veränderbar.

Die Liegenbelassungsvereinbarung ermöglicht ohne zusätzliche Kosten die Schaffung eines Grundpfandrechtes zur Sicherung der Finanzierung des Meistgebotes für den Ersteher. Die durch den Zuschlag zunächst erloschene Grundschuld lebt rückwirkend auf den Zuschlag wieder auf.[78]

Ein das Meistgebot finanzierender Gläubiger, der sich durch die Neueintragung eines Grundpfandrechtes an dem versteigerten Objekt absichern will,

---

73 *Gaberdiel/Gladenbeck* (a.a.O. Fn. 5) Rz. 1227.

74 *Stöber* § 114 Rz. 9.8b.

75 BGH 23.10.1980 WM 1981, 186; *Gaberdiel/Gladenbeck* (a.a.O. Fn. 5) Rz. 1173; *Stöber* § 91 Rz. 3.5; *Böttcher* § 91 Rz. 7.

76 *Stöber* § 91 Rz. 3.6; *Böttcher* § 91 Rz. 12.

77 OLG Köln 24.11.1982 Rpfleger 1983, 168; *Stöber* § 91 Rz. 3.3; *Böttcher* § 91 Rz. 6.

78 BGH 11.10.1984 WM 1984, 1577; *Stöber* § 91 Rz. 3.2.

muss darauf achten, dass die von ihm begehrte Rangstelle nicht durch Liegenbelassungsvereinbarungen mit Gläubigern von nach den Versteigerungsbedingungen an sich erlöschenden Rechten verhindert wird.[79]

War das bestehen bleibende Recht bisher gem. §§ 800, 794 Abs. 1 Nr. 5 ZPO vollstreckbar, kann hinsichtlich des dinglichen Anspruchs die Vollstreckungsklausel gegen den Ersteher erteilt werden. Im Einzelfall ist zu entscheiden, ob es noch einer persönlichen Unterwerfung des Erstehers bedarf. Hierzu ist die gesonderte Beurkundung durch einen Notar erforderlich.

Durch die Vereinbarung des Bestehen Bleibens übernimmt der Ersteher eine zusätzliche Grundstücksbelastung. Diese ist genauso hoch, als wenn das betreffende Recht nach den Versteigerungsbedingungen von Anfang an bestehen geblieben wäre; also in Höhe der Zinsen ab Zuschlag sowie dem Kapital. Diese zusätzliche Belastung hat der Ersteher übernommen, um seine Barzahlungspflicht zu verringern. Der Ersteher braucht mithin soviel weniger in bar zu zahlen, als er durch die Vereinbarung des Bestehen Bleibens übernommen hat, mithin weder Zinsen ab Zuschlag und Kapital, § 91 Abs. 3 ZVG.

Die Zahlungspflicht ermäßigt sich aber nur um den Betrag, der auch tatsächlich auf diese Zinsen und das Kapital zugeteilt worden ist. Reichte die Teilungsmasse nicht ganz aus, so hat sich die Barzahlungspflicht auch nur teilweise ermäßigt. Hat der die Vereinbarung treffende Gläubiger keine Zuteilung erhalten, so vermindert sich die Barzahlungspflicht überhaupt nicht.

Wichtig: Befriedigungswirkung!

Die Liegenbelassung wirkt wie die Befriedigung des Gläubigers aus dem Grundstück, § 91 Abs. 3 S. 2 ZVG.[80] Die sich hierzu ergebenden Folgen sind genauestens zu beachten.[81]

Die Wirkung als Befriedigung gilt auch dort, wo der Gläubiger des Rechts aus dem Erlös nichts erhalten hätte.[82]

---

79 *Kesseler* Verfahrensbedingte Risiken des Finanzierungsgläubigers des Erstehers im Zwangsversteigerungsverfahren, WM 2005, 1299 ff.

80 BGH 11.10.1984 WM 1984, 1577.

81 *Gaberdiel/Gladenbeck* (a. a. O. Fn. 5) Rz. 1188 f.; *Stöber* § 91 Rz. 5; *Böttcher* § 91 Rz. 17 ff.

82 BGH 23.10.1980 WM 1981, 186; *Stöber* § 91 Rz. 5.2; a. A. *Gaberdiel/Gladenbeck* (a. a. O. Fn. 5) Rz. 1194, 1195; *Böttcher* § 91 Rz. 21.

VI. Außergerichtliche Befriedigung der Berechtigten

Sofern der Ersteher dem Gericht rechtzeitig die außergerichtliche Befriedigung der durch das Meistgebot gedeckten Berechtigten nachweist, bestimmt das Gericht keinen Verteilungstermin, § 144 Abs. 1 ZVG.[83]

Dieses Verfahren bietet sich nur in einfach gelagerten Fällen an, wenn z.B. nur ein Gläubiger Ansprüche an die Teilungsmasse stellt.

Der Ersteher hat die Zahlung an alle Berechtigten durch öffentlich beglaubigte Urkunden nachzuweisen. Zur Kontrolle, ob tatsächlich alle Befriedigungserklärungen vorliegen, erstellt das Gericht einen Kontrollteilungsplan.[84]

Hat der Ersteher selbst etwas aus dem Erlös zu beanspruchen, so kann er sich in Höhe des Betrages, den er zu erhalten hat, für befriedigt erklären.

Auch ein Gläubiger, der nicht Ersteher ist, kann durch die Erklärung, dass er befriedigt sei, bewirken, dass sich die Zahlungspflicht des Erstehers um den Betrag vermindert, der bei Ausführung des Teilungsplans auf den Gläubiger entfallen würde. Im Verhältnis zum Sicherungsgeber (Schuldner) muss sich der Grundschuldgläubiger so behandeln lassen, als hätte er das, was – ohne die Erklärung – bei der Erlösverteilung auf ihn entfallen wäre, tatsächlich erhalten. Diesen Betrag muss er sich als Erlös aus der Grundschuld anrechnen lassen. Um ihn vermindert sich die durch die Grundschuld gesicherte Forderung. Übersteigt der Betrag die gesicherte Forderung, muss der Gläubiger den Mehrbetrag – genauso, wie einen Übererlös – an den Sicherungsgeber auszahlen.[85]

Legt ein Beteiligter Erinnerung gegen die vom Ersteher behauptete außergerichtliche Befriedigung ein, ist ein Verteilungstermin anzuberaumen.[86]

VII. Wiedervollstreckung/Wiederversteigerung

Die (echte) Wiedervollstreckung (auch „Wiederversteigerung") kommt in Betracht, wenn der Ersteher seiner Zahlungspflicht im Verteilungstermin nicht nachgekommen ist, § 133 ZVG.

Im Fall der Nichtzahlung des Meistgebots erfolgt eine Forderungsübertragung zugunsten der Berechtigten bei gleichzeitiger Eintragung entsprechender Sicherungshypotheken, §§ 118, 128, 130 Abs. 1 ZVG.

---

83 *Stöber* § 144 Rz. 2.8.
84 *Stöber* § 144 Rz. 2.5.
85 *Gaberdiel/Gladenbeck* (a.a.O. Fn. 5) Rz. 1119 ff.
86 LG Lübeck 4.12.1985 Rpfleger 1986, 235; *Stöber* § 144 Rz. 2.9.

Der Teilungsplan wird bei Nichtzahlung des Bargebotes dadurch ausgeführt, dass die Forderung (des Vollstreckungsschuldners = ehem. Eigentümers) gegen den Ersteher auf den Berechtigten übertragen wird, § 118 Abs. 1 ZVG. Hierbei handelt es sich nicht etwa um die frühere gem. § 118 Abs. 2 S. 1 ZVG erloschene Forderung des Berechtigten gegen den Vollstreckungsschuldner, sondern um die Forderung aus dem Bargebot des Erstehers.[87] Die Forderung des Berechtigten gegenüber dem Vollstreckungsschuldner bleibt bestehen, wenn innerhalb von 3 Monaten seit Verkündung der Forderungsübertragung auf die Übertragung verzichtet oder (Wieder-)Versteigerungsantrag gestellt wird.

Eine vom Ersteher erbrachte Sicherheitsleistung wird vor der Forderungsübertragung gem. Teilungsplan verteilt.

Für die dem Berechtigten übertragene Forderung (samt Zinsen) ist mit dem Range des Anspruchs, für den die Forderung übertragen ist, von Amts wegen eine Sicherungshypothek an dem versteigerten Grundstück einzutragen, § 128 Abs. 1 S. 1 ZVG.

Wird das Bargebot vom Ersteher nicht bezahlt, ist es nach § 49 Abs. 2 ZVG weiter zu verzinsen.

Mit Übertragung der Forderung erlangt der Berechtigte auch den Anspruch auf diese (gesetzlichen) Zinsen vom Verteilungstermin an.[88]

Die auf den Berechtigten zu übertragenden Zinsen betragen 5% über dem Basiszinssatz, § 288 Abs. 1 S. 2 i. V. m. § 247 BGB.

Die Leistungspflicht des Erstehers zum Verteilungstermin ergibt sich direkt aus dem ZVG:

Da der Ersteher das Bargebot zum Verteilungstermin zu erbringen hat, § 49 Abs. 1 ZVG, ist mit der Anberaumung des Verteilungstermins durch das Vollstreckungsgericht für die vom Ersteher zu erbringende Leistung eine „Zeit nach dem Kalender bestimmt", § 286 Abs. 2 Nr. 1 BGB, sodass der Ersteher in Verzug gerät, wenn er zum Verteilungstermin nicht zahlt.[89]

Kommt es zu keiner außergerichtlichen Einigung zwischen dem Forderungsberechtigten und dem Ersteher, kann aus der übertragenen Forderung gegen den Ersteher in dessen gesamtes Vermögen vollstreckt werden, § 132

---

87 *Stöber* § 118 Rz. 3.8; *Böttcher* § 118 Rz. 2.

88 *Stöber* § 118 Rz. 3.8; *Böttcher* § 118 Rz. 3.

89 LG Wuppertal 22.9.2008 Rpfleger 2009, 166; LG Hannover 11.1.2005 Rpfleger 2005, 324; LG Cottbus 23.10.2002 Rpfleger 2003, 256; LG Augsburg 18.2.2002 Rpfleger 2002, 374; *Storz* Rpfleger 2003, 50; a. A. LG Kiel 4.5.2010 Rpfleger 2010, 618; *Stöber* § 118 Rz. 5; *Streuer* Rpfleger 2001, 401; *Böttcher* § 118 Rz. 4; *Hintzen* Rpfleger 2004, 69, 77 (= 4%, § 246 BGB).

Abs. 1 ZVG. Die Vollstreckung erfolgt aufgrund einer vollstreckbaren Ausfertigung des Zuschlagsbeschlusses, § 132 Abs. 2 ZVG.[90]

Wegen des ersteigerten Grundstücks kann von dem Berechtigten die Wiederversteigerung, § 133 ZVG, aus der übertragenen Forderung oder der für sie eingetragenen Sicherungshypothek gegen den Ersteher eingeleitet werden. Eine Frist für den Wiederversteigerungsantrag ist nicht vorgesehen.

Bei der Wiederversteigerung handelt es sich um ein neues selbständiges Verfahren, das sich gegen den Ersteher als neuen Eigentümer richtet.

Die Wiederversteigerung (-vollstreckung) kann ohne vorherige Zustellung des Vollstreckungstitels und der erteilten Vollstreckungsklausel angeordnet werden, § 133 Abs. 1 S. 1 ZVG. Vom Antragsteller vorgelegt werden muss allerdings die vollstreckbare Ausfertigung des Zuschlagsbeschlusses.

§ 133 ZVG findet nur bei der echten Wiederversteigerung Anwendung (Vollstreckung aus der übertragenen Forderung oder der dafür eingetragenen Sicherungshypothek), nicht hingegen bei einer Versteigerung aus einem bestehen gebliebenen Recht.[91]

VIII. Rechtsbehelfe gegen den Teilungsplan

Mit der sofortigen Beschwerde wird die Verletzung von Verfahrensvorschriften gerügt, also z.B. geltend gemacht, dass der Verteilungsplan nicht nach den gesetzlichen Vorschriften aufgestellt, die Teilungsmasse durch falsche Zinsberechnung unrichtig festgestellt oder statt des Bestehenbleibens von Rechten ihre Barzahlung im Plan vorgesehen ist.[92]

Soweit gegen den Teilungsplan die sofortige Beschwerde eröffnet ist, beginnt die Beschwerdefrist mit der Zustellung des Teilungsplans.[93]

Sachliche Einwendungen gegen den Plan sind dagegen im Wege des Widerspruchs zu verfolgen, § 115 ZVG. Mit ihm sollen Streitigkeiten über die Reichweite des Befriedigungsrechtes eines Gläubigers, über die Schuldenmasse und über die materiellrechtliche Berechtigung einer vorgesehenen Zuteilung geklärt werden.

Der gegen den Teilungsplan erhobene Widerspruch ist auf die sachliche Unrichtigkeit hinsichtlich der Schuldenmasse gerichtet. Aus Gründen des mate-

---

90 *Stöber* § 132 Rz. 3.
91 *Stöber* § 133 Rz. 2.3; *Böttcher* § 133 Rz. 6.
92 *Stöber* § 113 Rz. 6.3; *Böttcher* § 113 Rz. 10.
93 BGH 19.2.2009 Rpfleger 2009, 401; *Böttcher* § 113 Rz. 10; a. A. *Stöber* § 113 Rz. 6.3.

riellen Rechtes wird bestritten, dass dem im Plan berücksichtigten Gläubiger der zugeteilte Anspruch in der Höhe bzw. an der Rangstelle zusteht.[94]

Einwendungen gegen den Teilungsplan können nicht nur aus dinglichen Rechten, sondern auch aus schuldrechtlichen Ansprüchen hergeleitet werden, soweit diese geeignet sind, die Geltendmachung des dinglichen Rechts eines anderen zu beschränken oder auszuschließen (so z.B. eine Einmalvalutierungs-abrede).[95]

Widerspruchsberechtigt ist jeder, der ein Recht auf Befriedigung aus dem Erlös hat, durch den vorliegenden Teilungsplan aber nicht entsprechend diesem Recht berücksichtigt worden ist.[96]

Der (formlose) Widerspruch muss spätestens vor Ausführung des Teilungs-planes erfolgen.[97]

Das Vollstreckungsgericht prüft lediglich die Widerspruchsberechtigung (Zulässigkeit des Widerspruchs). Ob der Widerspruch materiell berechtigt ist oder nicht, hat das Vollstreckungsgericht bei seiner Entscheidung nicht zu untersuchen. Hierüber entscheidet (aufgrund Widerspruchsklage) das Prozessge-richt.[98]

Bejaht das Vollstreckungsgericht die Berechtigung des Widersprechenden, so ist der im Teilungsplan zugeteilte Betrag für den Erstberechtigten und den Widersprechenden zu hinterlegen, §§ 124 Abs. 2, 120 ZVG.[99] Der anschließende Widerspruchsprozess wird zwischen diesen beiden Parteien geführt.

Ein Zwischenrecht, dessen Gläubiger keinen Widerspruch erhoben hat, wird in keinster Weise berührt.[100]

IX. Gerichtskosten des Verteilungsverfahrens

Für das Verteilungsverfahren, das mit der Bestimmung des Verteilungstermins beginnt, § 105 Abs. 1 ZVG, wird eine Pauschalgebühr von 0,5 des Gebührensatzes erhoben, GKG-KV 2215. Der Wert der Gebühr bestimmt sich nach dem Gebot ohne Zinsen, für das der Zuschlag erteilt ist, einschließlich des Wertes der nach den Versteigerungsbedingungen bestehen bleibenden Rechte, § 54 Abs. 3 S. 1 GKG.

---

94 *Stöber* § 115 Rz. 3.2; *Böttcher* § 115 Rz. 3.

95 BGH 20.12.2001 WM 2002, 337.

96 BGH 20.12.2001 ZInsO 2002, 226; *Stöber* § 115 Rz. 3.4; *Böttcher* § 115 Rz. 4 ff.

97 *Stöber* § 115 Rz. 3.7; *Böttcher* § 115 Rz. 20 u. 21.

98 *Stöber* § 115 Rz. 3.11 c; *Böttcher* § 115 Rz. 23 ff.

99 *Stöber* § 115 Rz. 2.4; *Böttcher* § 115 Rz. 28.

100 *Stöber* § 115 Rz. 2.3.

Wird das Verteilungsverfahren außergerichtlich durchgeführt, §§ 143, 144 ZVG, ermäßigt sich die Verteilungsverfahrensgebühr auf 0,25, GKG-KV 2216.

Kostenschuldner der dem Versteigerungserlös gem. § 109 ZVG vorweg zu entnehmenden Gebühren ist der Antragsteller, § 26 Abs. 1 GKG.

X. Verrechnung des Versteigerungserlöses auf die gesicherte(n) Forderung(en)

Mit dem Zuschlag ist die im geringsten Gebot nicht berücksichtigte und deshalb erlöschende Grundschuld verwertet.[101] An ihre Stelle tritt als Surrogat der auf sie entfallende Anteil am Versteigerungserlös. Der auf die Grundschuld gezahlte oder als gezahlt geltende Betrag (bei Befriedigungserklärung, oder Liegenbelassungsvereinbarung) ist vom Gläubiger auf die durch die Grundschuld gesicherte Forderung zu verrechnen.

Sicherte die (erloschene) Grundschuld mehrere Forderungen, und reicht der auf die erloschene Grundschuld zugeteilte Erlös nicht zur Befriedigung aller Forderungen aus, so erfolgt die Verrechnung – sofern nicht etwas anderes vereinbart ist[102] – nach § 366 Abs. 2 BGB: Zuerst werden die fälligen und unter mehreren fälligen diejenigen Forderungen getilgt, die dem Gläubiger die geringere Sicherheit bieten. Bei gleicher Sicherheit werden die dem Schuldner lästigeren (z.B. die höher verzinslichen) Forderungen getilgt.[103]

Der Schuldner hat grundsätzlich kein Recht zu bestimmen, in welcher Rangfolge der Versteigerungserlös verrechnet werden soll.

Beispiel:

Zur Finanzierung einer Betriebsgründung gewährt die Sparkasse dem M. Darlehen in Höhe von insgesamt € 166.000.

Zur Absicherung dieser Darlehen bestellt die Tante des M. der Sparkasse eine Grundschuld über € 160.000 an ihrem Grundstück. In der abgegebenen Grundschuld-Zweckerklärung wird vereinbart, dass die Grundschuld zur Sicherung der dem M. gewährten Darlehen dienen soll.

M. stellt der Sparkasse danach verschiedene weitere Sicherheiten, darunter eine Grundschuld von € 200.000 an seinem Betriebsgrundstück zur Verfügung und nimmt über die ursprünglichen Darlehen hinaus weiteren Kredit in Anspruch.

Als M. mit Zins- und Tilgungsleistungen in Verzug gerät, kündigt die Sparkasse sämtliche Darlehen und betreibt aus der Grundschuld über € 200.000 die Zwangsversteigerung des Betriebsgrundstücks.

---

101 *Gaberdiel/Gladenbeck* (a.a.O. Fn. 5) Rz. 614 u. 1123.
102 *Gaberdiel/Gladenbeck* (a.a.O. Fn. 5) Rz. 842 u. 843.
103 *Gaberdiel/Gladenbeck* (a.a.O. Fn. 5) Rz. 1123.

M. teilt der Sparkasse mit, dass der Versteigerungserlös sowie der Wert einer von der Sparkasse als Ersteherin übernommenen Grundschuld vorrangig auf die Restsalden der zur Betriebsgründung aufgenommenen Darlehen verrechnet werden sollen.

Die Sparkasse erwidert hierauf, dass sie den ihr verbleibenden Teil des Versteigerungserlöses auf die Restschulden aus anderen Darlehen des M. verrechnen werde. Wegen der Restsalden der zur Betriebsgründung gewährten Darlehen betreibt die Sparkasse sodann die Zwangsversteigerung des Grundstücks der Tante des M.

Diese hält der Sparkasse entgegen, dass die Restschulden aus den Gründungsdarlehen infolge der Tilgungsbestimmung des M. bezüglich des Versteigerungserlöses des Betriebsgrundstücks beglichen und damit erloschen seien.

Wird eine Grundschuld im Wege der Zwangsversteigerung verwertet, steht dem Schuldner (Sicherungsgeber) hinsichtlich des Versteigerungserlöses kein Tilgungsbestimmungsrecht nach § 366 Abs. 1 BGB zu.[104]

Handelt es sich um ein Gesamtgrundpfandrecht, ist dessen Gläubiger berechtigt, nach seinem Belieben aus jedem Grundstück ganz oder zu einem Teil Befriedigung zu suchen, § 1132 BGB. Von diesem Wahlrecht kann er auch noch im Verteilungstermin bis zur Ausführung des Teilungsplans Gebrauch machen. Bei der Verrechnung des zugeteilten Versteigerungserlöses mit den durch das Gesamtrecht gesicherten Forderungen ist der Gläubiger aber nicht an die von ihm gem. § 1132 BGB gewählte Verteilung gebunden.[105]

Benötigt der Grundschuldgläubiger einen auf die erloschene Grundschuld zugeteilten Versteigerungserlös nicht vollständig (die gesicherte(n) Forderung(en) ist (sind) geringer als der zugeteilte Erlös), so ist der unverbrauchte Betrag an den Sicherungsgeber/Schuldner bzw. (bei Abtretung oder Pfändung des Rückgewähranspruchs) an den sonstigen Berechtigten auszukehren.[106]

Kann die gesicherte Forderung durch den zugeteilten Versteigerungserlös nicht vollständig getilgt werden, wird der Erlös zuerst auf die Kosten, dann auf die Zinsen und erst dann auf das Kapital verrechnet, § 367 Abs. 1 BGB.

Handelt es sich bei der gesicherten Forderung um ein Verbraucherdarlehen, wird § 497 Abs. 3 BGB auch auf die Verrechnung des Versteigerungserlöses anzuwenden sein, sodass zuerst die Kosten, dann die Hauptsache und erst zum Schluss die (Verzugs-)Zinsen getilgt werden.[107]

---

104 BGH 23.2.1999 WM 1999, 684 = ZIP 1999, 550 25.11.2003 WM 2004, 121 = ZIP 2004, 554.
105 OLG Hamm 27.1.2004 ZfIR 2004, 966.
106 *Gaberdiel/Gladenbeck* (a. a. O. Fn. 5) Rz. 1147–1151.
107 *Gaberdiel/Gladenbeck* (a. a. O. Fn. 5) Rz. 1124.

„Verwertung" der Grundschuld durch freihändige Grundstücksveräußerung

---

Beispiel:

Eheleute M. haben ihr Grundstück mit zwei Grundschulden zugunsten der Sparkasse belastet, die sowohl eigene Kreditverbindlichkeiten, als auch Kredite ihres Sohnes sichern.

Als die Eheleute ihr Grundstück (lastenfrei) verkaufen wollen, bittet der den Kaufvertrag abwickelnde Notar die Sparkasse um Mitteilung des Ablösungsbetrages und Übersendung einer Löschungsbewilligung bezüglich der beiden Grundschulden.

Die Sparkasse ermittelt daraufhin die Höhe der ihr gegenüber den Eheleute M. und deren Sohn zustehenden Forderungen, zieht hiervon noch bestehende Sicherheiten ab und übermittelt den danach verbleibenden Betrag als zu zahlende Ablösesumme an den Notar.

Nach Eingang des Ablösungsbetrages verrechnet die Sparkasse diesen zunächst vollständig auf den Kredit des Sohnes und nur anteilig auf die Kredite der Eheleute M. In der zu den Grundschulden mit den Eheleuten M. vereinbarten Zweckerklärung ist vorgesehen, dass die Sparkasse einen aus der Verwertung der Grundschulden erzielten Erlös, soweit dieser nicht zur Befriedigung sämtlicher gesicherter Forderungen ausreichen sollte, nach billigem Ermessen verrechnen darf. Entsprechendes soll auch für auf die Grundschuld geleistete Zahlungen gelten.

Die Eheleute M. verlangen die Verrechnung des an die Sparkasse gezahlten Ablösungsbetrages ausschließlich auf ihre Verbindlichkeiten.

Da die in einer Grundschuld-Zweckerklärung enthaltene Abrede, nach der es bei einer nicht zur Tilgung aller gesicherten Forderungen ausreichenden Zahlung auf eine Grundschuld dem Gläubiger erlaubt sein soll, die Zahlung auf die Forderungen nach seinem billigen Ermessen zu verrechnen, als unwirksam anzusehen ist,[108] muss die Sparkasse den Ablösungsbetrag vorrangig zur Begleichung der Verbindlichkeiten der Eheleute M. verwenden.

Konsequenzen:

Wird ein belastetes Grundstück zwecks Vermeidung der Zwangsversteigerung freihändig veräußert, bewertet der BGH den zur lastenfreien Veräußerung an den Grundpfandrechtsgläubiger gezahlten Ablösungsbetrag als eine „freiwillige" Leistung des Schuldners/Eigentümers und gesteht ihm ein Leistungsbestimmungsrecht nach § 366 Abs. 1 BGB zu.

Die Tilgungsbestimmung braucht der Schuldner nicht zwingend ausdrücklich zu erklären, da sie sich auch konkludent aus seinem Verhalten ergeben kann. Sichert das von ihm bestellte Grundpfandrecht auch noch Verbindlichkeiten Dritter, ist davon auszugehen, dass der Schuldner Zahlungen zunächst auf seine eigenen Schulden verrechnet wissen will.

Der Grundpfandrechtsgläubiger darf sich über eine Verrechnungsanweisung bezüglich des an ihn gezahlten Ablösungsbetrages zwar nicht hinwegsetzen, braucht seine Grundschuld aber

---

108 BGH 9.3.1999 WM 1999, 948 = ZIP 1999, 744.

andererseits auch nicht freizugeben, wenn der Ablösungsbetrag nicht zur Befriedigung sämtlicher durch die Grundschuld gesicherten Forderungen ausreicht. Maßgeblich hierfür ist der Betrag, den der Gläubiger dem Notar als Ablösungssumme mitgeteilt hat. Erhält er den geforderten Betrag, muss er die Grundschuld freigeben.

Wichtig für den Grundpfandrechtsgläubiger im Falle freiwilliger Zahlungen des Schuldners/Eigentümers (zwecks Erreichung eines lastenfreien freihändigen Verkaufs) ist es demzufolge, bereits im Vorfeld mit dem Schuldner/Eigentümer abzuklären, in welcher Höhe und auf welche Forderungen die Zahlungen verrechnet werden sollen.

Leistet der Schuldner/Eigentümer sodann mit einer abredewidrigen Zweckbestimmung, braucht der Grundpfandrechtsgläubiger diese Zahlung nicht anzunehmen und somit auch keine Löschungsbewilligung zu erteilen.

G. Zwangsverwaltung

(siehe Beispielfall S. 332)

I. Allgemeines

Die Zwangsverwaltung ist neben der Zwangsversteigerung und der Eintragung einer Zwangssicherungshypothek die dritte selbständige Art der Immobiliarzwangsvollstreckung, § 866 Abs. 1 ZPO.

Sie kann sowohl allein als auch zusammen mit einer der anderen Vollstreckungsarten durchgeführt werden.

Die Gläubigerbefriedigung erfolgt bei der Zwangsverwaltung ausschließlich aus den Erträgnissen des zwangsverwalteten Objektes, das im Übrigen aber im Unterschied zur Zwangsversteigerung dem Schuldner verbleibt.

Das Verbot der zwecklosen Pfändung, § 803 Abs. 2 ZPO, findet auf Zwangsverwaltungen keine Anwendung. Das Rechtsschutzinteresse für die Anordnung der Zwangsverwaltung kann trotz hoher Vorbelastungen, die eine Befriedigung aussichtslos erscheinen lassen, z.B. darin bestehen, das verwaltete Objekt einer einträglicheren Nutzung zuzuführen.[1]

Aspekte, die für das Betreiben der Zwangsverwaltung eine Rolle spielen können

- **Übergang des Verwaltungs- und Nutzungsrechts auf den Zwangsverwalter**
  Dem Schuldner wird die Verwaltung und Benutzung des der Zwangsverwaltung unterliegenden Objektes entzogen, §§ 148 Abs. 2, 152 ZVG; konsequenterweise kann er auch nicht mehr über mitbeschlagnahmte bewegliche Sachen innerhalb ein ordnungsgemäßen Wirtschaft verfügen, §§ 148 Abs. 1, 23 Abs. 1 S. 2 ZVG.

- **Erzielung von Miet-/Pachteinnahmen**
  Die Anordnung der Zwangsverwaltung über ein Grundstück führt zu Gunsten des die Zwangsverwaltung betreibenden Gläubigers zur Beschlagnahme des Grundstücks. Diese Beschlagnahme ist nach Zweck und Ziel eine wei-

---

1 BGH 18.7.2002 ZIP 2002, 1595; *Stöber* Einl. Rz. 48.11, § 161 Rz. 3.5; enger: LG Konstanz 18.2.2002 Rpfleger 2002, 532; *H/W/F/H* § 146 Rz. 27.

tergehende als die Beschlagnahme im Wege der Zwangsversteigerung. Über die Gegenstände hinaus, die die Versteigerungs-Beschlagnahme erfasst, erstreckt sich die Zwangsverwaltungs-Beschlagnahme auch auf Miet- und Pachtzinsforderungen.[2] Über die Zwangsverwaltung kann der Gläubiger somit auch aus den Grundstückserträgnissen die Befriedigung seiner Forderung erreichen.

Die Grundschuld an einem vermieteten oder verpachteten Grundstück erstreckt sich auch auf die Miet- und Pachtzinsansprüche, § 1123 Abs. 1 BGB. Die Miet- bzw. Pachtzinsansprüche werden durch Anordnung der Zwangsverwaltung, nicht aber durch Anordnung der Zwangsversteigerung beschlagnahmt, § 148 Abs. 1 S. 1, § 21 Abs. 2 ZVG.

Die Zwangsverwaltungs-Beschlagnahme erfasst grundsätzlich allerdings nur die Forderungen aus einem Hauptmiet(-pacht-)vertrag; Forderungen aus einem Untermiet- oder Unterpachtverhältnis werden von der Beschlagnahme nur dann erfasst, wenn der Hauptmiet(-pacht-)vertrag wegen Vereitelung der Gläubigerrechte nach § 138 Abs. 1 BGB nichtig ist.[3]

Ist die Zwangsverwaltung angeordnet, so ist nur noch der Zwangsverwalter befugt, Miet- und Pachtzinsen einzuziehen, § 152 Abs. 1 ZVG.

Zur Beschlagnahme der Miet- und Pachtzinsen bedarf es nicht zwingend der Anordnung der Zwangsverwaltung. Sie können auch dadurch für den Grundschuldgläubiger beschlagnahmt werden, dass dieser sie wegen seines Anspruches aus der Grundschuld, also aufgrund seines dinglichen Titels, pfändet.[4] Bei Beschlagnahme durch Pfändung ist die Einziehung der Ansprüche dann Sache des pfändenden Gläubigers.

Erfolgt die Beschlagnahme im Wege der Zwangsverwaltung, so hat diese allerdings Vorrang vor einer dinglichen Mietpfändung, d.h. dass das Recht des Zwangsverwalters auf Einziehung der Miete während der Dauer der Zwangsverwaltung das Recht des dinglichen Pfandgläubigers zur Mieteinziehung ausschließt.[5]

Solange die Ansprüche nicht für den Grundschuldgläubiger beschlagnahmt sind, kann sie der Eigentümer bzw. der Insolvenzverwalter einziehen, § 1124 Abs. 1 BGB. Der Mieter/Pächter wird durch seine Zahlung an den Eigentü-

---

2 *H/W/F/H* § 148 Rz. 13; *H/W/F/H*-Handbuch, Kap. 2 Rz. 94 u. 95; *Stöber* § 148 Rz. 2.1b; *Böttcher* § 148 Rz. 6 ff.

3 BGH 4.2.2005 WM 2005, 610.

4 BGH 13.3.2008 WM 2008, 801 unter II 2a; 9.6.2005 WM 2005, 1371; OLG Saarbrücken 24.6. 1992 Rpfleger 1993, 80; Palandt/*Bassenge* § 1123 Rz. 3; MünchKomm/*Eickmann* § 1123, 22; *Gaberdiel/Gladenbeck* Kreditsicherung durch Grundschulden, Rz. 1265; *H/W/F/H*-Handbuch, Kap.1 Rz. 25; *Stöber* Forderungspfändung Rz. 233.

5 LG Braunschweig 6.10.1995 ZIP 1996, 193.

mer/Insolvenzverwalter frei und die Haftung der Ansprüche für die Grundschuld endet.

Vorauszahlungen und sonstige Vorausverfügungen über Miete/Pacht für künftige Zeitabschnitte können aufgrund einer späteren Beschlagnahme unwirksam werden, § 1124 Abs. 2 BGB.[6]

Ab Beschlagnahme kann die laufende Miete bzw. Pacht nur noch an den Zwangsverwalter bzw. den pfändenden Gläubiger gezahlt werden. Noch offene rückständige Forderungen werden – falls sie nicht seit mehr als 1 Jahr fällig sind, § 1123 Abs. 2 S. 1 BGB, – von der Beschlagnahme ebenfalls erfasst.

Die Pfändung von Mietforderungen aus einem persönlichen Titel führt dagegen auch dann nicht zur (relativen) Unwirksamkeit zeitlich vorausgegangener Verfügungen über diese Forderungen (§ 1124 Abs. 2 BGB), wenn der die Mieten pfändende Gläubiger aus seinem persönlichen Titel zuvor die Eintragung einer Zwangshypothek bewirkt hat. Will sich der Inhaber einer Zwangshypothek durch die Pfändung von Mieten aus dem belasteten Grundstück befriedigen, benötigt er dafür einen dinglichen Titel.[7]

- **Zwangsverwaltung oder Abtretung/Pfändung der Mieten?**[8]
Für einen an einem vermieteten Grundstück nachrangig abgesicherten Gläubiger kann die direkte Beanspruchung der Mieten (z.B. im Wege der Pfändung oder Abtretung) sinnvoll sein, da diese im Rahmen einer Zwangsverwaltung dem vorrangigen Gläubiger zufließen würden.[9] Sobald der vorrangige Gläubiger allerdings einen Zwangsverwaltungsantrag stellt (oder aus seinem dinglichen Recht pfändet), geht seine durch die Anordnung der Zwangsverwaltung (bzw. Pfändung) bewirkte Beschlagnahme der Pfändung/Abtretung der Mieten zugunsten des nachrangigen Gläubigers ab sofort vor; die Mieten können ab diesem Zeitpunkt nur noch vom Zwangsverwalter (bzw. dem pfändenden Vorrang-Gläubiger) beansprucht werden, § 1124 Abs. 2 BGB.

Zu beachten ist außerdem, dass Zuteilungen an den Gläubiger in der Zwangsverwaltung auf die dinglichen Zinsansprüche angerechnet werden; entsprechend weniger kann in der Zwangsversteigerung beansprucht werden.

---

6 *Gaberdiel/Gladenbeck* (a.a.O. Fn. 4) Rz. 1268; *H/W/F/H*-Handbuch, Kap. 2 Rz. 102.
7 BGH 13.3.2008 WM 2008, 801.
8 *H/W/F/H*-Handbuch, Kap. 1 Rz. 23 ff.
9 BGH 9.6.2005 WM 2005, 1371 (Geltung des § 1124 Abs. 2 BGB auch zugunsten des nachrangigen Grundschuldgläubigers, der die an den vorrangigen Grundschuldgläubiger abgetretenen Mietzinsansprüche gepfändet hat).

- **Begleichung von öffentlichen Lasten etc.**

Die laufenden öffentlichen Lasten des verwalteten Objektes können vom Zwangsverwalter vorweg aus den Einkünften der Verwaltung ohne Mitwirkung des Gerichtes und ohne Aufstellung eines Teilungsplanes bezahlt werden, § 156 Abs. 1 S. 1 ZVG. Weil der Zwangsverwalter die öffentlichen Lasten bei Übernahme seines Amtes feststellen muss, ist ihre Anmeldung auch nicht erforderlich, aber sinnvoll, um zu verhindern, dass sie übersehen werden.

Ebenso kann der Zwangsverwalter bei beschlagnahmten Wohnungseigentum das sog. Wohngeld/Hausgeld, das als Vorschuss auf die Ausgaben nach dem Wirtschaftsplan der Wohnungseigentümergemeinschaft zu zahlen ist, § 28 Abs. 2 WEG, aus den Nutzungen des zwangsverwalteten Wohnungseigentums begleichen, § 156 Abs. 1 S. 2 ZVG.

- **Gewährleistung einer ausreichenden Gebäudeversicherung**

Der Zwangsverwalter muss feststellen, ob das beschlagnahmte Objekt ausreichend versichert ist. Ist dies nicht der Fall, muss er die erforderlichen Versicherungen abschließen. Auch die Versicherungsprämien sind aus den Nutzungen des verwalteten Objektes vorweg zu entnehmen, § 155 Abs. 1 ZVG.

- **Einflussnahme auf die Erhaltung und Verbesserung des verwalteten Objektes**

Über die Zwangsverwaltung kann das zu verwaltende Objekt in einem guten Zustand gebracht oder darin erhalten werden. Das ist insbesondere dann von Bedeutung, wenn wegen Unfähigkeit oder schlechtem Willen des Schuldners Wertminderungen drohen.[10]

Es ist Aufgabe des Zwangsverwalters, alles zu tun, was nötig ist, um das zwangsverwaltete Objekt in seinem wirtschaftlichen Bestand zu erhalten, § 152 Abs. 1 ZVG. Hat der Verwalter z.B. aufgrund von Hinweisen mit der Möglichkeit zu rechnen, dass ein Mieter durch den vertragswidrigen Gebrauch des verwalteten Objektes den Schuldner nicht unwesentlich schädigt, muss er die Gefahr für das seiner Obhut anvertraute Eigentum durch Feststellungen vor Ort aufklären.[11]

Verbesserungen des verwalteten Objektes sind zulässig, soweit sie mit den vorhandenen Mitteln durchgeführt werden können und nicht dem Verfah-

---

10 BGH 10.4.2003 WM 2003, 1098; ZInsO 2003, 463; *H/W/F/H* § 10 ZwVwV; Rz. 10 ff.; *H/W/ F/H*-Handbuch, Kap. 3 Rz. 62 ff.; Wieczorek/*Storz* § 866 Rz. 21; *Storz* Bespr. zur 17. Aufl. v. *Stöber* ZVG Rpfleger 2003, 50.

11 BGH 23.6.2005 WM 2005, 1958 Rpfleger 2005, 616.

renszweck (Befriedigung des Gläubigers) widersprechen. So können z.B. auch Rohbauten mit Gläubigervorschüssen fertig gestellt werden, um einen höheren Versteigerungserlös herbeizuführen

Zwangsverwaltungen mit dem Ziel der Verbesserung der Verwertbarkeit des verwalteten Objektes sind durchaus keine Seltenheit.

– **Begründung und Gestaltung von Mietverhältnissen**
War das Grundstück vor der Beschlagnahme einem Mieter/Pächter überlassen, so ist der Miet-/Pachtvertrag auch für den Zwangsverwalter bindend. Er tritt in bestehende Miet-/Pachtverhältnisse in vollem Umfang mit allen Pflichten und Rechten ein und hat die Mieter/Pächter zur Zahlung an sich aufzufordern.

Bei einem vom Schuldner nach Beschlagnahme und ohne Genehmigung des Verwalters vermieteten Grundstück kann der Verwalter vom Mieter die Herausgabe des Grundstücks und Nutzungsentschädigung verlangen.[12]

Im Rahmen einer ordnungsgemäßen Nutzung ist das zwangsverwaltete Objekt vom Zwangsverwalter zu vermieten/verpachten. Von ihm abgeschlossene Verträge bleiben gegenüber dem Schuldner/Eigentümer auch nach dem Ende der Zwangsverwaltung wirksam. Prozesse wegen des Miet-/Pachtzinses führt der Zwangsverwalter.

– **Erleichterung des Zugangs zu dem verwalteten Objekt, z.B. für Besichtigungen**
Mit der Zwangsverwaltungs-Beschlagnahme wird dem Schuldner/Eigentümer die Verwaltung und Benutzung des Zwangsverwaltungs-Objektes entzogen und auf den Zwangsverwalter übertragen. In der Regel ist die Ermächtigung des Zwangsverwalters, sich den Besitz des Zwangsverwaltungs-Objektes zu verschaffen, bereits in dem Anordnungsbeschluss über die Zwangsverwaltung enthalten. Auf Grund dieser Ermächtigung kann sich der Zwangsverwalter – bei Widerstand des Schuldners/Eigentümers notfalls auch mit Hilfe des Gerichtsvollziehers, § 892 ZPO – den Besitz des zu verwaltenden Objektes verschaffen.[13] Auch wenn die Besitzverschaffung die Wohnung des Schuldners betrifft, bedarf es hierzu keiner richterlichen Anordnung.[14]

Ist der Schuldner/Eigentümer im Hinblick auf Besichtigungen des zugunsten des Gläubigers belasteten Objekts nicht kooperationsbereit, wird dieses

---

12 LG Mönchengladbach 31.5.2005 IGZInfo 2006, 24.
13 BGH 24.2.2011 WM 2011, 943; 12.1.2006 WM 2006, 913.
14 BGH 24.2.2011 WM 2011, 943.

Problem nach Inbesitznahme des Objektes durch den Zwangsverwalter im Rahmen einer angeordneten Zwangsverwaltung nicht mehr bestehen. Allerdings ist zu berücksichtigen, dass es nicht Aufgabe des Zwangsverwalters ist, ein parallel laufendes Zwangsversteigerungsverfahren dadurch zu fördern, dass er Besichtigungstermine mit Bietinteressenten vereinbart und diesen das Objekt zeigt.[15]

– **Notwendige Aufwendungen des Gläubigers, z.B. für Versicherungsprämien, Instandhaltung etc. werden aus den Verwaltungseinnahmen erstattet; unter den Voraussetzungen des § 10 Abs. 1 Nr. 1 ZVG erfolgt auch eine Berücksichtigung in der Zwangsversteigerung.[16]**

Den dargestellten Vorteilen einer Zwangsverwaltung stehen der Vergütungsanspruch des Zwangsverwalters, §§ 17 ff. ZwVwV sowie eine eventuelle Vorschusspflicht des Gläubigers gegenüber, wenn die Verwaltungseinnahmen unzureichend sind, § 161 Abs. 3 ZVG.

Für einen Gläubiger, der das Zwangsverwaltungsverfahren betreiben will, ist es daher ratsam, vor Antragstellung durchzukalkulieren, ob sich das Verfahren in anbetracht der anfallenden Kosten (Gerichtskosten, Verwaltervergütung, Betriebskosten, Instandhaltungs- bzw. Instandsetzungskosten) überhaupt lohnt.

II. Verfahrensvoraussetzungen

Die formellen Voraussetzungen sind die gleichen, wie beim Zwangsversteigerungsantrag bzw. dem Beitrittsantrag zum Zwangsversteigerungsverfahren, § 146 Abs. 1 ZVG.

Die Zwangsverwaltung beginnt in der Regel aufgrund eines Anordnungsbeschlusses des Vollstreckungsgerichts (Gläubigerantrag, Titel, Klausel, Zustellung), kann sich aber auch durch Überleitung aus einer ergebnislosen Zwangsversteigerung ergeben, § 77 Abs. 2 ZVG.[17]

---

15 LG Heilbronn 25.6.2003 Rpfleger 2003, 679; zum Umgang des Verwalters mit Auskunftsanfragen bezüglich des verwalteten Objektes: *Loebnau* IGZInfo 1/2011, 12 ff.
16 BGH 10.4.2003 WM 2003, 1098; ZInsO 2003, 463.
17 *H/W/F/H* Einl. Rz. 20; § 146 Rz. 55.

(Eigen-)besitz eines Dritten

Die Zwangsverwaltung wird im Regelfall aufgrund eines gegen den Eigentümer gerichteten Titels ohne Prüfung, ob sich dieser auch im Besitz des Grundstücks befindet, angeordnet.

Ist dem Vollstreckungsgericht zum Zeitpunkt der Entscheidung über den Anordnungsantrag allerdings bekannt, dass sich das Grundstück im Eigenbesitz eines Dritten befindet (Eigenbesitzer ist, wer das Grundstück – ohne Eigentümer zu sein – als ihm gehörend besitzt, § 872 BGB, so z.B. ein Grundstückskäufer vor Eigentumsumschreibung, nicht aber ein Mieter/Pächter oder ein Nießbraucher), muss es den Antrag mangels Rechtsschutzbedürfnisses ablehnen.[18] Die Zwangsverwaltung ist nämlich unzulässig, wenn und soweit dadurch in den Besitz eines nicht herausgabebereiten Dritten eingegriffen wird.[19]

Stellt sich (erst) nach Anordnung der Zwangsverwaltung heraus, dass sich das Grundstück bei Anordnung der Zwangsverwaltung im Besitz eines nicht zur Herausgabe bereiten Dritten befand, ist die Zwangsverwaltung aufzuheben.[20]

Der eigenbesitzende Dritte ist aufgrund eines gegen den Eigentümer gerichteten Vollstreckungstitels selbst dann nicht zur Herausgabe des Besitzes verpflichtet, wenn der Gläubiger aufgrund eines dinglichen Titels vollstreckt. Der Gläubiger muss dann einen Titel gegen den Eigenbesitzer erwirken, entweder durch Umschreibung seines Titels gem. § 727 ZPO oder durch eine Klage auf Duldung der Zwangsvollstreckung.[21] Mit einem nur persönlichen Vollstreckungstitel gegen den Eigenbesitzer kann in das Grundstück nicht nach § 147 ZVG vollstreckt werden.[22] Gleiches gilt für Hausgeldforderungen nach § 10 Nr. 2 ZVG und für die (dinglichen) öffentlichen Lasten nach § 10 Nr. 3 ZVG.[23]

Bei streitigem Eigenbesitz hat das Vollstreckungsgericht die Zwangsverwaltung grundsätzlich anzuordnen und der Dritte muss seine Rechte im Prozesswege geltend machen.[24]

Ist der Dritte tatsächlich im Besitz des Grundstücks, kann ihn der Zwangsverwalter im Rahmen der Zwangsverwaltung allerdings nicht aus diesem Besitz drängen. Finden der Verwalter oder der Gerichtsvollzieher einen anderen als den Schuldner im Besitz des Grundstücks vor, darf die Vollstreckungshandlung

---

18 BGH 19.3.2004 WM 2004, 1042; *Stöber* § 146 Rz. 10.5; *Hawelka* ZfIR 2005, 14.
19 BGH 19.3.2004 WM 2004, 1042 sowie 14.3.2003 WM 2003, 845.
20 LG Frankfurt 3.5.2011 Rpfleger 2011, 684.
21 BGH 19.3.2004 WM 2004, 1042; 26.9.1985 NJW 1986, 2438; *Stöber* § 147 Rz. 2; *H/W/F/H* § 147 Rz. 4.
22 BGH 23.9.2009 WM 2010, 83; *Stöber* § 147 Rz. 2.6.
23 BGH 23.9.2009 WM 2010, 83; *Stöber* § 147 Rz. 2.5; *Böttcher* § 147 Rz. 4.
24 BGH a.a.O.

nicht ausgeführt werden.[25] Der Gläubiger muss sich dann einen Titel gegen den Eigenbesitzer verschaffen.

Gelingt es hingegen dem Zwangsverwalter, das Grundstück in Besitz zu nehmen, ist es dem Dritten zumutbar, nach § 771 ZPO gegen die Zwangsverwaltung vorzugehen. In den Fällen, in denen der Gläubiger aus einem dinglichen Titel vollstreckt, ist der Dritte als Eigenbesitzer materiell ohnehin verpflichtet, die Zwangsvollstreckung zu dulden.[26]

Das Vollstreckungsgericht ersucht nach Anordnung der Zwangsverwaltung das Grundbuchamt um Eintragung des Zwangsverwaltungsvermerks, § 146 Abs. 1 i. V. m. § 19 Abs. 1 ZVG. Die Eintragung eines Zwangsversteigerungsvermerks steht dem nicht entgegen.[27]

Gegenstand der Zwangsverwaltung können sein:
- Grundstücke
- Grundstücksbruchteile
- Wohnungs- und Teileigentum nach dem WEG
- Erbbaurechte

III. Beschlagnahme

1. Wirksamwerden

Die Beschlagnahme des zu verwaltenden Objekts wird (wie bei der Zwangsversteigerung) wirksam entweder mit der Zustellung des Anordnungsbeschlusses (s. Beispielfall S. 333) an den Schuldner oder mit dem Eingang des Ersuchens um Eintragung des Verwaltungsvermerks beim Grundbuchamt.

Bei der Zwangsverwaltung wird die Beschlagnahme darüber hinaus auch dadurch bewirkt, dass der Zwangsverwalter den Besitz erlangt oder der Beitrittsbeschluss dem schon im Besitz des Zwangsverwaltungsobjekts befindlichen Zwangsverwalter zugestellt wird, § 151 Abs. 1 und 2 ZVG.[28]

Die Fortgeltung einer Zwangsverwaltungs-Beschlagnahme nach Eröffnung eines Insolvenzverfahrens setzt eine wirksame vorherige Zustellung des Zwangsverwaltungs-Anordnungsbeschlusses an den Schuldner voraus. Wurde im Insolvenzeröffnungsverfahren eine Postsperre angeordnet, hat die Zustellung des Zwangsverwaltungs-Anordnungsbeschlusses trotzdem an den Schuld-

---

25 BGH a.a.O.
26 BGH a.a.O.
27 *H/W/F/H* § 146 Rz. 60; *Stöber* § 146 Rz. 5.4; *Böttcher* § 146 Rz. 61.
28 *H/W/F/H* § 151 Rz. 2–4; *Stöber* § 151 Rz. 2; *Böttcher* § 151 Rz. 2–4.

ner persönlich zu erfolgen, andernfalls keine wirksame Zwangsverwaltungs-Beschlagnahme vorliegt.[29]

2. Umfang

Die Zwangsverwaltungs-Beschlagnahme umfasst nicht nur das Zwangsverwaltungsobjekt selbst nebst Zubehör, Bestandteilen und mithaftenden Gegenständen, sondern auch Miet- und Pachtforderungen und die Ansprüche aus einem mit dem Eigentum am Verwaltungsobjekt verbundenen Recht auf wiederkehrende Leistungen (z.B. Erbbauzinsreallast), sowie (getrennte) land- und forstwirtschaftliche Erzeugnisse und die Forderungen aus deren Versicherung.[30]

Erlischt z.B. die Erbbauzinsreallast anlässlich der Zwangsversteigerung eines das zwangsverwaltete Grundstück belastenden Erbbaurechts, steht der Wertersatzanspruch nach § 92 Abs. 1 ZVG dem Zwangsverwalter des mit dem Erbbaurecht belasteten Grundstücks zu, § 148 Abs. 1 Satz 1, § 21 Abs. 2 letzte Alt. ZVG.[31]

3. Wirkung

Durch die Beschlagnahme wird dem Schuldner die Verwaltung und Benutzung des Zwangsverwaltungsobjektes entzogen, § 148 Abs. 2 ZVG. Er kann insbesondere das der Beschlagnahme unterliegende Objekt nicht vermieten oder verpachten und ist auch zum Miet-/Pachteinzug nicht mehr berechtigt.[32] Auch Verfügungen über beschlagnahmte Gegenstände im Rahmen ordnungsgemäßer Wirtschaft sind ausgeschlossen, § 148 Abs. 1 S. 2 ZVG. Das Verwaltungs- und Benutzungsrecht geht auf den Zwangsverwalter über.[33] Ein gutgläubiger Erwerb bei gegen die Beschlagnahme verstoßenden Verfügungen ist bei Kenntnis des Zwangsverwaltungsantrags oder ab Eintragung des Zwangsverwaltungsvermerks im Grundbuch ausgeschlossen, § 146 Abs. 1 i.V.m. § 23 Abs. 2 ZVG.[34]

---

29 OLG Braunschweig 11.1.2001 Rpfleger 2001, 254.
30 *H/W/F/H* § 148 Rz. 6–15; *H/W/F/H*-Handbuch, Kap. 2 Rz. 92ff.; *Stöber* § 146 Rz. 5.3b u. § 148 Rz. 2.1a, b; *Böttcher* § 148 Rz. 4.
31 OLG Düsseldorf 17.5.2010 Rpfleger 2010, 616.
32 *H/W/F/H* § 148 Rz. 2–4; *H/W/F/H*-Handbuch, Kap. 2 Rz. 101; *Stöber* § 148 Rz. 3.1.
33 Zum Besitzrecht in der Zwangsverwaltung s.: *Schmidberger* Rpfleger 2008, 105, 109.
34 *Stöber* § 23 Rz. 4–6; *Böttcher* § 23 Rz. 6, 20 u. 21.

IV. Aufgaben des Zwangsverwalters

Bei Anordnung der Zwangsverwaltung wird ein Verwalter bestellt, der das zu verwaltende Objekt in Besitz nimmt, § 150 ZVG, und der den Umfang und den Zustand des seiner Verwaltung unterliegenden Vermögens festzustellen und zu dokumentieren hat, § 3 ZwVwV.[35]

Bei der Auswahl des zu bestellenden Verwalters ist das Gericht frei.[36] Es muss sich um eine natürliche und von den Verfahrensbeteiligten unabhängige Person handeln, die über die notwendige fachliche Qualifikation zur Ausübung des Amtes verfügt, § 1 Abs. 2 ZwVwV. Die Bestellung des jeweiligen Verwalters soll von der Entscheidung geprägt sein, den für den jeweiligen Einzelfall geeignetsten Verwalter zu bestellen.[37] Der Erstellung einer Vorauswahlliste durch das Vollstreckungsgericht (entsprechend der bei den Insolvenzgerichten geführten Listen von Insolvenzverwaltern) bedarf es nicht.[38]

Die Nachprüfungsmöglichkeit des Beschwerdegerichts bei der Bestellung eines Zwangsverwalters beschränkt sich auf die Nachprüfung der pflichtgemäßen Ermessensausübung durch das erstinstanzliche Gericht. Haben Zwangsverwalter und Eigentümer in einem anderen Verfahren z. B. wechselseitig Strafanzeige gestellt, genügt dies jedenfalls dann nicht zur Begründung einer ermessensfehlerhaften Bestellung des Verwalters in einem erneuten Verfahren, wenn er die Strafanzeige nicht nur aus Gründen der persönlichen Ehrkränkung gestellt hat.[39]

Wird ein Rechtsanwalt, der über einen Zeitraum von annähernd 7 Jahren zum Zwangsverwalter bestellt wurde, vom Gericht nicht mehr berücksichtigt, kann er seine Nichtbestellung in einem konkreten Einzelfall zum Anlass nehmen, eine gerichtliche Überprüfung auf etwaige Ermessensfehler herbeizuführen, § 23 Abs. 1 S. 1 EGGVG. Ein „abstrakter" Antrag auf Feststellung der Rechtswidrigkeit seiner Nichtbestellung ist hingegen unzulässig.[40]

Die Besitzverschaffung des zu verwaltenden Objektes erfolgt entweder
- durch gerichtliche Übergabe mittels Gerichtsvollzieher, § 150 Abs. 2 Alt. 1 ZVG[41]

---

35 *H/W/F/H* § 3 ZwVwV, Rz. 1 ff.; *Stöber* § 152 Rz. 3.6; *Böttcher* § 150 Rz. 1 ff.; zu den sich aus der Energieeinsparverordnung (EnEV) ergebenden Haftungsrisiken s.: *Haut* IGZInfo 2/2008, 67 ff. sowie Antwortschreiben des BMJ vom 15.9.2008 IGZInfo 4/2008, 157.

36 OLG Koblenz 27.6.2005 Rpfleger 2005, 618 zum Vorauswahlverfahren.

37 OLG Frankfurt 29.1.2008 Rpfleger 2009, 102; *H/W/F/H* § 150a Rz. 12.

38 OLG Hamm 27.9.2012 ZInsO 2013, 143; *Stöber* § 150 Rz. 9.

39 LG Rostock 3.8.2000 Rpfleger 2001, 40.

40 BVerfG 15.2.2010 ZIP 2010, 1103.

41 Hierzu: *Haut/Schmidberger* IGZInfo 1/2008, 25 ff.; *Beier* IGZInfo 2/2008, 60 ff.

oder

– durch gerichtliche (im Anordnungsbeschluss enthaltene) Ermächtigung, sich selbst den Besitz zu verschaffen,[42] § 150 Abs. 2 Alt. 3 ZVG.

Beauftragt der ermächtigte Zwangsverwalter den Gerichtsvollzieher, ihn bei der Inbesitznahme des zu verwaltenden Objektes von Wohnungseigentum zu unterstützen, bedarf es hierzu keiner vollstreckbaren Ausfertigung des Anordnungsbeschlusses.[43]

Bei vermieteten oder verpachteten Objekten ist eine (unmittelbare) Besitzverschaffung durch den Zwangsverwalter nicht möglich. Hier erfolgt die Einweisung in den mittelbaren Besitz/Übertragung des mittelbaren Besitzes auf den Zwangsverwalter im Anordnungsbeschluss. Mit der Annahme des Amtes erlangt der Verwalter den mittelbaren Besitz.[44]

Bewohnt der Schuldner das zu verwaltende (beschlagnahmte) Objekt, hat der Zwangsverwalter ihm die für seinen Hausstand erforderlichen Räume unentgeltlich zu belassen, § 149 Abs. 1 ZVG i.V.m. § 5 Abs. 2 Nr. 2 ZwVwV.[45] Eines Antrags des Schuldners oder einer Anweisung des Gerichtes bedarf es hierzu nicht.[46]

Dies befreit den Schuldner allerdings nicht von der Bezahlung der verbrauchsabhängigen Nebenkosten.[47] Wegen der entbehrlichen Räume kann der Verwalter beim Gericht einen Teil-Räumungsbeschluss beantragen[48] und den Gerichtsvollzieher mit der Räumung beauftragen.[49] Weder der Anordnungsbeschluss, noch die allgemeine Ermächtigung nach § 150 Abs. 2 ZVG berechtigen den Verwalter, einen Mitbewohner des Schuldners zwangsweise aus der von ihm mitbewohnten Wohnung zu räumen. Hierzu bedarf es grundsätzlich eines gesonderten Räumungstitels.[50]

Der Anspruch auf Wohnraumüberlassung gilt auch für Familienmitglieder, Verwandte oder Lebenspartner des Schuldners, die das zu verwaltende Objekt zum Zeitpunkt der Beschlagnahme (mit-)bewohnen. Familienmitgliedern steht

---

42 BGH 24.2.2011 WM 2011, 943; *H/W/F/H* § 150a Rz. 19 ff.; *Stöber* § 150 Rz. 5.2; *Böttcher* § 150 Rz. 10; zu den bei der Durchführung der Inbesitznahme auftretenden Problemen und Fragestellungen siehe *Sessig/Fischer* IGZInfo 1/2012, 11 ff.

43 BGH 24.2.2011 WM 2011, 943.

44 *H/W/F/H* § 150a Rz. 27; *Stöber* § 146 Rz. 10.1; § 150 Rz. 5.5; *Böttcher* § 150 Rz. 13.

45 *H/W/F/H* § 149 Rz. 2 ff.; *Stöber* § 149 Rz. 2; *Böttcher* § 149 Rz. 1 ff.

46 OLG Brandenburg 15.8.2012 ZfIR 2012, 797; *Stöber* § 149 Rz. 2.2.

47 AG Schorndorf 27.1.2010 ZfIR 2010, 595; abgrenzend: LG Duisburg 26.7.2007 Rpfleger 2008, 323; LG Bonn 25.6.2007 ZMR 2008, 54; LG Zwickau 30.1.2006 Rpfleger 2006, 426.

48 *Stöber* § 149 Rz. 3.5.

49 *Beier* IGZInfo 2/2008, 60, 64.

50 LG Heilbronn 29.9.2004 Rpfleger 2005, 154.

der Anspruch auch dann zu, wenn der Schuldner selber das verwaltete Objekt nicht bewohnt oder sich während des Zwangsverwaltungsverfahrens von seinem Ehepartner trennt.[51]

Das Wohnrecht des Schuldners und das eines Mitbewohners besteht nur im Rahmen der Baugenehmigung und Nutzungsart und somit nicht in einem reinen Gewerbeobjekt, das vom Schuldner unzulässigerweise als Wohnraum genutzt wird.[52]

Ist ein selbst genutztes Einfamilienhaus Gegenstand der Zwangsverwaltung, scheidet eine Vermietung aus, soweit das Haus gem. § 149 Abs. 1 ZVG dem Schuldner zu belassen ist. Eine dennoch erwirkte Zwangsverwaltung ist nur dann geeignet, zur Befriedigung des Gläubigers zu führen, wenn die verbleibenden Räume oder andere auf dem Grundstück befindliche, für den Hausstand des Schuldners nicht erforderliche Gebäude selbständig vermietbar sind.[53]

Für die Nutzung von Räumen, die er nicht zum Wohnen benötigt und von Gewerberäumen hat der Eigentümer (Schuldner) Nutzungsentschädigung an den Zwangsverwalter zu zahlen.[54] Hierbei ist es unerheblich, ob diese Räume abtrennbar sind oder vermietet werden können oder ob der Schuldner die Räume tatsächlich nutzt. Das zu zahlende Nutzungsentgelt umfasst auch eine angemessene Betriebskostenvorauszahlung.[55] Bei Nichtzahlung riskiert er die Räumung.[56]

Unzulässig ist die Zwangsverwaltung eines mit einem Einfamilienhaus bebauten Grundstücks dann, wenn sie nur dazu dienen soll, dem im Haus wohnenden Schuldner den Bezug von Sozialleistungen (Wohngeld) zu ermöglichen, damit er an den Zwangsverwalter ein Entgelt für die Nutzung von Räumen zahlen kann, die ihm nicht nach § 149 Abs. 1 ZVG zu belassen sind.[57]

Wird das verwaltete Objekt oder dessen Verwaltung durch den Schuldner oder ein Mitglied seines Hausstands gefährdet, hat das Gericht auf Antrag die Räumung anzuordnen, § 149 Abs. 2 ZVG.[58] Antragsberechtigt ist der Zwangsverwalter, jeder betreibende Gläubiger und sonstige Verfahrensbeteiligte.[59]

---

51 OLG Brandenburg 15.8.2012 ZfIR 2012, 797; *Stöber* § 149 Rz. 2.2; *D/S/H/E/R* § 149 Rz. 5, 6; *Böttcher* § 149 Rz. 3.
52 AG Dülmen 16.4.2007 Rpfleger 2007, 494
53 BGH 20.11.2008 WM 2009, 412; 24.1.2008 WM 2008, 2028, 2029; 14.4.2005 NJW 2005, 2460, 2462.
54 LG Berlin 11.5.2001 GE 2001, 468; BGH 14.5.1992 Rpfleger 1992, 402.
55 AG Halle 21.1.2010 ZfIR 2010, 600.
56 LG Münster 27.8.2007 Rpfleger 2008, 219.
57 BGH 20.11.2008 WM 2009, 412; krit. hierzu: *Keller* ZfIR 2009, 385, 387.
58 LG Koblenz 4.10.2010 Rpfleger 2011, 228; LG Zwickau 30.1.2006 Rpfleger 2006, 426; *H/W/F/H* § 149 Rz. 9 ff.; *Stöber* § 149 Rz. 3; *Böttcher* § 149 Rz. 7 u. 8.
59 *Stöber* § 149 Rz. 3.4.

Bei der Prüfung des Antrags darf und muss auch auf in der Vergangenheit liegende Umstände abgestellt werden, wie etwa das Abschrecken von Miet- oder Pachtinteressenten, die Vernachlässigung der vom Schuldner bewohnten Räume, die Behinderung des Zwangsverwalters in der Ausübung seiner Tätigkeit oder die Weigerung geschuldete Betriebs- oder Verbrauchskosten zu erstatten.[60] Ausschlaggebend ist aber, dass der Ertrag des Grundstücks durch ein zu befürchtendes Verhalten gefährdet sein muss. Eine Auslegung und Anwendung des § 149 Abs. 2 ZVG, die nur auf vergangene Umstände abstellt, aber nicht auf deren Bedeutung für die weitere Zwangsverwaltung und so auf eine Gefahrenprognose verzichtet, verwischt in unzulässigerweise den Unterschied zwischen einer repressiv wirkenden Sanktion und der präventiven Sicherung der Zwangsverwaltung, der § 149 Abs. 2 ZVG ausschließlich dient.[61]

Bei Behinderungen der Zwangsverwaltung durch Gefährdung des Grundstücksertrags hat das Gericht ein Auswahlermessen zwischen der in § 149 Abs. 2 ZVG vorgesehenen Räumungsanordnung und anderen zur Abwendung der Gefährdung erforderlichen Maßregeln, wie sie § 25 S. 1 ZVG vorsieht, der nach § 146 Abs. 1 ZVG auch im Verfahren der Zwangsverwaltung Anwendung findet. Danach kommen beispielsweise auch eine bloße Androhung der Räumung oder die Verhängung eines Zwangsgeldes für den Fall weiterer Behinderungen in Betracht. Maßgebend sind die Umstände des jeweiligen Einzelfalls.[62]

Der Räumungsbeschluss ist Vollstreckungstitel gem. § 794 Abs. 1 Nr. 3 ZPO, der keiner Vollstreckungsklausel bedarf und der sofort – notfalls mit Hilfe des Gerichtsvollziehers – durchsetzbar ist.[63]

Veräußert der Schuldner das zwangsverwaltete Objekt, geht das Wohnrecht nicht auf den Erwerber über.[64] Stirbt der wohnungsberechtigte Schuldner während der Zwangsverwaltung, können die zu seinem Hausstand gehörenden Erben in dem verwalteten Objekt wohnen bleiben.[65]

Die Rechte und Pflichten des Zwangsverwalters werden in den §§ 152ff. ZVG sowie durch die Zwangsverwalterverordnung, ZwVwV,[66] geregelt.

---

60 LG Zwickau 30.1.2006 Rpfleger 2006, 426; 18.2.2004 Rpfleger 2004, 646.
61 BVerfG 7.1.2009 ZInsO 2009, 445.
62 BVerfG 7.1.2009 ZInsO 2009, 445.
63 BGH 12.1.2006 WM 2006, 913.
64 BGH 13.7.1995 WM 1995, 1735ff.; *Stöber* § 149 Rz. 2.2.
65 LG Heilbronn 29.9.2004 Rpfleger 2005, 154; *Stöber* § 149 Rz. 2.2.
66 Zwangsverwalterverordnung v. 19.12.2003 (BGBl. I 2003, 2804); s. *Stöber* Anh. T 3.

Nach § 152 Abs. 1 ZVG muss der Zwangsverwalter

– das Grundstück in seinem wirtschaftlichen Bestand erhalten und ordnungsgemäß benutzen; im Rahmen dieses Aufgabenkreises ist er berechtigt und verpflichtet, alle Maßnahmen zu ergreifen, die erforderlich sind, um eine ordnungsgemäße Nutzung des verwalteten Objektes zu ermöglichen bzw. zu gewährleisten.[67]

Die Nutzung erfolgt grundsätzlich durch Vermietung oder Verpachtung des verwalteten Objekts, § 5 Abs. 2 ZwVwV.

Zu den vorrangigen Aufgaben des Zwangsverwalters gehört es, die sich aus der Verwaltung des Grundstücks ergebenden und die mit der Anordnung der Zwangsverwaltung beschlagnahmten Ansprüche, also im Wesentlichen die Miet- und Pachtzinsforderungen, geltend zu machen. Zudem trifft ihn die Pflicht, die aus dem Objekt möglichen Nutzungen herauszuholen. Es ist nicht Aufgabe des Verwalters, durch einen „bewussten Leerstand" für eine wirtschaftlich möglichst sinnvolle Verwertung des Objektes im Rahmen der Zwangsversteigerung zu sorgen.[68] Um das der Zwangsverwaltung unterliegende Objekt ordnungsgemäß zu nutzen, muss der Verwalter vermietbare Grundstücke oder Wohnungen vermieten.

Durch die Beauftragung eines Maklers kommt der Verwalter bei Leerstand einer Wohnung in aller Regel seinen Pflichten ausreichend nach. Ein mit dem Markt vertrauter und ständig mit Vermietungen befasster Makler hat grds. bessere Möglichkeiten, einen Mieter zu akquirieren, als der Zwangsverwalter selbst. Etwas anderes kann nur dann gelten, wenn der Verwalter weiß oder sich ihm aufdrängen muss, dass der Makler keine oder keine ausreichenden Vermittlungstätigkeiten entfaltet.[69]

Die Verpflichtung zur ordnungsgemäßen Verwaltung umfasst auch eine regelmäßige Überprüfung des Mietobjekts.[70]

Grundpfandrechtsgläubiger, die ein Interesse am Leerstand eines im Versteigerungsverfahren befindlichen Objekts haben und lediglich die Überwachung des leer stehenden Objekts, nicht jedoch dessen Vermietung beabsichtigen, sollten daher die Sequestration nach § 938 Abs. 2 ZPO, § 25 ZVG zur bloßen

---

67 Zu den sich aus der Energieeinsparverordnung (EnEV) ergebenden Maßnahmen s.: *Haut* IGZInfo 2/2008, 67 ff. sowie Antwortschreiben des BMJ vom 15.9.2008 IGZInfo 4/2008, 157.
68 OLG Köln 25.6.2007 ZfIR 2008, 73 m. zust. Anm. v. *Bergsdorf.*
69 OLG Köln 12.9.2011 NZI 2011, 959.
70 Krit. hierzu: *Förster* Anm. zu OLG Köln 25.6.2007 IGZInfo *2/2008, 93, 94.*

Objektsicherung beantragen.[71] Das Gericht darf den Gläubiger nicht auf die Möglichkeit der Zwangsverwaltung verweisen.[72]

Gem. § 5 Abs. 3 ZwVwV ist der Zwangsverwalter auch berechtigt, begonnene Bauvorhaben fertig zu stellen.[73]

Das Vorhaben des Zwangsverwalters, ein beschlagnahmtes Gebäude durch Umbau nachhaltig zu verändern oder in die vom Schuldner dem Objekt zugedachte Nutzung in einer Weise einzugreifen, die die wirtschaftliche Beschaffenheit des Grundstücks in ihrem Gesamtcharakter berührt, ist durch das Vollstreckungsgericht nicht genehmigungsfähig.[74]

– die der Beschlagnahme unterliegenden Ansprüche geltend machen, (z.B. Mietansprüche)

– die für die Verwaltung entbehrlichen Nutzungen = Naturalien in Geld umsetzen

– die vor der Beschlagnahme abgeschlossenen Miet-/Pachtverträge übernehmen und bei Besitzstörung durch Dritte ggf. eine Nutzungsentschädigung geltend machen.

Aus den Einnahmen hat der Verwalter die Ausgaben für die Verwaltung, seine Vergütung und die Verfahrenskosten zu bestreiten, § 9 Abs. 1 ZwVwV.

Verpflichtungen, die er nicht aus vorhandenen Mitteln oder Einnahmen decken kann, darf der Verwalter nicht eingehen, § 9 Abs. 2 ZwVwV.

Reichen die vorhandenen Mittel für erforderliche Maßnahmen nicht aus, hat der Verwalter über das Vollstreckungsgericht einen genügenden Vorschuss des betreibenden Gläubigers zu beantragen, § 161 Abs. 3 ZVG; einen unmittelbaren Anspruch gegen den betreibenden Gläubiger auf Ersatz von Aufwendungen hat er nicht.[75]

Stellt der Verwalter z.B. Baumängel am Verwaltungsobjekt fest, die sich aus den vorhandenen liquiden Mitteln nicht beheben lassen, kann er eine Vorschusszahlung anfordern. Zum Nachweis der Vorschusshöhe genügt ein Sach-

---

71 *Bergsdorf* ZfIR 2008, 76; *Stöber* § 25 Rz. 3.
72 *Stöber* § 25 Rz. 3.1.
73 *Loebnau* IGZInfo 1/2008, 2 ff.
74 BGH 10.12.2004 WM 2005, 244; hierzu: *Drasdo* NJW 2005, 1549.
75 *Stöber* § 152 Rz. 18.1.

verständigengutachten mit einer genauen Kostenaufstellung. Der Vorlage mehrerer Kostenvoranschläge bedarf es nicht.[76]

Falls die verwaltete Masse zur Deckung seines Anspruchs auf Vergütung und Auslagenersatz nicht ausreicht, kann der Zwangsverwalter den betreibenden Gläubiger unabhängig davon in Anspruch nehmen, ob er zuvor entsprechende Vorschüsse verlangt hatte.[77]

Im Rahmen seiner Aufgaben handelt der Zwangsverwalter selbständig, im eigenen Namen und aus eigenem Recht.[78] Er ist nur an gerichtlich erteilte Weisungen gebunden, § 1 Abs. 1 ZwVwV, und muss wie ein sparsamer, ordentlich wirtschaftender Eigentümer agieren.[79] Die Aufsichts- und Kontrollpflicht und die haftungsrechtliche Verantwortung für das Zwangsverwaltungsverfahren liegt allein beim Zwangsverwalter. Im Interesse einer Optimierung von Arbeitsabläufen und einer effizienten Verfahrensabwicklung kann er aber Tätigkeiten auf Hilfskräfte und Bevollmächtigte übertragen. Delegierbar sind insbesondere Inbesitznahme,[80] Buchhaltung, Aktenführung und Objektbetreuung. Auch die Übertragung delegierbarer Aufgaben auf eine Service GmbH, deren Gesellschafter und Geschäftsführer der Zwangsverwalter ist, widerspricht nicht dem Grundsatz der höchstpersönlichen Führung der Zwangsverwaltung.[81] Zur Erfüllung seiner Obliegenheiten ist der Verwalter auch berechtigt, Hilfspersonen (Hausmeister, Reinigungskräfte) durch Abschluss von Dienst- oder Werkverträgen hinzuzuziehen, §§ 1 Abs. 3, 21 Abs. 2 ZwVwV.

Der Zwangsverwalter hat die Verkehrssicherungspflichten wahrzunehmen und ist allein verantwortlich für die Beseitigung verkehrsgefährdender Mängel.[82]

Zu bestimmten Maßnahmen hat der Verwalter die vorherige Zustimmung des Vollstreckungsgerichts einzuholen, § 10 Abs. 1 ZwVwV.[83]

Der die Zwangsverwaltung betreibende Gläubiger kann dem Zwangsverwalter keine Anweisungen dahingehend erteilen, auf einzelne Wirkungen der Beschlagnahme zu verzichten und dem Schuldner einzelne Nutzungen zur freien

---

76 LG Stralsund 29.10.2008 Rpfleger 2009, 165; LG Bonn 14.7.2004 – 6 T 141/04 – (Juris).
77 BGH 17.6.2004 WM 2004, 1590; *Stöber* § 153 Rz. 6.6.
78 *Stöber* § 152 Rz. 2.2a; *Böttcher* § 152 Rz. 9; a. A. *H/W/F/H* § 150a, Rz. 18d: „Neutralitätstheorie".
79 *Schoss* IGZInfo 4/2007, 135, 139; *H/W/F/H* § 1 ZwVwV, Rz. 5; *Stöber* § 152 Rz. 3.1; *Böttcher* § 152 Rz. 8.
80 Diese allerdings nur auf Mitarbeiter und nicht auf außenstehende Dritte; so auch *Hintzen* IGZInfo 2010, 56 sowie *Keller* ZfIR 2009, 385.
81 LG Potsdam 5.5.2008 ZIP 2009, 391.
82 OLG Hamm 15.1.2004 ZMR 2004, 511; BGH 28.4.1952 NJW 1952, 1050; *Stöber* § 152 Rz. 5.6.
83 *H/W/F/H* § 10 ZwVwV Rz. 1ff.

Verfügung zu überlassen. Solche Weisungen kann vielmehr nur das Gericht erteilen.[84]

Das Vollstreckungsgericht ist befugt, dem Zwangsverwalter Anweisungen zu erteilen, § 153 Abs. 1 ZVG. Hierzu gehört es insbesondere, bei Meinungsverschiedenheiten zwischen Verfahrensbeteiligten über die Pflichten des Zwangsverwalters, diesen mit bestimmten Weisungen zu versehen.[85]

Der Verwalter kann das verwaltete Objekt samt mitbeschlagnahmter Gegenstände weder belasten noch veräußern. Die rechtliche Verfügungsbefugnis geht nicht auf den Zwangsverwalter über.[86]

Zur Erfüllung seiner Pflichten kann das Gericht den Zwangsverwalter mit Zwangsgeld anhalten, dessen Höhe sich nach Art. 6 EGStGB (€ 5 bis € 1000) richtet.[87] Die Festsetzung des Zwangsgeldes ist nicht als Strafe für eine begangene Pflichtwidrigkeit zu werten. Die Zwangsgeldandrohung stellt keine repressive Rechtsfolge für einen Ordnungsverstoß dar, sondern eine Zwangs- und Beugemaßnahme, um eine bestimmte Handlung durchzusetzen.[88]

V. Einzelheiten aus dem Aufgabenbereich des Zwangsverwalters

Altlasten[89]

Die Kosten einer Ersatzvornahme sind vom Zwangsverwalter (aus den Nutzungen) auszugleichen.[90] Ein das Zwangsverwaltungsverfahren betreibender Gläubiger sollte daher bei einer drohenden ordnungsrechtlichen Haftung genau überlegen, ob er das Verfahren nicht besser aufhebt, um eine Kostenbelastung zu verhindern.[91]

---

84 AG Kerpen 18.7.2000 ZMR 2002, 202; *H/W/F/H* § 1 ZwVwV, Rz. 22; a. A. *Stöber* § 148 Rz. 2.4.

85 BGH 20.11.2008 WM 2009, 414; *Stöber* § 153 Rz. 3.4.

86 LG Bonn 8.3.1983 Rpfleger 1983, 324; *Stöber* § 152 Rz. 4.3; *Böttcher* § 152 Rz. 21.

87 *Stöber* § 153 Rz. 7.1; *H/W/F/H* § 153, Rz. 13 a. A. AG Mühldorf 31.5.2001 Rpfleger 2001, 562 (§ 888 ZPO).

88 LG Verden 19. 8. 2002 Rpfleger 2003, 39; *H/W/F/H* § 153 Rz. 11; *Stöber* § 153 Rz. 7.1a.

89 *Stöber* § 66 Rz. 6.2; *H/W/F/H* § 155 Rz. 8; § 9 ZwVwV, Rz. 31ff.; *Böttcher* § 10 Rz. 26; zu Altlasten in der Zwangsversteigerung und Zwangsverwaltung siehe *Engels* Rpfleger 2010, 557; zur Altlastensanierung durch den Zwangsverwalter bei Insolvenz des Grundstückseigentümers siehe *Keller* Rpfleger 2010, 568.

90 VG Dresden 19. 6. 2003 ZIP 2004, 373; *Lwowski/Tetzlaff* NZI 2004, 225, 229.

91 *Lwowski/Tetzlaff* NZI 2004, 225, 229.

Dienstverträge[92]

Sie werden vom Verwalter grundsätzlich nicht übernommen. Der Zwangsverwalter kann Bedienstete weiterbeschäftigen, z.b. einen Hausmeister,[93] muss es aber nicht. Da der Zwangsverwalter selbst verwaltet, gilt dies auch für bestehende Hausverwaltungen. Bei größeren Verwaltungsobjekten mit vielen Mietern wird es sich allerdings regelmäßig anbieten, eine bestehende und mit den Gegebenheiten vertraute Hausverwaltung fortzuführen.[94]

Energielieferungsverträge[95]

Lieferverträge über Gas, Wasser, Fernwärme wird der Zwangsverwalter bei entsprechender Monopolstellung des Versorgungsunternehmens regelmäßig (ohne Verpflichtung hierzu)[96] übernehmen. Das Versorgungsunternehmen kann die Weiterbelieferung allerdings nicht von der Bezahlung der vor Beschlagnahme aufgelaufenen Zahlungsrückstände abhängig machen.[97] Wegen der zwischenzeitlichen Liberalisierung des Strommarktes hat der Zwangsverwalter hier – ebenso wie beim Heizöl – freie Hand.

Wartungsverträge für Heizungsanlagen sollten grundsätzlich fortgeführt werden.[98]

Gewerbebetrieb[99]

Zu der Frage der eigenen, unternehmerischen Fortführung eines vom Schuldner auf dem verwalteten Objekt unterhaltenen Gewerbetriebes (Hotel, Fabrik, Kurheim etc.) durch den Zwangsverwalter gibt es keine einheitliche Rechtsprechung oder Literatur.[100] Grundsätzlich hat der Zwangsverwalter nur das beschlagnahmte Grundstück mit seinen wesenlichen Bestandteilen – § 94 BGB – und dem Zubehör – § 97 BGB – zu verwalten. Er hat nicht die umfassenden Befugnisse wie z.B. ein Insolvenzverwalter. Die Zwangsverwaltungs-Beschlagnahme erstreckt sich nicht auf einen auf dem verwalteten Objekt ausgeübten

92 *Stöber* § 152 Rz. 7; *Böttcher* § 152 Rz. 51 u. 52.
93 *H/W/F/H* § 5 ZwVwV, Rz. 30; *Stöber* § 152 Rz. 7.2; *Böttcher* § 152 Rz. 52.
94 *Stöber* § 152 Rz. 7.3; *Böttcher* § 152 Rz. 52.
95 *Stöber* § 152 Rz. 8; *Böttcher* § 152 Rz. 53.
96 *H/W/F/H* § 5 ZwVwV, Rz. 29; *Stöber* § 152 Rz. 8.1.
97 LG Oldenburg NJW-RR 1992, 53; OLG Düsseldorf 23.6.1989 ZIP 1989, 1002; *Stöber* § 152 Rz. 8.2.
98 *Stöber* § 152 Rz. 8.5; *Böttcher* § 152 Rz. 53.
99 *Stöber* § 152 Rz. 9; *Böttcher* § 152 Rz. 27 ff.; *H/W/F/H* § 148 Rz. 15; § 5 ZwVwV, Rz. 10 ff.
100 Eher verneinend: *H/W/F/H* Einl. Rz. 37; § 5 ZwVwV, Rz. 10 ff.; *H/W/F/H*-Handbuch, Kap. 3 Rz. 77 ff.; *Stöber* § 152 Rz. 9; *Böttcher* § 152 Rz. 27 ff.; eher bejahend: *Brox/Walker* Rz. 1014, 1017.

Gewerbebetrieb.[101] Das zwangsverwaltete Objekt und dessen Zubehör einerseits und der auf ihm ausgeübte Gewerbebetrieb andererseits sind unterschiedliche Rechtsgüter. Mit der Zwangsverwaltungs-Beschlagnahme verliert der Schuldner nur die Verwaltung und Benutzung des verwalteten Objektes nebst Zubehör, nicht aber auch die Rechte an seinem darauf ausgeübten Gewerbebetrieb.

Ist der Gewerbebetrieb vom Grundbesitz „ablösbar", kann er also auch an einem anderen Ort ausgeübt werden (z.B. Callcenter, Reisebüro, Kiosk), darf der Zwangsverwalter den Betrieb nicht weiterführen, sondern hat dem Schuldner entweder die Räume gegen ein angemessenes Entgelt zu vermieten oder muss ihn vom Grundstück verweisen.[102]

Umstritten sind die Befugnisse des Zwangsverwalters dagegen bei Betrieben, die auf der Grundlage eines für eine bestimmte gewerbliche Nutzung dauerhaft ausgebauten Grundstücks geführt werden, deren wirtschaftlicher Schwerpunkt also auf dem Grundstück liegt.

Solche „grundstücksbezogenen" Unternehmen, wie etwa ein Hotel, eine Gaststätte, ein Freizeitpark oder eine Kurklinik lassen sich einerseits von dem beschlagnahmten Grundstück nicht lösen, andererseits kann auch das Grundstück in der Regel wirtschaftlich sinnvoll nur zu dem Zweck genutzt werden, für das es besonders eingerichtet ist.

Soweit es zur ordnungsgemäßen Nutzung eines solchen Grundstücks erforderlich ist und der Verwalter nicht in Rechte des Schuldners an Betriebsmitteln eingreift, die unabhängig von ihrer Zugehörigkeit zu dem Gewerbebetrieb absolut geschützt sind (z.B. gewerbliche Schutzrechte, Namensrechte, das Eigentum an Geschäftsbüchern), ist der Zwangsverwalter befugt, einen auf dem beschlagnahmten Grundstück geführten grundstücksbezogenen Gewerbebetrieb des Schuldners fortzuführen.[103]

Hierbei sind vom Zwangsverwalter auch die steuerlichen Pflichten zu beachten.[104] Zwar unterliegt er keiner Haftung für die persönlichen Steuern des Eigentümers wie z.B. Einkommensteuer, da der Schuldner trotz der Tätigkeit des Zwangsverwalters gem. § 33 Abs. 1 AO Steuerschuldner bleibt. Dem Eigentümer/Schuldner sind die Umsätze zuzurechnen, auch wenn der Zwangsverwalter die Steuern vorab aus der Masse zu entrichten hat.[105]

---

101 BGH 14.4.2005 ZIP 2005, 1195; OLG Hamm 28.2.1994 Rpfleger 1994, 515; *H/W/F/H* § 148 Rz. 15; *Stöber* § 152 Rz. 9.6; *Böttcher* § 152 Rz. 27.
102 BGH 14.4.2005 ZIP 2005, 1195 WM 2005, 1418.
103 BGH 14.4.2005 ZIP 2005, 1195 WM 2005, 1418, hierzu: *Förster* ZInsO 2005, 746; *Schmidt-Räntsch* ZInsO 2006, 303; zu den Folgen aus arbeitsrechtlicher Sicht: BAG 18.8.2011 ZInsO 2011, 2083; *Mork/Neumann* IGZInfo 2/2006, 44ff.; *H/W/F/H* § 5, 22.
104 *H/W/F/H* § 5 ZvVerwV, Rz. 24; *Stöber* § 152 Rz. 15.4; *Böttcher* § 152 Rz. 67.
105 *H/W/F/H* § 5 ZwVwV, Rz. 25.

Fazit:

Nur in besonders gelagerten Fällen und nach Klärung aller rechtlichen und steuerlichen Fragen ist es denkbar, dass das Vollstreckungsgericht dem Zwangsverwalter die Fortführung eines vom Schuldner auf dem zwangsverwalteten Objekt ausgeübten Gewerbebetriebes gestattet.

Dies kann insbesondere dann der Fall sein, wenn das verwaltete Objekt nebst Zubehör allein bereits die Fortführung des Gewerbebetriebes ermöglicht, wenn also das beschlagnahmte Objekt selbst die Betriebsgrundlage ist, wie z. B. beim Abbau von Bodenbestandteilen, beim Betrieb eines Hotels, eines Parkplatzes oder Parkhauses, beim Betrieb von Tennisplätzen oder einer Tennishalle oder einer Tankstelle nebst Autowaschanlage.[106]

Ist der Gläubiger an einer Betriebsfortführung durch einen Zwangsverwalter interessiert, sollte er bereits bei Antragstellung darauf hinweisen, dass es sich um eine gewerblich genutzte Immobilie handelt und die Bestellung eines zur Betriebsfortführung geeigneten Verwalters anregen.

Risiken und Unklarheiten, die sich aus einer Betriebsfortführung durch den Zwangsverwalter ergeben könnten, werden vermieden, wenn über das Vermögen des Schuldners das Insolvenzverfahren eröffnet wird.[107]

Grundstücksbruchteile

Der Zwangsverwalter kann nur die Rechte aus dem dem Schuldner/Eigentümer gehörenden Bruchteil ausüben;[108] die Verwaltung kann nur mit den anderen Miteigentümern gemeinsam erfolgen. Miet- und Pachtzinsen kann der Zwangsverwalter nur gemeinsam mit diesen einziehen (i.d.R. über die Einrichtung eines Gemeinschaftskontos).[109]

Miet-/Pachtverträge[110]

Während der Zwangsverwalter in Vertragsverhältnisse, die der Schuldner vor der Beschlagnahme begründet hat, nicht automatisch eintritt, ist ein zum Zeitpunkt der Beschlagnahme bereits bestehender und in Vollzug gesetzter Miet- oder

---

106 OLG Dresden 3.6.1998 Rpfleger 1999, 410; *H/W/F/H* § 5 ZwVwV, Rz. 19; *Stöber* § 152 Rz. 9.3 u. 9.4; *Böttcher* § 152 Rz. 28.
107 S. unter Abschnitt: „Zwangsverwaltung u. Insolvenzverfahren".
108 *H/W/F/H* § 146 Rz. 9; *Stöber* § 152 Rz. 10; *Böttcher* § 152 Rz. 34.
109 *Stöber* § 152 Rz. 10.3.
110 „Miete und Kaution in der Zwangsverwaltung", *Milger* NJW 2011, 1249 ff.; *H/W/F/H* § 6 ZwVwV, Rz. 4 ff.; *H/W/F/H*-Handbuch, Kap.3 Rz. 30 ff.; *Stöber* § 152 Rz. 12; *Böttcher* § 152 Rz. 40 ff.; *Zipperer* ZfIR 2007, 388, 392.

Pachtvertrag auch dem Zwangsverwalter gegenüber wirksam, § 152, Abs. 2 ZVG.[111]

Der Anordnungsbeschluss bzw. die Bestallungsurkunde sind Herausgabetitel des Zwangsverwalters gegen den Eigentümer, wenn dieser Miet- und Pachtverträge nicht freiwillig herausgibt. Ein gesonderter, im Wege der Herausgabeklage gegen den Schuldner zu erwirkender Titel ist hierzu nicht erforderlich.[112]

Neue Verträge hat der Verwalter unter Beachtung von § 6 ZwVwV abzuschließen, sofern nicht in naher Zukunft ein Versteigerungstermin ansteht, da bei Leerstand ein höheres Ergebnis zu erwarten ist. Die von ihm geschlossenen Verträge sind für den Schuldner auch nach Beendigung der Zwangsverwaltung bindend.[113]

Die Nichteinhaltung der in § 6 ZwVwV vorgesehenen Schriftform führt nicht zur Unwirksamkeit des Vertrages.[114]

Beim Abschluss eines neuen langfristigen Mietvertrages sind vom Verwalter die Belange des Gläubigers an einer wirtschaftlichen Nutzung des Objektes mit denjenigen des Schuldners an einer möglichst freien Disposition über das Objekt nach Aufhebung der Zwangsverwaltung abzuwägen. Besteht kein besonderer Anlass für die Neuregelung eines Mietverhältnisses, haben die Belange des Schuldners Vorrang.[115]

Auch die Durchführung von Mietzinserhöhungen und die Erstellung der Nebenkostenabrechnungen gehören zu den Aufgaben des Zwangsverwalters.[116]

Die Ausschlussfrist für Nachforderungen von Betriebskosten, § 556 Abs. 3 BGB, gilt dann nicht, wenn Ursache der verspäteten Erstellung der Betriebskostenabrechnung zwar in der Sphäre des Vermieters (Zwangsverwalters) liegt, dieser aber aufgrund der zeitlichen und rechtlichen Gegebenheiten zur Erstellung der Abrechnung innerhalb der Ausschlussfrist nicht in der Lage war.[117]

Die Betriebskosten für ein Mietobjekt hat der Verwalter auch für solche Abrechnungszeiträume abzurechnen, die vor seiner Bestellung liegen, sofern eine etwaige Nachforderung von der als Beschlagnahme geltenden Anordnung der

---

111 BGH 9.3.2005 – VIII ZR 330/03 Rpfleger 2005, 460, unter II 3b; *Stöber* § 152 Rz. 12.1–3; *Böttcher* § 152 Rz. 40 u. 50 f.

112 BGH 24.2.2011 ZInsO 2011, 742; OLG München 28.2.2002 Rpfleger 2002, 373; *Stöber* § 150 Rz. 7.2; *Beier* IGZInfo 2/2008, 60, 63.

113 BGH 20.5.1992 Rpfleger 1992, 402; *H/W/F/H*-Handbuch, Kap. 3 Rz. 34; *Stöber* § 152 Rz. 12.4; *Böttcher* § 152 Rz. 42.

114 BGH 20.5.1992 Rpfleger 1992, 402.

115 OLG Köln 16.6.1999 Rpfleger 1999, 502; *Stöber* § 152 Rz. 12.4; *Böttcher* § 152 Rz. 42.

116 BGH 9.3.2005 Rpfleger 2005, 460; *H/W/F/H* § 6 ZwVwV, Rz. 9, 26 ff.; *H/W/F/H*-Handbuch, Kap. 3 Rz. 38 ff.; *Stöber* § 152 Rz. 12.8 u. 12.9; *Böttcher* § 152 Rz. 48.

117 AG Zwickau 24.9.2004 Rpfleger 2005, 101.

Zwangsverwaltung erfasst wird, § 1123 Abs. 2 S. 1 BGB; §§ 21, 148 Abs. 1 S. 1 ZVG. Soweit der Zwangsverwalter zur Abrechnung verpflichtet ist, hat er auch ein etwaiges Vorauszahlungsguthaben an den Mieter auszuzahlen; dies gilt auch dann, wenn ihm die betreffenden Vorauszahlungen nicht unmittelbar zugeflossen sind.[118]

Die Pflicht des Verwalters zur Erteilung einer Betriebskostenabrechnung endet mit der Aufhebung der Zwangsverwaltung, selbst wenn der Verwalter während der Zwangsverwaltung Betriebskostenvorschüsse vereinnahmt hat. Für die Abrechnung ist nach dem Ende der Zwangsverwaltung der Eigentümer (wieder) zuständig.[119]

Auch wenn er die Betriebskostenabrechnung noch erstellt hat, ist der Verwalter nach Verfahrensaufhebung nicht mehr zur Auszahlung eines aus ihr resultierenden Guthabens an den Mieter verpflichtet.[120]

Den Zwangsverwalter einer Wohnraum-Mietwohnung trifft auch die Pflicht des Vermieters zur Anlage einer vom Mieter als Sicherheit geleisteten Geldsumme bei einem Kreditinstitut; dies gilt auch dann, wenn der Vermieter die Kaution nicht an den Zwangsverwalter ausgehändigt hat. Eine Pflicht zur Verzinsung der Kaution oder ihrer verzinslichen Anlage scheidet aus, wenn dies vertraglich vor dem 1.1.1983 vereinbart wurde, Art. 229 § 3 Abs. 8 EGBGB.[121]

Bis zur erfolgten Anlegung der Kaution gem. § 551 Abs. 3 BGB kann der Mieter ein Zurückbehaltungsrecht an der laufenden Miete in Höhe des Kautionsbetrages nebst Zinsen geltend machen.[122]

Dem Mieter von Geschäftsräumen steht wegen einer uneinbringlichen Kautionszahlung an den Vermieter (= Eigentümer bzw. Vollstreckungsschuldner) kein Zurückbehaltungsrecht gegen Forderungen des Zwangsverwalters zu, da § 551 Abs. 3 BGB nicht für Mietverträge über Geschäftsräume gilt.[123]

Zur Herausgabe einer vom Mieter geleisteten Kaution ist der Zwangsverwalter dem Mieter gegenüber, wenn die sonstigen Voraussetzungen gegeben sind,

---

118 BGH 3.5.2006 Rpfleger 2006, 488; BGH 26.3.2003 Rpfleger 2003, 456; *H/W/F/H* § 6 ZwVwV, Rz. 29 u. 30; *H/W/F/H*-Handbuch, Kap. 3 Rz. 38 ff.; *Stöber* § 152 Rz. 12.9; *Böttcher* § 152 Rz. 48. a. A.: *Klühs* Rpfleger 2006, 640; *Keller* ZfIR 2007, 377, 380.
119 LG Berlin 12.2.2004 GE 2004, 691.
120 AG Berlin-Tempelhof-Kreuzberg 31.8.2011 – 10 C 79/10 – BeckRS 2012, 10281.
121 BGH 23.9.2009 Rpfleger 2010, 99; 11.3.2009 ZfIR 2009, 332; krit. hierzu: *Wedekind* ZfIR 2009, 315 ff. sowie 271 ff.
122 BGH 23.9.2009 Rpfleger 2010, 99.
123 LG Essen 7.10.2004 IGZInfo 2/2006, 54.

selbst dann verpflichtet, wenn der Vermieter (Schuldner) dem Zwangsverwalter die Kaution nicht ausgehändigt hat.[124]

Eine Herausgabepflicht besteht allerdings dann nicht, wenn das Mietverhältnis dadurch beendet wird, dass der Mieter das Eigentum an dem Mietobjekt durch Zuschlag in der Zwangsversteigerung selbst erwirbt.[125]

War das Mietverhältnis aber bereits vor Wirksamwerden der Beschlagnahme beendet und die Wohnung geräumt, ist der Zwangsverwalter nicht zur Auszahlung einer vom Mieter an den Vermieter geleisteten und von diesem nicht an den Verwalter weitergegebenen Kaution verpflichtet.[126]

Nach Beendigung des Mietverhältnisses kann der das verwaltete Objekt weiter nutzende Mieter gegenüber dem Anspruch auf Nutzungsentschädigung, § 546a BGB nicht mit einem Kautionsrückzahlungsanspruch aufrechnen.[127]

Hat der Mieter an den Schuldner als Vermieter eine Mietkaution erbracht, ist der Schuldner nach Anordnung der Zwangsverwaltung verpflichtet, die Kaution dem Verwalter auszuhändigen. Eine gem. § 551 Abs. 3 BGB gesondert angelegte Kaution kann der Zwangsverwalter nach § 883 ZPO durch den Gerichtsvollzieher wegnehmen lassen. Der Anordnungsbeschluss bzw. die Bestallung nach § 2 ZwVwV reichen hierfür als Vollstreckungstitel (ohne besondere Vollstreckungsklausel) aus.[128]

Hat der Schuldner die Kaution pflichtwidrig mit seinem Vermögen vermischt, kommt eine Vollstreckung aus dem Anordnungsbeschluss nicht in Betracht. In diesem Fall muss der Zwangsverwalter einen Zahlungstitel gegen den Schuldner erwirken.[129]

Auch der Mieter kann den Schuldner auf Übergabe der Kaution an den Verwalter verklagen.[130]

Tritt der Mieter in Ausübung seines Vorkaufsrechts nach § 577 Abs. 1 BGB (Umwandlung von Mietwohnraum in Wohnungseigentum) in den vom Vermieter/Schuldner geschlossenen Kaufvertrag über ein unter Zwangsverwaltung stehendes Mietobjekt ein, so richtet sich der Eigentumsverschaffungsanspruch des Mieters aus diesem Kaufvertrag gegen den Vermieter/Schuldner und nicht

---

124 BGH 9.3.2005 Rpfleger 2005, 459 u. 460; 16. 7. 2003 Rpfleger 2003, 678; a. A. *Schmidt* IGZ-Info 3/2008, 109; Zipperer ZfIR 2007, 388, 392; *Mayer* Rpfleger 2006, 175 ff.; *Stöber* § 152 Rz. 12.14 d, *H/W/F/H* § 6 ZwVwV, Rz. 34 u. 35; *Alff/Hintzen* Rpfleger 2003, 635 ff.
125 BGH 9.6.2010 Rpfleger 2010, 615.
126 BGH 3.5.2006 Rpfleger 2006, 489.
127 OLG Rostock 9.7.2004, MDR 2005, 139.
128 BGH 24.2.2011 ZInsO 2011, 742; 14.4.2005 WM 2005, 1321; *Beier* IGZInfo 2/2008, 60, 64; *Schmidberger* Rpfleger 2005, 465.
129 BGH 14.4.2005 WM 2005, 1321; *Mayer* Rpfleger 2006, 175; *Stöber* § 152 Rz. 12.13 c.
130 AG Düsseldorf 21.11.1991 ZMR 1992, 549.

gegen den Zwangsverwalter. Der Mieter kann gegenüber dem Anspruch des Zwangsverwalters auf Zahlung der Miete kein Zurückbehaltungsrecht wegen seines Eigentumsverschaffungsanspruchs geltend machen.[131]

Nießbrauch[132]

Bei der Zwangsverwaltung befriedigt sich der die Zwangsvollstreckung aus seinem Grundpfandrecht betreibende Gläubiger aus den Erträgnissen des zu verwaltenden Objektes. Dazu muss sich der vom Vollstreckungsgericht bestellte Zwangsverwalter den Besitz verschaffen, §§ 146, 150 Abs. 2, 152 Abs. 1 ZVG.

Parallel hierzu steht aber auch dem Nießbraucher das Recht zu, das zu verwaltende Objekt zu besitzen, § 1036 BGB, und die Nutzungen aus ihm zu ziehen, § 1030 BGB. Insbesondere ist er befugt, das Objekt zu vermieten und den erzielten Mietzins zu vereinnahmen.

Da sowohl der Nießbraucher als auch der Grundpfandrechtsgläubiger Inhaber auf dem zu verwaltenden Objekt lastender dinglicher Rechte sind, richtet sich ihr Rangverhältnis nach § 879 BGB. Danach ist grundsätzlich die Reihenfolge der Eintragungen maßgeblich, wenn nicht eine davon abweichende Bestimmung im Grundbuch eingetragen ist. Geht das Grundpfandrecht dem Nießbrauch vor oder hat der Nießbrauchberechtigte dem Grundpfandrecht den Vorrang eingeräumt, so hat der Nießbraucher die Zwangsvollstreckung in das Objekt zu dulden, da das Grundpfandrecht das nachrangige Nießbrauchrecht verdrängt.

Um die Zwangsverwaltung uneingeschränkt auch gegenüber dem Nießbraucher durchführen zu können, benötigt der Grundpfandrechtsgläubiger allerdings einen Duldungstitel ihm gegenüber.

Der materiell-rechtliche Anspruch des Grundpfandrechtsgläubigers auf Duldung der Zwangsvollstreckung macht den Nießbraucher noch nicht zum Vollstreckungsschuldner. Ohne einen entsprechenden Titel ist der Duldungsanspruch vollstreckungsrechtlich nicht durchsetzbar. Dass sich der Eigentümer des zu verwaltenden Objektes der Zwangsvollstreckung unterworfen hat, berechtigt den Grundpfandrechtsgläubiger nicht dazu, auch dem Nießbraucher dessen Besitz zu entziehen und an seiner Stelle den Mietzins zu vereinnahmen.[133]

Die Zwangsverwaltung darf ohne Duldungstitel gegen den Nießbraucher auch nicht zunächst unbeschränkt angeordnet werden und erst dann als beschränkte Zwangsverwaltung fortgeführt werden, wenn der Nießbraucher die Einräumung des Besitzes verweigert und der Gläubiger (nach einstweiliger Ein-

---

131 BGH 17.12.2008 WM 2009, 1000.
132 *H/W/F/H* § 146 Rz. 12; *Stöber* § 146 Rz. 11.1–11.12; *Böttcher* § 146 Rz. 46 ff.
133 BGH 14.3.2003 WM 2003, 845; *Stöber* § 146 Rz. 11.2 u. 3; krit. hierzu: *H/W/F/H* § 146 Rz. 12; *H/W/F/H* Handbuch, Kap. 2 Rz. 6; *Böttcher* § 146 Rz. 49.

stellung der unbeschränkten Zwangsverwaltung gem. §§ 161 Abs. 4, 28 ZVG) keinen Duldungstitel vorgelegt hat.[134] Allein die Umschreibung des sich gegen den Grundstückseigentümer richtenden grundpfandrechtlichen Vollstreckungstitels auf den Nießbrauchsinhaber reicht als Duldungstitel gegen den Nießbraucher nicht aus.[135]

Wird die Zwangsverwaltung aus einem dem Nießbrauchrecht nachrangigen Grundpfandrecht betrieben, kann die Zwangsverwaltung zwar angeordnet werden, der Zwangsverwalter ist aber an die Beschränkungen gebunden, die sich aus dem Nießbrauchrecht ergeben.

Für den nachrangigen Grundpfandrechtsgläubiger bietet eine solche Zwangsverwaltung regelmäßig keine Aussicht auf Erfolg, da sämtliche Nutzungen des Nießbrauchsobjektes dem Nießbrauchberechtigten zustehen. Ohne Zugriffsmöglichkeit auf die Nutzungen des Nießbrauchobjektes, insbesondere die Miet- und Pachteinnahmen, erschöpft sich die Funktion des Zwangsverwalters darin, das Nießbrauchsobjekt und den Nießbraucher zu überwachen und alle Rechte auszuüben, die der Eigentümer gegen den Nießbraucher geltend machen kann.[136]

Prozesse[137]

Der Eigentümer verliert hinsichtlich aller der Zwangsverwaltung unterliegenden Rechte, Verpflichtungen und Ansprüche die Prozessführungsbefugnis; sie geht auf den Zwangsverwalter über.[138] Die Prozessführungsbefugnis des Verwalters endet für neue Prozesse mit der Zustellung des Aufhebungsbeschlusses bzw. mit der Aufhebung wegen Zuschlags in der Zwangsversteigerung.[139]

Steuern/Abgaben[140]

Eine Zahlungspflicht des Zwangsverwalters aus den Verwaltungsmitteln (keine Haftung mit eigenem Vermögen) besteht nur insoweit, als es sich bei den Steu-

---

134 BGH 14.3.2003 WM 2003, 845; *Stöber* § 146 Rz. 11.6; a.A. *Böttcher* § 146 Rz. 49.

135 So aber das OLG Dresden 5.9.2005 Rpfleger 2006, 92; dem wohl zust.: *H/W/F/H* § 146 Rz. 12 und *Hintzen* IGZInfo 2010, 56.

136 *H/W/F/H* § 146 Rz. 12; *H/W/F/H*-Handbuch, Kap. 2 Rz. 6; *Stöber* § 146 Rz. 11.7 u. 8.

137 *H/W/F/H*-Handbuch, Kap. 3 Rz. 55 ff.; *Stöber* § 152 Rz. 14; *Böttcher* § 152 Rz. 55 ff.

138 BGH 14.5.1992 Rpfleger 1992, 402; *H/W/F/H* § 7 ZwVwV, Rz. 1; *Stöber* § 152 Rz. 14.1; *Böttcher* § 152 Rz. 55.

139 LG Frankfurt a.M. 12.10.1999 Rpfleger 2000, 30; *H/W/F/H* § 12 ZwVwV, Rz. 12; a.A. OLG Frankfurt 24.9.1970 MDR 1971, 226; OLG Stuttgart 25.7.1974 NJW 1975, 265 ff.; *Stöber* § 161 Rz. 7.2; *Böttcher* § 152 Rz. 59.

140 *H/W/F/H* § 5 ZwVwV, Rz. 24 u. § 9 ZwVwV, Rz. 7 ff.; *H/W/F/H*-Handbuch, Kap. 3 Rz. 19 ff.; *Stöber* § 152 Rz. 15; *Böttcher* § 152, Rz. 65 ff.

ern bzw. Abgaben um Verwaltungsausgaben oder öffentliche Lasten handelt, §§ 155 Abs. 1, 156 Abs. 1 ZVG. Die diesbezügliche Steuerpflicht beruht auf §§ 34–36 AO. Steuererstattungsansprüche hat der Zwangsverwalter gegenüber der Finanzverwaltung geltend zu machen.[141]

Unterliegt ausnahmsweise ein Betrieb der Zwangsverwaltung, so sind auch die sich aus dem Betrieb ergebenden Betriebssteuern (Lohn-, Gewerbe-, USt usw.) zu entrichten.[142]

Für ein seiner Verwaltungs- und Nutzungsbefugnis unterliegendes Kraftfahrzeug hat der Verwalter die Kraftfahrzeugsteuer zu entrichten.[143]

Die für unternehmerische Tätigkeiten anfallende Umsatzsteuer hat der Verwalter gem. § 34 Abs. 3 AO abzuführen.[144]

Einkommensteuer oder einen aufgrund Grundstücksveräußerung während der Zwangsverwaltung anfallenden Vorsteuerberichtigungsbetrag nach § 15a UStG hat der Verwalter nicht vorab aus der verwalteten Masse zu begleichen.[145]

Versicherungen[146]

Der Verwalter hat mit Übernahme seines Amtes sofort zu prüfen, ob das zu verwaltende Objekt ausreichend versichert ist (Feuer, Unfall, Hagel, Einbruch, Wasser, Haftpflicht, Diebstahl etc.). Ist dies nicht der Fall, hat er die erforderlichen Versicherungen abzuschließen, § 9 Abs. 3 ZwVwV.[147]

Bestehende Versicherungsverträge werden durch die Anordnung der Zwangsverwaltung nicht beendet. Gegen den Zwangsverwalter wirken sie allerdings nur, wenn er in sie eintritt, was nicht automatisch durch seine Bestellung erfolgt.

Zur Kündigung des Versicherungsvertrages des Schuldners ist der Verwalter nicht befugt.[148]

---

141 BFH 19.12.1985 ZIP 1986, 991; *Stöber* § 152 Rz. 15.3.

142 *Stöber* § 152 Rz. 15.2; *Böttcher* § 152 Rz. 67.

143 BFH 1.8.2012 ZIP 2012, 2306.

144 BFH 23.6.1988, BStBl. II 1988, 920; *Stöber* § 152 Rz. 15.4; *Böttcher* § 152 Rz. 67; *Onusseit* „Zwangsverwaltung u. Umsatzsteuer" ZfIR 2005, 265 ff. sowie 2007, 121 ff.; zu den umsatzsteuerlichen Haftungsrisiken des Verwalters siehe auch *Schmittmann/Brandau/Stroh* IGZInfo 1/2012, 3 ff.

145 FG München 15.4.1999 Rpfleger 1999, 555; *Stöber* § 152 Rz. 15.6; a. A. FG München, 16.9.1998 Rpfleger 1999, 190.

146 *H/W/F/H* § 9 ZwVwV, Rz. 20 ff.; *H/W/F/H*-Handbuch, Kap. 3 Rz. 26 ff.; *Stöber* § 152 Rz. 16; *Böttcher* § 152 Rz. 54.

147 Zu Haftungsfragen des Zwangsverwalters bei Abschluss von Gebäude- und Haftpflichtversicherungen *Meyer* IGZInfo 1/2011, 5 ff.

148 OLG Hamm 8.3.2000 NJW-RR, 2001, 394.

Ferner obliegt dem Verwalter die Vereinnahmung anfallender Versicherungsleistungen.[149]

Ist der Versicherer nur zur Wiederherstellung des versicherten Gegenstandes (regelmäßig eines Gebäudes) zahlungsverpflichtet (Wiederherstellungsklausel, § 1130 BGB), erfolgt die Einziehung der Versicherungssumme durch den Zwangsverwalter, der sie zur Wiederherstellung zu verwenden hat. Erst wenn die Wiederherstellung nicht möglich ist, hat der Verwalter die Entschädigungssumme zur Befriedigung des die Zwangsverwaltung betreibenden Gläubigers zu verwenden.[150]

Erfolgt die Auszahlung des Versicherungsbetrages an den Zwangsverwalter, erfasst die Zwangsverwaltungs-Beschlagnahme im Wege dinglicher Surrogation den Anspruch des Eigentümers auf Auszahlung nach Beendigung der Zwangsverwaltung. Dieser Anspruch kann vom Ersteher nicht durch Zuschlagserteilung erworben werden.[151]

Vorschuss[152]

Erfordert die Zwangsverwaltung besondere Aufwendungen, für die keine ausreichende Masse vorhanden ist, hat der Verwalter über das Vollstreckungsgericht einen Vorschuss vom betreibenden Gläubiger anzufordern. Bei Ausbleiben der Zahlung kann das Gericht die Aufhebung der Zwangsverwaltung anordnen, § 161 Abs. 3 ZVG.

Wohnungseigentum[153]

Im Rahmen seines durch § 152 ZVG begrenzten Aufgabenkreises nimmt der Zwangsverwalter die Rechte und Pflichten des Schuldners bezüglich des gemeinschaftlichen Eigentums wahr, §§ 20–25 WEG. Hierzu gehört auch die Ausübung des Stimmrechtes auf Wohnungseigentümerversammlungen.[154]

Die monatlichen Hausgeldvorschüsse für eine Eigentumswohnung, §§ 16 Abs. 2, 28 Abs. 2 WEG, werden vom Verwalter aus den erzielten Nutzungen vor-

---

149 *H/W/F/H* § 9 ZwVwV, Rz. 27; *Stöber* § 152 Rz. 16.5.

150 *MünchKommBGB/Eickmann* § 1130, Rz. 4; *Palandt/Bassenge* § 1130 Rz. 5.

151 SchlHOLG 22.6.2000 InVo 2001, 76.

152 *H/W/F/H* § 161 Rz. 22; *H/W/F/H*-Handbuch, Kap.3 Rz. 29; *Stöber* § 152 Rz. 18; *Böttcher* § 161 Rz. 7 ff.

153 *H/W/F/H* § 146 Rz. 14; *Stöber* § 152 Rz. 19; *Böttcher* § 152 Rz. 33; zu den Auswirkungen der WEG-Reform auf die Stellung des Zwangsverwalters s.: *Drasdo* ZInsO 2009, 862; *Drasdo* ZWE 2006, 68 ff.

154 BayObLG 5.11.1998 Rpfleger 1999, 189; *H/W/F/H*, § 6 ZwVwV, Rz. 42, *Böttcher* § 152 Rz. 33; zu den Stimmrechten des Verwalters in der WEG-Versammlung s.: *Drasdo* ZInsO 2009, 862, 865.

weg beglichen, §§ 155 Abs. 1, § 156 Abs. 1 S. 2 ZVG.[155] Der Aufstellung eines Teilungsplanes bedarf es hierzu nicht.

Nicht zu den vorweg zu bestreitenden Ausgaben der Verwaltung gehören hingegen die vor der Beschlagnahme fällig gewordenen rückständigen Hausgelder und Sonderumlagen. Sie sind im gerichtlichen Verteilungsverfahren zu berück- sichtigen, § 155 Abs. 2 Satz 2 ZVG, wenn die Gemeinschaft ihretwegen die Zwangsverwaltung betreibt.[156]

Da der Zwangsverwalter aber nicht an die Stelle des Wohnungseigentümers tritt, haftet der Eigentümer unabhängig vom Verwalter auch persönlich für die Hausgeldansprüche und kann neben dem Verwalter auf deren Bezahlung in Anspruch genommen werden.[157]

Da sich die Haftung des Wohnungseigentümers für die Hausgeldansprüche nicht auf (eventuelle) Mieteinnahmen beschränkt, sondern sich auf sein gesamtes Vermögen bezieht, kommt eine Inanspruchnahme des säumigen Wohnungseigentümers auf Zahlung des Hausgeldes neben der Zwangsverwaltung vor allem dann in Betracht, wenn sein Wohnungseigentum nicht durchgängig vermietet ist oder Streit darüber besteht, ob und in welcher Höhe der Zwangsverwalter Mieteinnahmen tatsächlich erzielt hat.

Die Haftung des Zwangsverwalters für die während der Beschlagnahme fällig werdenden Wohngeldansprüche erstreckt sich auch auf die von ihm anteilig zu tragende Vergütung eines Wohnungseigentumsverwalters.[158]

Hat der Schuldner die Eigentumswohnung vermietet, muss der Zwangsverwalter die Mieten einziehen und hieraus seine Zahlungsverpflichtungen erfüllen.

Hat der Schuldner den WEG-Verwalter mit der Mietenverwaltung beauftragt, kann der Zwangsverwalter den WEG-Verwalter nicht auf Herausgabe einer vom Mieter vereinnahmten Mietkaution in Anspruch nehmen.[159]

Ist der Mietzins an einen Dritten abgetreten, hat die Abtretung gegenüber einem die Zwangsverwaltung betreibenden Hypothekengläubiger nur noch für den Monat der Beschlagnahme bzw. dem Folgemonat Wirkung, § 1124 BGB. Gegenüber einem anderen Zwangsverwaltungsgläubiger ist die Abtretung insoweit

---

155 BGH 15.10.2009 Rpfleger 2010, 35 mit Anm. v. *Traub* Rpfleger 2010, 100; *Schädlich* ZfIR 2008, 265, 268 ff.; *Alff/Hintzen* Rpfleger 2008, 165, 174.
156 BGH 9.12.2011 WM 2012, 274.
157 OLG München 12.10.2006 Rpfleger 2007, 158; OLG Zweibrücken 27.7.2005 NJW-RR 2005, 1682.
158 OLG Hamm 24.11.2003 ZInsO 2004, 277 Rpfleger 2004, 369.
159 LG Düsseldorf 31.7.2008 IGZInfo 4/2008 mit Anm. *Neumann/Hoffmann*.

unwirksam, wie eine Pfändung des Mietzinses auf Antrag des Schuldners vom Vollstreckungsgericht nach § 851b ZPO aufzuheben wäre.[160]

Da der Pfändungsschutz nach § 851b ZPO aber nicht gegenüber den den Mietzins wegen rückständiger Beiträge pfändenden Mit-Wohnungseigentümern greift, fällt der Mietzins in die Zwangsverwaltungsmasse.[161]

Ist dem Schuldner die Eigentumswohnung als für seinen Hausstand unentbehrlich zu überlassen, § 149 Abs. 1 ZVG, kann der Verwalter hierfür kein Entgelt verlangen.[162] Zahlt der Schuldner das auf sein Wohnungseigentum entfallende Wohngeld nicht, kann ihm vom Vollstreckungsgericht nicht die Räumung gem. § 149 Abs. 2 ZVG aufgegeben werden.[163]

Die Haftung des Zwangsverwalters für Wohngeldansprüche entfällt nicht dadurch, dass er nicht in der Lage ist, diese vollständig aus den Nutzungen des verwalteten Objekts zu erwirtschaften.[164] Er ist aber nicht verpflichtet, aus den eingehenden Geldern Rückstellungen für zukünftig fällig werdende Hausgeldzahlungen zu bilden.[165]

Werden keine (ausreichenden) Einnahmen erzielt, kann der die Zwangsverwaltung betreibende Gläubiger vom Vollstreckungsgericht durch einen Vorschussbeschluss zur Zahlung des für das Hausgeld erforderlichen Betrages herangezogen werden, § 161 Abs. 3 ZVG. Dass für das laufende Hausgeld in § 156 Abs. 1 ZVG eine eigenständige Regelung getroffen ist, schließt ebenso, wie seine begrenzte Einordnung in die Rangklasse des § 10 Abs. 1 Nr. 2 ZVG nicht aus, das Hausgeld als Ausgaben der Verwaltung i.S. v. § 155 Abs. 1 ZVG anzusehen. Mit der Einordnung der Hausgeldvorschüsse in § 10 ZVG[166] wollte der Gesetzgeber die Stellung der Wohnungseigentümergemeinschaft in der Zwangsversteigerung verbessern, nicht aber diejenige in der Zwangsverwaltung verschlechtern.[167]

---

160 *Wenzel* ZInsO 2005, 113, 116.

161 *Wenzel* ZInsO 2005, 113, 117.

162 *H/W/F/H* § 149 Rz. 4; *Stöber* § 152 Rz. 19.4.

163 BGH 24.1.2008 WM 2008, 2028; hierzu krit.: *Keller* ZfIR 2009, 385, 387; *Bergsdorf* ZfIR 2008, 342, 343.

164 OLG Hamm 24.11.2003 ZInsO 2004, 277.

165 *H/W/F/H* § 9 ZwVwV, Rz. 18.

166 Erfolgt durch die am 1.7.2007 in Kraft getretene WEG-Novelle (BGBl. 2007 I 370).

167 BGH 15.10.2009 Rpfleger 2010, 35 mit Anm. v. *Traub* Rpfleger 2010, 100; krit. zu einer generellen pauschalen Vorschusspflicht: *Schmidberger* Zwangsverwaltung u. Vorschüsse für Hausgeld ZfIR 2010, 1 ff.

In einem gleichzeitig laufenden Zwangsversteigerungsverfahren kann dieser Vorschuss in der Rangklasse des § 10 Abs. 1 Nr. 1 ZVG nur dann geltend gemacht werden, wenn er „der Erhaltung und Verbesserung des verwalteten Objektes" diente, was bezüglich der im Hausgeld enthaltenen Betriebskosten nicht der Fall ist.[168]

Stehen mehrere Eigentumswohnungen eines Eigentümers/Schuldners unter Zwangsverwaltung, so sind die Teilungsmassen getrennt zu halten. Überschüsse bei der einen Wohnung können nicht verwandt werden, Unterdeckungen bei anderen aufzufangen.[169]

Stehen sämtliche Sondereigentumseinheiten einer Wohnungseigentumsanlage unter Zwangsverwaltung, darf der Zwangsverwalter einen externen Verwalter mit der Verwaltung des Gemeinschaftseigentums beauftragen. Er ist nur zur selbständigen Bewirtschaftung und Verwaltung der Sondereigentumseinheiten verpflichtet, die Verwaltung und Erhaltung des Gemeinschaftseigentums gehört nicht zu seinen Aufgaben.[170]

VI. Institutszwangsverwaltung[171]

Bei der Auswahl des zu bestellenden Zwangsverwalters ist das Gericht grundsätzlich frei, § 150 Abs. 1 ZVG.

Eine Ausnahme hiervon ist das bestimmten Verfahrensbeteiligten zustehende Recht, eine in ihren Diensten stehende Person als Verwalter vorzuschlagen (sog. Instituts-Zwangsverwalter), § 150 a ZVG.

1. Voraussetzungen für die Bestellung eines Institutsverwalters[172]

– Der Antragsteller ist eine am Zwangsverwaltungsverfahren beteiligte öffentliche Körperschaft, ein unter staatlicher Aufsicht, §§ 1 und 2 KWG, stehendes Kreditinstitut, eine Hypothekenbank oder ein Siedlungsunternehmen nach dem Reichssiedlungsgesetz, § 150 a Abs. 1 ZVG.

---

168 BGH 10.4.2003 (II, 3) WM 2003, 1098; krit. hierzu: *Wenzel* ZInsO 2005, 113, 119.
169 OLG Hamm 24.11.2003 ZInsO 2004, 277; *H/W/F/H* § 9 ZwVwV, Rz. 19.
170 AG Strausberg 7.7.2003 Rpfleger 2003, 115; BGH 10.4.2003 WM 2003, 1098.
171 Zur Zukunft der Institutsverwaltung nach In-Kraft-Treten der neuen ZwVwV: *Weis* ZInsO 2004, 233 ff.
172 Im Einzelnen bei *H/W/F/H* § 150 a, Rz. 30; *Weis* ZInsO 2004, 233 ff.

– Der Antragsteller übernimmt (durch Erklärung gegenüber dem Gericht) die dem Zwangsverwalter gem. § 154 Abs. 1 ZVG obliegende Haftung gegenüber den Verfahrensbeteiligten, § 150 a Abs. 2 ZVG.[173]

– Die vorgeschlagene Person befindet sich in einem Beamten- oder festen Arbeitsverhältnis zum Antragsteller[174] und gegen sie bestehen im Hinblick auf die Ausübung des Amtes keine Bedenken (Zuverlässigkeit, fachliche Eignung, räumliche Nähe zum zu verwaltenden Objekt).[175][176]
Eine bei einem Tochterunternehmen des das Zwangsverwaltungsverfahren betreibenden Gläubigers beschäftigte Person kann nicht als Institutsverwalter i.S. v. § 150 a ZVG bestellt werden.[177]

– Die vorgeschlagene Person darf keine Vergütung aus der Masse beanspruchen. Entstandene Auslagen können ihr ersetzt werden.[178]

Bei Vorliegen der vorgenannten Voraussetzungen, muss das Gericht grundsätzlich die vorgeschlagene Person zum Verwalter bestellen.[179]

Auch ein der Zwangsverwaltung später beitretendes Institut kann unter Abberufung des bisherigen Verwalters die Bestellung eines Institutsverwalters begehren.[180] Führt ein die Zwangsverwaltung betreibender Gläubiger die das Vorschlagsrecht begründende Beteiligtenstellung dadurch herbei, dass er sein Grundpfandrecht teilweise an ein nach § 150 a Abs. 1 ZVG vorschlagsberechtigtes Institut abtritt, kann die von diesem beantragte Institutsverwaltung als rechtsmissbräuchlich abgelehnt werden.[181]

Hat der die Zwangsverwaltung betreibende Gläubiger auf sein Vorschlagsrecht nicht verzichtet und wurde ihm vom Gericht keine Frist zur Benennung eines geeigneten Verwalters gesetzt, kann er jederzeit – also auch im bereits

---

173 OLG Nürnberg 15.2.2011 NZI 2011, 422; *Stöber* § 150 a, Rz. 3.1 e; *Böttcher/Keller* § 150 a, Rz. 5; Muster s. S. 235.
174 BGH 14.4.2005 WM 2005, 1323; *Stöber* § 150 a, Rz. 3.1 a; *Böttcher* § 150 a Rz. 6.
175 AG Leipzig 28.2.2008 ZInsO 2008, 757 (aufgehoben vom LG Leipzig 18.6.2008 – 3 T 380/08 – BeckRS 2008, 20956, unveröff.).
176 *Stöber* § 150 a, Rz. 3.1 b; *Böttcher* § 150 a, Rz. 6.
177 *Stöber* § 150 a, Rz. 3.1 a; *Weis* ZInsO 2004, 233; a. A. LG Koblenz, 29.8.2003 ZInsO 2004, 51.
178 *Stöber* § 150 a, Rz. 3.1 c; *Böttcher* § 150 a, Rz. 7.
179 BGH 14.4.2005 WM 2005, 1323; *H/W/F/H* § 150 a, Rz. 30; *Stöber* § 150 a, Rz. 3.1; *Böttcher* § 150 a, Rz. 1.
180 LG Halle 20.6.2007 IGZInfo 4/2007, 162; a.A.: LG Leipzig 4.6.2010 Rpfleger 2011, 103; *Stöber* § 150 a Rz. 2.5 a–c.
181 AG Leipzig 28.2.2008 ZInsO 2008, 757 (aufgeh. durch LG Leipzig 18.6.2008 – 3 T 380/08); ebenso aber AG Stralsund 8.2.2011 Rpfleger 2011, 393; LG Leipzig 4.6.2010 Rpfleger 2011, 103.

laufenden Verfahren – einen Institutsverwalter vorschlagen und dadurch die Ersetzung des zuvor vom Gericht bestellten Verwalters herbeiführen.[182]

Verzichtet ein nach § 150a ZVG vorschlagsberechtigtes Institut ausdrücklich auf die Benennung eines Verwalters und schlägt sogar einen freien Verwalter vor, wird dessen Rechtsnachfolger trotz Vorliegens der Voraussetzungen des § 150a ZVG nicht die Absetzung des freien Verwalters und die Einsetzung eines Institutsverwalters verlangen können.[183]

---

182 BGH 14.4.2005 WM 2005, 1323; LG Kiel 2.6.2008, SchlHA 2008, 462; LG Köln 11.5.2007 ZInsO 2007, 1160; LG Kassel 27.11.2006 JurBüro 2007, 273; *Stöber* § 150a Rz. 2.3b; *Keller* NZI 2011, 1, 3; sehr krit. hierzu u. zur Institutsverwaltung überhaupt: *Schmidberger* ZInsO 2007, 1137.

183 AG Heilbronn 10.8.2007 mit Nichtabhilfebeschluss 4.9.2007 IGZInfo 4/2007, 165.

Institutszwangsverwaltung

Sparkasse Hauptstadt
– Der Vorstand –

14. April 2010

Amtsgericht Hauptstadt
Postfach 1274

<u>Hauptstadt</u>

In dem Verfahren zur Zwangsverwaltung
des Grundstücks Gemarkung Hauptstadt, Flur 50, Flurstück 92
Eigentümer: Bert Schimmerlos

schlagen wir als Verwalter Herrn Heiter vor, der als Mitarbeiter unserer Abwick-
lungsabteilung in unseren Diensten steht.

Die ihm als Zwangsverwalter nach § 154 Abs. 1 ZVG obliegende Haftung wird
hiermit von der Sparkasse übernommen.

Sparkasse Hauptstadt
– Der Vorstand –

Vorteile der Institutszwangsverwaltung:
- Es fallen keine Kosten für einen externen Zwangsverwalter an.
- Kostenbewusstes Vorgehen des beim antragstellenden Gläubiger tätigen Verwalters.
- Kurze Entscheidungswege und Nutzung des vorhandenen Know-hows bei Reparaturen, Vermietungen etc.
- Imageverbesserung infolge Verwaltung des Objektes durch einen bei einem Kreditinstitut tätigen Verwalter.

Nachteile:
- Erhebliche zusätzliche Arbeitsbelastung für den bei dem antragstellenden Gläubiger angestellten Verwalter.
- Interessenkonflikt zwischen angestelltem Verwalter und Arbeitgeber.
- Haftungsrisiken, vgl. § 154 ZVG.

Der Institutszwangsverwalter hat dieselbe Stellung wie der „normale" Zwangsverwalter. Ebenso wie dieser unterliegt er der Aufsicht des Vollstreckungsgerichtes.[184]

Ist der Eigentümer/Schuldner kooperativ, kann er mit dem Gläubiger auch eine sog. „außergerichtliche" Institutszwangsverwaltung vereinbaren. Bei ihr überwacht der Gläubiger den Eingang der Mieten bzw. zieht diese (im Rahmen einer Abtretung) ein. Hierdurch wird die Begleichung der Objektkosten gewährleistet und es werden (im Rahmen eines Geschäftsbesorgungsvertrages) alle zur ordnungsgemäßen Bewirtschaftung und Instandhaltung notwendigen Maßnahmen getroffen.[185]

Diese Möglichkeit bietet sich insbesondere dann an, wenn ein freihändiger Verkauf des zu verwaltenden Objektes angestrebt wird, der durch die Eintragung eines Zwangsverwaltungsvermerks im Grundbuch möglicherweise erschwert würde.

---

184 OLG Hamm 28.2.1994 Rpfleger 1994, 515; *H/W/F/H* § 150a, Rz. 31; *Stöber* § 150a, Rz. 5; *Böttcher* § 150a, Rz. 14; *Mette* Rpfleger 2003, 170.
185 *H/W/F/H* Einl., Rz. 6; *H/W/F/H*-Handbuch, Kap. 1 Rz. 37.

2. Mietzinsvorauszahlungen und Baukostenzuschüsse[186]

Grundsätzlich werden durch die Zwangsverwaltungs-Beschlagnahme Vorausverfügungen des Vermieters (Schuldners, Eigentümers) über Miete und Pacht
für eine spätere Zeit als den laufenden oder nächstfolgenden Kalendermonat
unwirksam, § 57 b ZVG i.V. m. § 566 b BGB; der Zwangsverwalter muss sie sich
gegenüber also nur für den bei Beschlagnahme laufenden oder für den Folgemonat gelten lassen.[187]

Dagegen ist eine gem. Mietvertrag in einem Einmalbetrag geleistete Mietvorauszahlung, die nicht auf der Grundlage periodischer Zeitabschnitte (z.B.
Monate oder Jahre) bemessen ist, einem Grundpfandrechtsgläubiger gegenüber
gem. § 1124 BGB wirksam, wenn sie vor der Beschlagnahme erfolgt ist. Hierbei
ist unerheblich, ob die Zahlung vor oder nach Bestellung des Grundpfandrechts
vereinbart oder gezahlt wurde.[188]

Eine im Zusammenhang mit einem Pachtvertrag zwischen Verpächter
(Schuldner) und einer GbR als Pächterin getroffene Vereinbarung darüber, dass
die Haftung der Gesellschafter auf das Gesellschaftsvermögen beschränkt ist,
stellt keine dem Zwangsverwalter gegenüber unzulässige Vorausverfügung über
den Pachtzins dar.[189]

Verpflichtet sich der Mieter anlässlich der Aufhebung des Mietvertrages zu
Ausgleichszahlungen, falls der Vermieter bei der Weitervermietung des Mietobjektes nur eine geringere als die vom Mieter geschuldete Miete erzielen kann,
wird dieser Anspruch bei einer späteren Zwangsverwaltung des Grundstücks
nicht von deren Beschlagnahme erfasst.

Tritt der Vermieter die ihm gegen den ehemaligen Mieter zustehende Miet-
ausgleichsforderung vor Anordnung der Zwangsverwaltung über das Miet-
grundstück ab, stellt dies keine Vorausverfügung über eine Mietforderung i.S.v.
§ 1124 Abs. 2 BGB dar.[190]

– Mietzinsvorauszahlungen:
  Rechtsgeschäfte des Vermieters mit dem Mieter über die zu zahlende Miete,
  wozu auch eine Mietvorauszahlung gehört, muss der Zwangsverwalter nur

---

186 Zu Vorausverfügungen in der Zwangsverwaltung s.: *Thrum* IGZInfo 1/2009, 6 ff.; *Eckert* IGZInfo 4/2008, 159 *Bergsdorf/Thrum* ZfIR 2007, 164.
187 *H/W/F/H* § 6 Rz. 36 u. § 8 ZwVwV, Rz. 20; *Stöber* § 152 Rz. 12.12, § 148 Rz. 2.3 b; *Böttcher* §§ 57–57 d, Rz. 22 ff.
188 BGH 25.4.2007 NJW 2007, 2919.
189 BGH 23.7.2003 WM 2003, 2194; *Stöber* § 148 Rz. 2.3 b.
190 BGH 8.12.2010 ZfIR 2011, 208.

bis zu dem Monat gegen sich gelten lassen, in dem der Mieter Kenntnis von der Zwangsverwaltungs-Beschlagnahme erlangt. Bei Kenntniserlangung nach dem 15. des Monats gilt dies auch für den Folgemonat, § 57 b ZVG i. V. m. § 566 c BGB.

Bei einer Vereinbarung im Mietvertrag, dass die monatlichen Zins- und Tilgungsleistungen, welche der Mieter für das Mietobjekt an das dieses Objekt finanzierende Kreditinstitut zu leisten hat, auf die jeweilige Mietzinsforderung anzurechnen sind, handelt es sich um eine Vorausverfügung über den Mietzins. Sie ist dem Zwangsverwalter gegenüber nur nach Maßgabe des § 1124 Abs. 2 BGB wirksam. Die Leistungen begründen nicht wie ein Baukostenzuschuss erst den Wert der von dem Mieter erbrachten Leistungen.[191]

– Baukostenzuschuss:
  Ein vom Mieter an den Vermieter als Mietvorauszahlung geleisteter Baukostenzuschuss ist auch gegenüber dem Zwangsverwalter gültig.[192] Hatte dieser Schutz des Mieters aufgrund tatsächlich erfolgter Baukostenzuschüsse in den Nachkriegsjahren seine Berechtigung, wird er heute häufig dazu „missbraucht", dem Gläubiger die Verwertung zu erschweren, und/oder um dem Mieter ein längeres Verbleiben in dem verwalteten Objekt zu ermöglichen (Räumungsbereitschaft nur bei Zusatz-Zahlungen!).
  Sollten Anzeichen für eine derartige Absicht oder Zweifel an der Entrichtung eines Baukostenzuschusses bestehen, muss der Zwangsverwalter die Angelegenheit genauestens untersuchen, die angebliche Vereinbarung einsehen und die (angeblich) erfolgte Wohnraumschaffung anhand von Rechnungen prüfen.

VII. Berichte und Abrechnungen

Über die Inbesitznahme des zu verwaltenden Objektes hat der Zwangsverwalter dem Vollstreckungsgericht unverzüglich einen Bericht vorzulegen, § 3 Abs. 2 S. 1 ZwVwV.[193] Dessen genauer Inhalt ergibt sich aus § 3 Abs. 1 S. 2 ZwVwV.

---

191 OLG Frankfurt 23.2.2012 NJW-RR 2012, 911.
192 BGH 15.2.2012 Rpfleger 2012, 454 – zur Berücksichtigungsfähigkeit von Mieterleistungen als abwohnbarer Baukostenzuschuss; 30.11.1966 WM 1967, 74; 11.7.1962 WM 1962, 901; OLG Rostock 3.7.2006 ZfIR 2007, 210 m. Anm. *Zipperer*; *H/W/F/H* § 8 ZwVwV, Rz. 18; *Stöber* § 57 a, Rz. 7.3; *Böttcher* §§ 57–57 d, Rz. 25.
193 *H/W/F/H* § 3 ZwVwV, Rz. 3; *Stöber* § 150 Rz. 8.1 § 152 Rz. 3.6; *Böttcher* § 150 Rz. 7.

Will der Zwangsverwalter einen Mietvertrag ohne Einhaltung der Schriftform für einen Zeitraum von mehr als einem Jahr oder abweichend von dem nach der ZwVwV vorgegebenen Inhalt (§ 6 Abs. 2) abschließen, so muss er hierzu die Zustimmung des Gerichtes einholen, § 10 Abs. 1 Nr. 2 ZwVwV.

Bei auftretenden Problemen hat der Zwangsverwalter dem Gericht einen Bericht zu erstatten und um dessen Anweisungen nachzusuchen, die nach Anhörung von Gläubiger und Schuldner ergehen, § 153 Abs. 1 ZVG.

Der Verwalter ist für die Erfüllung der ihm obliegenden Verpflichtungen allen Beteiligten gegenüber verantwortlich, § 154 S. 1 ZVG. Beteiligter i.S. v. § 154 S. 1 ZVG kann auch eine Wohnungseigentümergemeinschaft[194] sowie ein Versorgungsunternehmen sein, das für das verwaltete Grundstück Energie und Wasser liefert.[195] Gegenüber nicht am Verfahren beteiligten Personen haftet er nach allgemeinen Grundsätzen (vertraglich oder aus unerlaubter Handlung).[196]

Der Zwangsverwalter ist dem betreibenden Gläubiger und dem Schuldner kalenderjährlich und nach Beendigung der Verwaltung zur Rechnungslegung (Vorlage über das Vollstreckungsgericht) verpflichtet, § 154 S. 2 ZVG, § 14 Abs. 2 S. 1 ZwVwV. Mit Zustimmung des Gerichts kann von der kalenderjährlichen Rechnungslegung abgewichen werden, § 14 Abs. 2 S. 2 ZwVwV.

Bei einer Auseinandersetzung der Beteiligten über die materiell-rechtliche Richtigkeit der Abrechnung des Zwangsverwalters ist das Vollstreckungsgericht nur zur Vermittlung, nicht aber zur Streitentscheidung befugt.[197]

Bei der Abnahme der Schlussrechnung ist das Vollstreckungsgericht allerdings befugt, in engen Grenzen auch über materiell-rechtliche Fragen zu entscheiden. Das ergibt sich daraus, dass das Gericht den Verwalter mit den erforderlichen Anweisungen zu versehen und dessen Geschäftsführung zu beaufsichtigen hat, § 153 Abs. 1 ZVG. Das Gericht ist danach berechtigt, die Abrechnung des Verwalters zu beanstanden und gegen ihn im Aufsichtsweg einzuschreiten. Anlass dazu besteht dann, wenn die Abrechnung nicht den Grundsätzen ordnungsgemäßer Verwaltung entspricht, was grundsätzlich nur bei Unvollständigkeit oder rechnerischer Unrichtigkeit, ausnahmsweise aber auch bei offensichtlicher materieller Unrichtigkeit der Abrechnung der Fall sein kann.[198]

Das Vollstreckungsgericht kann allerdings nicht über die Anerkennung (und damit der Entlastung des Verwalters), sondern allein über die Ordnungsmäßigkeit der Abrechnung des Verwalters entscheiden. Bezüglich der Anerken-

---

194 BGH 5.2.2009 WM 2009, 474.
195 BGH 5.3.2009 WM 2009, 855.
196 *Stöber* § 154 Rz. 2.5.
197 BGH 17.11.2011 WM 2012, 136.
198 BGH 17.11.2011 WM 2012, 136.

nung der Abrechnung müssen die Beteiligten notfalls den Prozessweg beschreiten.[199]

VIII. Teilungsplan

Aus den Nutzungen des Grundstücks kann der Zwangsverwalter ohne Teilungsplan begleichen:

– die Verwaltungsausgaben, wie z.B. Ausgaben für die Gebäudeinstandhaltung, Zahlung von Versicherungsprämien, seine Vergütung etc., § 155 Abs. 1 ZVG.[200]
  Zu den vorweg zu berichtigenden Ausgaben der Verwaltung gehören auch die Kosten für Energie und Wasser, die aufgrund der vom Verwalter abgeschlossenen oder fortgesetzten Lieferungsverträge entstehen.[201]
– die Verfahrenskosten (ohne Anordnungs- und Beitrittskosten), § 155 Abs. 1 ZVG.[202]
– die laufenden Beträge öffentlicher Lasten und – bei der Vollstreckung in Wohnungseigentum – auch (obwohl Rangklassenforderung nach § 10 Abs. 1 Nr. 2 ZVG) die laufenden Beträge des Hausgeldes.[203]

Was nach Begleichung von Verwaltungsausgaben und Verfahrenskosten verbleibt, ist begrifflich Überschuss, § 155 Abs. 2 S. 1 ZVG, der nach Maßgabe eines für die Dauer des ganzen Verfahrens vorweg aufgestellten Teilungsplanes laufend verteilt wird,[204] und zwar in der Reihenfolge des § 10 Abs. 1 Nr. 1 bis 5 ZVG, §§ 155, 156 ZVG.

Demzufolge werden zunächst die Vorschüsse des die Zwangsverwaltung betreibenden Gläubigers – nebst Zinsen – zurückgezahlt, § 10 Abs. 1 Nr. 1 ZVG.[205]

Aus dem Rest werden die Ansprüche auf laufende wiederkehrende Leistungen der Rangklassen Nr. 2–4 des § 10 ZVG befriedigt, § 155 Abs. 2 S. 2 ZVG. Der Gläubiger einer Grundschuld erhält also im Zwangsverwaltungsverfahren – sofern die Erträge aus dem Grundstück hoch genug sind – Befriedigung wegen

---

199 BGH 17.11.2011 WM 2012, 136.
200 *H/W/F/H* § 155 Rz. 4; *Stöber* § 155 Rz. 4; *Böttcher* § 155 Rz. 6ff.
201 BGH 5.3.2009 WM 2009, 855.
202 *H/W/F/H* § 155 Rz. 3; *Stöber* § 155 Rz. 5; *Böttcher* § 155 Rz. 13 u. 14.
203 BGH 15.10.2009 Rpfleger 2010, 35 m. Anm. v. *Traub* Rpfleger 2010, 100; *Schädlich* ZfIR 2008, 265, 268ff.; *Alff/Hintzen* Rpfleger 2008, 165, 174ff.
204 *H/W/F/H*-Handbuch, Kap. 5 Rz. 13ff.; *Stöber* § 155 Rz. 6.1; *Böttcher* § 155 Rz. 5.
205 *H/W/F/H* § 155 Rz. 15; *Stöber* § 155 Rz. 4.3a; *Böttcher* § 155 Rz. 19.

seiner laufenden Ansprüche, insbesondere wegen der laufenden Grundschuldzinsen, regelmäßig aber nicht wegen des Kapitals.[206]

Auch wenn die Ansprüche auf laufende Beträge wiederkehrender Leistungen von Amts wegen zu berücksichtigen sind,[207] sollte eine Anmeldung erfolgen, um dem Vollstreckungsgericht die Arbeit zu erleichtern.

Anmeldungen zum Teilungsplan hat das Gericht von Amts wegen zurückzuweisen, wenn diese ganz offensichtlich an der begehrten Rangstelle nicht berücksichtigt werden können.[208] Bestehen Zweifel über die Rangklasse oder erhebt der Zwangsverwalter begründete Einwendungen (ein Widerspruchsrecht steht dem Verwalter nicht zu),[209] ist die Anmeldung mit einem sogenannten Amtswiderspruch zu belegen und der mit dem Widerspruch belegte Beteiligte ist aufzufordern, den Widerspruch zu beseitigen.[210]

Erst wenn alle Ansprüche der eingetragenen Gläubiger (vierte Rangklasse) auf laufende wiederkehrende Leistungen erfüllt sind, kommen für Gläubiger der Klasse 5 (das sind alle Gläubiger – auch dingliche –, die das Verfahren betreiben) auch Tilgungen auf Kapitalansprüche in Betracht; darüber ist in einem besonderen Termin zu entscheiden, § 158 Abs. 1 ZVG.

Wie und in welcher Reihenfolge Kapitalansprüche zu befriedigen sind, ist streitig.[211] So kann z. B. ein persönlich betreibender Gläubiger aufgrund einer früheren Beschlagnahme, § 11 Abs. 2 ZVG, einem dinglich betreibenden Grundschuldgläubiger in der Rangklasse § 10 Abs. 1 Nr. 5 ZVG vorgehen.[212] Da die Erträge normalerweise schon vorher erschöpft sind, kommt dieser Frage allerdings kaum einmal praktische Bedeutung zu.

IX. Rechtsmittel gegen den Teilungsplan

– Mit dem Widerspruch werden materiell-rechtliche Unrichtigkeiten des Planes geltend gemacht (z. B. zum Rang oder zur Inhaberschaft des Rechtes). Widerspruchsberechtigt ist außer dem Zwangsverwalter jeder Verfahrensbeteiligte.

---

206 *Gaberdiel/Gladenbeck* (a. a. O. Fn. 4) Rz. 1296, 1089, 1090.
207 *H/W/F/H* § 156 Rz. 5; *Stöber* § 156 Rz. 5.2; *Böttcher* § 155 Rz. 29.
208 *Stöber* § 156 Rz. 6.1.
209 *Stöber* § 156 Rz. 6.4; *H/W/F/H* § 156 Rz. 13.
210 AG Schwäbisch Hall 12.6.2009 Rpfleger 2009, 636; s. hierzu auch: *Schmidberger/Traub* Zum Widerspruch in der Zwangsverwaltung Rpfleger 2010, 117.
211 *Stöber* § 155 Rz. 7; *Böttcher* § 155 Rz. 37.
212 *H/W/F/H* § 155 Rz. 23; *Stöber* § 155 Rz. 7.2; a. A. *Böttcher* § 155 Rz. 37.

Kommt es zu keiner Einigung, ist durch den Plan eine Hilfsverteilung festzustellen. Der Widersprechende muss binnen eines Monats ab Verteilungstermin Widerspruchsklage erheben.
- Mit der sofortigen Beschwerde werden formelle Mängel des Teilungsplanes
geltend gemacht (z.B. fehlerhafte Zinsberechnung).

Beschwerdeberechtigt ist auch hier jeder Verfahrensbeteiligte, nicht aber der
Zwangsverwalter, der den Plan lediglich auszuführen hat.
Die Beschwerdefrist beginnt mit der Zustellung des Teilungsplans.[213]

X. Vergütung des Zwangsverwalters

Der Zwangsverwalter hat für seine (gesamte) Geschäftsführung Anspruch auf
eine angemessene Vergütung und auf Erstattung der baren Auslagen, §§ 152a,
153 Abs. 1 ZVG i.V.m. § 17 ZwVwV.[214] Der Vergütungsanspruch entsteht mit der
Erbringung der vom Verwalter geforderten Arbeitsleistung und wird fortlaufend
mit Ablauf des Zeitraums fällig, in dem der Verwalter nach § 154 Abs. 2 ZVG zur
Rechnungslegung verpflichtet ist.[215]
   Der Anspruch auf gesonderte gerichtliche Festsetzung der Umsatzsteuer auf
Vergütung und Auslagen wird in § 17 Abs. 2 ZwVwV geregelt.[216]
   Daneben besteht die Möglichkeit einer gesonderten Abrechnung für den
Fall der Inanspruchnahme besonderer Leistungen und Qualifikationen des Verwalters (z.B. Prozessführung, Notariatsgeschäfte, Bearbeitung von Steuersachen
sowie andere außergerichtliche Tätigkeiten, für die ein Nichtanwalt-Verwalter
anwaltliche Hilfe in Anspruch genommen hätte), § 17 Abs. 3 ZwVwV.[217] Dies gilt
nicht für die Einleitung eines Mahnverfahrens, weil es sich hierbei nicht um
eine Tätigkeit handelt, die ein nicht als Rechtsanwalt zugelassener Verwalter
einem Rechtsanwalt übertragen hätte.[218]
   Die Hinzuziehung eines Rechtsanwaltes durch den Verwalter ist nicht zu
beanstanden, wenn zahlreiche Mieter mit ihren Verpflichtungen in Rückstand

---

213 BGH 19.2.2009 Rpfleger 2009, 401.
214 BGH 4.6.2009 – V ZB 3/09 –; *H/W/F/H* § 17 ZwVwV, Rz. 1 u. 2.
215 BGH 4.6.2009 NZI 2009, 535; *H/W/F/H* § 22 Rz. 2.
216 *H/W/F/H* § 17 ZwVwV, Rz. 17.
217 BGH 15.3.2007 WM 2007, 1285; *H/W/F/H* § 17 ZwVwV, Rz. 19ff.
218 BGH 26.4.2012 WM 2012, 1198.

geraten und teilweise die gerichtliche Durchsetzung der Mietforderungen notwendig wird.[219]

Honorare eines vom Verwalter beauftragten Rechtsanwalts müssen im Vergütungsfestsetzungsverfahren wie Auslagen i. S. v. § 21 Abs. 2 S. 1 ZwVwV abgerechnet werden. Daneben kann der Verwalter die Auslagenpauschale gem. S. 2 beanspruchen.[220]

Art und Umfang der dem Zwangsverwalter zu gewährenden Vergütung und der Auslagen richten sich allein nach den §§ 18 ff. ZwVwV.[221] Eine Vereinbarung des Verwalters mit einem Gläubiger oder dem Schuldner über seine Vergütung ist unzulässig.[222]

Lässt sich ein Rechtspfleger in dem Bezirk seines Amtsgerichts ohne die dafür erforderliche Nebentätigkeits-Genehmigung zum Verwalter bestellen und übt er die Verwaltertätigkeit aus, verwirkt er den Anspruch auf eine Vergütung, § 654 BGB analog.[223]

1. Regelvergütung

Die Regelvergütung bestimmt sich nach § 18 ZwVwV.

Sie beträgt 10% des für den Zeitraum der Verwaltung an Mieten oder Pachten eingezogenen Bruttobetrags, § 18 Abs. 1 S. 1 ZwVwV. Mit ihr werden die Fälle der vollständigen oder teilweisen Vermietung und Verpachtung abgedeckt.[224]

Bemessungsgrundlage ist der Betrag der tatsächlich eingezogenen Miet- oder Pachtzinsen.[225] Die Bemessung der Vergütung nach § 18 Abs. 1 Satz 1 ZwVwV setzt voraus, dass geschuldete Mieten tatsächlich an den Zwangsverwalter geleistet werden. Die Einleitung eines Mahnverfahrens reicht ebenso wenig aus, wie eine Zahlung des Mieters an den Schuldner oder an einzelne Gläubiger. Erfolglose Bemühungen des Verwalters sind ausschließlich gemäß § 18 Abs. 1 Satz 2, § 19 Abs. 2 ZwVwV zu honorieren.[226]

Für vertraglich geschuldete, nicht eingezogene Mieten oder Pachten erhält der Verwalter 20% der Vergütung, die er im Falle des Einzugs erhalten hätte,

---

219 LG Frankfurt 12.4.2011 Rpfleger 2011, 548; kritisch dazu: *Keller* ZfIR 2012, 257.
220 BGH 2.7.2009 ZInsO 2009, 1662; krit. hierzu: *Förster* ZInsO 2009, 2235.
221 *H/W/F/H* vor §§ 17–22 ZwVwV, Rz. 1 ff.; *Haarmeyer* ZInsO 2004, 18 ff.; *Hintzen/Alff* Rpfleger 2004, 129, 135 ff.; *Pape* NZI 2004, 187 ff.
222 *H/W/F/H* § 17 ZwVwV, Rz. 18; *Stöber*, § 153 Rz. 6.11.
223 BGH 22.10.2009 ZInsO 2009, 2409.
224 *H/W/F/H* § 18 ZwVwV, Rz. 1.
225 *H/W/F/H* § 18 ZwVwV, Rz. 8 ff.
226 BGH 26.4.2012 WM 2012, 1198.

§ 18 Abs. 1 S. 2 ZwVwV. Mit dieser Regelung wird dem Umstand Rechnung getragen, dass auch erfolglose Bemühungen um den Miet-/Pachteinzug besonders aufwändig sein können.

Ergibt sich im Einzelfall ein Missverhältnis zwischen der Tätigkeit des Verwalters und der Vergütung nach § 18 Abs. 1 ZwVwV, kann die 10%-ige Regelvergütung bis auf 5% gemindert oder bis auf 15% angehoben werden, § 18 Abs. 2 ZwVwV.

Ein derartiges Missverhältnis liegt vor, wenn der im Einzelfall entstehende Aufwand auch unter Berücksichtigung der bei einer pauschalierenden Vergütungsregelung notwendigerweise entstehenden Härten zu einer unangemessen hohen oder niedrigen Vergütung führt. Ob das der Fall ist, ist mit einer an § 152a ZVG ausgerichteten wertenden Betrachtung aller Umstände des Einzelfalles zu ermitteln.[227]

Dabei kann eine teilweise gewerbliche Nutzung des Verwaltungsobjekts für sich allein eine Anhebung der Vergütung ebenso wenig rechtfertigen, wie eine größere Anzahl von zu verwaltenden Einheiten. Dies insbesondere dann, wenn die gesamte „wirtschaftliche Verwaltung" in der Hand einer vorhandenen Hausverwaltung belassen wird.[228]

Wenn ein gewerbliches genutztes Objekt in Form der Vermietung an viele Mieter verwaltet wird, kann der Verwalter einen Vergütungszuschlag von bis zu 3% verlangen.[229]

Für nach Aufhebung der Zwangsverwaltung anfallende Abwicklungsarbeiten kann der Verwalter eine Anhebung nur dann verlangen, wenn er darlegt, dass die Leistungen über das Maß regulärer Abschlussarbeiten hinausgehen.[230]

Da die Anforderungen, die sich nach Inhalt und zeitlichem Einsatz im Zusammenhang mit der Fertigstellung eines nicht zu Ende gebrachten Bauvorhabens ergeben den sonst üblichen Tätigkeitsrahmen des Verwalters überschreiten, erhält der Verwalter für die Fertigstellung von Bauvorhaben 6% der von ihm verwalteten Bausumme, § 18 Abs. 3 ZwVwV.

Für den Fall einer Vermietung nach Fertigstellung eines Bauvorhabens kann der Zwangsverwalter eine an den tatsächlichen Einnahmen orientierte betragsbezogene Prozentvergütung nach § 18 Abs. 1 und 2 ZwVwV aus den eingezogenen Mieten sowie eine 6%-ige Vergütung aus der verwalteten Bausumme geltend machen.[231]

---

227 BGH 15.11.2007 WM 2008, 543; hierzu Anm. *Förster* „Alles beim Alten" Rpfleger 2008, 271.
228 BGH 15.11.2007 WM 2008, 543.
229 LG Frankfurt 12.4.2011 Rpfleger 2011, 548; dazu kritisch: *Keller* ZfIR 2012, 257.
230 BGH 10.1.2008 WM 2008, 1131.
231 *H/W/F/H* § 18 ZwVwV, Rz. 5.

Die Vergütung nach § 18 Abs. 3 ZwVwV ist unabhängig von der Vergütung nach § 18 Abs. 1 und 2 sowie § 19 ZwVwV festzusetzen, da es sich um eine tätigkeitsbezogene Sondervergütung handelt, die auf die allgemeine Verfahrensvergütung nicht anzurechnen ist.[232]

2. Abweichende Berechnung der Vergütung

§ 19 ZwVwV regelt diejenigen Fälle, in denen die verwalteten Grundstücke nicht durch Vermietung oder Verpachtung genutzt werden und somit die Grundregel des § 18 ZwVwV nicht einschlägig ist. In diesen Fällen wird für die Zwangsverwaltung ein Mindeststundensatz von 35 Euro und ein Höchststundensatz von 95 Euro festgesetzt, § 19 Abs. 1 ZwVwV.[233]

Für ein durchschnittliches Zwangsverwaltungsverfahren liegt der mittlere Stundensatz rein rechnerisch bei € 65,[234] nach anderer Auffassung bei € 70 bis 80.[235] Er ist dann anzuwenden, wenn die Verwaltung nach Art und Umfang durchschnittlichen Anforderungen entspricht.[236] Der Höchstsatz von € 95 kommt demzufolge nur bei einem insgesamt überdurchschnittlich qualifizierten Aufwand des Verwalters in Betracht.[237]

Eine Unterschreitung der Mittelvergütung kommt nur dann in Betracht, wenn die Verwaltung aus ganz einfachen Tätigkeiten besteht, die auch von Hilfskräften erledigt werden können,[238] während eine über dem Mittelsatz liegende Stundenvergütung festzusetzen ist, wenn die Verwaltung nur durch den Zwangsverwalter persönlich oder einen gleich qualifizierten Mitarbeiter erfolgen konnte.[239]

Die Vergütung für die Verwaltung mehrerer nicht vermieteter Eigentumswohnungen ist nicht deshalb unterhalb des Mittelsatzes gem. § 19 Abs. 1 ZwVwV festzusetzen, weil die Wohnungen im selben Gebäude gelegen sind.[240]

Für die Fälle, in denen über § 18 ZwVwV eine angemessene Vergütung nicht erreicht werden kann, eröffnet § 19 Abs. 2 ZwVwV dem Verwalter die Möglichkeit,

---

232 *H/W/F/H* § 18 ZwVwV, Rz. 37.
233 *H/W/F/H* § 19 ZwVwV, Rz. 3 ff.
234 Stöber, § 152a, Rz. 5.2.
235 *H/W/F/H* § 19 ZwVwV, Rz. 6; LG Braunschweig 24.6.2010 ZInsO 2010, 2344; LG Lübeck 25.2.2005 ZfIR 2005, 367 = € 70; hierzu: Keller, ZfIR 2006, 445, 451; *Deprè* ZfIR 2008, 49, 51.
236 *H/W/F/H* § 19 ZwVwV, Rz. 14.
237 LG Münster 12.6.2007 – 5 T 132/07 –.
238 BGH 27.2.2004 ZIP 2004, 971; *H/W/F/H* § 19 ZwVwV, Rz. 13.
239 *H/W/F/H* § 19 ZwVwV, Rz. 15.
240 BGH 25.1.2007 Rpfleger 2007, 276.

die Vergütung insgesamt nicht in Prozenten der geschuldeten Miet- oder Pachteinnahmen, sondern nach dem für die Verwaltung erforderlichen Zeitaufwand
abzurechnen.[241] Möglich ist es auch, für einen Abrechnungszeitraum die Regelvergütung und für einen anderen Abrechnungszeitraum die Zeitaufwandvergütung festzusetzen. Ausgeschlossen ist es dagegen, für denselben Abrechnungszeitraum sowohl die Regel- als auch die Zeitaufwandvergütung festzusetzen.[242]

Als Zwangsverwalter eingesetzte Rechtsanwälte und Rechtsbeistände sind
bei der Bemessung der Vergütung nach Zeitaufwand grundsätzlich gleich zu behandeln. Ein zum Verwalter bestellter Rechtsanwalt kann für seine Tätigkeiten
die gesetzliche Anwaltsvergütung nur dann abrechnen, wenn ein nicht als Anwalt zugelassener Verwalter die Tätigkeiten einem Anwalt übertragen hätte.[243]

Die Abrechnung nach Stundensätzen soll nur in Fällen offensichtlicher Dis-
krepanz zwischen der prozentualen Vergütung nach § 18 und der am Zeitaufwand ausgerichteten Vergütung nach § 19 Abs. 1 ZwVwV erfolgen.[244]

Dies ist der Fall, wenn die Vergütung nach § 18 ZVG trotz Ausschöpfung des
Höchstrahmens um mehr als 25% hinter der Vergütung nach Zeitaufwand zurückbleibt.[245]

Die Voraussetzungen des § 19 Abs. 2 ZwVwV hat der Zwangsverwalter durch
eine Vergleichsrechnung und eine plausible Darstellung des Zeitaufwandes
darzulegen.[246]

Hat der Verwalter das verwaltete Objekt beschädigt (z.B. durch einen von
ihm verschuldeten Frostschaden), stellt der Zeitaufwand zur Beseitigung des
Schadens keinen i.S. v. § 19 Abs. 1 ZwVwV erforderlichen Aufwand dar.[247]

3. Mindestvergütung

§ 20 ZwVwV regelt den Fall der bloßen Inbesitznahme des Objektes durch den
Verwalter.[248]

Die Pauschalvergütung, die zugleich als Mindesvergütung dient, beträgt
600 Euro, § 20 Abs. 1 ZwVwV. Sie fällt für die gesamte Tätigkeit des Verwalters

---

241 *H/W/F/H* § 19 ZwVwV, Rz. 16 ff.

242 BGH 4.6.2009 NZI 2009, 535; Rpfleger 2009, 634.

243 BGH 15.3.2007 WM 2007, 1285 m. zust. Anm. v. *Depré* ZfIR 2008, 49, 52.

244 Zwangsverwalterverordnung, BGBl. I 2003, 2804 ff., Gesetzesbegründung zu § 19 Abs. 2.

245 BGH 11.10.2007 ZInsO 2007, 1271 m. zust. Anm. v. *Depré* ZfIR 2008, 49, 50; *H/W/F/H* § 19
ZwVwV, Rz. 16.

246 BGH 10.1.2008 WM 2008, 1131.

247 BGH 29.11.2007 WM 2008, 488.

248 *H/W/F/H* § 20 ZwVwV, Rz. 1 ff.

während des Zwangsverwaltungsverfahrens nur einmal an und kann nicht neben der Regelvergütung, § 18 ZwVwV, oder der nach Zeitaufwand berechneten Vergütung, § 19 ZwVwV, beansprucht werden.[249]

Der Zwangsverwalter hat auch dann einen Anspruch auf die Mindestvergütung von 600 €, wenn die tatsächlichen Mieteinnahmen den Vergütungsbetrag unterschreiten.[250]

Sind mehrere Grundstücke (Wohnungs- und Teileigentumsrechte) Gegenstand der Zwangsverwaltung und bilden sie keine wirtschaftliche Einheit, fallen die Mindestvergütung, die Auslagenpauschale und die Umsatzsteuer für jedes der in Besitz genommenen Objekte gesondert an. Dies gilt auch dann, wenn Mieteinnahmen erzielt werden.[251]

Auch bei einer einheitlichen Zwischenvermietung mehrerer unter Zwangsverwaltung stehender Eigentumswohnungen ist die Vergütung nach der Zahl der verwalteten Wohnungen zu bestimmen, wenn dem Verwalter die einheitliche Vermietung zum Zeitpunkt der Inbesitznahme nicht bekannt ist und er dementsprechend jeweils gesonderte Berichte und Maßnahmen bezüglich jeder Eigentumswohnung veranlasst.[252]

Bei Aufhebung der Zwangsverwaltung vor Inbesitznahme erhält der Verwalter für seine Tätigkeit eine Pauschale von 200 Euro, § 20 Abs. 2 ZwVwV. Allein die Entgegennahme des Anordnungsbeschlusses reicht hierfür allerdings nicht aus. Erforderlich ist, dass der Verwalter von sich aus aktiv etwas für die angestrebte Inbesitznahme unternommen hat.[253]

4. Auslagen

Neben seiner Vergütung erhält der Zwangsverwalter seine Auslagen und die auf seine Vergütung entfallende Umsatzsteuer, §§ 17, 21 ZwVwV.

Mit der Regelvergütung sind die allgemeinen Geschäftskosten des Zwangsverwalters abgegolten; hierzu gehört der Büroaufwand des Verwalters einschließlich der Gehälter seiner Angestellten, § 21 Abs. 1 ZwVwV.[254]

---

249 BGH 1.6.2006 ZIP 2006, 1745; *H/W/F/H* § 20 ZwVwV, Rz. 2.
250 LG Saarbrücken 31.5.2012 Rpfleger 2012, 645.
251 BGH 18.1.2007, Rpfleger 2007, 274; 24.11.2005 Rpfleger 2006, 151; 5.11.2004 Rpfleger 2005, 99; *H/W/F/H* § 20 ZwVwV, Rz. 3.
252 LG Wuppertal 8.1.2008 Rpfleger 2008, 273 (in Abweichung zu dem vom BGH mit Beschluss vom 5.11. 2004 Rpfleger 2005, 99 entschiedenen Fall, in dem der Verwalter selbst mehrere Grundstücke einheitlich verpachtet hatte).
253 *H/W/F/H* § 20 ZwVwV, Rz. 4 u. 5.
254 *H/W/F/H* § 21 ZwVwV, Rz. 4 ff.

Besondere Auslagen, zu denen neben Reisekosten und Kosten für die Einstellung von Hilfskräften für bestimmte Aufgaben auch die im konkreten Verfahren anfallenden Post- und Telekommunikationsentgelte zählen, sind dem Verwalter gesondert zu erstatten, § 21 Abs. 2 S. 1 ZwVwV.[255]

Anstelle der tatsächlich entstandenen Auslagen kann der Verwalter eine Pauschale von 10% seiner Vergütung, höchstens jedoch 40 Euro je Monat seiner Tätigkeit berechnen, § 21 Abs. 2 S. 2 ZwVwV.[256]

Schließt der Verwalter zur Abwendung eines besonderen Haftungsrisikos für das konkrete Verfahren eine besondere Haftpflichtversicherung ab (dies kommt insbesondere bei gewerblichen Objekten in Betracht), kann er diese zusätzlichen Kosten gem. § 21 Abs. 3 ZwVwV geltend machen.[257]

5. Festsetzung von Vergütung und Auslagen

Die Vergütung und die Auslagen des Zwangsverwalters werden durch das Gericht festgesetzt, § 22 ZwVwV.

Der Verwalter kann nach Ablauf eines jeden Kalenderjahres bzw. Abrechnungszeitraums nach § 14 Abs. 2 und 3 ZwVwV einen Festsetzungsantrag stellen, § 22 S. 1 ZwVwV.[258]

Mit Einwilligung des Gerichts kann der Verwalter aus den Verwaltungseinnahmen einen Vorschuss auf die später festzusetzende Vergütung und auf entstandene Auslagen entnehmen, § 22 S. 2 ZwVwV.[259]

Entnimmt der Zwangsverwalter trotz vorheriger Abmahnung ohne Einwilligung des Gerichts der Verwaltungsmasse Vorschüsse auf seine Vergütung, stellt dies regelmäßig einen Grund für seine sofortige Ablösung dar.[260]

Nach der gerichtlichen Festsetzung kann der Verwalter die Vergütung und den Auslagenersatz selbständig aus den vereinnahmten Beträgen entnehmen, § 155 Abs. 1 ZVG, § 9 Abs. 1 ZwVwV, soweit die Vergütung nicht bereits als Vorschuss erhoben wurde.

Auch nach Aufhebung des Zwangsverwaltungsverfahrens muss das Vollstreckungsgericht die Vergütung des Zwangsverwalters für die Zeit der Zwangs-

---

255 *H/W/F/H* § 21 ZwVwV, Rz. 8 ff.
256 *H/W/F/H* § 21 ZwVwV, Rz. 8–11.
257 *H/W/F/H* § 21 ZwVwV, Rz. 16.
258 *H/W/F/H* § 22 ZwVwV, Rz. 2 ff.
259 *H/W/F/H* § 22 ZwVwV, Rz. 20 ff.
260 LG Stralsund 12.7.2010 Rpfleger 2010, 618.

verwaltung festsetzen, und zwar unabhängig von dem Grund für die Aufhebung; die Vergütung darf der Masse vorab entnommen werden.[261]

Reicht die verwaltete Masse zur Deckung seines Anspruchs auf Vergütung und Auslagenersatz nicht aus, kann der Zwangsverwalter den betreibenden Gläubiger unabhängig davon in Anspruch nehmen, ob er zuvor entsprechende Vorschüsse verlangt hatte.[262]

Kann der Verwalter allerdings absehen, dass die verfügbare Liquidität nicht ausreicht, um die Ausgaben der ordnungsgemäßen Verwaltung unter Berücksichtigung seiner Vergütung abzudecken, muss er die dafür erforderlichen Vorschüsse unverzüglich anfordern.[263] Unterlässt er dies oder versäumt er es, aus der Masse die Liquidität zurückzuhalten, die für die Ausgaben der Verwaltung vorgehalten werden muss, § 9 Abs. 1 ZwVwV, kann dies im Einzelfall seinen Erstattungsanspruch gegenüber dem das Verfahren betreibenden Gläubiger ausschließen.[264]

Die (subsidiäre) Haftung des betreibenden Gläubigers gilt nicht nur für den Vergütungsanspruch des Verwalters, sondern auch für die sonstigen aus den Nutzungen des verwalteten Objektes gem. § 155 Abs. 1 ZVG vorweg zu bestreitenden „Ausgaben der Verwaltung".[265] Auch hier muss die Anforderung des Vorschusses aber in einem zeitlich vertretbaren Rahmen erfolgen.[266]

Danach trägt der das Verfahren betreibende Gläubiger das Kostenrisiko nicht nur bezüglich des Vergütungsanspruchs des Verwalters, sondern auch hinsichtlich der sonstigen während der Zwangsverwaltung berechtigterweise entstandenen Verwaltungsausgaben.[267]

XI. Erstattung von Vorschüssen

Erfordert die Fortsetzung des Verfahrens besondere Aufwendungen, für die in der Zwangsverwaltungsmasse keine ausreichenden Mittel vorhanden sind, so hat der Zwangsverwalter über das Gericht vom betreibenden Gläubiger einen Vorschuss anzufordern, § 161 Abs. 3 ZVG.

---

261 BGH 18.10.2012 WM 2013, 42.
262 BGH 17.6.2004 WM 2004, 1590; *Stöber* § 153 Rz. 6.6.
263 *Förster* Anm. zu BGH 17.6.2004 ZInsO 2004, 848, 850.
264 *Stöber* § 153 Rz. 6.6; *Förster*, Anm. zu BGH 17.6.2004 ZInsO 2004, 848, 850.
265 OLG Düsseldorf 20.12.2005 ZInsO 2007, 157 (Kosten für Strom-, Gas-, u. Wasserbelieferungsverträge).
266 *Förster* Anm. zu OLG Düsseldorf 20.12.2005 ZInsO 2007, 157, 159.
267 *Förster* Anm. zu OLG Düsseldorf 20.12.2005 ZInsO 2007, 157, 159.

Die Vorschusszahlung kann aber auch von Amts wegen angeordnet werden.[268]

Vorschüsse des die Zwangsverwaltung betreibenden Gläubigers werden – soweit sie nicht aus den Einnahmen der Zwangsverwaltung gedeckt werden können – in der Zwangsversteigerung an erster Stelle befriedigt, § 10 Abs. 1 Nr. 1 ZVG, sofern die Maßnahmen zur Erhaltung oder nötigen Verbesserung des Grundstücks bestimmt waren und tatsächlich verwendet worden sind.[269] Den Anspruch hat der die Zwangsverwaltung betreibende Gläubiger, nicht der Verwalter.[270]

XII. Aufhebung der Zwangsverwaltung infolge Antragsrücknahme[271]

Eine einstweilige Einstellung des Zwangsverwaltungsverfahrens ist grundsätzlich nicht möglich.[272] Der betreibende Gläubiger hat allerdings jederzeit die Möglichkeit, seinen Antrag (ohne Angabe von Gründen) zurückzunehmen, § 161 Abs. 4, § 29 ZVG; das Gericht hat das Verfahren dann aufzuheben. Die Aufhebung hat ohne weitere sachliche Prüfung durch das Vollstreckungsgericht zu erfolgen.[273]

Die Beschlagnahmewirkungen entfallen erst mit Erlass des Aufhebungsbeschlusses und nicht bereits mit dem Eingang der Rücknahmeerklärung beim Gericht.[274] Mit der Zustellung des Aufhebungsbeschlusses hat der Verwalter seine Tätigkeit grds. einzustellen und dem Eigentümer/Schuldner das Grundstück zu übergeben.[275] Nach § 12 Abs. 3 Satz 1 ZwVwV bleibt der Verwalter allerdings auch nach Verfahrensaufhebung berechtigt, von ihm begründete Verbindlichkeiten zu erfüllen und hierfür Rücklagen zu bilden. Dies gilt auch bei einer Ver-

---

268 *Stöber* § 152 Rz. 18.1; *Böttcher* § 161 Rz. 8.

269 BGH 10.4.2003 WM 2003, 1098; *Stöber* § 10 Rz. 2.2; *Böttcher* § 10 Rz. 8.

270 *Stöber* § 10 Rz. 2.1; *Böttcher* § 10 Rz. 7.

271 *Schmidberger/Traub* ZfIR 2012, 805, 811ff.; *Vonnemann* Rpfleger 2002, 415ff.; *Böttcher* § 161 Rz. 16 u. 17.

272 *Stöber* § 146 Rz. 6.1; a. A. *Böttcher* § 146 Rz. 73ff.; s. hierzu auch: *Schmidberger* ZfIR 2009, 276.

273 BGH 13.10.2011 WM 2011, 2369; 8.5.2003 WM 2003, 1176.

274 BGH 10.7.2008 WM 2008, 1882 s. hierzu: *Wedekind* ZInsO 2009, 808; *Hintzen* Rpfleger 2009, 68; *Depré* ZfIR 2008, 84; *Stöber* § 161 Rz. 2.3b; *Böttcher* § 161 Rz. 16; *H/W/F/H* § 12 ZwVwV Rz. 4; *D/S/H/E/R* § 161 Rz. 12.

275 BGH 13.10.2011 WM 2011, 2369; *H/W/F/H* § 161 Rz. 14ff.; § 12 ZwVwV Rz. 9; *Stöber* § 161 Rz. 5.1; *Böttcher* § 161 Rz. 31.

fahrensaufhebung infolge Antragsrücknahme, § 12 Abs. 3 Satz 3 ZwVwV. [276] Auch die Prozessführungsbefugnis – sowohl aktiv, wie passiv – für anhängige Prozesse erlischt mit dem Aufhebungsbeschluss, sofern nicht das Versteigerungsgericht eine Fortdauer im Zusammenhang mit der Aufhebung bestimmt [277] oder der Gläubiger nur eine insoweit eingeschränkte Rücknahme seines Anordnungsantrages erklärt hat. [278]

Für Tätigkeiten, die der Verwalter nach Zustellung des die Zwangsverwaltung aufhebenden Beschlusses erbringt, steht ihm grundsätzlich keine Vergütung zu. [279]

Nach Vorlage der Schlussrechnung hat der Zwangsverwalter einen ggf. vorhandenen Überschuss an den Eigentümer auszukehren. [280] Dies gilt auch dann, wenn der Zwangsverwalter Einnahmen noch nicht ordnungsgemäß an die Gläubiger abgeführt hat. [281] Zahlungen auf den Teilungsplan erfolgen nicht mehr. [282] Da der Gläubiger die Aufhebung der Zwangsverwaltung beantragt hat, kann er an aus ihr resultierenden Überschüssen keine Rechte mehr herleiten. [283]

Der Gläubiger, der seinen Antrag auf Zwangsverwaltung zurückgenommen hat, hat auch dann keinen Anspruch auf Auskehr eines Überschusses, wenn ihm die Mietansprüche vor Anordnung der Zwangsverwaltung abgetreten wurden. [284]

Möchte der Gläubiger den Überschuss selbst vereinnahmen, kann er im Falle eines bereits vorliegenden Teilungsplanes vor Rücknahme seines Antrages Kontakt mit dem Zwangsverwalter aufnehmen und um Vornahme der Ausschüttung bitten, da das Verfahren in Kürze aufgehoben werden wird.

Ist dies nicht realisierbar, kommt eine Pfändung des Auszahlungsanspruches des Schuldners in Betracht; Drittschuldner ist in diesem Fall der Zwangsverwalter. [285]

---

276 BGH 13.10.2011 WM 2011, 2369.

277 BGH 10.7.2008 WM 2008, 1882; 10.1.2008 WM 2008, 1131; 8.5.2003 WM 2003, 1176; *Stöber* § 161 Rz. 7.1 a.

278 BGH 10.7.2008 WM 2008, 1882; *Stöber* § 161 Rz. 7.1 b.

279 BGH 10.1.2008 WM 2008, 1131.

280 BGH 13.10.2011 WM 2011, 2369; 7.4.1978 WM 1978, 932; *Stöber* § 161 Rz. 5.1; *Böttcher* § 161 Rz. 32; *H/W/H/F* § 161 Rz. 16.

281 *H/W/F/H* § 161 Rz. 16.

282 BGH 13.10.2011 WM 2011, 2369; *Stöber* § 161 Rz. 5.1; *Böttcher* § 161 Rz. 34.

283 BGH 13.10.2011 WM 2011, 2369; *H/W/F/H* § 161, Rz. 13.

284 BGH 13.10.2011 WM 2011, 2369.

285 *Stöber* § 152 Rz. 17.1; *Böttcher* § 152 Rz. 64.

Ist der Eigentümer/Schuldner kooperativ, kommt auch eine Abtretung seines Auszahlungsanspruchs an den seinen Antrag zurücknehmenden Gläubiger in Betracht.[286]

XIII. Aufhebung der Zwangsverwaltung wegen Nichtzahlung eines erforderlichen Vorschusses

Bei Nichtzahlung des vom Gericht beschlossenen Vorschusses kann – nicht muss – das Gericht das Verfahren aufheben, § 161 Abs. 3 ZVG. In der Praxis ist die Aufhebung allerdings die Regel.

Der Aufhebungsbeschluss sollte sicherheitshalber den Beschlagnahmewegfall erst 2 Wochen nach Zustellung an den Gläubiger aussprechen.

Das Verfahren ist vom Zwangsverwalter wie folgt abzuwickeln:[287]
- Einstellung der Verwaltertätigkeit.
- Keine Einnahmen mehr ziehen.
- Keine Ausgaben mehr tätigen.
- Herausgabe des Grundstücks und des Masseüberschusses an den Schuldner.
- U.U. müssen Prozesse fortgeführt werden (ggf. mit Umstellung des Klagetenors).
- Rückgabe der Bestallungsurkunde.

XIV. Aufhebung der Zwangsverwaltung wegen Zuschlagserteilung in der Zwangsversteigerung[288]

- Der Zuschlag führt zur Aufhebung eines parallel laufenden Zwangsverwaltungsverfahrens, auch wenn dies im ZVG nicht ausdrücklich erwähnt wird.
- Es bedarf eines konstitutiven Aufhebungsbeschlusses, § 12 Abs. 1 Satz 2 ZwVwV.[289]
- Zur Vorsicht sollte die Verfahrensaufhebung erst nach Rechtskraft des Zuschlagsbeschlusses erfolgen.[290]

---

286 BGH 13.10.2011 WM 2011, 2369.
287 *Stöber* § 161 Rz. 4, 5.1 u. 5.2; *Böttcher* § 161 Rz. 10; *Vonnemann* Rpfleger 2002, 415 ff.
288 Zum Ende der Zwangsverwaltung wegen Zuschlags: *Schmidberger/Traub* ZfIR 2012, 805, 806 ff.
289 BGH 11.10.2007 WM 2007, 2387.
290 *Stöber* § 161 Rz. 3.11.

– Mit der Aufhebung wegen Zuschlags enden die Beschlagnahmewirkungen nur für das Grundstück im Eigentum des Erstehers, § 90 Abs. 1 ZVG, nicht aber gegenüber dem Schuldner. Ihm gegenüber wirkt die Beschlagnahme fort.

Das Verfahren ist ab Aufhebung – nicht ab Zuschlag – vom Verwalter wie folgt abzuwickeln:[291]

– Zwischen Zuschlag und Aufhebung ist der Zwangsverwalter dem Ersteher gegenüber verantwortlich.[292]
– Evtl. sind noch Ansprüche aus der Zeit vor dem Zuschlag zu erfüllen.[293]
– Das Grundstück und ein evtl. Ersteheranteil an der Masse ist an den Ersteher herauszugeben.[294] Von einer Übergabe des Grundstücks vor Verfahrensaufhebung ist wegen der damit verbundenen Risiken abzusehen.[295]

Gleiches gilt für eine vom Verwalter einbehaltene Mietkaution.

Die Nutzungen des versteigerten Objektes gebühren ab dem Zuschlag dem Ersteher, § 56 Satz 2 ZVG. Die nach der Wirksamkeit des Zuschlags (§ 90 Abs. 1, §§ 89,104 ZVG) erwirtschafteten Überschüsse hat der Verwalter gem. § 667 BGB analog an den Ersteher herauszugeben.[296] Der Ersteher hat hingegen keinen Anspruch auf einen vor diesem Zeitpunkt erwirtschafteten Überschuss.[297] Für dessen Ausschüttung bleibt der Teilungsplan maßgeblich.[298]

Der Verwalter seinerseits ist nicht berechtigt, einen nach dem Zuschlag bis zur Aufhebung der Zwangsverwaltung entstandenen, dem Ersteher gebührenden Einnahmeüberschuss mit einer im laufenden Abrechnungsjahr bis zum Zuschlag entstandenen Unterdeckung aus verauslagten Betriebskosten und vereinnahmten Mietervorauszahlungen zu verrechnen. Dem Verwalter, der die Rechte des Vollstreckungsschuldners für Rechnung des das Verfahren betreibenden Gläubigers ausübt, steht ein aufrechenbarer Anspruch gegen den Ersteher wegen der bis zum Zuschlag verauslagten Betriebskosten nicht zu.[299]

---

291 *H/W/F/H* § 161 Rz. 18; *Stöber* § 161 Rz. 3.11, 5.1 u. 5.2, 6; *Böttcher* § 161 Rz. 19, 40 ff.; *Wendlinger* Rpfleger *2009*, 544 ff.; *Vonnemann* Rpfleger 2002, 415 ff.
292 *Stöber* § 161 Rz. 3.11; *Böttcher* § 161 Rz. 41.
293 *Böttcher* § 161 Rz. 42.
294 *Stöber* § 161 Rz. 6.1; *Böttcher* § 161 Rz. 42.
295 *Mayer* ZfIR 2013, 51 ff.
296 BGH 11.10.2007 WM 2007, 2387.
297 BGH 19.5.2009 WM 2009, 1438.
298 BGH 13.10.2011 WM 2011, 2369; 21.10.1992 ZIP 1992, 1781, 1782.
299 BGH 17.11.2011 WM 2012, 136; zur Nebenkostenabgrenzung zwischen Zwangsverwalter und Ersteher: *Mengwasser* ZfIR 2012, 495.

Obliegt dem Ersteher gegenüber einem Mieter des ersteigerten Objektes die Abrechnung einer Nebenkostenvorauszahlung und die sich daraus ergebende Rückzahlung eines Überschusses, ist der Zwangsverwalter bei einer über den Zuschlag hinaus fortgesetzten Verwaltung verpflichtet, die von dem Mieter des versteigerten Objekts für die Zeit vor dem Zuschlag vereinnahmte, aber nicht verbrauchte Nebenkostenvorauszahlung an den Ersteher auszukehren.[300]

– Die Berechtigung zur Fortführung begonnener Prozesse bzw. zur Führung neuer Prozesse endet grundsätzlich mit dem Wirksamwerden des Aufhebungsbeschlusses gem. § 161 ZVG.[301]

Da Nutzungsentgelte aus der Zeit vor Wirksamkeit des Zuschlags beschlagnahmt bleiben und nach Maßgabe des Teilungsplanes auszukehren sind,[302] kann der Zwangsverwalter die weiterhin beschlagnahmten Ansprüche des Schuldners auch noch nach Aufhebung der Zwangsverwaltung gerichtlich geltend machen. Ist der die Zwangsverwaltung betreibende Gläubiger im Zeitpunkt des Wirksamwerdens des Zuschlagsbeschlusses noch nicht vollständig befriedigt, dauert die Prozessführungsbefugnis des Verwalters unabhängig davon fort, ob der Aufhebungsbeschluss nach Erteilung des Zuschlags einen entsprechenden Vorbehalt ausspricht.[303]

Die dem Zwangsverwalter im Aufhebungsbeschluss vorbehaltene Befugnis, rückständige Mieten einzuziehen, ermächtigt ihn nicht, einen Rechtsstreit gegen Dritte zu beginnen, welche die Mieten unberechtigt vereinnahmt haben sollen.[304]

Nach Aufhebung der Zwangsverwaltung ist der Zwangsverwalter allerdings nicht befugt, Ansprüche gegen den Ersteher des Grundstücks wegen der auf die Zeit nach dem Zuschlag entfallenden Lasten einzuklagen.[305]

Sind keine Einnahmen aus der Zeit vor Zuschlagswirksamkeit vorhanden, kommt die Aufstellung eines Teilungsplans nach § 156 Abs. 2 ZVG nicht mehr in Betracht.[306]

---

300 BGH 11.10.2007 WM 2007, 2387 m. zust. Anm. *Engels* Rpfleger 2008, 89; krit.: *Mayer* Rpfleger 2009, 287; *Eckert* ZfIR 2008, 27; *Schmidberger* ZInsO 2008, 83.
301 BGH 25.5.2005 ZInsO 2006, 822; 8.5.2003 WM 2003, 1176; OLG Karlsruhe 15.8.2007 – 1 U 25/07 –; *H/W/F/H* § 7 ZwVwV, Rz. 9.
302 *Stöber* § 161 Rz. 7.2; *Böttcher* § 161 Rz. 41.
303 BGH 11.8.2010 WM 2010, 1903, Anm. hierzu: *Stapper/Schädlich* IGZInfo 1/2011, 3; *Stöber* § 161 Rz. 3.11 u. 7.2.
304 BGH 24.9.2009 WM 2009, 2134.
305 BGH 19.5.2009 WM 2009, 1438.
306 LG Chemnitz 26.9.2001 Rpfleger 2002, 91.

Mit der Aufhebung der Zwangsverwaltung endet auch das Recht, gegen den Zwangsverwalter klageweise vorzugehen.[307]

– Gestaltungsrechte (Anfechtung, Rücktritt und Kündigung) kann der Zwangsverwalter nicht mehr ausüben, sondern nur noch der Ersteher.

Der Ersteher eines Grundstücks, das nach vorangegangener Zwangsverwaltung zwangsversteigert worden ist, ist nicht Rechtsnachfolger des früheren Zwangsverwalters. Hat der Verwalter gegen einen Mieter einen Titel auf Räumung und Herausgabe des der Beschlagnahme unterliegenden Mietobjektes erstritten, kann der Ersteher die Erteilung einer auf ihn lautenden vollstreckbaren Ausfertigung dieses Titels gem. § 727 ZPO jedenfalls nach Beendigung der Zwangsverwaltung nicht verlangen. Dem Ersteher steht das vereinfachte Klauselerteilungsverfahren nach § 93 Abs. 1 Satz 1 ZVG zur Verfügung.[308]

Die Beendigung der Zwangsverwaltung erfolgt mit dem gerichtlichen Aufhebungsbeschluss, § 12 Abs. 1 ZwVwV.

Soweit es für den ordnungsgemäßen Abschluss der Verwaltung erforderlich ist, kann das Gericht den Verwalter ermächtigen, seine Tätigkeit in Teilbereichen fortzusetzen, § 12 Abs. 2 ZwVwV. Von ihm begründete Verbindlichkeiten darf der Verwalter trotz Aufhebung aus noch vorhandener Liquidität begleichen, § 12 Abs. 3 ZwVwV.

Zwischen Aufhebung des Verfahrens und Erstellung der Endabrechnung, § 14 Abs. 4 ZwVwV, kann der Verwalter keinen Vorschuss vom betreibenden Gläubiger verlangen, da dieser ausschließlich der Durchführung des Verfahrens dient. Nach vollständiger Beendigung des Verfahrens hat der Verwalter – soweit ein Fehlbetrag verbleibt – gegenüber dem Gläubiger die Nachforderung aus § 12 Abs. 3 Satz 2 ZwVwV geltend zu machen und die Endabrechnung zu erstellen.[309]

XV. Zwangsverwaltung und Insolvenzverfahren[310]

Das Zwangsverwaltungsverfahren kann von einem absonderungsberechtigten Gläubiger auch dann eingeleitet oder fortgesetzt werden, wenn über das Vermögen des Eigentümers des zu verwaltenden Objektes das Insolvenzverfahren

---

307 BGH 25.5.2005 Rpfleger 2005, 559; AG Hanau 19.1.2004 NZM 2004, 640.
308 BGH 14.6.2012 WM 2012, 1439.
309 OLG Naumburg 26.4.2012 IGZInfo 4/2012, 212.
310 Zu Problemen beim Zusammentreffen von Zwangs- und Insolvenzverwaltung: *Zipperer* ZfIR 2011, 385 ff.

eröffnet worden ist, § 49 InsO. In diesem Fall unterliegen das zu verwaltende Objekt und die Gegenstände, auf die sich die Beschlagnahme erstreckt (Zubehör, Miet- und Pachtzinsen), der Zwangsverwaltung.[311]

Zur Anordnung der Zwangsverwaltung nach Insolvenzeröffnung bedarf es der Umschreibung des (Duldungs-)Titels gegen den Insolvenzverwalter (als Partei kraft Amtes, Klauselumschreibung gem. § 727 ZPO) mit anschließender Zustellung an ihn, § 750 Abs. 1, 2 ZPO.[312]

War zum Zeitpunkt der Insolvenzeröffnung die Beschlagnahme bereits wirksam geworden, so ergibt sich für das Zwangsverwaltungsverfahren keine Auswirkung, § 80 Abs. 2 S. 2 InsO. Es tritt auch keine Verfahrensunterbrechung nach § 240 ZPO ein. Einer Klauselumschreibung gegen den Insolvenzverwalter bedarf es nicht.[313]

Persönlich betreibende Gläubiger sind ebenfalls zur abgesonderten Befriedigung berechtigt, sofern die von ihnen erwirkte Beschlagnahme nicht infolge der „Rückschlagsperre" (= Beschlagnahme innerhalb eines Monats vor dem Antrag auf Eröffnung des Insolvenzverfahrens) unwirksam ist, § 88 InsO.

Durch die Beschlagnahme in der Zwangsverwaltung wird dem Insolvenzverwalter die Verwaltung und Benutzung des verwalteten Objektes entzogen. Zwischen beiden Verwaltern ist also zu klären, welche Zubehörgegenstände zur Zwangsverwaltungsmasse gehören, §§ 148 Abs. 2 ZVG, 80 Abs. 1 InsO.

1. Einstweilige Einstellung der Zwangsverwaltung auf Antrag des Insolvenzverwalters

Wird während eines Insolvenzverfahrens in ein zur Masse gehörendes Grundstück (Wohnungseigentum, Erbbaurecht) die Zwangsverwaltung seitens eines dazu berechtigten Gläubigers betrieben, führt dies zwangsläufig zu Schwierigkeiten, da die Befugnis des Zwangsverwalters zur Nutzung des zu verwaltenden Objektes, § 152 ZVG, mit dem Recht des Insolvenzverwalters zur Verwaltung der Insolvenzmasse kollidiert.

Um diesen Konflikt zu lösen, hat der Insolvenzverwalter die Möglichkeit, die Einstellung des Zwangsverwaltungsverfahrens zu beantragen, wenn dieses

---

311 *Knees* ZIP 2001, 1568, 1570; *Stöber* § 152 Rz. 3.7; *Böttcher* § 28 Rz. 16. Zur möglichen Anfechtbarkeit der vom Zwangsverwalter vereinnahmten Mietzahlungen bei einer Insolvenz des Mieters s.: *Nöll* ZInsO 2007, 1125.

312 BGH 14.4.2005 WM 2005, 1324; *H/W/F/H* Einl. Rz. 29; *Stöber* § 15 Rz. 23.9; *Böttcher* § 28 Rz. 17.

313 KG Berlin 17.12.1999 NZI 2000, 228; AG Göttingen 16.11.1999 Rpfleger 2000, 121; *Stöber* § 15 Rz. 23.11; *Böttcher* § 28 Rz. 17.

seine Tätigkeit ernsthaft behindert, § 153b Abs. 1 ZVG.[314] Mittelbar wird hierdurch klargestellt, dass die Verwaltungsrechte des Insolvenzverwalters Vorrang vor den Rechten des Zwangsverwalters haben.

Beispiel:

Ein Grundstück wird für die Fortführung eines Gewerbebetriebes durch den Insolvenzverwalter benötigt; der Zwangsverwalter beabsichtigt, es anderweitig zu vermieten.

Das Vollstreckungsgericht kann das Zwangsverwaltungsverfahren auf Antrag des Insolvenzverwalters einstellen, verbunden mit der Auflage, dass der Insolvenzverwalter den dem betreibenden Gläubiger hierdurch entstehenden Nachteil ausgleicht.

Um zu gewährleisten, dass dem die Zwangsverwaltung betreibenden Gläubiger aus der Einstellung der Zwangsverwaltung kein Nachteil erwächst, ist er durch laufende Zahlungen aus der Insolvenzmasse dafür zu entschädigen, dass die Einnahmen aus der Zwangsverwaltung ausfallen oder sich vermindern, § 153b Abs. 2 ZVG.[315] Im Ergebnis sind das die Beträge, die dem betreibenden Gläubiger aus der Teilungsmasse zugestanden hätten.[316]

Eine Lösung des Widerstreits zwischen Insolvenz- und Zwangsverwaltung wird häufig darin gefunden, dass Grundpfandrechtsgläubiger und Insolenzverwalter eine sog. kalte Zwangsverwaltung vereinbaren.[317]

Bei ihr führt der Insolvenzverwalter auf der Grundlage eines mit dem Grundschuldgläubiger geschlossenen Geschäftsbesorgungsvertrages die Immobilienverwaltung für den Gläubiger wie ein gerichtlich bestellter Zwangsverwalter durch.[318]

Im Rahmen eines solchen Geschäftsbesorgungsvertrages muss eine klare Abgrenzung zwischen der freien Insolvenzmasse und der Sondermasse des von der Grundpfandrechtshaftung erfassten Miet-/Pachtaufkommens erfolgen.

Die Vergütung für seine Tätigkeit entnimmt der Insolvenzverwalter entweder direkt aus dem Miet-/Pachteinkommen oder er führt einen entsprechenden Anteil des Mietaufkommens an die Insolvenzmasse ab und das Insolvenzgericht berücksichtigt den mit der Immobilienverwaltung verbundenen Mehraufwand des Insolvenzverwalters bei der Festsetzung seiner Vergütung.

Die sich aus dem Geschäftsbesorgungsvertrag ergebenden Verfügungsrechte des Insolvenzverwalters über die Sondermasse müssen denen des gerichtlich

---

314 *Knees* ZIP 2001, 1568, 1576; *Stöber* § 153b. Rz. 2.3; *Böttcher* § 153b, Rz. 3; *Mönning/Zimmermann* NZI 2008, 135, 137 ff.
315 *Knees* ZIP 2001, 1568, 1576.
316 *Knees* ZIP 2001, 1568, 1576.
317 *Tetzlaff* Rechtsprobleme der „kalten Zwangsverwaltung", ZfIR 2005, 179.
318 *Knees* ZIP 2001, 1568, 1575; *H/W/F/H* Einl. Rz. 8.

bestellten Zwangsverwalters entsprechen: Miet- und Pachtzinsforderungen, die rückständig sind, fallen im Rahmen der Haftungsfortdauer nach § 1123 Abs. 2 BGB in die Zwangsverwaltungsmasse. Vom Insolvenzverwalter bereits vor der Zwangsverwaltungsbeschlagnahme eingezogene Rückstände führen zum Erlöschen der Forderung und Verbleib der eingezogenen Beträge in der Insolvenzmasse. Vom Insolvenzverwalter nach der Zwangsverwaltungsbeschlagnahme eingezogene Mieten/Pachten gehören hingegen zur Zwangsverwaltungsmasse.[319]

Hat der Mieter/Pächter befreiend an die Insolvenzmasse geleistet, § 22 Abs. 2 S. 2 ZVG, so ist der Insolvenzverwalter nach § 816 Abs. 2 BGB zur Herausgabe des eingezogenen Betrages verpflichtet.[320]

Im Fall einer einstweiligen Einstellung bleibt der Zwangsverwalter im Amt, unterlässt aber jede Tätigkeit und erhält deshalb einstweilen keine Vergütung. Die Beschlagnahme bleibt bestehen.

Eine einstweilige Einstellung des Zwangsverwaltungsverfahrens auf Antrag des vorläufigen Insolvenzverwalters (im Zeitraum zwischen Insolvenzantragstellung und Eröffnung des Insolvenzverfahrens) ist nach dem Wortlaut des § 153b ZVG nicht möglich.[321]

2. Gebrauchsüberlassung eines grundpfandrechtlich belasteten Grundstücks durch den Gesellschafter/die Besitzgesellschaft, § 135 Abs. 3 InsO

Nach der durch das MoMiG[322] zum 1.11.2008 in Kraft getretenen GmbH-Reform stellt sich (erneut) die Frage, welche Auswirkungen die Gebrauchsüberlassung einer grundpfandrechtlich belasteten Immobilie durch den Gesellschafter/die Besitzgesellschaft für den Fall einer vom Grundpfandrechtsgläubiger betriebenen Zwangsverwaltung bzw. Zwangsversteigerung in der Insolvenz der (Betriebs-)Gesellschaft hat.[323]

---

319 Brandenbg. OLG 14.1.1999 ZIP 1999, 1533.

320 *H/W/F/H* § 6 ZwVwV, Rz. 12.

321 *Knees* ZIP 2001, 1568, 1571; *Tetzlaff* ZInsO 2004, 521, 527; *Hintzen* in: Kölner Schrift zur InsO S. 1107 ff. (Rz. 118); OLG Dresden 21.2.2001 zur GesO, ZInsO 2001, 760; hierzu krit.: *Tetzlaff* ZInsO 2004, 521, 527; *Klein* ZInsO 2002, 1065; *Jungmann* NZI 1999, 352; MünchKommInsO/ *Lwowski/Tetzlaff* § 165 Rz. 246; *Gerhardt* Grundpfandrechte im Insolvenzverfahren Rz. 254 a.

322 Gesetz zur Modernisierung des GmbH-Rechts u. zur Bekämpfung v. Missbräuchen v. 23.10. 2008, BGBl. I, 2026

323 Hierzu ausführlich: *Fischer/Knees* ZInsO 2009, 745 ff. und *Fischer* ZfiR 2010, 312.

Beispiel:

Zur Absicherung eines Privatdarlehens bestellt G, der alleiniger Gesellschafter der G-GmbH ist, der B-Bank eine Grundschuld an seinem der G-GmbH vermieteten Grundstück. Das Grundstück wird von der G-GmbH für das von ihr betriebene Speditionsunternehmen genutzt. Als G seinen Rückzahlungsverpflichtungen aus dem Darlehen nicht mehr nachkommen kann, wird auf Antrag der B-Bank die Zwangsverwaltung des der G-GmbH vermieteten Grundstücks angeordnet. Die G-GmbH, die zu diesem Zeitpunkt bereits seit über einem Jahr überschuldet und mit den Mietzahlungen der letzten elf Monate in Rückstand ist, kann die nunmehr vom Zwangsverwalter eingeforderte Miete nicht zahlen und stellt kurz darauf Insolvenzantrag. Nach Eröffnung des Insolvenzverfahrens kündigt der Insolvenzverwalter den Mietvertrag und begehrt wegen der beabsichtigten Betriebsfortführung die hierfür zwingend erforderliche weitere unentgeltliche Überlassung des Grundstücks.

Das vom Zwangsverwalter nicht bereits vor Insolvenz der (Betriebs-)Gesellschaft gekündigte Mietverhältnis bleibt auch über die Verfahrenseröffnung hinaus bestehen, § 108 Abs. 1 S. 1 InsO. Der für die weitere Grundstücksnutzung zu zahlende Mietzins stellt eine Masseverbindlichkeit dar, die aufgrund der von der B-Bank betriebenen Zwangsverwaltung gegenüber dem Zwangsverwalter zu begleichen ist. Bei Nichtzahlung riskiert der Insolvenzverwalter die Kündigung des Mietvertrages seitens des Zwangsverwalters. Kündigt der Insolvenzverwalter das Mietverhältnis seinerseits, da er an einer weiteren Nutzung der Immobilie nicht interessiert ist, kann sich der Zwangsverwalter zwecks Erzielung von Erträgen um eine weitere Vermietung der Immobilie bemühen und der B-Bank die ihr daraus zustehenden Beträge auskehren.

Was gilt nun aber für den Fall, dass der Insolvenzverwalter das Mietverhältnis aufkündigt, um von dem ihm über § 135 Abs. 3 InsO eingeräumten Recht einer weiteren – wenn auch zeitlich befristeten – Nutzung des zur Fortführung des Schuldnerunternehmens zwingend benötigten Grundstücks Gebrauch zu machen? Muss sich die die Zwangsverwaltung betreibende B-Bank in diesem Fall mit der Zahlung des sich aus § 135 Abs. 3 S. 2 InsO ergebenden Ausgleichsbetrages an den Zwangsverwalter begnügen[324] oder kann sie sich weiterhin darauf berufen, dass ab der Zwangsverwaltungs-Beschlagnahme der vertraglich geschuldete Pachtzins an den Zwangsverwalter zu zahlen ist? Ist sie an die Überlassungspflicht des Gesellschafters für ein Jahr ab Verfahrenseröffnung ebenfalls gebunden?

Da § 135 Abs. 3 InsO eindeutig nur auf das Verhältnis zwischen Gesellschaft und dem ihr sein Grundstück zur Nutzung überlassenden Gesellschafter abstellt, kann der die Zwangsverwaltung betreibende Grundpfandrechtsgläubiger

---

324 Das wäre das tatsächlich im letzten Jahr vor der Verfahrenseröffnung entrichtete Entgelt, welches vom vertraglich vereinbarten Mietzins erheblich abweichen kann.

nicht darauf verwiesen werden, sich ab Zwangsverwaltungs-Beschlagnahme für die weitere Grundstücksnutzung seitens der insolventen (Betriebs-)Gesellschaft mit der Zahlung eines sich nach § 135 Abs. 3 S. 2 richtenden Ausgleichsbetrages begnügen zu müssen, dessen Höhe noch dazu vom Verhalten des Gesellschafters vor Eröffnung des Insolvenzverfahrens abhängt.

Auch wenn – wie im Beispielfall – im letzten Jahr vor Verfahrenseröffnung an den Gesellschafter keine Miete gezahlt wurde, ändert dies nichts daran, dass ab Zwangsverwaltungs-Beschlagnahme für eine – trotz Kündigung seitens des Insolvenzverwalters – weitere Grundstücksnutzung ein branchenübliches Nutzungsentgelt zu zahlen ist. Etwaige bisherige Rücksichtnahmen des Gesellschafters können dem grundpfandrechtlich gesicherten Gläubiger nicht zum Nachteil gereichen. Auch wenn der Gesellschafter der (Betriebs-)Gesellschaft vor deren Insolvenz den vereinbarten Mietzins übergangsweise erlassen hatte, verpflichtet dies den sein Sicherungsrecht verwertenden Grundpfandrechtsgläubiger nicht dazu, der (Betriebs-)Gesellschaft das Grundstück trotz Kündigung zur weiteren Nutzung zu belassen, geschweige denn, hierfür während der Zeitspanne des § 135 Abs. 3 InsO kein oder nur ein geringes „Ausgleichs"entgelt zu verlangen.

Im Rahmen der Zwangsverwaltung hat sich daher auch nach neuem Recht nichts geändert. Für den Grundpfandrechtsgläubiger/Zwangsverwalter gilt ab Zwangsverwaltungs-Beschlagnahme weder die Überlassungspflicht für maximal ein Jahr ab Verfahrenseröffnung, noch ist er darauf beschränkt, eine Orientierung der Mietzahlungen an den tatsächlich vereinnahmten Beträgen in der Zeit des letzten Jahres vor der Verfahrenseröffnung vorzunehmen.

XVI. Rechtsmittel

Bezüglich der Rechtsbehelfe gegen die Anordnung einer Zwangsverwaltung oder gegen die Zurückweisung des Antrags kann auf die zur Zwangsversteigerung gemachten Ausführungen verwiesen werden.

Mangels Rechtsschutzinteresse unzulässig ist regelmäßig die Erinnerung einer Untermieters bzw. Unterpächters eines Mieters/Pächters des Vollstreckungsschuldners.[325]

---

[325] BGH 7.7.2011 ZInsO 2011, 1710.

XVII. Gerichtskosten

Für die Entscheidung über den Antrag auf Anordnung der Zwangsverwaltung oder über den Beitritt zum Verfahren wird eine Festgebühr von € 50 erhoben, GKG-KV 2220.

Kostenschuldner ist der Antragsteller, der diese Gebühr über § 10 Abs. 2 ZVG als Rechtsverfolgungskosten im Range seines Rechtes geltend machen kann.

Für die Durchführung des Zwangsverwaltungsverfahrens wird für jedes angefangene Jahr, beginnend mit dem Tage der Beschlagnahme, eine Verfahrensgebühr von 0,5 des Gebührensatzes erhoben, GKG-KV 2221. Der Wert der Gebühr bestimmt sich nach dem Gesamtwert der Bruttoeinkünfte des jeweiligen Jahres, § 55 GKG.

Kostenschuldner der dem Erlös vorweg zu entnehmenden Jahres-Verfahrensgebühr ist der Antragsteller.

H. Das Erbbaurecht in der Immobiliarvollstreckung

I. Allgemeines

Das Erbbaurecht verleiht dem Berechtigten die Befugnis, auf oder unter einem fremden Grundstück ein Bauwerk zu haben, § 1 ErbbauRG.

Es handelt sich um ein veräußerliches und vererbliches dingliches Recht, das in Abteilung II des Grundbuches des belasteten Grundstücks eingetragen wird. Für das Erbbaurecht selbst wird ein besonderes Erbbaugrundbuch angelegt, § 14 Abs. 1 ErbbauRG.

Obwohl selbst Grundstücksbelastung, wird das Erbbaurecht wie ein selbständiges Grundstück behandelt und kann selbständig mit Grundpfandrechten und anderen dinglichen Rechten belastet werden, die in das Erbbaugrundbuch eingetragen werden.

Die Gläubiger des Erbbauberechtigten können in das Erbbaurecht sowohl aus dinglich gesicherten Rechten als auch wegen persönlicher Forderungen vollstrecken.

Da auf das Erbbaurecht grundsätzlich die sich auf Grundstücke beziehenden Vorschriften Anwendung finden, § 11 Abs. 1 S. 1 ErbbauRG, erfolgt die Zwangsvollstreckung in das Erbbaurecht gemäß §§ 864 Abs. 1, 870 ZPO nach den Vorschriften der Zwangsvollstreckung in das unbewegliche Vermögen.

Als Vollstreckungsmaßnahmen stehen also auch hier wahlweise oder nebeneinander die Eintragung einer Sicherungshypothek, die Zwangsverwaltung und die Zwangsversteigerung zur Verfügung, § 866 Abs. 2 ZPO.

II. Belastungs- und Verfügungsverbot

Als Besonderheit gegenüber der Vollstreckung in Grundstücke ist beim Erbbaurecht zu beachten, dass im Erbbaurechtsvertrag in aller Regel als Inhalt des Erbbaurechtes vereinbart wird, dass der Erbbauberechtigte zur Veräußerung und zur Belastung des Erbbaurechtes mit Hypotheken, Grund- und Rentenschulden sowie Reallasten der Zustimmung des Grundstückseigentümers bedarf, § 5 ErbbauRG.

1. Sicherungshypothek

Für die Eintragung einer Sicherungshypothek ist dem Grundbuchamt demzufolge die Zustimmung des Grundstückseigentümers nachzuweisen. Verweigert der Grundstückseigentümer die Zustimmung, kann sie nach § 7 Abs. 3 ErbbauRG auf Antrag des Gläubigers durch das Amtsgericht ersetzt werden. Hierzu muss der vollstreckende Gläubiger allerdings zunächst den Anspruch des Erbbauberechtigten gegen den Grundstückseigentümer auf Erteilung der Zustimmung zur Belastung des Erbbaurechts pfänden, §§ 851 Abs. 2, 857 Abs. 3 ZPO.[1] Die Eintragung einer Sicherungshypothek ohne die erforderliche Zustimmung führt zur Unrichtigkeit des Grundbuches und hat die Eintragung eines Amtswiderspruchs zur Folge, § 53 GBO.

2. Zwangsverwaltung

Anordnung und Durchführung der Zwangsverwaltung werden von einer Zustimmungspflicht nach § 5 ErbbauRG nicht berührt, da durch sie weder eine Veräußerung noch eine Belastung des Erbbaurechtes erfolgt.[2]

3. Zwangsversteigerung

Die Zwangsversteigerung des Erbbaurechtes kann unabhängig davon beantragt werden, ob die zur Veräußerung des Erbbaurechtes erforderliche Zustimmung des Grundstückseigentümers vorliegt oder nicht, da weder die Anordnung der Zwangsversteigerung noch die damit verbundene Beschlagnahmewirkung Maßnahmen darstellen, die die Rechte des Grundstückseigentümers aus einer Vereinbarung nach § 5 ErbbauRG vereiteln oder beeinträchtigen.[3]

Die Zustimmung des Grundstückseigentümers muss aber spätestens bei der Entscheidung über den Zuschlag erteilt oder ersetzt sein.[4] Hatte der Grundstückseigentümer der Belastung des Erbbaurechts mit einem Grundpfandrecht zugestimmt, ist hiermit nicht gleichzeitig auch seine Zustimmung zu einer

---

1 OLG Hamm 20.11.1992 Rpfleger 1993, 334 mit abl. Anm. *v. Streuer*; Palandt/*Bassenge* § 8 ErbbauRG, Rz. 4; MünchKomm/*von Oefele* § 8 ErbbauRG, Rz. 15; LG Köln 28.7.1999 Rpfleger 2000, 11.

2 *Stöber* § 15, Rz. 13.7, *Böttcher* § 146, Rz. 39.

3 BGH 8.7.1960 Rpfleger 1961, 192; *Stöber* § 15 Rz. 13.8; *Böttcher* § 28 Rz. 30.

4 BGH 8.7.1960 (a.a.O. Fn. 3); *Stöber* § 15 Rz. 13.8; *Böttcher* § 28 Rz. 30; §§ 15, 16 Rz. 84.

zwangsweisen Verwertung des Grundpfandrechts im Wege der Zwangsversteigerung verbunden.[5] Auch in diesem Fall muss dem Vollstreckungsgericht also spätestens zum Zeitpunkt der Zuschlagsentscheidung die Zustimmung des Grundstückseigentümers nachgewiesen werden.

Wird die Zustimmung verweigert, kann sie durch das Amtsgericht ersetzt werden, § 7 Abs. 3 S. 1 ErbbauRG. Das Vollstreckungsgericht hat die Zuschlagsentscheidung bis zur Entscheidung über die Ersetzung der Zustimmung hinauszuschieben.[6] Den Antrag auf Ersetzung der Zustimmung kann neben dem Erbbauberechtigten auch der die Zwangsversteigerung betreibende Gläubiger stellen. Eine Pfändung des Zustimmungsanspruchs des Erbbauberechtigten ist hierfür nicht erforderlich.[7]

Wollen Ersteher und Gläubiger einer nach den Versteigerungsbedingungen an sich erlöschenden Grundschuld nach Versteigerung des Erbbaurechtes das Liegenbelassen der Grundschuld vereinbaren, bedarf es hierfür bei Bestehen einer entsprechenden Inhaltsbestimmung nach § 5 ErbbauRG auch in diesem Fall der Zustimmung des Grundstückseigentümers, da der Ersteher mit der Liegenbelassungsvereinbarung über das ihm „lastenfrei" zugeschlagene Grundstück verfügt.[8]

III. Das Schicksal der Erbbauzinsreallast bei der Zwangsversteigerung des Erbbaurechtes

Die Reallast, die zur Sicherung des dem Erbbaurechtsausgeber (Grundstückseigentümer) zustehenden Erbbauzinses in Abt. II des Erbbaugrundbuches eingetragen ist, erlischt, wenn sie dem die Zwangsversteigerung des Erbbaurechts betreibenden Gläubiger im Range nachgeht.[9] Der Ersteher erwirbt das Erbbaurecht also lastenfrei.

Erlischt die Erbbauzinsreallast und befindet sich das Erbbaugrundstück unter Zwangsverwaltung, steht der Wertersatzanspruch nach § 92 Abs. 1 ZVG dem Zwangsverwalter des mit dem Erbbaurecht belasteten Grundstücks zu, nicht aber dessen Eigentümer, § 148 Abs. 1 Satz 1, § 21 Abs. 2 letzte Alt. ZVG.[10]

---

5 BGH 26.2.1987 WM 1987, 438; *Stöber* § 15, Rz. 13.6; *Böttcher* §§ 15, 16; Rz. 83.
6 BGH 8.7.1960 Rpfleger 1961, 192; *Stöber* § 15, Rz. 13.11; *Böttcher* §§ 15,16, Rz. 85.
7 BGH 26.2.1987 Rpfleger 1987, 257; *Stöber* § 15 Rz. 13.12; *Böttcher* §§ 15, 16 Rz. 85.
8 *Stöber* § 91 Rz. 3.8; a. A. LG Detmold 2.3.2001 Rpfleger 2001, 312; *Böttcher* § 91 Rz. 7.
9 BGH v. 25.9.1981 WM 1981, 1258.
10 OLG Düsseldorf 17.5.2010 Rpfleger 2010, 616.

Seine für die Zuschlagsentscheidung erforderliche Zustimmung kann der Grundstückseigentümer auch nicht davon abhängig machen, dass der Ersteher in eine neue Vereinbarung über den Erbbauzins einwilligt bzw. in die zwischen Grundstückseigentümer und vormaligem Erbbauberechtigten bestehende Vereinbarung über die Zahlung des Erbbauzinses eintritt.[11]

Die durch eine Vorrangeinräumung entstehende Gefahr eines erbbauzinslosen Erbbaurechtes kann dadurch vermieden werden, dass als Inhalt der Erbbauzinsreallast vereinbart wird, dass sie in der Zwangsversteigerung unabhängig von ihrer Rangstelle bestehen bleibt, § 9 Abs. 3 S. 1 Nr. 1 ErbbauRG, § 52 Abs. 2 S. 2 ZVG.[12]

Eine solche im Erbbaurechtsvertrag getroffene Regelung hat dingliche Wirkung und ist in der Zwangsversteigerung zu beachten.

Betreibt der Grundstückseigentümer die Zwangsversteigerung aus der für ihn eingetragenen Erbbauzinsreallast, erhält er Befriedigung aus dem Versteigerungserlös nur für den Erbbauzins, der auf die Zeit bis zum Zuschlag entfällt (soweit er vom bisherigen Inhaber des Erbbaurechts nicht bezahlt worden ist).

Der Ersteher erwirbt das Erbbaurecht belastet mit der Erbbauzinsreallast und schuldet dem Grundstückseigentümer damit den künftigen Erbbauzins.

Ohne eine Regelung nach § 9 Abs. 3 Nr. 1 ErbbauRG hätte ein Rangrücktritt mit der Erbbauzinsreallast zur Folge, dass bei einer aus dem vorrangigen Recht betriebenen Zwangsversteigerung die Erbbauzinsreallast mit dem Zuschlag erlischt und ein erbbauzinsloses Erbbaurecht entsteht, da der Ersteher nicht in den zwischen vormaligem Erbbauberechtigten und Erbbaurechtsausgeber geschlossenen Erbbaurechtsvertrag eintritt. Durch Vereinbarung eines versteigerungsfesten Erbbauzinses nach § 9 Abs. 3 ErbbauRG wird dieses Risiko für einen rangrücktrittswilligen Erbbauzinsberechtigten ausgeschlossen.

Wird eine Vereinbarung nach § 9 Abs. 3 ErbbauRG geschlossen, hat der Ersteher die Erbbauzinsreallast zu übernehmen und der Erbbaurechtsausgeber als die Zwangsversteigerung betreibender Gläubiger kann Befriedigung nur wegen der rückständigen und der laufenden Beträge erlangen.

Wird eine Vereinbarung nach § 9 Abs. 3 ErbbauRG ergänzend zu einem bereits bestehenden Erbbaurecht geschlossen, müssen die Inhaber von Grundpfandrechten, die der Erbbauzinsreallast vorgehen oder im Gleichrang mit ihr stehen, der Vereinbarung zustimmen, § 9 Abs. 3 S. 2 ErbbauRG.

Für einen Grundpfandrechtsgläubiger stellen sich die Auswirkungen einer Vereinbarung nach § 9 Abs. 3 Nr. 1 ErbbauRG genauso dar, als ob die Erbbau-

---

11 BGH 26.2.1987 WM 1987, 438.
12 MünchKomm/von Oefele § 9 ErbbauRG, Rz. 22ff.; Stöber § 52 Rz. 6; ausführlich hierzu auch: Bräuer Rpfleger 2004, 401ff.

zinsreallast seinem Recht rangmäßig vorgehen würde: Die Erbbauzinsreallast fällt in das geringste Gebot und hat zur Folge, dass der Hauptanspruch der Reallast und damit die Verpflichtung zur Zahlung des künftigen Erbbauzinses als bestehen bleibendes Recht auf den Ersteher übergeht, §§ 44 Abs. 1, 52 Abs. 1 S. 1 ZVG, während der Erbbauzins für die Zeit bis zum Zuschlag aus dem Versteigerungserlös beglichen wird (soweit er nicht schon vom bisherigen Erbbauberechtigten bezahlt worden ist).

Muss der Ersteher also den künftig anfallenden Erbbauzins zahlen (weil die Reallast bestehen bleibt), so wird er in der Versteigerung ein geringeres (Bar-)- Gebot abgeben, als wenn er die Erbbauzinsreallast nicht übernehmen müsste. Das kann sich wiederum zum Nachteil des Grundpfandrechtsgläubigers auswirken, dessen Befriedigungschancen von der Höhe des Bargebotes abhängen.

Ebenso wie bei einer nachrangigen Beleihung wird ein der Reallast vorgehender Grundpfandrechtsgläubiger bei Bestehen einer Vereinbarung nach § 9 Abs. 3 Nr. 1 ErbbauRG somit prüfen, ob bei einer Zwangsversteigerung des Erbbaurechtes trotz des Fortbestehens der Reallast Gebote in ausreichender Höhe erwartet werden können. Je höher der Erbbauzins im Verhältnis zum Grundstückswert ist, umso größer werden seine Auswirkungen auf die Bietfreudigkeit der Interessenten sein.

Ist das Bestehen Bleiben nach § 9 Abs. 3 Nr. 1 ErbbauRG als Inhalt der Erbbauzinsreallast vereinbart, so wirkt sich der Rang der Reallast nur noch für den bis zum Zuschlag zu zahlenden Erbbauzins aus, weil nur dieser aus dem Versteigerungserlös befriedigt wird. Größere Bedeutung erlangt dies aber nur, wenn der Vollstreckungsschuldner (bisheriger Inhaber des Erbbaurechts) längere Zeit im Rückstand mit der Begleichung der Erbbauzinsen war.

Achtung:
Die bis zum Zuschlag zu berücksichtigenden Erbbauzinsbeträge fallen nicht ins geringste Bargebot, sondern behalten ihren Rang gem. § 10 Abs. 1 Nr. 4 bzw. Nr. 8 ZVG. Aus dem Versteigerungserlös werden sie an der Rangstelle des Rechtes, also nach einem das Verfahren vorrangig betreibenden Gläubiger befriedigt.[13]

Eine Vereinbarung über das Bestehen Bleiben des Erbbauzinses kann nach § 9 Abs. 3 S. 1 Nr. 1 ErbbauRG nur im Verhältnis zu einem im Range vorgehenden oder gleichstehenden dinglichen Recht getroffen werden.

Wird die Zwangsversteigerung aus den Rangklassen des § 10 Abs. 1 Nr. 1 oder 3 ZVG betrieben, erlischt die Erbbauzinsreallast, weil sie nicht in das ge-

---

13 *Stöber* § 52 Rz. 6.6; *Bräuer* Rpfleger 2004, 401, 405.

ringste Gebot fällt. Der kapitalisierte Erbbauzins ist zum Verfahren anzumelden. Wenn der Grundstückseigentümer die Erbbauzinsreallast erhalten will, kann er dies nur durch Befriedigung der Gläubiger dieser Rangklasse (Ablösung) erreichen.

IV. Der Heimfallanspruch in der Zwangsversteigerung

1. Allgemeines

Der Begriff „Heimfall" ist insoweit irreführend, als bei seinem Eintritt das Erbbaurecht nicht automatisch auf den Eigentümer übergeht.

Der Eigentümer hat vielmehr einen schuldrechtlichen Anspruch gegen den jeweiligen Erbbauberechtigten auf Übertragung des Erbbaurechtes an ihn oder auf einen von ihm bezeichneten Dritten, § 3 ErbbauRG.

Für diese Übertragung bedarf es der Einigung und Eintragung im Grundbuch. § 873 BGB. Das Erbbaurecht bleibt als solches bestehen, § 889 BGB, und zwar als nachträglich entstandenes Eigentümererbbaurecht.

Diese rechtliche Konstruktion hat zur Folge, dass Grundpfandrechte und Reallasten am Erbbaurecht bestehen bleiben, § 33 ErbbauRG, was für seine Beleihbarkeit von entscheidender Bedeutung ist.

Der Heimfallanspruch ist gemäß § 3 ErbbauRG von dem Eigentum an dem Grundstück untrennbar und daher auch nicht für sich allein übertragbar.

Weigert sich der Erbbauberechtigte an der Übertragung mitzuwirken, kann der Eigentümer auf die Einwilligung klagen, §§ 894, 895 ZPO.

2. Bedeutung in der Zwangsversteigerung

Der Heimfallanspruch des Grundstückseigentümers gemäß § 2 Nr. 4, 3 ErbbauRG ist kein der Zwangsvollstreckung entgegenstehendes Recht i.S.d. § 28 ZVG.[14] Da er als Inhalt des Erbbaurechtes allerdings dingliche Wirkung gegen den jeweiligen Erbbauberechtigten und damit auch gegenüber einem Ersteher des Erbbaurechts in der Zwangsversteigerung hat, kann er zu Behinderungen bei der Versteigerung des Erbbaurechts führen:

Eine bereits vor dem Zuschlag eingetretene Heimfallsituation muss zur Rechtswahrung weder angemeldet noch geltend gemacht werden.[15]

---

14 *Stöber* § 15 Rz. 13.17 b; *Böttcher* § 52 Rz. 16.
15 *Stöber* § 15 Rz. 13.17 d.

Wird der Heimfallanspruch nicht mehr vor der Zuschlagsentscheidung durchgesetzt (Grundbucheintragung erforderlich!), so geht die Verpflichtung zur Übertragung des Erbbaurechts nach h. M. auf den Ersteher über.[16]

Ist der Heimfallanspruch verjährt, § 4 ErbbauRG, kann der Ersteher die Erfüllung verweigern.[17]

Setzt der Grundstückseigentümer seinen Heimfallanspruch demgegenüber vor der Zuschlagsentscheidung durch (Eintragung im Grundbuch erfolgt), ist das von einem persönlichen Gläubiger betriebene Verfahren aufzuheben und der Zuschlag zu versagen, da der Vollstreckungsschuldner nicht mehr Erbbauberechtigter ist und das Recht des „Heimfall"-Erbbauberechtigten der Versteigerung entgegensteht, § 28 ZVG.[18]

Wird das Verfahren hingegen (auch) von dinglichen Gläubigern (Grundpfandrechtsgläubigern) betrieben, so läuft deren Verfahren weiter, § 26 ZVG, und es kann zu einer Zuschlagsentscheidung kommen, da bestehende dingliche Rechte beim Heimfall bestehen bleiben, § 33 ErbbauRG. Die Verpflichtung zur Übertragung des Erbbaurechts geht dann auf den Ersteher über.[19]

---

16 *Stöber* § 15 Rz. 13.17 d; *Böttcher* § 52 Rz. 16.
17 *Stöber* § 15 Rz. 13.17 d.
18 AG Arnsberg 5.2.1979 Rpfleger 1979, 274; *Stöber* § 15 Rz. 13.17 d; *Böttcher* § 52 Rz. 16.
19 *Stöber* § 15 Rz. 13.17 d; *Böttcher* § 52 Rz. 16.

I. Das Wohnungs(teil-)eigentum in der Immobiliarvollstreckung

I. Allgemeines

Auch das Wohnungs- und Teileigentum (Sondereigentum an nicht zu Wohnzwecken dienenden Räumen) nach dem Wohnungseigentumsgesetz (WEG) unterliegt als besonders gestalteter Grundstücksmiteigentumsanteil der Zwangsvollstreckung in das unbewegliche Vermögen.[1]

1. Vollstreckungsgegenstand

Vollstreckungsgegenstand ist der Bruchteil des Grundstücks, der im Anteil des Miteigentümers besteht, nebst dem unauflöslich hiermit verbundenen Sondereigentum, §§ 3, 6 WEG.

Das Wohnungs- bzw. Teileigentum ist im Anordnungsbeschluss als Gegenstand der Zwangsvollstreckung genau zu bezeichnen.

2. Beschlagnahmeumfang

Von der Beschlagnahme erfasst und damit Gegenstand der Versteigerung ist das Wohnungs-/Teileigentum mit dem gesetzlichen oder durch Vereinbarung zwischen den Eigentümern geregelten verdinglichten Inhalt des Sondereigentums, § 10 WEG.

Der Zuschlagsbeschluss bezüglich einer Eigentumswohnung erstreckt sich von Rechts wegen auch auf den dieser Wohnung zugewiesenen Stellplatz.[2]

Die Zwangsversteigerung eines Wohnungs- und Teileigentums ist aufzuheben, wenn sich bei Erstellung des Wertgutachtens, § 74a Abs. 5 ZVG, ergibt, dass eine Bewertung des Versteigerungsobjekts im Hinblick auf eine gravierende Unrichtigkeit der Teilungserklärung (abweichende Bauausführung) unmöglich ist.[3]

---

1 *Stöber* § 15 Rz. 45.1; *Böttcher* §§ 15, 16, Rz. 86.
2 OLG Stuttgart 15.4.2002 Rpfleger 2002, 576; 16.1.2001 InVo 2002, 474; *Stöber* § 90 Rz. 4.3.
3 LG Kassel 27.8.2001 Rpfleger 2002, 41; a. A. *Stöber* § 15 Rz. 45.13c.

Gemeinschaftliche Gelder der Eigentümer (z.B. Vorschüsse nach dem Wirtschaftsplan) werden von der Beschlagnahme nicht erfasst.[4]

Dem Eigentümer einer zur Wohnungseigentümergemeinschaft gehörenden Wohnung fehlt für eine sofortige Beschwerde gegen die Verkehrswertfestsetzung einer anderen, nicht in seinem Eigentum stehenden Wohnung der Wohnungseigentümergemeinschaft das Rechtsschutzbedürfnis, wenn er die Festsetzung eines niedrigeren Verkehrswertes fordert.[5]

Bei der Vollstreckung in Wohnungs- und Teileigentum können sich gegenüber der Vollstreckung in Grundstücke einige Besonderheiten ergeben:

II. Veräußerungsbeschränkung

Als Inhalt des Sondereigentums wird häufig vereinbart, dass ein Wohnungseigentümer zur Veräußerung seines Wohnungseigentums der Zustimmung anderer Wohnungseigentümer oder eines Dritten (i.d.R. des Verwalters) bedarf, § 12 Abs. 1 WEG.

Während an dem Wohnungseigentum bereits dinglich abgesicherte Gläubiger (z.B. Grundschuldgläubiger) der nachträglichen Vereinbarung eines derartigen Zustimmungsvorbehalts als Inhalt des Sondereigentums zustimmen müssen, müssen Gläubiger, die ihre dingliche Absicherung an dem Wohnungseigentum erst nach Vereinbarung der Veräußerungsbeschränkung erlangen, diese gegen sich gelten lassen.[6]

Ist die Veräußerung im Wege der Zwangsvollstreckung/Zwangsversteigerung von dem Zustimmungserfordernis nicht ausdrücklich ausgenommen, gilt die im Wohnungsgrundbuch eingetragene Veräußerungsbeschränkung auch für eine Veräußerung im Wege der Zwangsversteigerung, § 12 Abs. 3 S. 2 WEG.

Einer Zustimmung bedarf es trotz bestehender Veräußerungsbeschränkung allerdings dann nicht, wenn alle Wohnungseigentumsanteile eines Grundstücks versteigert werden, da der Zweck der Zustimmung darin besteht, die Wohnungseigentümergemeinschaft vor dem Hinzutreten unerwünschter Miteigentümer zu schützen.[7]

Die Erteilung der nach § 12 WEG erforderlichen Zustimmung muss nicht bereits bei Anordnung der Zwangsversteigerung des Wohnungs-/Teileigentums

---

4 BayObLG 25.7.1984 Rpfleger 1984, 428; *Stöber* § 15 Rz. 45.4.
5 LG Göttingen 19.6.2001 NZM 2001, 1141.
6 *Stöber* § 15 Rz. 45.5 b; *Böttcher* §§ 15, 16 Rz. 86.
7 BayObLG 14.10.1958 NJW 1958, 2016; *Stöber* § 15 Rz. 45.5 b; *Böttcher* §§ 15, 16 Rz. 86.

vorliegen, spätestens aber bei der Entscheidung über den Zuschlag nachgewiesen oder ersetzt sein, da ansonsten der Zuschlag zu versagen wäre.[8]

Die zur Veräußerung erforderliche Zustimmung darf nur aus wichtigem Grunde, der in der Person des Erwerbers liegen muss, verweigert werden.

Der Anspruch des Wohnungseigentümers auf Zustimmung kann auch vom Vollstreckungsgläubiger (dem das Zwangsversteigerungsverfahren betreibenden Gläubiger) geltend gemacht und im Falle seiner Verweigerung durch Wohnungseigentümer oder Verwalter im Verfahren nach § 43 Nr. 1 WEG durchgesetzt werden.[9]

Die Anordnung und Durchführung der Zwangsverwaltung werden von einer Veräußerungsbeschränkung nach § 12 WEG ebenso wenig berührt, wie die Eintragung einer Zwangssicherungshypothek, da durch sie keine Veräußerung des Wohnungseigentums erfolgt.[10]

III. Haus-/Wohngeldrückstände[11]

Jeder Wohnungseigentümer ist den anderen Wohnungseigentümern gegenüber verpflichtet, die Lasten des gemeinschaftlichen Eigentums sowie die Kosten der Instandhaltung, Instandsetzung, sonstigen Verwaltung und eines gemeinschaftlichen Gebrauchs des gemeinschaftlichen Eigentums nach dem Verhältnis seines Anteils zu tragen, § 16 Abs. 2 WEG.

Für fällige Ansprüche gegen einen Miteigentümer auf Entrichtung der anteiligen Lasten und Kosten (sog. Hausgeld) gewährt § 10 Abs. 1 Nr. 2 ZVG den Wohnungseigentümern ein Vorrecht vor Realkreditgläubigern.

Betreibt ein anderer Gläubiger die Zwangsversteigerung, kann das den Wohnungseigentümern zustehende Vorrecht durch Anmeldung der bevorrechtigten Ansprüche geltend gemacht werden.

Bei den bevorrechtigten Beiträgen zu den Lasten und Kosten geht es um die Zahlungsverpflichtungen aufgrund der Beschlüsse der Wohnungseigentümer gem. § 28 Abs. 5 WEG über den Wirtschaftsplan, die Jahresabrechnung oder eine Sonderumlage. Erfasst werden die Lasten und Kosten des gemeinschaftlichen Eigentums und des Sondereigentums, letztere allerdings nur, wenn sie über die Gemeinschaft abgerechnet werden, also nicht von einem Wohnungseigentümer unmittelbar gegenüber einem Dritten.

---

8 LG Berlin 16.10.1975 Rpfleger 1976, 149; *Stöber* § 15 Rz. 45.7; *Böttcher* §§ 15, 16 Rz. 86.
9 *Stöber* § 15 Rz. 45.7.
10 *Stöber* § 15 Rz. 45.6.
11 Zu ersten praktischen Erfahrungen siehe *Haut/Schmidberger* IGZInfo 1/2008, 7 ff.

Bestimmte Regressansprüche werden ebenfalls von dem Vorrecht erfasst. Ist z.B. in einer Zweiergemeinschaft kein Verwalter bestellt und somit keine Mehrheitsbeschluss möglich, können die gemeinschaftlichen Lasten und Kosten nur in der Weise beglichen werden, dass ein Wohnungseigentümer in Vorlage tritt und den anderen Wohnungseigentümer anteilig in Regress nimmt.

Auch die Vorschüsse gem. § 28 Abs. 2 WEG und die Beiträge zur Instandhaltungsrückstellung gem. § 21 Abs. 5 Nr. 4 WEG werden vom Vorrecht erfasst.

Das Vorrecht erfasst die laufenden und die rückständigen Beträge aus dem Jahr der Versteigerungs-Beschlagnahme und den letzten zwei Jahren.

Das für die Rangklasse 2 des § 10 Abs. 1 ZVG maßgebliche Jahr der Beschlagnahme bestimmt sich ausschließlich nach § 22 Abs. 1 ZVG; § 167 ZPO findet keine Anwendung.[12]

Laufende Beträge des Hausgeldes sind danach der letzte vor der Beschlagnahme fällig gewordene Betrag sowie die später fällig werdenden Beträge. Die zeitlich davor liegenden sind rückständige Beträge, § 13 ZVG. Ansprüche aus einer Jahresabrechnung, die zwar innerhalb dieses Zeitraumes aufgrund eines entsprechenden Beschlusses begründet werden, sich aber auf einen davor liegenden Zeitraum beziehen, erhalten nicht den Vorrang der Rangklasse 2.

Mit der Abstellung auf die Fälligkeit der Ansprüche wird sichergestellt, dass von dem Vorrecht keine Leistungen erfasst werden, über deren Erbringung die Wohnungseigentümer noch nicht beschlossen haben, wie etwa bei Restzahlungen aus einer Jahresabrechnung, über die noch nicht entschieden wurde. Die fälligen Beträge der wiederkehrenden Leistungen werden bis zum Zuschlag berücksichtigt.

Mit der Formulierung die „daraus" fälligen Ansprüche wird sichergestellt, dass das Vorrecht nicht auch wegen fälliger Ansprüche aus anderen Wohnungen desselben Eigentümers geltend gemacht wird.

Das Vorrecht ist auf maximal 5% des gem. § 74a Abs. 5 ZVG festgesetzten Verkehrswertes begrenzt, wobei Kosten, die gem. § 10 Abs. 2 ZVG Befriedigung in der Rangstelle des Hauptrechtes finden können, neben dem Hauptanspruch ebenfalls unter die für den Vorrang bestehende Höchstgrenze fallen.

Die bevorrechtigten Hausgeldansprüche werden nur auf Anmeldung hin berücksichtigt und müssen gegenüber dem Vollstreckungsgericht glaubhaft gemacht werden, § 45 Abs. 3 S. 1 ZVG.

Dies kann durch einen bereits vorhandenen Titel erfolgen (z.B. Vollstreckungsbescheid, Urteil über die bevorrechtigte Forderung, Unterwerfungsurkunde gem. § 794 Abs. 1 Nr. 5 ZPO) oder durch Vorlage einer Niederschrift der

---

12 BGH 22.7.2010 WM 2010, 2121.

maßgeblichen Beschlüsse der Wohnungseigentümer einschließlich ihrer Anlagen – so etwa des Wirtschaftsplans oder der Jahresabrechnung – aus der die Zahlungspflicht des Schuldners hervorgeht oder in sonst geeigneter Weise (z. B. andere Schriftstücke der Eigentümergemeinschaft) erfolgen.

Die Ansprüche müssen hinsichtlich Zahlungspflicht, Art, Bezugszeitraum und Fälligkeit glaubhaft gemacht werden. Ist dies nicht der Fall, kann das Gericht von Amts wegen (also auch ohne Widerspruch des das Verfahren betreibenden Gläubigers) die Eigentümergemeinschaft oder den Verwalter zur Nachbesserung auffordern. Bleibt die Anmeldung trotzdem weiterhin nicht glaubhaft, wird er nicht in das geringste (Bar-)Gebot aufgenommen. Ein unmittelbarer Rechtsbehelf besteht hiergegen nicht. Es kommt allenfalls eine Anfechtung des Zuschlags wegen unrichtiger Feststellung des geringsten Gebots, § 83 Nr. 1 ZVG, oder ein Widerspruch gegen den Teilungsplan, § 115 ZVG, in Betracht.

Das den Wohnungseigentümern zustehende Vorrecht kann auch durch selbständiges Betreiben der Zwangsversteigerung geltend gemacht werden.

Das Vorrecht eröffnet die Möglichkeit einer erfolgreichen Vollstreckung in das Wohnungseigentum des säumigen Miteigentümers ohne Vorrang von Grundpfandrechten.

Das Vorrecht der Rangklasse 2 kann von der Wohnungseigentümergemeinschaft allerdings nur einmalig bis zur Höhe von 5% des nach § 74a Abs. 5 ZVG festgesetzten Verkehrswertes geltend gemacht werden.

Löst ein nachrangiger Grundpfandrechtsgläubiger den in Rangklasse 2 geltend gemachten Betrag ab, geht der bevorrechtigte Anspruch auf ihn mit dem Vorrecht nach Rangklasse 2 über. Ein weiterer Beitrittsantrag der Wohnungseigentümergemeinschaft wegen weiterer titulierter Hausgeldansprüche kann nur noch in Rangklasse 5 des § 10 Abs. 1 ZVG erfolgen.[13]

Im Unterschied zu den Zahlungen ablösungsberechtigter Dritter nach § 268 BGB vermindern vom Schuldner im Zwangsversteigerungsverfahren bezahlte Hausgelder demgegenüber nicht den Höchstbetrag nach § 10 Abs. 1 Nr. 2 Satz 3 ZVG, bis zu dem die Hausgeldansprüche der Wohnungseigentümergemeinschaft aus der Rangklasse 2 zu befriedigen sind.[14]

Da das Vorrecht auf Beträge in Höhe von 5% des nach § 74a Abs. 5 ZVG festgesetzten Verkehrswertes begrenzt ist, § 10 Abs. 1 Nr. 2 S. 3 ZVG, der Verkehrswert bei auf Antrag der Wohnungseigentümer angeordneter Zwangsversteigerung aber noch nicht feststeht, ist im Anordnungsbeschluss ein abstrakter Hinweis auf den Umfang des Vorrechts aufzunehmen. Gleiches gilt im Falle des Beitritts wegen bevorrechtigter Hausgeldansprüche zu einem bereits laufenden

---

13 BGH 4.2.2010 Rpfleger 2010, 333, bestätigt durch BGH 24.6.2010 ZWE 2010, 367.
14 BGH 14.6.2012 WM 2012, 1436.

Versteigerungsverfahren, wenn der Verkehrswert noch nicht festgesetzt ist. Der Gläubiger sollte sich bereits bei Antragstellung mit der Einordnung der 5% übersteigenden Ansprüche in der Rangklasse 5 des § 10 Abs. 1 ZVG einverstanden erklären.[15]

Das Betreiben der Zwangsversteigerung aus dem Vorrecht des § 10 Abs. 1 Nr. 2 ZVG ist allerdings nur zulässig, wenn der Betrag, wegen dessen die Versteigerung betrieben werden soll, den Betrag gem. § 18 Abs. 2 Nr. 2 WEG übersteigt, § 10 Abs. 3 S. 1 ZVG (3% des Einheitswertes der Eigentumswohnung).[16]

Das Überschreiten dieser Wertgrenze muss bereits bei Stellung des Zwangsversteigerungsantrags in der Form des § 16 Abs. 2 ZVG durch Vorlage des Einheitswertbescheids nachgewiesen werden.[17] Das Fehlen des Einheitswertbescheides hat zur Folge, dass die Versteigerung (vorerst) in der Rangklasse 5 des § 10 ZVG angeordnet wird. Nach erfolgter Anordnung der Versteigerung kann das Vollstreckungsgericht die zuständige Finanzbehörde um Übermittlung des Einheitswertbescheides ersuchen, § 54 Abs. 1 S. 4 GKG.[18]

Wenn die Finanzbehörde dem Vollstreckungsgericht den Einheitswertbescheid vorgelegt hat und die übrigen Voraussetzungen nach § 10 Abs. 3 S. 3 ZVG glaubhaft gemacht wurden, kann die Wohnungseigentümergemeinschaft dem wegen Hausgeldrückständen in der Rangklasse 5 angeordneten Versteigerungsverfahren in der Rangklasse 2 beitreten.[19]

Das Überschreiten der Wertgrenze von 3% des Einheitswertes kann auch dadurch bewiesen werden, dass die Forderung, wegen derer der Beitrag beantragt wird, 3% des rechtskräftig festgesetzten Verkehrswertes des Wohnungseigentums übersteigt.[20]

Da § 30 AO (Wahrung des Steuergeheimnisses) einer Mitteilung des Einheitswertes an die in § 10 Abs. 1 Nr. 2 genannten Gläubiger bei Vorliegen eines vollstreckbaren Titels nicht entgegen steht (§ 10 Abs. 3 S. 1 2. HS ZVG),[21] ist davon auszugehen, dass bereits bei Stellung des Versteigerungsantrags wegen

---

15 *Schneider* ZfIR 2008, 161, 162.

16 *Commans* „Die Zwangsversteigerung von Wohnungseigentum wegen Wohngeldrückständen u. die Problematik des Einheitswertbescheids" ZfIR 2009, 489.

17 BGH 17.4.2008 WM 2008, 1558; a. A. *Stöber* ZVG-Handbuch 8.Aufl. Rz. 399 i; *Rellermeyer* in: *D/S/H/E/R* ZVG 13.Aufl. § 10 Rz. 83.

18 BGH 7.5.2009 WM 2009, 1374 Rz. 11.

19 BGH 17.4.2008 WM 2008, 1558; *Stöber* § 27 Rz. 3.3; *Schneider* ZfIR 2008, 161, 163. a. A. *Alff/Hintzen* Rpfleger 2008, 377 f, die sich für eine Anordnung aus Rangklasse 2 unter Vorbehalt aussprechen.

20 BGH 2.4.2009 WM 2009, 1372.

21 Eingefügt durch Art. 8 des Gesetzes zur Reform des Kontopfändungsschutzes, BGBl. 2009, I S. 1707, 1711.

eines Anspruchs nach § 10 Abs. 1 Nr. 2 ZVG nachgewiesen wird, dass der Betrag, wegen dem die Versteigerung betrieben werden soll, den Betrag gem. § 18 Abs. 2 Nr. 2 WEG übersteigt.

Nach Verfahrensanordnung bzw. Beitritt erfolgte Teilzahlungen des Schuldners, die zu einem Absinken unter den Verzugsbetrag des § 10 Abs. 3 S. 1 ZVG führen, lassen die erlangte Vorrangstellung des § 10 Abs. 1 Nr. 2 ZVG bis zur vollständigen Tilgung der geltend gemachten Beträge einschließlich der Kosten unberührt.[22]

Als Vollstreckungstitel reicht eine gerichtliche Entscheidung (Urteil, Vollstreckungsbescheid), welche die Zahlungsverpflichtung des Schuldners zum Gegenstand hat. Ein Duldungstitel ist nicht erforderlich. Aus dem Zahlungstitel muss sich aber erkennen lassen, dass die Voraussetzungen zur Berücksichtigung in der Rangklasse 2 vorliegen. Der Titel muss den Charakter der Forderung als Hausgeldforderung, den Bezugszeitraum sowie die Fälligkeit der einzelnen Beträge angeben, § 10 Abs. 3 S. 2 ZVG. An die Falschbezeichnung einer Hausgeldforderung im Vollstreckungsbescheid als Forderung aus Miete ist das Vollstreckungsgericht gebunden, ohne dass eine anderweitige Glaubhaftmachung gem. § 10 Abs. 3 S. 3 ZVG möglich wäre.[23]

Sind die gem. § 10 Abs. 3 S. 2 ZVG erforderlichen Angaben aus dem Titel nicht zu ersehen (so z. B. im Falle eines Urteils ohne Tatbestand und Entscheidungsgründe, § 313a Abs. 1 und 2 ZPO, oder bei einem Versäumnis-, Anerkenntnis- und Verzichtsurteil, § 313b ZPO), können sie in sonst geeigneter Weise glaubhaft gemacht werden (z. B. durch Vorlage des Doppels einer Klageschrift).[24]

Ein Zahlungstitel über die Gesamtsumme von Hausgeldrückständen für mehrere Wohnungseigentumseinheiten desselben Schuldners genügt zur Einordnung in Rangklasse 2 von § 10 Abs. 1 ZVG nur, wenn sich die anteilige Höhe des Verzugsbetrags für das konkrete vom Zwangsversteigerungsverfahren betroffene Wohnungseigentum aus der Begründung des Titels ergibt oder sich wenigstens durch Auslegung mit Hilfe der dazugehörigen Antragsschrift ermitteln lässt. Eine Glaubhaftmachung des Verzugsbetrags für das einzelne Wohnungseigentum erst im Zwangsversteigerungsverfahren ist nicht zulässig.[25]

---

22 *Schneider* IGZInfo 1/2011, 47; ZfIR 2008, 161, 164; *Derleder* ZWE 2008, 13, 15; a.A. AG Heilbronn 27.10.2010 IGZInfo 1/2011, 46 mit zust. Anm. *Schmidberger*.

23 LG Mönchengladbach 4.11.2008 Rpfleger 2009, 257.

24 Begründung zu Art. 2 des Gesetzes zur Änderung des Wohnungseigentumsgesetzes, BGBl. I 2007, 370; s. hierzu auch *Alff/Hintzen* Rpfleger 2008, 165 ff.

25 LG Passau 4.3.2008 Rpfleger 2008, 381.

Die für Zwangsversteigerungen geltende Beschränkung des Vorrechtes auf nicht mehr als 5% des Verkehrswertes, § 10 Abs. 1 Nr. 2 S. 3 ZVG, gilt im Zwangsverwaltungsverfahren ebenso wenig, wie die Zulässigkeitsbeschränkung des § 10 Abs. 3 S. 1 ZVG.[26]

In der Zwangsverwaltung des Wohnungseigentums können nur die laufenden Hausgelder, nicht aber einmalige Beträge wie eine Sonderumlage und die sogenannte Abrechnungsspitze als Ausgaben der Verwaltung der Masse vorweg entnommen werden, § 155 Abs. 2 S. 2 ZVG.[27]

Soweit man Hausgeldzahlungen wegen ihrer Einordnung als Rangklassenforderung nicht (mehr) als erforderliche Aufwendungen der Zwangsverwaltung ansieht, kann ihretwegen auch kein Vorschuss gem. § 161 Abs. 3 ZVG angefordert werden.[28]

Die Möglichkeit, Hausgelder vorrangig in der Rangklasse 2 geltend zu machen, schließt einen Antrag auf Eintragung einer Zwangshypothek bei Vorliegen der grundbuchrechtlichen und vollstreckungsrechtlichen Voraussetzungen nicht aus.[29]

IV. Ersteherhaftung

Gegenüber dem Ersteher, der das Wohnungseigentum durch Zuschlag nach § 90 ZVG erworben hat, können fällige Ansprüche der Wohnungseigentümerschaft gegen den nach der Teilungserklärung instandhaltungspflichtigen dachausbauberechtigten Voreigentümer, der bereits während des Ausbaus Schäden am Gemeinschaftseigentum verursacht hat, nicht als Nachfolger im Eigentum geltend gemacht werden.[30]

Für Nachforderungen (sog. Abrechnungsspitzen) aus Jahresabrechnungen, § 28 Abs. 3 WEG, haftet der Erwerber von Wohnungseigentum in der Zwangsversteigerung nur dann, wenn der Beschluss der Wohnungseigentümergemeinschaft, durch den die Nachforderungen begründet werden, § 28 Abs. 5 WEG, erst nach dem Eigentumserwerb (Zuschlag) gefasst wird.[31]

---

26 *Schneider* ZfIR 2008, 161, 168.
27 *Schneider* ZfIR 2008, 161, 169; *Wedekind* ZfIR 2007, 704, 705 f.
28 *Schneider* ZfIR 2008, 161, 169; *Böhringer/Hintzen* Rpfleger 2007, 353, 360; a. A. u. zutr. allerd.: BGH 15.10.2009 Rpfleger 2010, 35.
29 *Schneider* ZfIR 2008, 161, 169.
30 KG Berlin 17.4.2002 NJW-RR 2002, 1524; *Stöber* § 56 Rz. 5.3.
31 BGH 21.4.1988 WM 1988, 869.

Beispiel:

A ist durch Zuschlagsbeschluss vom 22.1.2013 Eigentümer einer Eigentumswohnung geworden. Die für das Jahr 2012 nach dem Wirtschaftsplan geschuldeten Hausgeldvorschüsse von monatlich € 150 hat der Voreigentümer nicht bezahlt.

In der Eigentümerversammlung vom 25.3.2013 genehmigen die Wohnungseigentümer die Jahresabrechnung 2012 einschließlich der Einzelabrechnungen. Die die Einheit des A betreffende Einzelabrechnung weist einen Betrag von € 1.877,19 aus, dessen Bezahlung A verweigert.

Für Vorschussrückstände des Voreigentümers haftet der Ersteher einer Eigentumswohnung in der Zwangsversteigerung auch dann nicht, wenn der nach seinem Eigentumserwerb gefasste Beschluss über die Jahresabrechnung, in der die nicht bezahlten Vorschüsse einbezogen sind, bestandskräftig wird.[32]

A ist demzufolge lediglich zur Bezahlung der Abrechnungsspitze von € 77,19 verpflichtet.

Konsequenz:

Der Erwerber von Wohnungseigentum im Wege der Zwangsversteigerung sollte Nachforderungen aus nach dem Zuschlag beschlossenen Jahresabrechnungen sorgfältig daraufhin überprüfen, ob in ihnen möglicherweise rückständige Beitragsvorschüsse des Voreigentümers enthalten sind, zu deren Begleichung er nicht verpflichtet ist.

---

[32] BGH 23.9.1999 Rpfleger 2000, 78; *Stöber* § 56 Rz. 5.2 u. 5.3; *Niedenführ/Kümmel/Vandenhouten* WEG § 16 Rz. 156.

J. Mieter

I. Allgemeines

Auch für einen Erwerb in der Zwangsversteigerung gilt der allgemeine Grundsatz des BGB: „Kauf bricht nicht Miete".

Werden vermietete/verpachtete Grundstücke und Räume – insb. Wohnräume – nach Überlassung an den Mieter/Pächter versteigert, so tritt der Ersteher anstelle des bisherigen Eigentümers (Vermieters/Verpächters) in die sich während der Dauer seines Eigentums aus dem Miet-/Pachtverhältnis ergebenden Rechte und Pflichten ein, § 57 ZVG, §§ 566 Abs. 1, 578, 581 Abs. 2 BGB.[1]

Zwangsversteigerung und Zwangsverwaltung stellen regelmäßig keine Mängel der Mietsache dar. Da sie weder Sach- noch Rechtsmängel der Mietsache bedingen, entfällt die Möglichkeit einer Mietminderung.[2]

II. Besonderheiten

Die in § 57 ZVG genannten Vorschriften des BGB sind unter Berücksichtigung der sich aus den §§ 57 a–b ZVG ergebenden Besonderheiten anzuwenden.

Beim Erwerb vermieteter bzw. verpachteter Objekte im Wege der Zwangsversteigerung sind daher zu beachten:
– Das vorzeitige Kündigungsrecht des Erstehers, § 57 a ZVG
– Die Wirksamkeit von Vorausverfügungen, § 57 b ZVG.[3]

Die §§ 566 b ff. BGB regeln, welche Auswirkungen Verfügungen des Vermieters über den Mietzins (Abtretung, Verpfändung, Pfändung, Aufrechnung durch den Vermieter) oder zwischen ihm und dem Mieter über den Mietzins vorgenommene Rechtsgeschäfte (Erlass, Stundung, Vorauszahlung) haben, die vor dem Eigentumsübergang vorgenommen worden sind.

So können z.B. Rückzahlungsansprüche aus an den Voreigentümer erbrachten Mietvorauszahlungen bei einer vorzeitigen, auf § 57 a ZVG gestützten

---

1 *Stöber* § 57 Rz. 3; *Böttcher* §§ 57–57 d Rz. 2 ff.; zu den Auswirkungen bestehender Mietverhältnisse insbesondere auf das Geschehen und letztlich das Ergebnis im Versteigerungstermin: *Ertle* ZfIR 2013, 9, 13 ff.
2 AG Krefeld 11.9.2008 IGZInfo 1/2009, 54.
3 Hierzu *Thrum* IGZInfo 1/2009, 6 ff.; *Eckert* IGZInfo 4/2008, 159.

Kündigung gem. §§ 566 b, c BGB i.V.m. § 57 b ZVG unter Umständen auch für den Ersteher bindend bleiben und neben dem Meistgebot zu weiteren Zahlungspflichten führen.[4]

Eine gem. dem Mietvertrag geleistete Mietvorauszahlung in einem Einmalbetrag, die nicht auf der Grundlage periodischer Zeitabschnitte (z.B. Monate oder Jahre) bemessen ist, ist dem Grundpfandrechtsgläubiger gegenüber gem. § 1124 Abs. 1 S. 1 BGB wirksam, wenn sie vor der Beschlagnahme erfolgt. Ob die Einmalzahlung vor oder nach der Bestellung des Grundpfandrechts vereinbart und gezahlt wird, ist unerheblich.[5]

Hat bei einem auf längere Zeit fest abgeschlossenen Mietvertrag der Mieter entschädigungslos (sog. verlorener Baukostenzuschuss) Leistungen für das Mietobjekt erbracht, kann ihm bei vorzeitiger Beendigung des Vertragsverhältnisses ein Bereicherungsanspruch gegen den Vermieter zustehen, da dieser vorzeitig in den Genuss des durch die Mieterleistungen geschaffenen erhöhten Ertragswertes gelangt.[6] Bei einem Vermieterwechsel im Wege der Zwangsversteigerung ist nicht derjenige Bereicherungsschuldner, der im Zeitpunkt der Vornahme der Investitionen Vermieter war, sondern der Ersteigerer, der die Mietsache vorzeitig zurückerhält.[7]

Auch der Ersteher eines vermieteten oder verpachteten Grundstücks muss somit damit rechnen, sich für den Fall einer beabsichtigten vorzeitigen Kündigung eines bestehenden Miet-/Pachtverhältnisses einem Bereicherungsanspruch des Mieters/Pächters auszusetzen.

Der Hinweis des BGH,[8] dass der Bereicherungsanspruch des Mieters nicht von der tatsächlichen Weitervermietung seitens des Ersehers abhängt, sondern von der konkreten Vermietbarkeit zu einem höheren als dem bisherigen Mietzins, schließt nicht aus, dass der Ersteher einem Bereicherungsanspruch auch dann ausgesetzt sein kann, wenn er das ersteigerte Objekt selbst nutzt.

Da die vorgenannten Vorschriften des BGB gem. § 57 ZVG auch bei einem Eigentumswechsel im Wege der Zwangsversteigerung Anwendung finden, bestimmt § 57 b ZVG den für die Wirksamkeit von Vorausverfügungen und Rechtsgeschäften über Miet- und Pachtzinsen maßgebenden Zeitpunkt.

---

4 BGH 5.11.1997 NJW 1998, 595; 29.10.1969 NJW 1970, 93; *Stöber* § 57 b Rz. 7; *Storz* NJW 2007, 1846, 1850 sowie Praxis des Zwangsversteigerungsverfahrens B 1.3.2.; *Klawikowski* Rpfleger 1997, 418.

5 BGH 25.4.2007 NJW 2007, 2919 m. krit. Anm. v. *Schmidberger/Weis* ZfIR 2008, 170.

6 BGH 25.10.2000 NJW-RR 2001, 727 red. Leitsatz; 8.11.1995 WM 1996, 1265.

7 BGH 29.4.2009 WM 2009, 1381.

8 BGH 29.4.2009 WM 2009, 1381, 1382 unter 3.[14].

Im Einzelnen treten folgende Anmeldetypen auf:
– Mietvertrag auf unbestimmte Dauer
Dieser kann vom Ersteher unter Beachtung der gesetzlichen Kündigungsfristen gekündigt werden.
– Mietvertrag auf bestimmte Dauer

Hier greift § 57a ZVG ein. Er gewährt dem Ersteher ein einmaliges, außerordentliches Kündigungsrecht, für das entgegen der vertraglichen Vereinbarung die gesetzlichen Kündigungsfristen Anwendung finden, insbesondere § 573d Abs. 2 BGB.[9]

Die Kündigung hat unverzüglich zu erfolgen, d.h. spätestens zum ersten gesetzlich zulässigen Termin. Dies ist in der Regel der 3. Werktag des folgenden Monats.

Erfolgt die Kündigung nicht termingerecht, entfällt das Sonderkündigungsrecht, § 57a S. 2 ZVG.

Allerdings setzt die Einhaltung des ersten möglichen Kündigungstermins nach dem Eigentumserwerb durch Zuschlag voraus, dass der Ersteher von dem Bestehen des Miet-/Pachtvertrages Kenntnis hat. Ist dies nicht der Fall, wird ihm ab Erlangung der Kenntnis ein Kündigungsrecht zu dem dann nächstmöglichen Termin zugebilligt.[10] Ansonsten berechnet sich der erste zulässige Termin von der Wirksamkeit des Zuschlags an, § 89 ZVG.[11]

Es ist Sache des Erstehers, bei einer späteren Kündigung die Unmöglichkeit der rechtzeitigen Kündigung nachzuweisen.[12] Für die Prüfung der Sach- und Rechtslage muss ihm eine gewisse Zeit zugestanden werden.[13]

Zu beachten ist, dass sich nach herrschender Auffassung die Bedeutung des § 57a ZVG darin erschöpft, dem Ersteher ein von den vertraglich vorgesehenen Kündigungsmöglichkeiten unabhängiges Kündigungsrecht zu ermöglichen. Die Wirkung der Vorschrift beschränkt sich also alleine auf den zeitlichen Vorteil, lediglich die gesetzlichen Kündigungsfristen beachten zu müssen.

Das Kündigungsrecht steht jedoch unter dem Vorbehalt der Gesetzgebung zum Mieterschutz bei Miet-Wohnräumen, §§ 573ff. BGB.[14]

---

9 *Stöber* § 57a Rz. 4.2; *Böttcher* §§ 57–57d Rz. 11.
10 BGH 9.11.2001 Rpfleger 2002, 133; OLG Oldenburg 17.12.2001 Rpfleger 2002, 325; *Stöber* § 57a, Rz. 5.2; *Böttcher* §§ 57–57d Rz. 12.
11 *Stöber* § 57a Rz. 5.3; *Böttcher* §§ 57–57d Rz. 12.
12 OLG Oldenburg 17.12.2001 Rpfleger 2002, 325; *Stöber* § 57a Rz. 5.2.
13 OLG Oldenburg 17.12.2001 Rpfleger 2002, 325; OLG Düsseldorf 26.6.1986 Rpfleger 1987, 513; *Stöber* § 57a Rz. 5.2; *Böttcher* §§ 57–57d Rz. 12.
14 *Stöber* § 57a Rz. 6.1; *Böttcher* §§ 57–57d Rz. 13ff.

Auch der ein Wohnraummietverhältnis unter Ausnutzung des § 57a ZVG kündigende Ersteher muss demzufolge ein berechtigtes Interesse i.S.d. § 573 Abs. 1 BGB nachweisen.

Bei einem Kreditinstitut kann es u.U. ausreichen, nach einem Rettungserwerb die Ausnahmekündigung mit dem Wunsch nach einer „mieterfreien Weiterveräußerung" zu begründen.[15]

Hat das Kreditinstitut eine zu Wohnzwecken vermietete Immobilie in der Zwangsversteigerung erworben, hat es ein berechtigtes Interesse an der Kündigung des Mietverhältnisses jedenfalls dann, wenn

– der Mieter seine Rechtsposition durch ein von dem Kreditinstitut wegen Gläubigerbenachteiligung anfechtbares Rechtsgeschäft (§ 3 Abs. 1 AnfG) erlangt hat,
– eine Verwertung des Grundstücks bei Fortsetzung des Mietverhältnisses zu zumutbaren wirtschaftlichen Bedingungen nicht möglich ist und
– das Kreditinstitut dadurch erhebliche Nachteile erleiden würde.[16]

Mietsicherheit

Nach § 57 ZVG i.V.m. § 566a, § 578 BGB, tritt der Ersteher als Erwerber auch in die durch Sicherheitsleistung des Mieters (Pächters) des Grundstücks für Erfüllung seiner Verpflichtungen (Mieterkaution) begründeten Rechte ein. Für den Anspruch des Mieters auf Rückgabe der Mietsicherheit ist der Ersteher als Erwerber damit neuer Vertragspartner des Mieters und haftet für die Rückgewähr der Sicherheit auch dann, wenn ihm diese nicht ausgehändigt wurde. Diese Haftung besteht auch ohne Anmeldung durch den Mieter im Versteigerungsverfahren.[17]

Der Zwangsverwalter haftet dem Ersteher nicht auf Schadensersatz, wenn er – nach zuschlagsbedingter Aufhebung der Zwangsverwaltung – die restliche Masse an den Gläubiger auskehrt, ohne zuvor einen Betrag in Höhe der vom Mieter an den Schuldner geleisteten aber nicht an den Verwalter gelangten Mietkaution zur Weiterleitung an den Ersteher einzubehalten.[18]

---

15 OLG Hamm 22.8.1994 NJW-RR 1994, 1496; *Stöber* § 57a Rz. 6.1; *Storz* Praxis des Zwangsversteigerungsverfahrens, B 1.3.2.
16 BGH 16.1.2008 WM 2008, 464.
17 BGH 7.3.2012 WM 2012, 819; *Stöber* § 57 Rz. 4.1; *Alff* Anm. zu HansOLG Hamburg 14.11.2001 Rpfleger 2002, 216, 219 unter 4.; *Böttcher* §§ 57–57d Rz. 5; *Zipperer* ZfIR 2007, 388, 391.
18 LG Flensburg 13.12.2007 Rpfleger 2008, 436 m. zust. Anm. v. *Alff*.

Für die Zeit vor dem Zuschlag scheidet eine Haftung des Verwalters gegenüber dem Ersteher mangels Beteiligtenstellung des Erstehers ohnehin aus.[19]

Hat der Verwalter die Kaution vom Schuldner erhalten, ist er bei Fortsetzung des Mietverhältnisses nach Zuschlag zur Aushändigung an den Ersteher verpflichtet.

---

19 OLG Hamm 15.9.2005 NZM 2006, 160; *Stöber* § 154 Rz. 2.5.

K. Steuerliche Aspekte beim Eigentumserwerb im Wege der Zwangsversteigerung

I. Grunderwerbsteuer

Die Grunderwerbsteuer ist im Grunderwerbsteuergesetz geregelt, GrEStG vom 26.2.1997, BGBl. I 418.

Danach beträgt die Grunderwerbsteuer 3,5%, § 11 Abs. 1 GrEStG.

Der Grunderwerbsteuer unterliegt das im Zwangsversteigerungsverfahren (von Grundstücken, Gebäudeeigentum, Erbbaurechten und Wohnungseigentum) abgegebene Meistgebot, § 1 Abs. 1 Nr. 4 GrEStG, nicht hingegen der mit dem Zuschlag auf das Meistgebot erfolgende Eigentumsübergang, § 1 Abs. 1 Nr. 3 S. 2c GrEStG.[1]

Die Besteuerung des Meistgebotes wird nicht dadurch ausgeschlossen, dass der Meistbietende das Versteigerungsobjekt zur Vermeidung des Ausfalls eines ihm an dem Versteigerungsobjekt zustehenden Rechtes (z.B. Grundschuld) selber ersteigert.[2]

Auch ein Rechtsgeschäft, das einen „Anspruch auf Abtretung ... der Rechte aus einem Meistgebot begründet", § 1 Abs. 1 Nr. 5 GrEStG, unterliegt der Grunderwerbsteuer, da bereits die Begründung eines Anspruchs auf Übereignung grunderwerbsteuerpflichtig ist und nicht erst der Zuschlag.[3]

Bei der Abtretung der Rechte aus dem Meistgebot liegen somit zwei grunderwerbsteuerrechtliche Erwerbsvorgänge vor. Die Grunderwerbsteuer fällt also doppelt an.

Wird das Meistgebot durch einen Vertreter unter Offenlegung seiner Vertreterstellung abgegeben (sog. offene Vertretung, § 71 Abs. 2 ZVG), so ist der Vertretene Bieter. In diesem Fall unterliegt das Meistgebot somit auch nur einmal der Grunderwerbsteuer.[4]

Grunderwerbsteuerpflichtig ist außerdem der Erwerb des Anspruchs auf Zuschlagserteilung durch die Erklärung des Meistbietenden nach dem Schluss der Versteigerung, dass er für einen anderen geboten habe, § 81 Abs. 3 ZVG. Hat der Meistbietende in derartiger „verdeckter" Stellvertretung gehandelt, so ist er verpflichtet, dem Vertretenen die Rechte aus dem Meistgebot zu verschaffen. Da

---

1 *Stöber* § 81 Rz. 7.3.
2 BFH 16.3.1994 BStBl. 1994 II, 525; *Stöber* § 81 Rz. 7.3.
3 BFH 6.11.1974 BStBl. 1975 II, 92; *Stöber* § 81 Rz. 7.3.
4 *Stöber* § 81 Rz. 7.3.

dieser Rechtsvorgang ebenfalls der Grunderwerbsteuer unterliegt, § 1 Abs. 2 GrEStG, fällt in diesem Fall die Grunderwerbsteuer doppelt an.[5]

Bietet der Bevollmächtigte (mangels formgerechter Vollmacht, § 71 Abs. 2 ZVG) zuerst für sich selbst, und legt er erst später (vor der Zuschlagserteilung) die Vollmacht vor, so wird dem Vertretenen der Zuschlag erteilt. Die Grunderwerbsteuer fällt zweimal an.

Mitunter erfolgt die Ersteigerung von Grundstücken zur Rettung grundpfandrechtlich gesicherter, aber ausfallgefährdeter Darlehen nicht durch das Kreditinstitut selbst, sondern durch eine Tochtergesellschaft oder ein Beteiligungsunternehmen (Grundstücksverwaltungsgesellschaft), die nicht verpflichtet sind, das ersteigerte Grundstück oder den bei einer Weiterveräußerung des ersteigerten Grundstücks erzielten (Mehr-)Erlös an das Kreditinstitut abzuführen.

Beim Rettungserwerb von Immobilien durch eine Tochtergesellschaft eines Kreditinstituts führt allein das Vorliegen von wirtschaftlichen, gesellschaftsrechtlichen und personellen Verpflechtungen nicht dazu, dass eine Rechtsmacht i.S.d. § 1 Abs. 2 GrEStG und infolgedessen eine doppelte Grunderwerbsteuer zu bejahen ist. Erforderlich hierfür ist vielmehr das Bestehen eines konkreten Auftragsverhältnisses zwischen Kreditinstitut und erwerbender Gesellschaft.[6]

Die Grunderwerbsteuer in Höhe von 3,5% bemisst sich nach dem Wert der Gegenleistung, § 8 Abs. 1 GrEStG.

Als Gegenleistung gilt beim Meistgebot im Zwangsversteigerungsverfahren das Meistgebot einschließlich der Rechte, die nach den Versteigerungsbedingungen bestehen bleiben, § 9 Abs. 1 Nr. 4 GrEStG.

Bei einer Abtretung der Rechte aus dem Meistgebot gilt als Gegenleistung die Übernahme der Verpflichtung aus dem Meistgebot, § 9 Abs. 1 Nr. 5 GrEStG. Zusätzliche Leistungen, zu denen der Erwerber sich gegenüber dem Meistbietenden verpflichtet, sind dem Meistgebot hinzuzurechnen, § 9 Abs. 1 Nr. 5 GrEStG.

Beispiel:

A bleibt Meistbietender mit einem baren Meistgebot von € 20.000. Es bleiben keine Rechte bestehen.

A tritt die Rechte aus seinem Meistgebot gegen Übernahme der Verpflichtung aus dem Meistgebot und gegen Zahlung von € 5.000 an B ab.

Die Grunderwerbsteuer berechnet sich von € 25.000.

---

5 BFH 26.3.1980 ZIP 1980, 691.
6 BFH 1.3.2000 BStBl II 2000, 357; BFH 8.11.2000 BStBl. II 2001, 419.

Leistungen, die der Meistbietende dem Erwerber gegenüber übernimmt, sind abzusetzen, § 9 Abs. 1 Nr. 5 GrEStG.

Beispiel:

A bleibt Meistbietender mit einem baren Meistgebot von € 20.000. Es bleiben keine Rechte bestehen.

A tritt die Rechte aus seinem Meistgebot gegen Übernahme der Verpflichtung aus dem Meistgebot an B ab. A verpflichtet sich, an B € 5.000 zu zahlen.

Die Verpflichtung des A zur Zahlung von € 5.000 an B ist vom Meistgebot ab zusetzen.

Die Grunderwerbsteuer ist von € 15.000 zu berechnen.

Bei einem Doppelausgebot (§ 59 Abs. 2 ZVG, Versteigerung des Grundstücks zu den gesetzlichen und den abweichend hiervon beantragten Bedingungen – z. B. Bestehenbleiben eines nach den gesetzlichen Bedingungen erlöschenden Rechts) bestimmt sich die Gegenleistung nach dem Meistgebot, dem der Zuschlag erteilt wird.[7]

Wird das zu versteigernde Objekt von einem zur Befriedigung aus ihm Berechtigten (z. B. Grundpfandrechtsgläubiger) ersteigert, wird für die Bemessung der Steuer zur Gegenleistung (Meistgebot und bestehen bleibende Rechte) auch der Betrag hinzugerechnet, in dessen Höhe der Ersteher aufgrund der Fiktion des § 114a ZVG (erweiterte Befriedigung des Erstehers) als befriedigt gilt.[8]

Bemessen wird die Differenz zum $7/_{10}$ Grundstückswert bei einer Grundschuld als einem der typischen zur „Befriedigung aus dem Grundstück berechtigenden Anspruch" im Sinne des § 114a ZVG nach dem Betrag der durch die Grundschuld abgesicherten Forderung, und nicht etwa nach dem höheren Nennbetrag der die Forderung absichernden Grundschuld.[9]

Der Betrag, in dessen Höhe der Gläubiger nach § 114a ZVG als befriedigt gilt, gehört auch dann zur Gegenleistung, wenn der Meistbietende die Rechte aus dem Meistgebot auf einen Dritten überträgt und daher diesem und nicht dem Meistbietenden der Zuschlag erteilt wird.[10]

Steuerschuldner ist der Meistbietende, § 13 Nr. 4 GrEStG, auch wenn er seine Rechte abgetreten oder als verdeckter Vertreter geboten hat. Die Steuer für die Abtretung der Rechte aus dem Meistgebot sowie für die Verschaffung der Rechte aus verdeckter Stellvertretung schulden der Meistbietende und der Ersteher (als am Erwerbsvorgang beteiligte Vertragsteile, § 13 Nr. 1 GrEStG).

---

7 BFH 23.1.1985 BStBl. II 1985, 339.
8 BFH 16.3.1994,BStBl. II 1994, 525.
9 BFH 8.2.1995, BB 1995, 1227.
10 BFH 6.11.1974 BStBl. 1995, 92.

Wird der Zuschlag zu dem abgegebenen Meistgebot nicht erteilt (z. B. wegen Antragsrücknahme oder Verfahrenseinstellung), so entfällt die Steuerpflicht, § 16 GrEStG.

Von dem Zuschlagsbeschluss wird dem für die Steuer zuständigen Finanzamt auf amtlich vorgeschriebenem Vordruck Anzeige erstattet, § 18 GrEStG. Erst nach Absendung dieser Anzeige darf das Vollstreckungsgericht den Verfahrensbeteiligten Ausfertigungen oder beglaubigte Abschriften des Zuschlagsbeschlusses (dieser ist z. B. erforderlich für Vollstreckungsmaßnahmen) erteilen, § 21 GrEStG.

Erst wenn das Finanzamt eine Unbedenklichkeitsbescheinigung erteilt hat und diese dem Vollstreckungsgericht vorliegt, darf das Vollstreckungsgericht im Wege des Grundbuchersuchens nach § 130 ZVG den Ersteher als Eigentümer in das Grundbuch eintragen lassen, § 22 GrEStG. Das Finanzamt hat die Unbedenklichkeitsbescheinigung zu erteilen, wenn die Grunderwerbsteuer entrichtet, sichergestellt oder gestundet worden ist oder wenn Steuerfreiheit gegeben ist. Ist nach dem Ermessen des Finanzamtes die Steuerforderung nicht gefährdet, dann darf das Finanzamt die Bescheinigung auch in anderen Fällen erteilen, § 22 Abs. 2 GrEStG.

II. Umsatzsteuer

Die unter das Grunderwerbsteuergesetz fallenden Vorgänge, zu denen, wie zuvor dargestellt, auch der Erwerb eines Grundstücks, eines Gebäudeeigentums, eines Erbbaurechtes oder der Erwerb von Wohnungseigentum im Wege der Zwangsversteigerung gehören, sind von der Umsatzsteuer befreit, § 4 Nr. 9a UStG.

Das hat zur Folge, dass bei der Zwangsversteigerung von Grundstücken umsatzsteuerliche Fragen grundsätzlich keine Rolle spielen.

Für mitversteigertes Zubehör fällt Umsatzsteuer allerdings dann an, wenn der Vollstreckungsschuldner Unternehmer ist und die Lieferung im Rahmen seines Unternehmens erfolgt. Umsatzsteuerfrei ist nämlich nur das, was der Grunderwerbsteuer unterliegt (Grundstück nebst Bestandteile).[11] Da es sich bei dem Meistgebot um ein Nettogebot handelt,[12] ist eine auf das mitversteigerte Zubehör anfallende Umsatzsteuer auch nicht etwa durch die Zahlung des Meistgebotes an das Vollstreckungsgericht beglichen.

---

11 *Gaberdiel/Gladenbeck* Kreditsicherung durch Grundschulden Rz. 1105.
12 BGH 3.4.2003 WM 2003, 943.

Steuerschuldner ist nach vorherrschender Ansicht der Vollstreckungsschuldner. Eine Haftung des Erstehers (als Unternehmer) nach § 13b Abs. 1 Nr. 3, Abs. 2 UStG kommt nicht in Betracht, da nach dem Wortlaut des § 13b Abs. 1 Nr. 3 UStG eine Umsatzsteuerschuld des Leistungsempfängers nur bei Umsätzen besteht, die unter das Grunderwerbsteuergesetz fallen.[13]

Für den Ersteher eines gewerblichen Grundstücks kann sich die Umsatzsteuer als eine zu beachtende Größe darstellen, wenn der Schuldner/Eigentümer auf die Steuerbefreiung verzichtet (zur Umsatzsteuer optiert, § 9 Abs. 1 UStG):[14]

Beispiel:

Unternehmer U. aus Münster ist Eigentümer eines Werkstattgebäudes, dessen Errichtung mit Bankdarlehen finanziert wurde. Als U. seinen Zahlungsverpflichtungen nicht nachkommt, betreibt die Bank die Zwangsversteigerung des Werkstatt-Grundstückes. Um keinen Ausfall zu erleiden, benötigt die Bank aus der Versteigerung des Grundstücks einen Erlös von 2 Mio. €. Den Zuschlag erhält Unternehmer B. auf ein Meistgebot von 2 Mio. €. Auf die Steuerbefreiung der Grundstückslieferung, § 4 Nr. 9a UStG, hatte U. bereits vor dem Versteigerungstermin verzichtet.

Mit dem Zuschlag in der Zwangsversteigerung tätigt U. an den Ersteher B. eine Lieferung, die in Folge des Verzichts des U. auf die Steuerbefreiung (die Option zur Steuerpflicht ist nur bis zur Aufforderung zur Abgabe von Geboten im Versteigerungstermin = Beginn der „Bietstunde" bzw. der Mindestbietzeit zulässig, § 9 Abs. 3 UStG). steuerpflichtig ist. B. schuldet damit neben seinem an das Vollstreckungsgericht zu zahlenden baren Meistgebot als Leistungsempfänger auch die Umsatzsteuer, § 13b Abs. 2 UStG.

Ist der Ersteher (als Leistungsempfänger) Unternehmer oder eine juristische Person des öffentlichen Rechts, schuldet er bei Lieferungen von Grundstücken durch den Vollstreckungsschuldner im Rahmen der Zwangsversteigerung, § 13b Abs. 1 S. 1 Nr. 3 UStG, die Umsatzsteuer als eigene Steuerschuld, § 13b Abs. 2 UStG.[15]

Da ein Verzicht auf die Steuerbefreiung in diesen Fällen nur bis zum Beginn der Bietzeit im Versteigerungstermin zulässig ist, § 9 Abs. 3 UStG, weiß ein an der Ersteigerung einer gewerblichen Immobilie interessierter Unternehmer, ob er bei einem Zuschlag auf das von ihm abgegebene Bargebot zusätzlich noch

---

13 Hartmann/Metzenmacher/*Henseler* § 13b Rz. 27; Rau/Dürrwächter /*Stadie*, § 13b Rz. 151; *Gaberdiel/Gladenbeck* (a.a.O. Fn. 11) Rz. 1105.
14 *Gaberdiel/Gladenbeck* (a.a.O. Fn. 11) Rz. 1100ff.
15 *Stöber* § 81 Rz. 7.11.

die Zahlung der Umsatzsteuer gemäß § 13b UStG schuldet und wird dies bei seinem Gebot entsprechend berücksichtigen.

Da das Meistgebot in der Zwangsversteigerung von Grundstücken (nebst Zubehör) ein Nettobetrag ist, kann der Ersteher das an das Vollstreckungsgericht zu erbringende Barmeistgebot nicht um die durch den Erwerb über die Zwangsversteigerung ausgelöste Umsatzsteuer kürzen.[16]

---

16 BGH 3.4.2003 WM 2003, 943; *Stöber* § 81 Rz. 7.12.

L. Beispielfall

Unterlagen

Amtsgericht	Hauptstadt
Grundbuch von	Hauptstadt
Blatt	1234

Amtsgericht Hauptstadt   **Grundbuch von** Hauptstadt   **Blatt** 1234   **Bestandsverzeichnis**

Laufende Nummer der Grund- stücke	Bisherige laufende Nummer der Grund- stücke	Bezeichnung der Grundstücke und der mit dem Eigentum verbundenen Rechte				Größe		
		Gemarkung (Vermessungsbezirk)	Karte		Wirtschaftsart und Lage			
			Flur	Flurstück		ha	a	m²
		a	b		c			
1	2	3				4		
		Hauptstadt	50	92	GF, Landwirtschaft, Erlengrund 18		26	82

Abteilung I

Amtsgericht Hauptstadt   **Grundbuch von** Hauptstadt   **Blatt** 1234

Laufende Nummer der Eintragungen	Eigentümer	Laufende Nummer der Grundstücke im Bestandsverzeichnis	Grundlage der Eintragung
1	2	3	4
1	Kaufmann Bert Schimmerlos geb. am 4.10.1959	1	Aufgelassen am 5.10.1996 und eingetragen am 22. Februar 1997 *Hinkers* *Mann*

Amtsgericht Hauptstadt **Grundbuch von** Hauptstadt **Blatt** 1234 **Abteilung II**

Laufende Nummer der Eintragungen	Laufende Nummer der betroffenen Grundstücke im Bestandsverzeichnis	Lasten und Beschränkungen
1	2	3
1	1	Grunddienstbarkeit (entschädigungsloses Dulden von Einwirkungen, insbesondere Geruchsbelästigungen, Unterlassen der Störung der betrieblichen Entwicklung) für den jeweiligen Eigentümer des Grundstücks Gemarkung Hauptstadt Flur 51, Flurstücke 51, 52. Gemäß Bewilligung vom 10. Juni 1999, eingetragen am 6. Mai 2006 *Thomas* *Mann*
2	1	Vorkaufsrecht für alle Verkaufsfälle für den jeweiligen Eigentümer des Grundstücks Gemarkung Hauptstadt, Flur 50, Flurstück 94, gemäß Bewilligung vom 10. Juni 1999, eingetragen am 6. Mai 2006 *Thomas* *Mann*
3	1	Die Zwangsversteigerung des Grundstücks ist angeordnet (23 K 22/10), eingetragen am 29.4.2010, *Thomas* *Mann*
4	1	Die Zwangsverwaltung des Grundstücks ist angeordnet (10 L 3/11), eingetragen am 23.4.2011, *Thomas* *Mann*

Amtsgericht Hauptstadt **Grundbuch von** Hauptstadt **Blatt 1234** **Abteilung III**

Laufende Nummer der Eintragungen	Laufende Nummer der belasteten Grundstücke im Bestandsverzeichnis	Betrag	Hypotheken, Grundschulden, Rentenschulden
1	2	3	4
1	1	214.000,00 DM	Zweihundertvierzehntausend Deutsche Mark Grundschuld für die Fortuna-Lebensversicherungsanstalt, Neustadt; 12% Zinsen jährlich; 5% Nebenleistung einmalig; vollstreckbar nach § 800 ZPO; eingetragen bezugnehmend auf die Bewilligung vom 11. Juni 1999 am 27. Februar 2000. *Thomas Mann*
2	1	150.000,00 EUR	Einhundertfünfzigtausend EUR Grundschuld für die Sparkasse Hauptstadt in Hauptstadt; 15% Zinsen jährlich; vollstreckbar nach § 800 ZPO; eingetragen gemäß Bewilligung vom 4. März 2007 am 16. März 2007. *Thomas Mann*
3	1	14.113,50 EUR	Vierzehntausendeinhundertdreizehn 50/100 EUR Zwangssicherungshypothek für das Land Nirgendwo; im Verwaltungszwangsverfahren gemäß Ersuchen des Finanzamtes Hauptstadt vom 23. September 2009 (St.-Nr.: 303/126/Pf/VI/5) eingetragen am 28. September 2009. *Thomas Mann*

Amtsgericht Hauptstadt **Grundbuch von** Hauptstadt **Blatt** 1234 **Abteilung III**

Laufende Nummer der Spalte 1	Betrag	Veränderungen	Löschungen		
			Laufende Nummer der Spalte 1	Betrag	
5	6	7	8	9	10
1a	22.496,84 EUR	Zweiundzwanzigtausendvierhundertsechsundneunzig 84/100 EUR nebst Zinsen und Nebenleistung ab 27. Februar 2000 mit Rang nach dem Rest abgetreten an die Sparkasse Hauptstadt. Eingetragen am 29. März 2010. *Thomas* *Mann*			

Vermerk		**Sparkasse** **Hauptstadt**
Verfasser *Herr Glücklos*	**Telefon** *723–1526*	**Datum** *1.4.2010*

Thema: **Engagement Kaufmann Bert Schimmerlos,**
Erlengrund 18, Hauptstadt

Verbindlichkeiten bei der Sparkasse per 31.3.2010:

Darlehen 318675036

Kapital	81.806,70 €
7% Zinsen (1.1.2010–31.3.2010)	1.431,62 €
	83.238,32 €

Kontokorrent-Kredit 18325436	
per 31.3.2010	108.739,00 €

Gesamtforderung 31.3.2010	191.977,32 €

Der Sparkasse stehen für die o.g. Forderungen die nachfolgend aufgeführten Sicherheiten am Grundstück von Schimmerlos zur Verfügung:

Grundschuld III/1a	22.496,84 €	nachrangiger Teilbetrag nebst einmaliger Nebenleistung i.H.v. 5%, verzinslich mit 12% Zinsen jährlich
Grundschuld III/2	150.000,00 €	verzinslich mit 15% Zinsen jährlich

Dem Recht Abt. III/1a gehen folgende Rechte vor:

Abt. III/1   Grundschuld der Fortuna-Lebensversicherung über 86.919,62 € nebst einmaliger Nebenleistung i.H.v. 5%, verzinslich mit 12% jährlich

Dem Recht Abt. III/2 gehen folgende Rechte vor:

Abt. II/1	Grunddienstbarkeit
Abt. II/2	Vorkaufsrecht
Abt. III/1	Grundschuld Fortuna-LV 86.919,62 €
Abt. III/1a	Grundschuld Sparkasse Hauptstadt
	Teilbetrag über 22.496,84 €

Die der Sparkasse zustehenden Grundschulden decken die per 31.3.2010 offen stehenden Verbindlichkeiten nur zum Teil.

Da Schimmerlos zur weiteren Sicherstellung nicht bereit ist und mehrfachen Aufforderungen zur Rückführung der offen stehenden Forderungen nicht nachgekommen ist, wird die Sparkasse nunmehr die Verwertung ihrer Sicherheiten einleiten (Zwangsversteigerung beantragen) müssen.

Hauptstadt, 1.4.2010

Glücklos

**Sparkasse
Hauptstadt**

Amtsgericht Hauptstadt
Postfach 1274

Hauptstadt

Rechtsabteilung
Herr Glücklos
174 GL 511FM35
Tel. (0743)7231526
Fax. (0743)7231540

11.4.2010

**Antrag auf Anordnung der Zwangsversteigerung
Vollstreckungsschuldner: Kaufmann Bert Schimmerlos,
Erlengrund 18, Hauptstadt**

Wir überreichen die vollstreckbare Ausfertigung der Urkunde Nr. 110/07 des Notars Wilhelm Goseberg vom 4.3.2007 nebst Zustellungsnachweis und beantragen die Anordnung der Zwangsversteigerung der im Grundbuch von Hauptstadt, Blatt 1234 verzeichneten Grundbesitzung, Gemarkung Hauptstadt, Flur 50, Flurstück 92 zur Größe von 2.682 qm.

Die Zwangsvollstreckung wird betrieben aus der Grundschuld Abt. III Nr. 2 über € 150.000,00 nebst 15% Zinsen p.a. seit dem 16.3.2007.

Sparkasse Hauptstadt

Heiter   Glücklos

Anlage

Zwangsversteigerung

Grundbuch von: _____ _____ Band: Blatt: _____ Flur: _____ Flurstück: _____ qm _____ Eigentümer: _____ _____ _____ Konto-Nr.: _____	Versuch Nr. ☐ Anteil ☐ Grundstück ☐ mehrere Grundstücke ☐ Wohnungseigentum ☐ mehr. Wohnungseigentum

Bearbeitungs- und Überwachungsmaßnahmen			Termin	erledigt
Einleitung der Zwangsver- steigerung	☐ Antrag vom: ☐ Beitritt am: ☐ Anmeldung der Forderung und Nebenforderungen am:			

	Titel vorhanden?	☐ ja
		 ☐ nein veranlaßt* am:
		
		     * z. B. Mahnbescheid, Urteil,
		     Zwangshypothek		

	Klausel vorhanden?	☐ ja ☐ nein beschafft am:		
	Zustellung veranlaßt?	☐ ja ☐ nein veranlaßt am:		

Zusätzliche Maß- nahmen	Zwangs- verwaltung erforderlich?	☐ ja ☐ Zubehör: Sicherung veranlaßt am:
		        ☐ Baustelle: Sicherung veranlaßt am:
		        ☐ Erträge: Überweisung auf Konto veranlaßt
		 am:
		 ☐ nein		

	Einst- weilige Einstellung §§ 30 ff. ZVG?	☐ ja ☐ Fortsetzungsantrag (innerhalb v. 6. Mon.
		          gem. § 31 ZVG) gestellt am:
		        ☐ Fortsetzung nicht möglich (vergl. § 30 ZVG)
		          ☐ Neuer Versuch eingeleitet
		            (Neuer Vordruck!)
		 ☐ nein		

	Voll- streckungs- schutz § 765 a ZPO?	☐ ja ☐ Fortsetzungsantrag gestellt am:
		        ☐ Fortsetzung abgelehnt
		          ☐ Neuer Versuch eingeleitet
		            (Neuer Vordruck!)
		 ☐ nein		

	Ausbie- tungs- garantie?	☐ ja ☐ Notarielle Beurkundung erforderlich! ☐ nein		
	Rettungs- erwerb?	☐ ja ☐ Beschluß des Vorstandes? ☐ § 114 a ZVG beachtet? ☐ nein		

Bearbeitungs- und Überwachungsmaßnahmen (Fortsetzung)			Termin	erledigt
Sonstige zusätzliche Maß- nahmen				
Ver- steigerung	Versteigerungstermin am:			
	Einst- weilige Einstellung §§ 30 ff. ZVG?	☐ ja ☐ Fortsetzungsantrag (innerhalb v. 6 Mon. gem. § 31 ZVG) ☐ Neuer Versteigerungstermin am: ☐ Fortsetzung nicht möglich (vergl. § 30 ZVG) ☐ Neuer Versuch eingeleitet (Neuer Vordruck!) ☐ nein		
	Voll- streckungs- schutz § 765 a ZPO?	☐ ja ☐ Fortsetzungsantrag gestellt am: ☐ Neuer Versteigerungstermin am: ☐ Fortsetzung abgelehnt ☐ Neuer Versuch eingeleitet (Neuer Vordruck!) ☐ nein		
	Versagung d. Zuschla- ges § 74 a oder § 85 ZVG?	☐ ja ☐ Neuer Versteigerungstermin am: ☐ nein		
	Zuschlag erteilt am:			
Verteilung	Verteilungstermin am:			
	Meistgebot gezahlt?	☐ ja ☐ nein ☐ Sicherungshypothek beantragen ☐ Neuer Versuch eingeleitet (Neuer Vordruck!)		
	Teilungs- plan b. Rechtspfl. in Erfahrung gebracht?	☐ ja ☐ nein		
	Verzicht- erklärung?	Verzichterklärung auf den die Forderung und Nebenforde- rung übersteigenden Erlös möglich? ☐ ja		
	Beitrag eingegangen am:			
Abschließende Bearbeitung durchgeführt: ☐ ja Unterschrift:				

Zwangsverwaltung

Grundbuch von: _____ _____ Band: Blatt: _____ Flur: _____ Flurstück: _____ qm _____ Eigentümer: _____ _____ _____ Konto-Nr.: _____	Versuch Nr. ☐ Anteil ☐ Grundstück ☐ mehrere Grundstücke ☐ Wohnungseigentum ☐ mehr. Wohnungseigentum

Bearbeitungs- und Überwachungsmaßnahmen		Termin	erledigt
Einleitung der Zwangsver-waltung	☐ Antrag vom: ☐ Beitritt am: ☐ Anmeldung der Forderung und Nebenforderungen am:		
	Titel vorhanden?	☐ ja ☐ nein, veranlaßt* am: * z. B. Mahnbescheid, Urteil, Zwangshypothek		
	Klausel vorhanden?	☐ ja ☐ nein, beschafft am:		
	Zustellung veranlaßt?	☐ ja ☐ nein, veranlaßt am:		

	Zwangs-verwalter vor-schlagen?	☐ ja ☐ Mitarbeiter der Sparkasse
		            ☐ Einverständnis des Vorstandes
		        ☐ Dritter
		☐ nein		

Zwangsverwalter:	_____ _____ _____ _____ _____ _____ _____ ernannt am:		

Bearbeitungs- und Überwachungsmaßnahmen (Fortsetzung)	Termin	erledigt

Zusätzliche Maßnahmen	Sicherungsmaßnahmen erforderlich?	☐ ja ☐ nein	☐ Sicherung des Zubehörs veranlaßt am: ☐ Sicherung der Baustelle veranlaßt am: ☐ Mietzahlung vom Eigentümer aufgrund Beschränkung des Wohnrechtes nach § 149 ZVG gefordert am: ☐ Überweisen der Erträge auf Konto der Sparkasse gefordert am: ☐ Sonstige Maßnahmen (z. B. Räumung gem. § 149, Abs 2 ZVG) veranlaßt am:
	Einstweilige Einstellung §§ 30 ff. ZVG?	☐ ja ☐ nein	☐ Fortsetzungsantrag (innerh. v. 6 Mon. gem. § 31 ZVG) gestellt am: ☐ Fortsetzung nicht möglich (vergl. § 30 ZVG) ☐ Neuer Versuch eingeleitet (Neuer Vordruck!)
	Vollstreckungsschutz § 765 a ZPO?	☐ ja ☐ nein	☐ Fortsetzungsantrag gestellt am: ☐ Fortsetzung abgelehnt ☐ Neuer Versuch eingeleitet (Neuer Vordruck!)
Sonstige zusätzliche Maßnahmen			
Verteilung	Verteilungstermin am:		
	Einstweilige Einstellung §§ 30 ff. ZVG?	☐ ja ☐ nein	☐ Fortsetzungsantrag (innerh. v. 6 Mon. gem. § 31 ZVG) gestellt am: ☐ Fortsetzung nicht möglich (vergl. § 30 ZVG) ☐ Neuer Versuch eingeleitet (Neuer Vordruck!)
	Vollstreckungsschutz § 765 a ZPO?	☐ ja ☐ nein	☐ Fortsetzungsantrag gestellt am: ☐ Fortsetzung abgelehnt ☐ Neuer Versuch eingeleitet (Neuer Vordruck!)
	Schlußzahlung eingegangen am:		
Verfahren aufgehoben am:			
Abschließende Bearbeitung durchgeführt: ☐ ja	Unterschrift:		

23 K 22/10

AMTSGERICHT HAUPTSTADT

BESCHLUSS

Auf Antrag der
Sparkasse Hauptstadt

– Gläubigerin –

gegen
Bert Schimmerlos, Erlengrund 18, Hauptstadt

– Schuldner –

wird wegen eines persönlichen und dinglichen Anspruchs auf Zahlung von bzw.
Duldung der Zwangsvollstreckung wegen
150.000,00 EUR Kapital aus der Grundschuld III/2
nebst 15% Zinsen seit dem 16.3.2007

aufgrund der vollstreckbaren Ausfertigung der notariellen Urkunde des Notars Wilhelm Goseberg, Hauptstadt, vom 4.3.2007 (UR–Nr. 110/07)

die **Zwangsversteigerung**
des Grundstücks, eingetragen im Grundbuch Hauptstadt Blatt 1234
Grundbuchbezeichnung:
Gemarkung Hauptstadt, Flur 50, Flurstück 92, Erlengrund 18, Größe: 2.682qm
Eigentümer: Bert Schimmerlos

angeordnet.

Dieser Beschluss gilt zugunsten der Gläubigerin als Beschlagnahme des Versteigerungsobjektes.

Hauptstadt, 22.4.2010

Blöcker
Rechtspfleger

Anlage zum Beschluss vom 22.4.2010

Betr.: Grundstückswert, Mietvorauszahlungen und Baukostenvorschüsse

I. Gemäß § 74 Abs. 5 des Zwangsversteigerungsgesetzes (ZVG) wird der Grundstückswert (Verkehrswert) vom Vollstreckungsgericht, nötigenfalls nach Anhörung von Sachverständigen, festgesetzt (Satz 1).

Der Wert der beweglichen Gegenstände, auf die sich die Versteigerung erstreckt, ist unter Würdigung aller Verhältnisse frei zu schätzen (Satz 2).

Es wird Ihnen Gelegenheit gegeben, sich zu den Werten nach Satz 1 und Satz 2 binnen zwei Wochen schriftlich zu äußern (mit so vielen Abschriften wie Gegner an dem Verfahren beteiligt sind).

II. Im Hinblick auf die Regelung des Kündigungsrechts des Erstehers nach § 57a ZVG und im Hinblick auf die Abhängigkeit des Grundstückswertes (Verkehrswert) von Mietvorauszahlungen oder -verrechnungen oder von ungetilgten verlorenen Baukostenzuschüssen wird gebeten, dem Gericht binnen zwei Wochen seit der Zustellung dieser Schrift schriftlich Nachricht zu geben, falls Mietvorausverfügungen oder noch ungetilgte verlorene Baukostenzuschüsse in Betracht kommen, und gegebenenfalls die Namen und Anschriften der Mieter und Pächter mitzuteilen.

Auf Anordnung

Justizangestellte

Amtsgericht Hauptstadt

Amtsgericht Hauptstadt Postfach 12 74, Hauptstadt	Postfachadresse: Postfach 12 74
	Telefon (07 43) 6 34–0
Stadtsparkasse Hauptstadt Postfach 1235	Durchwahl (07 43) 6 34–2 40
Hauptstadt	Telefax (07 43) 6 34–2 46
	Datum 17.5.2010
	Aktenzeichen (Bei Antwort bitte angeben) 23 K 22/10

zu: 174 GL 511FM35

Sehr geehrte Damen und Herren,

in der Zwangsversteigerungssache gegen Schimmerlos

wird Ihnen anliegende Abschrift des Einstellungsantrags vom 9. Mai 2010 zur Stellungnahme binnen drei Wochen übersandt.

Wird dem Antrag evtl. mit der Einstellungsbewilligung gem. § 30 ZVG begegnet?

Hochachtungsvoll
Auf Anordnung

Schmidt
(Justizangestellte)

Bert Schimmerlos   *Erlengrund 18*
Hauptstadt

                                   Tel. 07 42/43 75
                                   Fax. 07 43/3 746

Bert Schimmerlos Erlengrund 18 Hauptstadt

Amtsgericht Hauptstadt
Geschäftsstelle
Gerichtsstr. 13

Hauptstadt

                                           9.5.2010

Aktenzeichen: 23 K 22/10, Ihr Beschluss vom 22.4.2010, eingegangen am 28.4.2010,
Antrag auf Einstellung des Verfahrens

Sehr geehrter Herr Rechtspfleger Blöcker,

ich beantrage hiermit die

Einstellung des Verfahrens

zur Zwangsversteigerung des mir gehörenden Objektes Erlengrund 18, Hauptstadt, Gemarkung Hauptstadt, Flur 50, Flurstück 92.

Aufgrund des derzeitigen Zustandes des Objektes, es befindet sich im Bauzustand, besteht keine Aussicht, einen für meine Gläubiger und mich vertretbaren Erlös durch die Zwangsversteigerung zu erzielen. Dies beweist die Tatsache, dass der im Jahre 2009 von mir unternommene Versuch zum freihändigen Verkauf des Hauses fehlgeschlagen ist. Es lag mir nur ein Angebot in Höhe von 160.000,– € vor. Der nachweislich getätigte Aufwand liegt bei 212.000,– € Sach- und Materialleistungen zuzüglich rund 10.000 Stunden Eigenleistung.

Ein vernünftiger Erlös zur bestmöglichen Befriedigung meiner Gläubiger, wie es das Gesetz verlangt, kann mit der Zwangsversteigerung nicht erzielt werden.

Ich bin unverschuldet in finanzielle Schwierigkeiten geraten und intensiv bemüht, eine Lösung für die finanzielle Situation zu finden.

Ich unterbreite daher folgenden Lösungsvorschlag: Die Situation meiner selbstständigen Tätigkeit hat sich bereits leicht gebessert, so dass ausreichende Einkommensaussichten bestehen. Ich bin bereit und in der Lage, ab einem noch festzulegenden Zeitpunkt, jedoch frühestens ab 1.5.2011 die Verbindlichkeiten aus den im Grundbuch eingetragenen Grundschulden zu begleichen.

Die Darlehensbedingungen wären neu zu vereinbaren. Über die Höhe der Zinsen und Tilgung wäre noch zu verhandeln.

Ich setze die Bauarbeiten an meinem Objekt fort, so dass ein entsprechender Gegenwert entsteht. Ich schaffe die Möglichkeit, mein Unternehmen in dem Objekt, vorbehaltlich der baurechtlichen Zustimmung, einzurichten. Dies dient dazu, die Kostensituation zu verbessern, damit die Zahlungen des Kapitaldienstes sichergestellt sind.

Ich bitte um wohlwollende Prüfung.

Mit freundlichen Grüßen

Bert Schimmerlos

23 K 22/10

AMTSGERICHT HAUPTSTADT

BESCHLUSS

Auf Antrag des
Finanzamtes Hauptstadt

– Gläubigerin –

gegen

Bert Schimmerlos, Erlengrund 18, Hauptstadt

– Schuldner–

wird wegen eines persönlichen und dinglichen Anspruchs auf Zahlung von bzw. Duldung der Zwangsvollstreckung wegen

11.204,96 EUR Teilhauptforderung aus der Sicherungshypothek III/3 über 14.113,50 EUR

der **Beitritt**

der Gläubigerin zu der angeordneten Zwangsversteigerung
des Grundstücks, eingetragen im Grundbuch von Hauptstadt Blatt 1234
Grundbuchbezeichnung:
Gemarkung Hauptstadt, Flur 50, Flurstück 92, Erlengrund 18, Größe: 2.692 qm
Eigentümer: *Bert Schimmerlos*

zugelassen.

Dieser Beschluss gilt zugunsten der Gläubigerin als Beschlagnahme des Versteigerungsobjektes.

Hauptstadt, *30.5.2010*
Blöcker (Rechtspfleger)

Sparkasse
Hauptstadt

Amtsgericht Hauptstadt	Rechtsabteilung
Postfach 1274	Herr Glücklos
	174 GL 511FM35
Hauptstadt	Tel. (0743) 7231526
	Fax. (0743) 7231540

10.6.2010

Zwangsversteigerungssache ./. Schimmerlos
Geschäfts-Nr.: 23 K 22/10
Stellungnahme zum Einstellungsantrag des Schuldners vom 9.5.2010

Sehr geehrter Herr Blöcker,

in vorgenannter Angelegenheit bitten wir, den Einstellungsantrag zurückzuweisen. Der Schuldner hat in keiner Weise dargelegt, wie die Verbindlichkeiten bedient werden können.

Im Übrigen bestand Einigkeit, dass das Objekt freihändig veräußert werden sollte.

Nachdem Herr Schimmerlos eingesehen hatte, dass aus finanziellen Gründen die Immobilie veräußert werden muss, wurde unsere Immobilienabteilung beauftragt, das Objekt zum Kauf anzubieten. Nachdem ernsthafte Kaufinteressenten gefunden waren, die bereit gewesen wären, das Objekt für ca. 160.000,– € zu erwerben, war Herr Schimmerlos nicht mehr bereit, den Kaufvertrag zu unterzeichnen.

Wir sind nicht länger bereit, weitere Verzögerungen hinzunehmen und beantragen daher, nunmehr kurzfristig einen Sachverständigen mit der Verkehrswertermittlung zu beauftragen.

Seitens des Herrn Schimmerlos sind hier seit Ende Januar 2010 keinerlei Eingänge zu verzeichnen.

Mit freundlichen Grüßen

Heiter   *Glücklos*

Amtsgericht Hauptstadt

Amtsgericht Hauptstadt
Postfach 12 74, Hauptstadt

Stadtsparkasse Hauptstadt
– Rechtsabteilung –
Postfach 1235

Hauptstadt

Postfachadresse:
Postfach 12 74

Telefon
(07 43) 6 34–0

Durchwahl
(07 43) 6 34–2 40

Telefax
(07 43) 6 34–2 46

Datum
28.6.2010

Aktenzeichen (Bei Antwort bitte angeben)
23 K 22/10

zu: 174 GL 511FM40

Sehr geehrte Damen und Herren!

In der Zwangsversteigerungssache

Schimmerlos

wird Ihnen anliegende Ausfertigung des Beschlusses
vom 28. Juni 2010 übersandt.

Soll nach Rechtskraft des Beschlusses Taxauftrag erteilt werden?

Hochachtungsvoll
Auf Anordnung

Schmidt
(Justizangestellte)

23 K 22/10

AMTSGERICHT HAUPTSTADT

BESCHLUSS

Auf Antrag der
Sparkasse Hauptstadt,

Hauptstadt

– Gläubigerin –

g e g e n

Herrn Bert Schimmerlos,
Erlengrund 18, Hauptstadt

– Schuldner –

Der Antrag des Schuldners vom 9.5.2010 auf einstweilige Einstellung des Zwangsversteigerungsverfahrens wird sowohl gem. § 30 a ZVG als auch gem. § 765 a ZPO zurückgewiesen.

G R Ü N D E:

Die Gläubigerin betreibt das Verfahren wegen eines dinglichen Anspruchs von 150.000,00 € Kapital nebst 15% Zinsen seit 16.3.2007 aus der Grundschuld Abt. III Nr. 2. Der Anordnungsbeschluss ist dem Schuldner am 29.4.2010 förmlich zugestellt worden. Der Einstellungsantrag des Schuldners ist am 10.5.2010 bei Gericht eingegangen. Er ist also rechtzeitig zugestellt, damit zulässig, jedoch nicht begründet.

Es ist vom Schuldner nicht dargetan, dass er in der Lage ist, die Versteigerung innerhalb von 6 Monaten abwenden zu können.

Im Gegenteil werden eventuelle Zahlungen der Gläubigerin frühestens ab 1.5. 2011 in Aussicht gestellt. Damit ist für eine Einstellung gem. § 30a ZVG überhaupt keine Rechtfertigung gegeben.

Auch die ganz besonderen Voraussetzungen des § 765a ZPO liegen hier nicht vor.

Die Zwangsversteigerung bedeutet für jeden Schuldner grundsätzlich eine gewisse Härte. Diese ist hier jedoch mit den guten Sitten zu vereinbaren. Der Schuldner ist seinen Verpflichtungen gegenüber der Gläubigerin nicht nachgekommen, und dazu derzeit auch gar nicht in der Lage, daher muss er die gesetzlich mögliche und zulässige Konsequenz der Zwangsversteigerung hinnehmen, damit die Gläubigerin innerhalb der eigenen Schutzwürdigkeit unter Anwendung der einschlägigen Vorschriften, die Möglichkeit hat, wenigstens teilweise zu ihrem Geld zu kommen.

Nach hiesiger Auffassung kann der Schuldner die Zwangsversteigerung nicht abwenden. Den rettenden freihändigen Verkauf hat der Schuldner seinerzeit abgelehnt. Demzufolge war der Einstellungsantrag des Schuldners sowohl gem. § 30a ZVG als auch gem. § 765a ZPO, wie geschehen, zurückzuweisen.

Hauptstadt, 28. Juni 2010
Amtsgericht

Blöcker
– Rechtspfleger –

Ausgefertigt

Schmidt
(Justizangestellte als Urkundsbeamtin
der Geschäftsstelle des Amtsgerichts)

23 K 22/10

AMTSGERICHT HAUPTSTADT

BESCHLUSS

Auf Antrag der
Fortuna Lebensversicherungsanstalt
Neustädter Str. 45, Neustadt

– Gläubigerin –

gegen

Bert Schimmerlos, Erlengrund 18, Hauptstadt

– Schuldner –

wird wegen eines persönlichen und dinglichen Anspruchs auf Zahlung von bzw. Duldung der Zwangsvollstreckung wegen

a) *86.919,62 EUR erstrangiger Kapitalbetrag aus der Grundschuld III/1*
b) *12% Zinsen daraus seit 27.2.2000*
c) *5% Nebenleistung*

aufgrund der vollstreckbaren Ausfertigung der notariellen Urkunde des Notars Hans Milotat, Neustadt, vom 11.6.1999 (UR-Nr. 73/99)

der **Beitritt**
der Gläubigerin zu der angeordneten Zwangsversteigerung des Grundstücks, eingetragen im Grundbuch von Hauptstadt Blatt 1234
Grundbuchbezeichnung:
Gemarkung Hauptstadt, Flur 50, Flurstück 92, Erlengrund 18, Größe: 2.692 qm
Eigentümer: Bert Schimmerlos

zugelassen.

Dieser Beschluss gilt zugunsten der Gläubigerin als Beschlagnahme des Versteigerungsobjektes.

Hauptstadt, 3.7.2010
Blöcker (Rechtspfleger)

Sparkasse
Hauptstadt

Amtsgericht Hauptstadt
Postfach 1274

Hauptstadt

Rechtsabteilung
Herr Glücklos
174 GL 511FM35
Tel. (0743) 7231526
Fax. (0743) 7231540

19.7.2010

Zwangsversteigerungssache
Schimmerlos
23 K 22/10
hier: Antrag auf Zulassung des Beitritts

Sehr geehrter Herr Blöcker,

wir überreichen die vollstreckbare Ausfertigung der Urkunde 803/99 des Notars Dr. Hans Straubing und beantragen die Zulassung des Beitritts zu dem unter o.a. Aktenzeichen laufenden Zwangsversteigerungsverfahren gegen Herrn Bert Schimmerlos wegen der nachstehend aufgeführten Ansprüche:

Grundschuld Abt. III lfd. Nr. 1a über € 22.496,84
hieraus: Kapitalanspruch € 22.496,84
zzgl. 5% einmaliger Nebenleistung
zzgl. 12% Zinsen p.a. seit dem 27.2.2000.

Wir bestätigen hiermit, dass uns der Teilgrundschuldbrief über € 22.496,84 vorliegt. Diesen werden wir im Versteigerungstermin vorlegen.

Mit freundlichen Grüßen
Sparkasse Hauptstadt

Heiter   *Glücklos*

Anlage

23 K 22/10

AMTSGERICHT HAUPTSTADT

BESCHLUSS

Auf Antrag der
Sparkasse Hauptstadt

– Gläubigerin –

gegen

Bert Schimmerlos, Erlengrund 18, Hauptstadt

– Schuldner –

wird wegen eines persönlichen und dinglichen Anspruchs auf Zahlung von bzw. Duldung der Zwangsvollstreckung wegen

    a)   *22.496,84 EUR nachrangiger Kapitalbetrag aus der Grundschuld III/1a*
    b)   *12% Zinsen daraus seit 27.2.2000*
    c)   *5% Nebenleistung*

aufgrund der vollstreckbaren Ausfertigung der notariellen Urkunde des Notars Hans Milotat, Neustadt, vom 11.6.1999 (UR-Nr. 73/99) und Rechtsnachfolgeklausel vom 29.3.2010

der **Beitritt**
der Gläubigerin zu der angeordneten Zwangsversteigerung des Grundstücks, eingetragen im Grundbuch von Hauptstadt Blatt 1234
    Grundbuchbezeichnung:
    Gemarkung Hauptstadt, Flur 50, Flurstück 92, Erlengrund 18, Größe: 2.692 qm
    Eigentümer: *Bert Schimmerlos*

zugelassen.

Dieser Beschluss gilt zugunsten der Gläubigerin als Beschlagnahme des Versteigerungsobjektes.

Hauptstadt, 22.7.2010
Blöcker (Rechtspfleger)

**Sparkasse
Hauptstadt**

Amtsgericht Hauptstadt
Postfach 1274

Hauptstadt

Rechtsabteilung
Herr Glücklos
174 GL 511FM35
Tel. (0743) 7231526
Fax. (0743) 7231540

20.10.2010

**Zwangsversteigerungssache ./. Schimmerlos
23 K 22/10**

Sehr geehrter Herr Blöcker,

nachdem das Landgericht Hauptstadt mit Beschluss vom 24.9.2010 die Beschwerde des Herrn Schimmerlos gegen den Beschluss des Amtsgerichtes Hauptstadt vom 28.6.2010 zurückgewiesen hat, bitten wir nunmehr um kurzfristige Beauftragung eines Sachverständigen zur Objekttaxierung.

Mit freundlichen Grüßen
Sparkasse Hauptstadt

Heiter   Glücklos

23 K 22/10

AMTSGERICHT HAUPTSTADT

BESCHLUSS

In dem Verfahren zur Zwangsversteigerung des im Grundbuch von Hauptstadt Blatt 1234 auf den Namen

Bert Schimmerlos, Erlengrund 18, Hauptstadt,

eingetragenen Grundstücks Gemarkung Hauptstadt Flur 50 Flurstück 92: Landwirtschaftsfläche, Erlengrund 18 = 2682 qm soll zur Vorbereitung des noch zu bestimmenden Versteigerungstermins der Verkehrswert des Grundbesitzes geschätzt werden, § 74a ZVG.

Mit der Schätzung wird der Sachverständige Dipl.-Ing. Friedrich Wertmann, Nordplatz 5, Hauptstadt beauftragt.

Der Eigentümer muss mit einer Verschlechterung des Versteigerungsergebnisses rechnen, wenn er dem Sachverständigen oder dessen Mitarbeitern keinen Zutritt zum Versteigerungsobjekt gewährt.

Hauptstadt, 23. Oktober 2010
Amtsgericht
Blöcker, Rechtspfleger

AUSGEFERTIGT
Schmidt, Justizangestellte als
Urkundsbeamtin der Geschäftsstelle

**Sparkasse
Hauptstadt**

Herrn Dipl.-Ing.
Friedrich Wertmann
Nordplatz 5

Hauptstadt

Rechtsabteilung
Herr Glücklos
174 GL 511FM35
Tel. (0743) 7231526
Fax. (0743) 7231540

26.10.2010

**Zwangsversteigerungsverfahren
Bert Schimmerlos**

**Objekt: Fachwerkgebäude Hauptstadt, Erlengrund 18
Geschäftszeichen des Amtsgerichts Hauptstadt: 23 K 22/10**

Sehr geehrter Herr Wertmann,

vom Amtsgericht Hauptstadt erhielten wir die Mitteilung, dass Sie mit der Erstellung eines Verkehrswertgutachtens gem. §§ 74a, 85a ZVG beauftragt sind.

Da wir an einer gemeinsamen Besichtigung unseres Pfandobjektes interessiert
sind, bitten wir Sie höflichst, uns rechtzeitig von dem Besichtigungstermin
in Kenntnis zu setzen. Bei einer telefonischen Unterrichtung wenden Sie
sich bitte an den Leiter unserer Abteilung Wertschätzung, Herrn Durchblick,
Tel.: 723–1878.

Wir bedanken uns schon jetzt für Ihre Unterstützung und verbleiben mit freundlichen Grüßen

Sparkasse Hauptstadt
Heiter   Glücklos

**Sparkasse
Hauptstadt**

An den
Stadtdirektor der
Stadt Hauptstadt
z. Hd. Herrn Pieper
Postfach

Hauptstadt

Rechtsabteilung
Herr Glücklos
174 GL 511FM35
Tel. (07 43) 7 23 15 26
Fax. (07 43) 7 23 15 40

26.10.2010

**Auskunft aus dem Baulastenverzeichnis
hier: Grundstück Gemarkung Hauptstadt, Flur 50, Flurstück 92
Eigentümer: Bert Schimmerlos**

Sehr geehrte Damen und Herren,

in dem für das vorbezeichnete Grundstück bestehenden Grundbuch von Hauptstadt Blatt 1234 sind wir als Grundpfandrechtsgläubigerin eingetragen.

Vor dem Amtsgericht Hauptstadt ist zurzeit ein Zwangsversteigerungsverfahren anhängig, in dem der Verkehrswert gem. §§ 74 a, 85 a ZVG festzusetzen ist.

In diesem Zusammenhang bitten wir höflichst um Auskunft, ob zu Lasten des o. a. Grundstücks Baulasten eingetragen sind. Sollte dies der Fall sein, so bitten wir weiterhin um Übersendung einer Ablichtung des Baulastenblattes. Für die entstehenden Kosten kommen wir selbstverständlich auf.

Wir bedanken uns schon jetzt für Ihre Unterstützung und verbleiben mit freundlichen Grüßen

Sparkasse Hauptstadt
Heiter   Glücklos

Diplom-Ingenieur
Friedrich Wertmann
Von der Industrie- und Handelskammer zu Hauptstadt
Öffentlich bestellter und vereidigter Sachverständiger

An die
Sparkasse Hauptstadt
– Rechtsabteilung –
Postfach

Hauptstadt   Hauptstadt, 30.10.2010

Zwangsversteigerungsverfahren Bert Schimmerlos
Grundstück in Hauptstadt, Erlengrund 18
Geschäftsnummer des Amtsgerichts Hauptstadt 23 K 22/10

Sehr geehrte Damen und Herren,

wie Ihnen bekannt gegeben worden ist, bin ich durch Beschluss des Amtsge-richtes Hauptstadt beauftragt worden, mich gutachterlich über den Wert des Objektes in

Hauptstadt, Erlengrund 18

zu äußern.

Ich beabsichtige, den Objektbesichtigungstermin am

2. November 2010, 14.00 Uhr,

durchzuführen.

Ich habe Herrn Schimmerlos gebeten, mir Gelegenheit zu geben, durch das Ob-jekt und über die gesamte unbebaute Grundstücksfläche zu gehen.

Es steht Ihnen frei, an dem Termin teilzunehmen oder sich durch einen Bevoll-mächtigten vertreten zu lassen.

Ich weise schon jetzt darauf hin, dass der Zutritt zum Objekt nicht erzwungen werden kann, so dass es allein Sache des Herrn Schimmerlos ist, wem er Zutritt gewährt.

Weiterhin weise ich ausdrücklich darauf hin, dass die Wahrnehmung des Termins auf eigene Kosten erfolgt.

Mit freundlichen Grüßen
Wertmann

Amtsgericht Hauptstadt

Amtsgericht Hauptstadt
Postfach 12 74, Hauptstadt

Sparkasse Hauptstadt
– Rechtsabteilung –
Postfach 1235

Hauptstadt

Postfachadresse:
Postfach 12 74

Telefon
(07 43) 6 34–0

Durchwahl
(07 43) 6 34–2 40

Telefax
(07 43) 6 34–2 46

Datum
28.2.2011

Aktenzeichen (Bei Antwort bitte angeben)
23 K 22/10

zu: 174 GL 511FM40

Sehr geehrte Damen und Herren,

In der Zwangsversteigerungssache
Bert Schimmerlos

wird anliegende Abschrift des Gutachtens zur Kenntnis und mit der Gelegenheit zur Stellungnahme binnen 3 Wochen übersandt.

Es ist beabsichtigt, den Verkehrswert des Objektes gem. § 74a Abs. 5 ZVG auf den vom Gutachter ermittelten Verkehrswert von 210.000 € festzusetzen.

Ein Versteigerungstermin wird voraussichtlich nach rechtskräftiger Wertfestsetzung anberaumt.

Hochachtungsvoll

Auf Anordnung
Schmidt
Justizangestellte

Sparkasse
Hauptstadt

Amtsgericht Hauptstadt
Postfach 1274

Hauptstadt

Rechtsabteilung
Herr Glücklos
174 GL 511FM35
Tel. (0743) 7231526
Fax. (0743) 7231540

9.3.2011

Zwangsversteigerungsverfahren 23 K 22/10
Sparkasse Hauptstadt ./. Bert Schimmerlos

Sehr geehrte Damen und Herren,

wir sind damit einverstanden, dass der Grundstückswert auf 210.000,– € festgesetzt wird.

Mit freundlichen Grüßen
Sparkasse Hauptstadt

Heiter   *Glücklos*

Sparkasse
Hauptstadt

Amtsgericht Hauptstadt
z.Hd. Herrn Blöcker
Postfach 1274

Hauptstadt

Rechtsabteilung
Herr Glücklos
174 GL 511FM35
Tel. (0743) 7231526
Fax. (0743) 7231540

14.4.2011

Antrag auf Anordnung der Zwangsverwaltung
Grundbuch von Hauptstadt, Blatt 1234
Eingetragener Eigentümer: Bert Schimmerlos

Sehr geehrter Herr Blöcker,

unter dem Aktenzeichen 23 K 22/10 liegt die vollstreckbare Ausfertigung der UR-Nr.110/05 des Notars Wilhelm Goseberg vom 4.3.2007 vor.

Wir beantragen hiermit die Anordnung der Zwangsverwaltung der im o. g. Grundbuch verzeichneten Immobilie des Herrn Bert Schimmerlos.

Die Vollstreckung wird betrieben aus 15% Zinsen p.a. seit dem 16.3.2007 aus der Grundschuld Abt. III Nr. 2 über € 150.000,00.

Mit freundlichen Grüßen
Sparkasse Hauptstadt

Heiter   Glücklos

10 L 3/11

AMTSGERICHT HAUPTSTADT

BESCHLUSS

Auf Antrag der
Sparkasse Hauptstadt

– Gläubigerin –

gegen

Bert Schimmerlos, Erlengrund 18, Hauptstadt

– Schuldner –

wird wegen eines dinglichen Anspruchs auf Zahlung von bzw. Duldung der Zwangsvollstreckung wegen

15% Zinsen seit dem 16.3.2007
aus der Grundschuld III/2
über 150.000,00 EUR

aufgrund der vollstreckbaren Ausfertigung der notariellen Urkunde des Notars Wilhelm Goseberg, Hauptstadt, vom 4.3.2007 (UR-Nr. 110/07)

die **Zwangsverwaltung**
des Grundstücks, eingetragen im Grundbuch Hauptstadt Blatt 1234
Grundbuchbezeichnung:
Gemarkung Hauptstadt, Flur 50, Flurstück 92, Erlengrund 18, Größe: 2.682 qm
Eigentümer: Bert Schimmerlos

angeordnet.

Dieser Beschluss gilt zugunsten der Gläubigerin als Beschlagnahme des Versteigerungsobjektes.

Durch die Beschlagnahme wird dem Schuldner die Verwaltung und Benutzung des Objektes entzogen.

Als Verwalter wird Dipl. Kfm. Ernst Holzer, Noldestr. 4, Hauptstadt bestellt.

Der Verwalter wird ermächtigt, sich selbst den Besitz des Objektes zu verschaffen.

Hauptstadt, 22.4.2011

Blöcker
Rechtspfleger

Ausgefertigt:
Schmidt
Justizangestellte,
als Urkundsbeamtin der Geschäftsstelle des Amtsgerichts

23 K 22/10

AMTSGERICHT HAUPTSTADT

BESCHLUSS

In dem Verfahren zur Zwangsversteigerung des im Grundbuch von Hauptstadt
Blatt 1234 auf den Namen

Bert Schimmerlos, Erlengrund 18, Hauptstadt,

eingetragenen Grundstücks Gemarkung Hauptstadt Flur 50 Flurstück 92:

Landwirtschaftsfläche Erlengrund 18 = 2682 qm

wird der Verkehrswert des Grundbesitzes gem. § 74 a Abs. 5 ZVG auf den Verkehrswert von 210.000,– € festgesetzt.

Der Festsetzung liegt das eingehend begründete und nach den geltenden Be-
wertungsmethoden erstellte Gutachten des Sachverständigen Friedrich Wertmann vom 18.2.2011 zugrunde. Sachliche und formelle Fehler sind nicht ersichtlich.

Die Beteiligten sind zu dem Gutachten gehört worden. Das Gericht nimmt ausdrücklich auf den Inhalt des Gutachtens Bezug.

Hauptstadt, 4. Juni 2011

Blöcker
– Rechtspfleger –

AUSGEFERTIGT
Schmidt, Justizangestellte
als Urkundsbeamtin der Geschäftsstelle

10 L 3/11

AMTSGERICHT HAUPTSTADT

BESCHLUSS

Sparkasse Hauptstadt,
Hauptstadt

– Gläubiger –

g e g e n

Herrn Bert Schimmerlos,
Erlengrund 18, Hauptstadt

– Schuldner –

wird auf Antrag des Zwangsverwalters Dipl.-Kaufmann Ernst Holzer, Nolde-str. 4, Hauptstadt, angeordnet, dass die betreibende Gläubigerin, Sparkasse Hauptstadt, Hauptstadt, binnen drei Wochen ab Zustellung dieses Beschlusses einen Vorschuss in Höhe von 750,– € (i. W. siebenhundertfünfzig Euro) an den Verwalter zu zahlen hat, widrigenfalls das Verfahren aufgehoben werden wird (§ 161 Abs. 3 ZVG).

G r ü n d e:

Der Vorschuss ist notwendig, weil nach dem Bericht des Verwalters vom 1.7. 2011, der in der Anlage in Ablichtung beigefügt ist, zurzeit keine Einnahmen zur Masse gelangen und die Fortsetzung des Verfahrens besondere Aufwendungen im Sinne des § 161 Abs. 3 ZVG erfordert.

Der Vorschuss dient insbesondere zur Bestreitung der laufenden Kosten und Auslagen (wie z.B. öffentliche Lasten und Abgaben, Versicherungsprämien,

Behelfsreparaturen, Gerichtsvollzieherkosten, Rechtsanwaltsgebühren, Räumungskostenvorschuss etc pp.).

Hauptstadt, 3. Juli 2011

– Blöcker – (Rechtspfleger)

AUSGEFERTIGT
Schmidt, Justizangestellte
als Urkundsbeamtin der Geschäftsstelle

Hauptstadt, 15.10.2011

Amtsgericht Hauptstadt
_____23 K 22/10_____

Gerichtsstr.13
Telefon (0743) 634–0
Durchwahl (0743) 634–240

15.10.2011

Zwangsversteigerung

Im Wege der Zwangsvollstreckung soll am

Montag, den 6. Februar 2012, um 9:00 Uhr

im Gerichtsgebäude

Hauptstadt, Gerichtsstr. 6, 1. Stock, Saal 3

| das im | | Grundbuch | |
| von | *Hauptstadt* | Blatt | *1234* |

eingetragene   Grundstück

Bezeichnung gemäß Bestandsverzeichnis:

Gemarkung Hauptstadt, Flur 50, Flurstück 92
Erlengrund 18, = 2.682 qm

versteigert werden.

Der Versteigerungsvermerk ist in das genannte Grundbuch
am *29.4.2010* eingetragen worden.

Zu diesem Zeitpunkt war als Eigentümer eingetragen:

Kaufmann Bert Schimmerlos, Erlengrund 18, Hauptstadt

Der Verkehrswert wurde gem. § 74a Abs. 5 ZVG festgesetzt auf:

210.000,00 €

Ist ein Recht in dem genannten Grundbuch nicht vermerkt oder wird ein Recht später als der Versteigerungsvermerk eingetragen, so muss die/der Berechtigte dieses Recht spätestens im Termin vor der Aufforderung zur Abgabe von Geboten anmelden. Sie/Er muss dieses Recht glaubhaft machen, wenn die Gläubigerin/der Gläubiger widerspricht. Das Recht wird sonst bei der Feststellung des geringsten Gebots nicht berücksichtigt und bei der Verteilung des Versteigerungserlöses dem Anspruch der Gläubigerin/des Gläubigers und den übrigen Rechten nachgesetzt.

Soweit die Anmeldung oder die erforderliche Glaubhaftmachung eines Rechtes unterbleibt oder erst nach dem Verteilungstermin erfolgt, bleibt der Anspruch aus diesem Recht gänzlich unberücksichtigt.

Es ist zweckmäßig, schon zwei Wochen vor dem Termin eine genaue Berechnung des Anspruchs getrennt nach Hauptbetrag, Zinsen und Kosten der Kündigung und der die Befriedigung aus dem Versteigerungsgegenstand bezweckenden Rechtsverfolgung einzureichen und den beanspruchten Rang mitzuteilen. Die/Der Berechtigte kann die Erklärung auch zur Niederschrift der Geschäftsstelle abgeben.

Wer ein Recht hat, das der Versteigerung des Versteigerungsgegenstandes oder des nach § 55 ZVG mithaftenden Zubehörs entgegensteht, wird aufgefordert, die Aufhebung oder einstweilige Einstellung des Verfahrens zu bewirken, bevor das Gericht den Zuschlag erteilt. Geschieht dies nicht, tritt für das Recht der Versteigerungserlös an die Stelle des versteigerten Gegenstandes.

Blöcker
(Rechtspfleger)

Ausgefertigt:
Schmidt
(Justizangestellte als Urkundsbeamtin
der Geschäftsstelle des Amtsgerichts)

Checkliste Pfandobjekt –
Verwertung im Zwangsversteigerungsverfahren

Engagement:

Pfandobjekt:

Termin: .... Amtsgericht: ....

A. Vorbereitung
I. Unterlagen
1. aktueller Grundbuchauszug
2. (wenn vorhanden) Versicherungspolice
   (Versicherungswert)
3. ZVG-Gutachten
4. (wenn vorhanden) Grundriss, Lageplan
5. (wenn vorhanden) Schlussabnahmeschein
6. interner Aktenvermerk
7. Baulastenverzeichnis

II. Mietverhältnis
1. Mietvertrag
2. Höhe der Miete und Nebenkostenvorauszahlung
3. bei MFH: Mieter-Aufstellung mit Angabe der Kaltmieten

III. Eigentumswohnung
1. Teilungserklärung
2. lfd. Wirtschaftsplan
3. letzte Hausgeldabrechnung
4. WEG-Verwalter
5. WEG-Versammlungsprotokolle

IV. Besichtigung
1. Schlüssel
2. Bereitschaft Eigentümer – Mieter
3. Einzeltermin – Sammeltermin

B. Maßnahmen

1. Anzeige
2. Mieter ansprechen
3. WEG-Verwalter ansprechen
4. Verwertungsgruppe – Interessentenausdruck
5. Abteilungsordner: Interessenten MFH/Gewerbeobjekte
6. Objektkartei: Interessenten aus Akten über Wohnungen im gleichen Haus bzw. vergleichbare (Reihen-)Häuser
7. Wurfzettel Nachbarschaft
8. Sonderfälle: Immobilienmakler einschalten

Maklerprovision beim Erwerb im Wege der Zwangsversteigerung:

Erwirbt der Kunde des Maklers das ihm benannte Grundstück im Wege der Zwangsversteigerung, steht dem Makler grundsätzlich kein Provisionsanspruch zu.[1]

Im Zwangsversteigerungsverfahren vollzieht sich der Eigentumserwerb nicht aufgrund eines vom Makler vermittelten Kaufvertrages, sondern aufgrund eines staatlichen Hoheitsaktes (durch Zuschlagsbeschluss des Vollstreckungsgerichtes).

Durch eine mit dem Kunden zu treffende Individualvereinbarung kann der Erwerb in der Zwangsversteigerung aber dem Abschluss eines Grundstückskaufvertrages mit der daraus folgernden Pflicht zur Zahlung einer Provision gleichgestellt werden.

In Allgemeinen Geschäftsbedingungen kann der Erwerb in der Zwangsversteigerung dagegen nicht wirksam einem Kauf gleichgestellt werden.[2]

Sendet der Makler z.B. seine Allgemeinen Geschäftsbedingungen, in denen er eine Provision auch für den Fall des Erwerbs aus der Zwangsversteigerung fordert, dem Kunden zu und verlangt er bei einem anschließenden Gespräch auf Frage des Kunden nach den Kosten der Maklertätigkeit ausdrücklich Provision auch bei einer Ersteigerung des Objektes, kann der Kunde diese Forderung nur

---

1 BGH 4.7.1990 WM 1990, 1499 = ZIP 1990, 1202.
2 BGH 24.6.1992 WM 1992, 1532 = ZIP 1992, 1157.

vor dem Hintergrund der ihm übersandten Geschäftsbedingungen verstehen, selbst wenn darauf bei dem Gespräch nicht ausdrücklich Bezug genommen wurde. Da hierdurch die AGB-Klausel über die Provisionspflicht bei einer Ersteigerung des Objektes nicht zur Disposition gestellt und im Einzelnen ausgehandelt wurde, liegt keine individuelle Vereinbarung des Maklers mit seinem Kunden über eine Provisionspflicht beim Erwerb in der Zwangsversteigerung vor.[3]

Dass über das vermittelte Kaufgrundstück die Zwangsversteigerung oder Zwangsverwaltung angeordnet war, steht dem Provisionsanspruch des Maklers grundsätzlich nicht entgegen.[4] Auch wer ohne Offenlegung seiner Kenntnis von der anstehenden Zwangsversteigerung die Dienste eines Maklers in Anspruch nimmt, um die Innenbesichtigung des Objektes zu erlangen, kann sich nicht nachträglich auf eine den Honoraranspruch des Maklers ausschließende Vorkenntnis von der Versteigerung berufen.[5]

Bei der Abwicklung eines grundpfandrechtlich gesicherten Kreditengagements schaltet ein Kreditinstitut häufig seine eigene Immobilienabteilung oder Immobilientochter als Maklerin ein. Damit erreicht es zum Einen, dass sich tatsächlich um die Vermittlung der beliehenen Immobilie gekümmert wird und stellt zum Anderen sicher, dass ein vertretbarer Kaufpreis ermittelt und in Absprache mit dem Kunden am Markt genannt wird. Darüber hinaus kommt auch eine Finanzierung des Kaufpreises durch das Kreditinstitut in Betracht.

Fraglich ist allerdings, ob das Kreditinstitut bzw. seine Tochtergesellschaft bei einer derartigen Vorgehensweise eine Maklerprovision geltend machen kann. Zu beachten ist nämlich, dass durch die Tätigkeit des Kreditinstituts bzw. seiner Tochterfirma als Maklerin und der Tatsache, dass es gleichzeitig die Immobilie bestmöglich verwerten muss, ein wirtschaftlicher Interessenkonflikt vorliegt, der eine Maklerprovision ausschließen kann.

Bei einem ungestörten Kreditverhältnis rechtfertigt allerdings allein der Umstand, dass das veräußerte Grundstück zugunsten des Kreditinstituts belastet ist, nicht bereits die Annahme einer wirtschaftlichen Verflechtung mit der Folge eines Provisionsausschlusses.[6] Etwas anderes gilt ggf. dann, wenn das Kreditin-

---

3 BGH 3.2.1993 WM 1993, 799.
4 BGH 20.2.1997 WM 1997, 1305; OLG Koblenz 18.7.1989 WM 1989, 1658.
5 OLG Koblenz 18.7.1989 WM 1989, 1658.
6 OLG Hamm 1.6.1992 WM 1993, 264.

stitut wegen eines Kreditrückstandes unter Androhung von Zwangsmaßnahmen die Veräußerung des beliehenen Grundstücks vom Grundstückseigentümer verlangt. Schreibt es ihm vor, ob und zu welchen Konditionen das Grundstück veräußert werden soll, kann dies zur Folge haben, dass weder das Kreditinstitut, noch sein Tochterunternehmen eine Maklerprovision verlangen kann.

Betreibt das Kreditinstitut wegen der zu seinen Gunsten eingetragenen Grundschuld die Zwangsversteigerung der belasteten Immobilie, macht es sich wegen Verletzung des Sicherungsvertrages gegenüber dem Schuldner schadensersatzpflichtig, wenn es im Falle eines freihändigen Verkaufs den Kaufpreis durch die Vereinbarung einer Maklerprovision mindert.[7]

Ein Anspruch auf Zahlung einer Provision kann allerdings dann bestehen, wenn der die Provision Versprechende die Provisionsvereinbarung in Kenntnis der Umstände abgibt, die das Kreditinstitut an einer Maklertätigkeit hindern, es ihm aber gerade auf die Einschaltung des Kreditinstituts ankommt.[8]

Die Vereinbarung einer Provisionszahlung mit einem am Verkaufsgrundstück abgesicherten Kreditinstitut ist somit nur in den Fällen zulässig, in denen der Verkauf des Grundstücks auf einem freien Entschluss des Grundstückseigentümers beruht und nicht durch das Betreiben der Zwangsversteigerung seitens des gesicherten Kreditinstituts veranlasst wurde.

Beauftragt ein Kreditinstitut als vollstreckender Grundschuldgläubiger einen Makler, für den bevorstehenden Zwangsversteigerungstermin Interessenten ausfindig zu machen, so sind die dadurch entstandenen Maklergebühren vom Schuldner grundsätzlich nicht zu ersetzen.[9] Eine Ausnahme mag dann gelten, wenn die Einschaltung eines Maklers im Einzelfall erforderlich ist, um ein zu Gunsten des Kreditinstituts mit einer Grundschuld belastetes Grundstück im Wege der Zwangsversteigerung zu verwerten.[10]

---

7 BGH 24.6.1997 WM 1997, 1474 = ZIP 1997, 1448.
8 BGH 26.9.1990 WM 1990, 2088.
9 OLG Celle 7.12.2004 NZM 2005, 265; OLG Düsseldorf 11.6.1999 Rpfleger 1999, 501.
10 OLG Frankfurt 16.7.2008 ZIP 2009, 414.

Muster einer Sondervereinbarung

Zwischen dem
Verkäufer
und der
Sparkasse Musterstadt (M)
wird folgende Vereinbarung geschlossen:

1. Vorbemerkung
    Das Kreditengagement der Eheleute A und B ist notleidend. Zur Rückfüh-
    rung der Verbindlichkeiten soll die Immobilie Schlosspark 1 in Musterstadt
    verkauft werden. Die Sparkasse M hat den beigefügten Alleinauftrag zur
    Vermarktung der Immobilie erhalten. Auf den beigefügten Maklerauftrag
    wird Bezug genommen.

    Da das Kreditengagement der Eheleute A und B gekündigt ist und die Spar-
    kasse M bei der Verwertung der Immobilie auch im Eigeninteresse handelt,
    kann sie aufgrund dieses Verflechtungsfalles grundsätzlich keine Makler-
    provision vereinnahmen. Dieses ist nur aufgrund einer Sondervereinbarung
    zulässig.

2. Sondervereinbarung
    Die Eheleute A und B wünschen die Einschaltung der Sparkasse M und
    zwar speziell des Maklers und Mitarbeiters C der Sparkasse M. Gerade auf-
    grund seiner guten Kontakte zur Baubranche soll Herr C die Maklertätigkeit
    übernehmen. Obwohl ein sogenannter Verflechtungsfall (s. o.) vorliegt, auf-
    grund dessen eigentlich keine Maklerprovision vereinnahmt werden darf,
    geben die Eheleute A und B hiermit eine Provisionszusage aufgrund eines
    von den Voraussetzungen des § 652 BGB unabhängigen Provisionsverspre-
    chens. Es sollen die sich aus dem beigefügten Maklerauftrag ergebenden
    Bedingungen gelten.

Musterstadt,

Amtsgericht Hauptstadt   Hauptstadt, *15.10.2011*
        Geschäfts-Nr.
          23 K 22/10

Herrn
Manfred Rabe
Erlengrund 18
Hauptstadt

Im Zwangsversteigerungsverfahren des Grundstücks,

          Hauptstadt, Erlengrund 18

Eigentümer: *Bert Schimmerlos*

soll am   *6.2.2012, 9:00 Uhr*

im Gerichtsgebäude   *Hauptstadt, Gerichtsstr. 6, 1. Stock, Saal 3*

das im Grundbuch von *Hauptstadt* Blatt *1234* eingetragene *Grundstück* versteigert werden.

Als Mieter werden Sie auf folgendes hingewiesen, wobei die Hinweise für Pächter entsprechend gelten:

Der Ersteher des Grundstücks ist nach § 57a ZVG berechtigt, das Mietverhältnis unter Einhaltung der gesetzlichen Frist zu kündigen, wenn es nicht dem Mietschutz unterliegt.

Blöcker

(Rechtspfleger)

Fortuna Lebensversicherung
– Baufinanzierung –
Ansprechpartner: Herr Stapel

An das
Amtsgericht Hauptstadt
Postfach 1274

Hauptstadt

Datum
5.1.2012

Baudarlehen Nr.: 05 67 3456767

In der Zwangsversteigerungssache
Bert Schimmerlos
Geschäfts-Nr.: 23 K 22/10

bewilligen wir die einstweilige Einstellung des Zwangsversteigerungsverfahrens gem. § 30 ZVG.

Es ist uns leider nicht möglich, den Versteigerungstermin wahrzunehmen, da am gleichen Tag in einem anderen mit einem für uns sehr hohen Risiko verbundenen Verfahren ebenfalls ein Termin anberaumt worden ist und einer unserer Terminsvertreter sich in Urlaub befindet.

Fortuna-Lebensversicherung

Stapel

23 K 22/10

AMTSGERICHT HAUPTSTADT

BESCHLUSS

Das Verfahren zur Zwangsversteigerung

des Grundstücks, eingetragen im Grundbuch von *Hauptstadt* Blatt *1234*

Grundbuchbezeichnung:

Gemarkung *Hauptstadt*, Flur *50*, Flurstück *92*, *Erlengrund 18*,
Größe: *2.682 qm*
Eigentümer: *Bert Schimmerlos*

wird gemäß § 30 ZVG einstweilen eingestellt, soweit es von *der Fortuna Lebens-versicherung, Neustadt*, aus dem *Beitritts*beschluss vom *3.7.2010* betrieben wird, nachdem *die Gläubigerin* die einstweilige Einstellung bewilligt hat.

Das Verfahren im Übrigen wird hiervon nicht berührt.

Es wird darauf hingewiesen, dass das Verfahren nur auf Antrag *der Gläubigerin* fortgesetzt wird.

Wird dieser Antrag nicht binnen 6 Monaten nach Zustellung dieses Beschlusses gestellt, wird das Verfahren insoweit aufgehoben.

Hauptstadt, 9.1.2012

Blöcker
(Rechtspfleger)

Ausgefertigt
Schmidt (Justizangestellte
als Urkundsbeamtin der Geschäftsstelle)

23 K 22/10

AMTSGERICHT HAUPTSTADT

In dem Verfahren zur Zwangsversteigerung

des *Grundstücks,*

eingetragen im Grundbuch von *Hauptstadt,* Blatt *1234*

<u>Grundbuchbezeichnung:</u>

Gemarkung *Hauptstadt,* Flur *50,* Flurstück *92, Erlengrund 18,* Größe: *2.682 qm*
Eigentümer: *Bert Schimmerlos,*

ist die für die Berechnung des geringsten Gebots maßgebende Frist des § 44
Abs. 2 ZVG abgelaufen am:

> *9.1.2012*

Die erste Beschlagnahme gemäß § 13 ZVG erfolgte am:

> *29.4.2010*

In dem Versteigerungstermin am

> *6.2.2012, 9:00 Uhr*

wird das Verfahren nach dem heutigen Stand betrieben von:

1.	*Sparkasse Hauptstadt*
	
	 wegen eines dingl. Anspruchs auf
	    a) 150.000,00 € Kapital
	    b) 15% Zinsen daraus seit 16.3.2007 aus Grundschuld
	eingetragen im Grundbuch Abt. III, Nr. 2
	Beschlagnahme: 29.4.2010

2.	*Sparkasse Hauptstadt*
	
	 wegen eines dingl. Anspruchs auf
	    a) 22.496,84 € Kapital
	    b) 12% Zinsen daraus seit 27.2.2000
	    c) 5% Nebenleistung aus Teilgrundschuld
	eingetragen im Grundbuch Abt. III, Nr. 1a
	Beschlagnahme: 22.7.2010

3.	*Finanzamt Hauptstadt* *wegen eines dingl. Anspruchs auf* *11.204,96 € Teilhauptforderung aus* *der Sicherungshypothek über 14.113,50 €* *eingetragen im Grundbuch Abt. III, Nr. 3* *Beschlagnahme: 30.5.2010*

Hauptstadt, 21.1.2012

Blöcker
Rechtspfleger

Sparkasse Hauptstadt – Rechtsabteilung –	**Immobilienverwertung** **Vorbericht**
SB: *Glücklos Tel: 1526*	Teilungs-/<u>Zwangsversteigerung</u> AG: *Hauptstadt AZ: 23 K 22/10*
Engagement/Persönl. Schuldner: *Kaufmann Bert Schimmerlos*	1. Versteigerungstermin am: *6.2.2012* 1. Beschlagnahme am: *29.4.2010*
<u>Eigentümer</u>/Erbbauberechtigter: *wie oben*	Zwangsverwaltung Nein Ja **X**

Beschreibung des Pfandobjektes*:*

– Objektart: MFH   ZFH **X**   EFH   ETW

– sonstige Hinweise*   *Fachwerkkotten (Baudenkmal) ehemaliges Wohn- und Wirtschaftsgebäude, ca. 190 Jahre alt, teilsaniert, Teilflächen zurzeit unbewohnbar*

* Wohn- und Verkehrslage, werterhöhende oder wertmindernde Umstände Baubeschränkungen, Baulasten, Immissionen, Wohnrechte, Altlasten; Erschließungszustand; Zubehör; Marktsituation; Hinweise auf wirtschaftliche oder rechtliche Besonderheiten; Baugenehmigungen; Teilungserklärungen; Angaben zur Zahl der Mieter etc.;

Verkehrswert	T€	*210*
$^7/_{10}$	T€	*147*
$^5/_{10}$	T€	*105*

Grundbuch von Hauptstadt Band Blatt *1234*
Grundbucheintragungen Abt. II und III in materieller Reihenfolge:

Abt. II/III Nr.	Gläubiger	nom.	Valuta
III/1	*Fortuna Lebensvers.*	*86,9*	*ca. 76,7*
III/1a	*abgetreten an Sparkasse*	*22,5*	*voll*
II/1	*Grunddienstbarkeit*	*0,8*	*vorläufiger Ersatzwert*
II/2	*Vorkaufsrecht*	*4,3*	*vorläufiger Ersatzwert*
III/2	*Sparkasse*	*150,0*	*voll*

+ dingliche Zinsen ...... Jahre

Auslauf Sparkasse   T€
_____

./. Vorlasten/Zwischenrechte   *ca.*   T€   *81,8*
_____

Voraussichtlicher Erlös für die Sparkasse   *ca.*   T€   *81,8*
_____

Obligo per *6.2.2012*   T€   *250,9*

./. weitere Sicherheiten   T€
_____

verbleibendes Risiko   T€   *169,1**
_____

* EWB in Höhe von T€ 177,3 ist gebildet

Stellungnahme (durchgeführte Vermarktungsmaßnahmen, Vereinbarungen mit Bietinteressenten, erforderliche Maßnahmen für die Durchführung des Termins – Ablösung etc.):

Voba Hauptstadt war eingeschaltet wegen eines konkreten Interessenten (Dr. Simon)

Hauptstadt, den *3.2. 2012*

Heiter   *Glücklos*

Sparkasse
Hauptstadt

Amtsgericht Hauptstadt
z. Hd. Herrn Blöcker
Postfach 1274

Hauptstadt

Rechtsabteilung
Herr Glücklos
174 GL 511FM35
Tel. (0743) 7231526
Fax. (0743) 7231540

3.2.2012

Geschäfts-Nr.: 23 K 22/10
Zwangsversteigerungsverfahren ./. Bert Schimmerlos
hier: Anmeldung zum Versteigerungstermin am 6.2.2012

Sehr geehrter Herr Blöcker,

zu dem am 6.2.2012 stattfindenden Versteigerungstermin melden wir unsere Forderungen wie folgt an:

1. Kosten
    10 L 3/11; Gläubigervorschuss   € 750,00

2. Grundschuld Abt. III Nr. 1a, hieraus:

    12% rückständige Zinsen vom
    1.1.2007 bis 31.12.2008   € 5.399,24
    12% laufende Zinsen vom
    1.1.2009 bis 20.2.2012 (1130 Tage)   € 8.473,64
    5% einmalige Nebenleistung   € 1.124,84
    Kapitalbetrag   € 22.496,84

3. Grundschuld Abt. III Nr. 2, hieraus

    15% rückständige Zinsen vom
    16.3.2007 bis 31.12.2008   € 41.222,91

15% laufende Zinsen vom		
1.1.2009 bis 20.2.2012	€	72.219,98
Kapitalbetrag	€	153.387,56

Darüber hinaus machen wir unser Recht aus der Abtretung der Rückgewähransprüche zu der erstrangig eingetragenen Grundschuld über € 86.919,62 zugunsten der Fortuna Lebensversicherung geltend.

Mit freundlichen Grüßen
Sparkasse Hauptstadt

Heiter   Glücklos

Sparkasse
Hauptstadt
– Der Vorstand –

3. Februar 2012

VOLLMACHT

Hiermit wird

    der Sparkassenbetriebswirt
    Hermann Glücklos
    dienstansässig:
    Hauptstr. 26, Hauptstadt,

bevollmächtigt, die Sparkasse Hauptstadt, Hauptstr. 26, Hauptstadt, allein, ohne die Beschränkung des § 181 BGB, zu vertreten.

Die Vollmacht umfasst die Vertretung in

- allen Zwangsversteigerungsverfahren und Verfahren zum Zwecke der Auseinandersetzung von Gemeinschaften
- allen Zwangsverwaltungsverfahren
- allen sonstigen Einzelvollstreckungsverfahren.

Der Bevollmächtigte ist u. a. befugt, Gebote für die Sparkasse Hauptstadt abzugeben, den Zuschlag an diese zu beantragen, die Rechte aus dem Meistgebot an einen anderen abzutreten oder für die Sparkasse Hauptstadt zu übernehmen sowie Vereinbarungen über das Bestehen bleiben von Rechten zu treffen.

Die Bevollmächtigung erfasst ebenso die Befugnis, Sicherheit für Dritte zu leisten.

Sparkasse Hauptstadt
  – Der Vorstand –

Siegel der Sparkasse

Öffentliche Sitzung
des Amtsgerichts

Hauptstadt *6.2.2012*	

Gegenwärtig: *Blöcker, Rechtspfleger*

Geschäfts-Nr.

23 K 22/10

zugleich als Urkundsbeamter der
Geschäftsstelle

In dem Verfahren zur Zwangsversteigerung

des Grundstücks, eingetragen im Grundbuch von Hauptstadt, Blatt 1234
Grundbuchbezeichnung:
Gemarkung Hauptstadt, Flur 50, Flurstück 92, Erlengrund 18,
Größe: 2.682 qm
Eigentümer: Bert Schimmerlos

erschienen zum heutigen Versteigerungstermin nach Aufruf der Sache folgende
Beteiligte:

1. *Der Schuldner Bert Schimmerlos*
2. *Herr Glücklos für die Sparkasse Hauptstadt*

> *mit Bietungs-Vollmacht gemäß Anlage; das Original wurde zurückgege-*
> *ben,*
> *Kopie z.d.A. genommen*

1. *RA Wagner, für Herrn Kolberg (Berechtigter II Nr. 1)*
2. *Herr Hohn als Vertreter des Finanzamts Hauptstadt*

Den Erschienenen wurden die das Versteigerungsobjekt betreffenden Nachwei-
sungen bekannt gemacht. Dabei wurde der wesentliche Inhalt des Handblattes
aus den Grundakten mit dem Hinweis verlesen, dass Gelegenheit bestehe, die
vorliegenden Urkunden einzusehen, auf denen die Grundbucheintragungen
beruhen.

Weiter wurde mitgeteilt,

dass die Versteigerung betrieben wird

(**X**) auf Antrag und wegen der Ansprüche der Gläubiger, die sich aus der Nachricht gemäß § 41 Abs. 2 ZVG ergeben.

( ) Der/Die Gläubiger lfd. Nr. hat/haben inzwischen die Einstellung bewilligt bzw. den Verfahrensantrag zurückgenommen.

( ) Auf die später als vier Wochen vor dem Termin zugestellten Beitritts- bzw. Fortsetzungsbeschlüsse Bl. der Akten und die Bedeutung der Verspätung wurde hingewiesen.

( ) auf Antrag des/der
wegen eines gesetzlichen Auseinandersetzungsanspruchs

(**X**) dass die erste Beschlagnahme des Versteigerungsobjektes am *29.4.2010* wirksam geworden ist durch

( ) Zustellung des Anordnungsbeschlusses an
( ) Schuldner   ( ) Antragsgegner   ( ) Insolvenzverwalter

(**X**)   Eingang des Eintragungsersuchens beim Grundbuchamt.

( ) Eintritt der Beschlagnahme im vorher angeordneten Zwangsverwaltungsverfahrens

Zum heutigen Termin liegen folgende Anmeldungen vor:

	Beteiligter	Blatt	Beteiligter	Blatt
1.	Sparkasse Hauptstadt	11		
2.	Fortuna Lebensversicherung	23		
3.	Finanzamt Hauptstadt	28		

Diese Anmeldungen wurden bekannt gemacht.

Im Termin wurde bekannt gemacht:

Für den Fall der Versteigerung mehrerer Grundstücke, mehrerer Miteigentums-
anteile an einem Grundstück oder mehrerer Erbbaurechtsanteile (§ 63 ZVG):

( )   Es wurde folgender Beschluss verkündet:
Die Grundstücke lfd. Nr. des BV sollen gemäß § 63 Abs. 1 Satz 2 ZVG
auch gemeinsam ausgeboten werden

Der/Die

beantragte,

( ) alle Grundstücke	( ) alle Miteigentums- anteile	( ) alle Erbbaurechtsan- teile
( ) folgende Grundstücke	( ) folgende Miteigen- tumsanteile	( ) folgende Erbbau- rechtsanteile

( )   neben den Einzelausgeboten auch gemeinsam auszubieten

( )   unter Verzicht auf Einzelausgebote nur gemeinsam auszubieten

( )   Die anwesenden Beteiligten, deren Rechte bei der Feststellung der geringsten Gebotes nicht zu berücksichtigen sind, verzichteten auf Einzelausgebote.

( )   Es wurde folgender Beschluss verkündet:
In der folgenden Versteigerung werden nur Gebote gemäß dem vorgenannten Ausbietungsantrag zugelassen.

( )   Anträge auf Zulassung von Versteigerungsbedingungen, die von den
gesetzlichen Vorschriften abweichen, wurden gestellt von:

Der Verkehrswert, festgesetzt durch – rechtskräftigen – Beschluss vom *4.6.2011*
wurde wie folgt bekannt gegeben:

Versteigerungsobjekt	Wert	$^7/_{10}$ Grenze	$^5/_{10}$ Grenze
ZFH Erlengrund 18	210.000,00 €	147.000,00 €	105.000,00 €

( )   In einem früheren Termin ist der Zuschlag aus den Gründen des § 74 a Abs. 1/§ 85 a Abs. 1 ZVG versagt worden.

Nach Anhörung der anwesenden Beteiligten wurde das geringste Gebot und die Versteigerungsbedingungen wie folgt festgestellt:

I. Geringstes Gebot

Das geringste Gebot umfasst die bestehen bleibenden Rechte (Abschnitt A) und den zu zahlenden Teil (Abschnitt B). Es ergibt sich aus der nachstehenden Aufstellung:

A.   Bestehenbleibende Rechte:

Das Recht Abt. III Nr. 1 über 86.919,62 € bleibt bestehen

( )   Nach Anhörung der Beteiligten wurde beschlossen und verkündet:

Der Betrag, um den sich der Wert des Versteigerungsobjektes erhöht, falls das Recht Abteilung II Nr. zum Zeitpunkt des Zuschlags nicht besteht, wird gemäß § 51 Abs. 2 ZVG festgesetzt auf

... EUR.

Dieser Betrag ist auch bei der Ermittlung der $^5/_{10}$-Grenze gemäß § 85a ZVG, der $^7/_{10}$-Grenze gemäß § 74a ZVG und bei der Wertermittlung zum Zwecke der Kostenberechnung zugrunde zu legen.

B. **Zu zahlender Teil:**

1.	*Verfahrenskosten gemäß anl. vorl. Aufstellung*	*2.735,41 EUR*
2.	*Fortuna Lebensversicherung (III Nr. 1)*	*15.415,96 EUR*

Insgesamt: *18.151,37 EUR*

II. Versteigerungsbedingungen

1. Es bleibt/bleiben
   ( )   keine Rechte
   (**X**)   das/die bei der Feststellung des geringsten Gebots berücksichtigte/n Recht/e
   bestehen.

   Sein/Ihr Wert beträgt insgesamt *86.919,62* €.

   ( )   Nach Anhörung der Beteiligten wurde beschlossen und verkündet:
   Der Betrag, um den sich der Wert des Versteigerungsobjektes erhöht, falls das/die Recht(e) Abteilung II Nr. _____
   zum Zeitpunkt des Zuschlags nicht besteht/bestehen bleiben, wird gemäß § 51 Abs. 2 ZVG festgesetzt auf:
   Abteilung II Nr. _____ € €_____
   Dieser Betrag/Diese Beträge ist/sind auch bei der Ermittlung der $^5/_{10}$-Grenze gemäß § 85 a ZVG, der $^7/_{10}$-Grenze gem. § 74 ZVG und bei der Wertermittlung zum Zwecke der Kostenberechnung zugrunde zu legen.

   ( )   In dem genannten Grundbuch ist in Abteilung III unter der lfd. Nr. eine
   ( ) Hypothek   ( ) Grundschuld   ( ) Rentenschuld über
   eingetragen (§ 28 S. 2 GBO)
   Nach dem amtlich ermittelten Kurswert (Kurswert:) beträgt der Wert dieses Rechtes €. Dieser Kurswert bleibt für das weitere Verfahrens maßgebend.

2. Der zu zahlende Teil des geringsten Gebots beträgt
    18.151,37 €.

    Er ist mit dem darüber hinausgehenden Betrag des Meistgebots von
    dem Ersteher spätestens im Verteilungstermin an das Gericht zu zahlen.

3. Das Gebot gibt nur den zu zahlenden Betrag an. Das/Die als Teil des ge-
    ringsten Gebots bestehen bleibende/n Recht/e ist/sind in dem gebotenen
    Betrag nicht enthalten; es/sie bleibt/en neben dem Bargebot bestehen.

4. Das Meistgebot ist vom Tage des Zuschlags an mit vier vom Hundert zu
    verzinsen. Die Verzinsung endet mit der Hinterlegung des Betrages,
    soweit auf die Rücknahme verzichtet wird (§ 49 Abs. 4 ZVG).

5. Der Ersteher hat außerdem die Gerichtskosten für die Erteilung des Zu-
    schlags und für die Eintragung im Grundbuch zu zahlen.

Die Bietungsinteressenten wurden noch auf folgendes hingewiesen:

1. Nach dem Grunderwerbsteuergesetz sind im Fall der Erteilung des Zu-
    schlags sowohl die Abgabe des Meistgebots als auch eine Abtretung der
    Rechte aus dem Meistgebot grunderwerbsteuerpflichtig. Dabei gilt auch
    die nachträgliche Erklärung des Meistbietenden, für einen Dritten gebo-
    ten zu haben, als Abtretung des Meistgebots.

2. Der Erwerber des Versteigerungsobjekts darf erst dann als Eigentümer
    in das Grundbuch eingetragen werden, wenn dem Vollstreckungs-
    gericht eine Bescheinigung des zuständigen Finanzamts vorgelegt
    wird, dass der Eintragung keine steuerlichen Bedenken entgegenste-
    hen.

3. Ein Zuschlag kann vor Ablauf von 30 Minuten nach der Aufforderung
    zur Abgabe von Geboten nicht erfolgen.

4. Das Gericht schließt jegliche Gewährleistungsrechte für das Versteige-
    rungsobjekt aus.

Die Beteiligten und Interessenten wurden sodann im Sinne von § 139 ZPO über
die Bedeutung des geringsten Gebots (einschließlich bestehen bleibender Rech-

te), über die $^7/_{10}$-Grenze des § 74a ZVG, über Art* und Höhe evtl. Sicherheitsleistung (auch über die Dauer ihrer Herbeischaffung) sowie über die Bestimmung des § 85a ZVG belehrt.

(* best. BB-o. LZB-Scheck, Bankbürgsch. o. Bankscheck)

Hinweis bei vermietetem Objekt: BGB § 566a Mietsicherheit

Hat der Mieter des veräußerten Wohnraums dem Vermieter für die Erfüllung seiner Pflichten Sicherheit geleistet, so tritt der Erwerber in die dadurch begründeten Rechte und Pflichten ein. Kann bei Beendigung des Mietverhältnisses der Mieter die Sicherheit von dem Erwerber nicht erlangen, so ist der Vermieter weiterhin zur Rückgewähr verpflichtet.

Das Gericht wies darauf hin, dass mit der Aufforderung zum Bieten weitere Anmeldungen einen Rangverlust nach § 110 ZVG erleiden und Anträge gemäß §§ 59, 63 ZVG nicht mehr gestellt werden können.

Weitere Anmeldungen und Anträge erfolgten nicht.

Um *9* Uhr *28* Minuten forderte das Gericht zur Abgabe von Geboten auf.

Es boten:

40.000,– €	*Dr. Simon*
41.500,– €	*Kalweit, Heinz, i. V. für Dilchert, Hans*
46.000,– €	*Dr. Simon*
48.500,– €	*Lichterloh, Ludwig, Hauptstadt*
58.500,– €	*Sparkasse Hauptstadt*
63.500,– €	*Dr. Simon*
64.000,– €	*Kalweit, s. o.*
64.500,– €	*Lichterloh*
66.000,– €	*Dr. Simon*
66.500,– €	*Lichterloh*
68.500,– €	*Dr. Simon*
69.000,– €	*Lichterloh*
70.500,– €	*Dr. Simon*
71.500,– €	*Lichterloh*
73.500,– €	*Dr. Simon*
74.000,– €	*Lichterloh*
77.000,– €	*Dr. Simon*

| 82.000,– € | Lichterloh | (Sicherheitsleistung i.H.v. |
| | | € 21.000,– erbracht) |

10:09 Uhr   Ludwig Lichterloh * 28.7.1954
                        Hasenweg 35, Hauptstadt

Nach Ablauf der Bietzeit stellte das Gericht fest, dass Meistbietende/r blieb/en

Herr Ludwig Lichterloh, Hauptstadt, Hasenweg 35

mit einem zu zahlenden Betrag in Höhe von 82.000,00 €.

Dieses letzte Gebot wurde durch dreimaligen Aufruf verkündet.

Ungeachtet der Aufforderung des Gerichts wurde kein Gebot mehr abgegeben.

Um 10 Uhr 09 Minuten wurde der Schluss der Versteigerung verkündet.
Hierauf wurden die anwesenden Beteiligten und der/die Meistbietende/n über den Zuschlag gehört.

Erklärungen wurden

( )   nicht abgegeben.   (X)   wie folgt abgegeben:

(X)   Herr Glücklos (Sparkasse Hauptstadt)

        beantragte, den Zuschlag sofort zu erteilen.

(X)   Der/Die Meistbietende/n erklärt/en:

        Der als Sicherheitsleistung erbrachte Betrag in Höhe von 21.000 € soll hinterlegt werden. Er soll für den Fall des Zuschlags als Teilzahlung auf das Meistgebot gelten.
        Auf das Recht der Rücknahme wird verzichtet.

(X)   Die Sicherheitsleistung der übrigen Bieter wurde gegen Empfangsbestätigung zurückgegeben.

( )   Der/Die Meistbietende/n gab/en seine/ihre Telefonnummer wie folgt bekannt:

Der/Die Meistbietende/n gab/en seine/ihre Bankverbindung wie folgt an:
Kontonummer: BLZ:

Das Gericht verkündete um *11* Uhr *07* Minuten

(**X**)   den anliegenden Beschluss.

( )   den folgenden Beschluss:

Die Entscheidung über den Zuschlag soll am
_____ um _____Uhr_____ Minuten
vor dem Amtsgericht Münster, Gerichtstraße 2, Raum _____
verkündet werden.

Blöcker, (Rechtspfleger)
zugleich als Urkundsbeamter der Geschäftsstelle

23 K 22/10

AMTSGERICHT HAUPTSTADT

BESCHLUSS

In dem Verfahren zur Zwangsversteigerung
des Grundstücks, eingetragen im Grundbuch von Hauptstadt Blatt 1234
  Grundbuchbezeichnung:
  Gemarkung *Hauptstadt, Flur 50, Flurstück 92, Erlengrund 18*, Größe: *2682* qm
  Eigentümer: *Bert Schimmerlos*

blieb im Versteigerungstermin am *6. Februar 2012* Meistbietender

  *Herr Ludwig Lichterloh (*28.7.1954)*
  Hasenweg 35, Hauptstadt

Das vorbezeichnete Versteigerungsobjekt wird daher dem Meistbietenden für
den durch Zahlung zu berichtigenden Betrag von

€ 82.000,00

unter folgenden Bedingungen zugeschlagen:

1. Es bleiben *folgende* im Grundbuch eingetragenen Rechte bestehen:
    Grundschuld Abt. III Nr. 1 i.H.v. 86.919,62 €

2. Der durch Zahlung zu berichtigende Betrag des Meistgebots *(abzüglich der
    geleisteten Sicherheitsleistung in Höhe von 21.000,00 €)* ist von heute an mit
    4% zu verzinsen und mit diesen Zinsen bis zum Verteilungstermin an das
    Gericht zu zahlen.

3. Die Kosten dieses Beschlusses fallen dem Ersteher und den Meistbietenden
    als Gesamtschuldner zur Last.

4. Für die Erfüllung des Meistgebots haften der Ersteher und der Meistbieten-
    de, als Gesamtschuldner.

5. Für die Erfüllung des Meistgebots wird der Bürge, ..., in Höhe von ...... €
   für mithaftend erklärt.

Im Übrigen gelten die gesetzlichen Versteigerungsbedingungen.

Hauptstadt, *6.2.2012*

Blöcker
Rechtspfleger

23 K 22/10

AMTSGERICHT HAUPTSTADT

BESCHLUSS

In dem Verfahren zur Zwangsversteigerung
des Grundstücks, eingetragen im Grundbuch von Hauptstadt Blatt *1234*
    <u>Grundbuchbezeichnung:</u>
    Gemarkung Hauptstadt, Flur *50* , Flurstück *92*, *Erlengrund 18*, Größe: *2682 qm*
    Eigentümer: *Bert Schimmerlos*

wird angeordnet:

Auf Antrag der Sparkasse Hauptstadt wird das Versteigerungsobjekt für Rechnung des Erstehers in gerichtliche Verwaltung genommen (§ 94 ZVG). Das Bargebot wurde noch nicht vollständig gezahlt oder hinterlegt.

Zum Sicherungsverwalter wird Rechtsanwalt Ernst Hollweg, Hellweg 13, Hauptstadt, bestellt.

Der Sicherungsverwalter wird ermächtigt, sich selbst den Besitz des Versteigerungsobjektes zu verschaffen.

Hauptstadt, 6.2.2012

Blöcker
Rechtspfleger

23 K 22/10

AMTSGERICHT HAUPTSTADT

BESCHLUSS

In dem Verfahren zur Zwangsversteigerung
des Grundstücks, eingetragen im Grundbuch von Hauptstadt Blatt *1234*
    <u>Grundbuchbezeichnung:</u>
    Gemarkung Musterstadt, Flur *50* , Flurstück *92*, *Erlengrund 18*, Größe: *2682 qm*
    Eigentümer: Bert Schimmerlos

wird Termin zur Verteilung des Versteigerungserlöses bestimmt auf

Dienstag, den 10. April 2012, 11:00 Uhr

vor dem Amtsgericht Hauptstadt, Gerichtsstr. 6, 2. Stock, Zimmer. Nr. 108

<u>**Wichtige Hinweise:**</u>

Wer eine Zahlung aus dem Versteigerungserlös beansprucht, hat die Urkunden über seinen Anspruch und die zum Nachweis seiner Berechtigung erforderlichen Urkunden (Hypothekenbriefe, Grundschuldbriefe, Vollmachten, Erbscheine, Abtretungserklärungen usw.) vor dem Termin einzureichen oder s p ä t e s t e n s in dem Termin vorzulegen.

Es ist zweckmäßig, schon zwei Wochen vor dem Termin eine genaue Berechnung der Ansprüche an Kapital, Zinsen und Kosten der Kündigung und der die Befriedigung aus dem Grundstück bezweckenden Rechtsverfolgung mit Angabe des beanspruchten Ranges schriftlich einzureichen oder zu Protokoll der Geschäftsstelle zu erklären. In gleicher Weise ist auch anzumelden, wenn ein aus dem Barerlös zu deckendes Recht auf Grund einer Vereinbarung mit dem Ersteher bestehen bleiben soll.

Hauptstadt, 6.2.2012

Blöcker
Rechtspfleger

Sparkasse Hauptstadt **– Rechtsabteilung –** SB: *Glücklos* Tel.: *1526*	**Immobilienverwertung** **Terminbericht** **Teilungs-/<u>Zwangsversteigerung</u>** **AG:** *Hauptstadt* **AZ:** *23 K 22/10*
Engagement/ **Persönlicher Schuldner:** *Kaufmann Bert Schimmerlos*	**1. Versteigerungstermin am:** *6.2.2012* **1. Beschlagnahme am:** *29.4.2010*
Eigentümer/Erbbauberechtigter: *wie oben*	**Zwangsverwaltung** **nein** **ja** *X*
Erschienene Beteiligte: *RA Wagner* *Herr Kolberg (II/1)*	**Bestbetreibender Gläubiger:** *Sparkasse Hauptstadt* **Sonstige betreibende Gläubiger:** *Finanzamt Hauptstadt*
Anmeldungen von Mietern und Pächtern: **ja** **nein** *X*	**Baukostenzuschüsse:** **nein** *X* €€

Anträge: Gesamtausgebot unter Verzicht auf/und Einzelausgebote (§§ 63, 112, 113, 122 ZVG); Gruppenausgebote, Rechte aus Löschungsvormerkungen (§§ 45, 114 ZVG); Verteilungsantrag (§ 64 Abs. 1 ZVG), Gegenantrag (§ 64 Abs. 2 ZVG); Hinweis auf Fälligkeit (§ 54 Abs. 1 ZVG); abweichende Versteigerungs-bedingungen von gesetzlichen Vorschriften; sonstige abweichende Versteigerungsbedingungen.

– / –

Zuschlag wurde in einem früheren Versteigerungstermin aus Gründen § 85a Abs. 1/§ 74a Abs. 1 ZVG versagt

ja   **nein** *X*

Berechnung des geringsten Gebotes

1) Geringstes Bargebot

Gerichtskosten (§ 109 ZVG) (davon Vorschuss SK: € –,–)	€ 2.735,41	
Zwangsverwaltungsvorschuss (§ 10 Abs. 1 Nr. 1 ZVG)	€ €	
Grundsteuern (§ 10 Abs. 1 Nr. 3 ZVG)	€	
Erschließungskosten	€	
sonstige öffentliche Lasten	€	
Kosten und Zinsen bestehen bleibender Rechte (§ 10 Abs. 1 Nr. 4 ZVG)	€ 15.415,96	€ 18.151,37

2) Bestehen bleibende Rechte
   (§§ 50, 51, 52, 59/Ersatzwert)

III/1	€ 86.919,62	
	€	
	€	
	€	€ 86.919,62
Geringstes Gebot	€	**€ 105.070,99**

Beginn der Bietstunde: Ende der Bietstunde:

9:28 Uhr   *10:09*

Terminergebnis:

Es wurde(n) von *3* Interessenten *18* Gebot(e) abgegeben (davon eigene Gebote *1*)

Verlauf s. *Anlage*

Meistbietende(r) blieb(en) mit einem
Bar-Meistgebot von   € 82.*000,00*

Herr/Frau *Ludwig Lichterloh, Hauptstadt, Keplerweg 23*

Unter Berücksichtigung
der bestehen bleibenden Rechte von   € 86.*919,62*

beläuft sich das Meistgebot auf: € 168.*919,62*

Die **X** ⁷/₁₀ Grenze (§ 74 a ZVG)   O   ⁵/₁₀ Grenze (§ 85 a ZVG)
ist damit ~~nicht~~ erreicht.

X Zuschlag erteilt an den Meistbietenden (§ 81 ZVG)

O   Zuschlag versagt gem. § 74 a ZVG   O   Zuschlag versagt gem. § 85 a ZVG

O   Verkündung einer Entscheidung   **X** Verteilungstermin voraussichtlich
    über den Zuschlag (§ 87 ZVG) am   *am 10.4.2012*

O   Einstellung wegen Mangels an
    Geboten (§ 77 ZVG)

O   kein Ausfall   **X** voraussichtlicher Ausfall von
                                                      € 168.726,32

Bemerkungen (u. a. zu den Interessenten, deren Preisvorstellungen etc.)

Das Zwangsversteigerungsverfahren ist bereits seit 4/10 anhängig; parallel wird
das Zwangsverwaltungsverfahren betrieben. Der Eigentümer ist gegen sämtliche

Gerichtsbeschlüsse vorgegangen und hat somit das Verfahren entsprechend ver-
zögert. Interessenten wurden dadurch abgeschreckt, dass Schimmerlos mitteilte,
das Objekt freiwillig nicht zu räumen. Auf unseren Antrag (§ 94 ZVG) steht das
Objekt nun unter gerichtlicher Verwaltung, um weiteren Rechtsmissbrauch vorzu-
beugen.

Hauptstadt, den *9.2.2012*

Heiter   *Glücklos*

Anlage zum Terminbericht vom 9.2.2012

40.000,– €	*Dr. Simon*
41.500,– €	*Kalweit, Heinz i. V. für Dilchert, Hans*
46.000,– €	*Dr. Simon*
48.500,– €	*Lichterloh, Ludwig, Hauptstadt*
58.500,– €	*Sparkasse Hauptstadt*
63.500,– €	*Dr. Simon*
64.000,– €	*Kalweit, s. o.*
64.500,– €	*Lichterloh*
66.000,– €	*Dr. Simon*
66.500,– €	*Lichterloh*
68.500,– €	*Dr. Simon*
69.000,– €	*Lichterloh*
70.500,– €	*Dr. Simon*
71.500,– €	*Lichterloh*
73.500,– €	*Dr. Simon*
74.000,– €	*Lichterloh*
77.000,– €	*Dr. Simon*
82.000,– €	*Lichterloh* (*Sicherheitsleistung v. €21.000,– erbracht*)

10:09 Uhr   *Ludwig Lichterloh * 28.7.1954*
           Hasenweg 35, Hauptstadt

Verteilungstermin: 10.4.2012

23 K 22/10

AMTSGERICHT HAUPTSTADT

BESCHLUSS

In der Zwangsversteigerungssache

Sparkasse Hauptstadt, Hauptstr. 26, Hauptstadt,

Gläubigerin,

g e g e n

Herrn Ludwig Lichterloh (* 28.7.54), Hasenweg 35,
Hauptstadt,

Ersteher,

hier: *gerichtliche Verwaltung gem. § 94 ZVG*

wird auf Antrag des Verwalters Dipl.-Kfm. Ernst Hollweg, Hellweg 13, Hauptstadt,
angeordnet, dass die betreibende Gläubigerin Sparkasse Hauptstadt binnen 3
Wochen ab Zustellung dieses Beschlusses einen Vorschuss von 750,– € (sieben-
hundertfünfzig Euro) an den Verwalter zu zahlen hat, widrigenfalls das Verfahren
aufgehoben werden wird (§ 161 Abs. 3 ZVG i.V.m. § 94 Abs. 2 ZVG).

Gründe:

Der Vorschuss ist notwendig, weil nach dem Bericht des Verwalters vom 18.2.2012
der in der Anlage in Ablichtung beigefügt ist, die Fortsetzung des Verfahrens be-
sondere Aufwendungen i.S.d. § 161 Abs. 3 ZVG erfordert.

Der Vorschuss dient insbesondere zur Bestreitung der laufenden Kosten und Aus-
lagen (wie z.B. öffentliche Lasten und Abgaben, Versicherungsprämien, Behelfs-
reparaturkosten, Gerichtsvollzieherkosten, Rechtsanwaltsgebühren, Räumungs-
kostenvorschuss, etc. pp.).

Die Vorschussleistung war anzuordnen, weil durch die Einnahmen die Kosten und Auslagen durch den Zwangsverwalter nicht bestritten werden können.

Hauptstadt, *24. Februar 2012*

Das Amtsgericht
Blöcker   Ausgefertigt:
Rechtspfleger *Schmidt,* Justizangestellte
               als Urkundsbeamtin der Geschäftsstelle des
               Amtsgericht

10 L 3/11

AMTSGERICHT HAUPTSTADT

BESCHLUSS

Das Verfahren zum Zwecke der Zwangsverwaltung des im Grundbuch von Hauptstadt Blatt *1234* auf den Namen

Kaufmann Bert Schimmerlos, Erlengrund 18, Hauptstadt,

eingetragenen Grundstücks Gemarkung Hauptstadt Flur *50* Flurstück *92*, *wird aufgrund des rechtskräftigen Zuschlagsbeschlusses vom 6.2.2012 (Az.: 23 K 22/10) aufgehoben (§§ 161, 56 Abs. 2 ZVG).*

Hauptstadt, *13. März 2012*

Das Amtsgericht

Blöcker
Rechtspfleger

Ausgefertigt

Schmidt, Justizangestellte
als Urkundsbeamtin der Geschäftsstelle des Amtsgerichts

**Sparkasse
Hauptstadt**

Amtsgericht Hauptstadt
Postfach 1274

Hauptstadt

Rechtsabteilung
Herr Glücklos
174 GL 511PL46
Tel. (0743) 7231526
Fax. (0743) 7231540

2.4.2012

Zwangsversteigerungssache Schimmerlos
Geschäfts-Nr.: 23 K 22/10
hier: Anmeldung zum Verteilungstermin

Sehr geehrter Herr Blöcker,

zu dem am 10.4.2012 stattfindenden Verteilungstermin melden wir unsere Forderungen wie folgt an:

1. Kosten

10 L 3/11	Anordnungsgebühr	€	68,00
10 L 3/11	Kostenvorschuss	€	750,00
23 K 22/10	Anordnungsgebühr	€	62,38
23 K 22/10	Beitrittsgebühr	€	62,38

2. Grundschuld Abt. III Nr. 1a, hieraus:

12% rückständige Zinsen vom 1.1.07–31.12.08	€	5.399,24
12% lfd. Zinsen vom 1.1.09–9.4.10 (1179 Tage)	€	8.841,26
5% einmalige Nebenleistung	€	1.124,84
Kapitalbetrag	€	22.496,84

3. Grundschuld Abt. III Nr. 2, hieraus:

15% rückständige Zinsen vom 16.3.07–31.12.08	€	40.312,50
15% lfd. Zinsen vom 1.1.07–7.4.10 (1177 Tage)	€	73.687,50
Kapitalbetrag	€	150.000,00

Darüber hinaus machen wir unsere Rechte aus der Abtretung der Rückgewähransprüche zu der erstrangig eingetragenen Grundschuld über € 86.919,62 zugunsten der Fortuna-Lebensversicherung geltend.

Zur Ablösung der in Abt. II eingetragenen Rechte zugunsten Herrn Kolberg ist vereinbart, dass hier insgesamt ein Betrag in Höhe von € 5.100,– durch den Berechtigten angemeldet wird; für den Fall, dass hier ein höherer Betrag angemeldet werden sollte, legen wir hiermit schon heute vorsorglich gegen den Teilungsplan Widerspruch ein.

Den auf uns entfallenden Erlös überweisen Sie bitte auf unser Konto Nr. 800 123 654 (BLZ 111 222 33).

Mit freundlichen Grüßen
Sparkasse Hauptstadt

Heiter   *Glücklos*

Sparkasse Hauptstadt – Rechtsabteilung – SB: *Glücklos* Tel: 1526	Immobilienverwertung Bericht Verteilungstermin ~~Teilungs-~~/Zwangsversteigerung
Engagement/Persönl. Schuldner: *Kaufmann Bert Schimmerlos*	AG: *Hauptstadt* AZ: *23 K 22/10* Verteilungstermin am: 10.4.2012
Eigentümer/Erbbauberechtigter: *wie oben*	Zwangsverwaltung O nein **X** ja

Zum Verteilungstermin war nur der Unterzeichnende erschienen.

Der Rechtspfleger stellte fest, dass Herr Lichterloh als Zahlung auf das Meistgebot einen Betrag von 21.000,– € beim Amtsgericht Hauptstadt hinterlegt hat. Weitere Zahlungen auf das restliche Meistgebot waren bis zum heutigen Termin nicht erfolgt.

Gemäß dem Zuschlagsbeschluss bleibt die Grundschuld Abt. III Nr. 1 in Höhe von 86.919,62 € bestehen.

Die Teilungsmasse wurde wie folgt ermittelt:

1.	bares Meistgebot	€	82.000,00
2.	4% Zinsen aus 61.000,00 vom 6.2.10 bis 7.4.12 (einschl.)	€	574,00
	insgesamt	€	82.574,00

Die Schuldenmasse wurde wie folgt festgestellt:

1. vorweg zu entnehmende gerichtliche Verfahrenskosten von € 2.735,41 (davon wurden der Fortuna-Lebensversicherung die von ihr auf die allgemeinen Verfahrenskosten geleisteten Vorschüsse von € 1.789,52 erstattet).

2. der verbleibende Überschuss von € 79.838,59 wird wie folgt zugeteilt:

a) Fortuna-Lebensversicherung
    Teil-Grundschuld Abt. III Nr. 1 über € 86.919,62

Rechtsverfolgungskosten	€	365,73
12% Zinsen aus 72.731,00 €		
vom 1.1.07–5.2.12 einschl. (Teilbetrag)	€	12.945,91
5% einmalige Nebenleistung (Teilbetrag)	€	2.103,97
	€	15.415,61

b) Sparkasse Hauptstadt
    Teil-Grundschuld Abt. III Nr. 1a über € 22.496,84

Rechtsverfolgungskosten	€	62,38
12% Zinsen aus 22.496,84 € vom 1.1.07–9.4.10	€	14.240,50
5% einmalige Nebenleistung	€	1.124,84
Kapital	€	22.496,84
	€	37.924,56

c) Herr Walter Kolberg
    Grunddienstbarkeit Abt. II Nr. 1 gemäß
    Anmeldung vom 1.4.12 gem. § 92 ZVG   € 3.000,00

d) Herr Walter Kolberg
    Vorkaufsrecht Abt. II Nr. 2 gemäß Anmeldung
    vom 1.4.12 gem. § 92 ZVG   € 2.100,00

e) Sparkasse Hauptstadt
Grundschuld Abt. III Nr. 2 über € 150.000,00

Rechtsverfolgungskosten	€	774,61
15% Zinsen aus 153.387,56 € vom 16.3.07−9.4.12 (Teilbetrag)	€	20.623,81
	€	21.398,42

In Ausführung des Teilungsplanes wurde die Hinterlegungsstelle des Amtsgerichtes ersucht, den dort hinterlegten Betrag von € 21.000,00 in Höhe von € 945,89 an die Gerichtskasse Hauptstadt, in Höhe von € 17.205,13 an die Fortuna-Lebensversicherung, Neustadt, und den Restbetrag in Höhe von € 2.848,98 an die Sparkasse Hauptstadt zu zahlen.

Wegen des restlichen baren Meistgebots von € 61.574,00 wurde die Forderung des früheren Eigentümers Bert Schimmerlos gegen den Ersteher Ludwig Lichterloh, Hasenweg 35, Hauptstadt, gemäß der erfolgten Zuteilung übertragen (§ 118 Abs. 1 ZVG).

Die übertragene Forderung ist ab Übertrag mit 5% über dem Basiszinssatz (§ 288 Abs. 1 BGB) zu verzinsen.

Für die übertragenen Forderungen werden Sicherungshypotheken mit 4% Zinsen ab heute an rangbereiter Stelle im Grundbuch eingetragen werden (§§ 128, 130 ZVG).

Hauptstadt, den 10. *April 2012*

Heiter   *Glücklos*

**Sparkasse
Hauptstadt**

Amtsgericht Hauptstadt
Postfach 1274

Hauptstadt

Rechtsabteilung
Herr Glücklos
174 GL 511PL66
Tel. (0743) 7231526
Fax. (0743) 7231540

25.4.2012

Zwangsversteigerungsverfahren Schimmerlos
Geschäfts-Nr.: 23 K 22/10

Sehr geehrter Herr Blöcker,

der Ersteher des Grundstücks, Ludwig Lichterloh, hatte seine Zahlungen zum anberaumten Verteilungstermin nicht vollständig erbracht.

Wir bestätigen hiermit, dass Herr Lichterloh zwischenzeitlich den uns nach Teilungsplan noch zustehenden Betrag überwiesen hat. Wir verzichten somit auf die Eintragung entsprechender Sicherungshypotheken.

Den von uns im Versteigerungstermin am 6.2.2012 gestellten Antrag auf gerichtliche Verwaltung des Grundstücks gem. § 94 ZVG nehmen wir hiermit zurück.

Mit freundlichen Grüßen
Sparkasse Hauptstadt

Heiter   Glücklos

23 K 22/10

AMTSGERICHT HAUPTSTADT

BESCHLUSS

Das Verfahren zur gerichtlichen Verwaltung gem. § 94 ZVG

des im Grundbuch von Hauptstadt Blatt *1234*, angeordnet gegen den Ersteher *Ludwig Lichterloh, Hasenweg 35, Hauptstadt* eingetragenen Grundbesitzes Gemarkung Hauptstadt Flur *50* Flurstück *92*

wird hiermit, soweit es auf Antrag der Gläubigerin, Sparkasse Hauptstadt, Hauptstr. 26, Hauptstadt aufgrund des Anordnungsbeschlusses vom 6.2.2012 betrieben wird,

aufgehoben (§ 29 ZVG),

weil die Gläubigerin den Antrag auf gerichtliche Verwaltung zurückgenommen hat.

Die Beschlagnahme in diesem Verfahren ist damit beendet, soweit die gerichtliche Verwaltung betroffen ist.

Hauptstadt, *5. Mai 2012*

Das Amtsgericht

Blöcker
Rechtspfleger

Ausgefertigt
Schmidt, Justizangestellte
als Urkundsbeamtin der Geschäftsstelle des Amtsgerichts

Sachregister